Isto é raro: um livro que fala igualmente a
uma narrativa histórica envolvente com
tes contemporâneos, Dickson faz uma da
honestas, desafiadoras e convincentes que você lerá.

— **Teresa Morgan**, professora de História Greco-Romana,
Universidade de Oxford

Opressores e santos é uma obra consideravelmente honesta que vai além da simples apologética; seu impacto é ainda mais sutil por ser, em grande parte, bastante apologética.

— **Tom Holland**, autor de *Fogo persa* e *Domínio*

Este é um livro importante. Meu pai foi um homem muito religioso e participativo na vida pública. Ele presenciou esforços copiosos para cobrir com uma camada cristã uma miríade de opiniões políticas influenciadas por ambições e direções seculares — muitas vezes bastante nocivas. Ele costumava dizer que a tarefa de um cristão na vida pública, ou em qualquer lugar, era agir de modo a não negar a outros uma experiência com a cruz. Este livro de John Dickson me ensinou exatamente o que meu pai queria dizer. É um livro sobre eras passadas para esta era. Os piores feitos de muitos obscureceram ou distorceram a mensagem, usando-a em favor do poder, da ganância, da luxúria, do preconceito e da ignorância. Seus esforços históricos e contemporâneos solaparam o acesso à fé para muitos. Mas ao longo dos séculos (e ainda hoje) outros ilustraram a mensagem de Jesus sobre amor, caridade, bondade, abnegação e salvação — valores e comportamentos atemporais. A decência está ao alcance de todas as pessoas, professem elas alguma fé ou não. Contudo, a crença fundamental dos cristãos de que somos todos feitos à imagem de Deus é um alicerce mais profundo. O porquê disso se encontra nestas páginas.

— **Kim Beazley**, governador da Austrália Ocidental, embaixador nos EUA (2010-2016), ex-líder do Partido Trabalhista da Austrália

Hoje em dia, raramente ouço as pessoas questionando se o cristianismo é verdadeiro ou não. Em vez disso, eu as escuto perguntando se ele é bom ou não. E esse é o desafio encarado por John Dickson em *Opressores e santos*. Sua avaliação honesta não nega os horríveis males cometidos em nome de Cristo, à época e agora. Por isto você pode confiar neste livro. Quando conseguimos ser honestos quanto ao passado, somos capazes de ser sábios em relação ao presente. Quer você creia ou não em Jesus, este livro colocará à prova o que você imaginava saber e abrirá seus olhos para o que pode ser possível.

— COLLIN HANSEN, editor-chefe do *The Gospel Coalition*, apresentador do *podcast Gospelbound* e coautor de *Gospelbound: living with resolute hope in an anxious age* [Atrelado ao evangelho: vivendo em esperança resoluta em uma era ansiosa]

O livro *Opressores e santos* não é apenas uma apologia à igreja cristã ou ao cristianismo como tal. John Dickson oferece um relato meticuloso e franco da história cristã, confrontando alguns dos episódios mais repulsivos dessa história. Mas, ao mesmo tempo, ele traz à tona e refuta as incontáveis distorções e falsidades que os céticos têm tantas vezes lançado contra a fé. Uma análise tão honesta reforça a visão de que o cristianismo é um fundamento essencial à nossa civilização. Dickson escreveu um livro muito necessário que, ao mesmo tempo, se presta a uma leitura esclarecedora e recompensadora.

— PHILIP JENKINS, professor distinto de História, Baylor University

Esta é uma releitura ponderada e magistral de 2 mil anos de história cristã. Quaisquer que sejam suas crenças atuais, recomendo que você adquira um exemplar e permita que Dickson o introduza aos santos e opressores que moldaram nosso mundo. Cada página foi um aprendizado, e agora tenho uma compreensão melhor de acontecimentos infames como as Cruzadas e a Inquisição, e um conhecimento maior de uma multidão de heróis da fé esquecidos. Leia-o e chore, sorria, questione, reflita e cante.

— REBECCA MCLAUGHLIN, autora de *Confronting Christianity* [Confrontando o cristianismo]

John Dickson é um historiador escrupuloso, um árbitro justo e um maravilhoso contador de histórias. *Opressores e santos* é uma avaliação inestimável, profunda e, por vezes, acertadamente provocativa do bem e do mal, do belo e do feio, na longa história cristã. Em uma prosa versátil e acessível, o livro captura a inevitável complexidade e os caminhos acidentados de todos os empreendimentos humanos, incluindo os empreendimentos humanos divinos. E ele compreende com profundidade que professar o cristianismo não nos cura da condição humana, com todas as suas possibilidades desconcertantes, todo o seu heroísmo e seu horror, sua majestade e sua degradação. Mas ainda há uma luz que brilha.

— GREG SHERIDAN, editor para assuntos estrangeiros do *The Australian* e autor de *God is good for you* [Deus é bom para você]

O problema do sofrimento e do mal é um das questões mais difíceis que confrontam qualquer cosmovisão. Mas os cristãos enfrentam um problema ainda mais difícil — dar conta dos horrores infligidos em nome de Jesus Cristo, que ensinou o nível mais alto de ética já conhecido e repudiou o uso da violência para defender a si mesmo e a sua mensagem. Quando pensamos nas famigeradas Cruzadas e Guerras Santas da Idade Média, precisamos concordar com o falecido Christopher Hitchens, segundo o qual "a religião envenena tudo", ou ainda existe alguma redenção? Existe algum santo entre os opressores? John Dickson, um historiador da Idade Antiga, é muito qualificado para nos ajudar a chegar aos fatos. Ele demonstra de maneira convincente que a "violência sagrada" não é encontrada nos três primeiros séculos da era cristã. Com honestidade alentadora, ele abre nossos olhos para os desdobramentos divergentes e fascinantes nos séculos que se seguiram, os quais levaram, por um lado, aos opressores, à brutalidade e à opressão e, por outro lado, aos santos, à caridade, aos hospitais e aos direitos humanos. "Opressores são comuns — santos, não". Se você quer descobrir o como e o porquê, o que penso ser o dever de todos, então não há nada mais a fazer senão comprar e ler o livro de Dickson e tirar suas conclusões. É o que tem de melhor em termos de análise histórica primorosamente bem-informada. Eu o recomendo sem hesitar como leitura essencial para qualquer pessoa que deseja se engajar nas difíceis questões levantadas pelos males da cristandade. Adquira este livro e o compartilhe!

— JOHN C. LENNOX, professor emérito de Matemática, associado emérito de Matemática e Filosofia da Ciência, Universidade de Oxford

Esta narrativa vívida da história da igreja dá vida a opressores e santos espalhados ao longo de 2 mil anos de história. Ela desafia de igual modo as afirmações verborrágicas dos que se atrevem a colocar panos quentes sobre o mal na história cristã e daqueles que ousam lhe negar o seu bem. Erudita e de leitura imensamente agradável, é obrigatória para os defensores e os detratores da fé.

— MICHAEL SPENCE, presidente e reitor, University College London

Esta obra desafiadora escrita por um historiador qualificado lida com um dos temas que confrontam a igreja cristã na atualidade. Os críticos dizem que o cristianismo (e não raro todas as religiões) trouxe mais males que bem. O dr. Dickson não tem medo de encarar essa afirmação e de reconhecer, em um estilo confrontador, as falhas da igreja em viver através dos séculos de modo digno do ensino de Cristo. Não obstante, sua abordagem equilibrada, construída (como todo historiador que se preza) a partir dos mínimos detalhes dos documentos da história, conclui com uma mensagem de esperança. Este é um livro para crentes, indecisos, céticos e francos inimigos da igreja ponderarem.

— **ALANNA NOBBS**, professora emérita, Departamento de História Antiga, Macquarie University

Não conheço nenhum outro livro como este: um guia honesto através do labirinto de 2 mil anos de violência e virtude em nome do cristianismo. Dickson, um historiador qualificado, explica as complexidades do passado com uma imparcialidade perturbadora. As roupas sujas da história cristã são estendidas aqui para todos verem, mas também somos convidados a considerar as ações belas, perpetradas geralmente por desconhecidos. Recomendo muito o livro, não apenas por seu conteúdo factual e sua análise justa, mas também como uma janela para entender o mundo de hoje.

— **PETER J. WILLIAMS**, diretor, Tyndale House, Cambridge

John Dickson não poderia saber, até ler estas palavras, que suas obras anteriores foram tão importantes quanto as de C. S. Lewis, Bento XVI e outros para salvar minha fé católica madura. Neste lançamento, ele oferece um relato cativante, honesto e pessoal do motivo pelo qual o cristianismo é bom, sem diminuir, nem por um momento sequer, as falhas manifestas de alguns cristãos em viverem à altura das demandas de sua fé. Eu não concordo com tudo o que John fala, mas não seria capaz de deixar de recomendar *Opressores e santos*. Você deve comprá-lo, lê-lo e refletir.

— **MICHAEL QUINLAN**, professor de Direito, Universidade de Notre Dame, Austrália

Este livro oportuno e corajoso se engaja de forma aberta com os "opressores" e os "santos" da história cristã. Dickson enfrenta as atrocidades mais horríveis cometidas em nome do cristianismo. Mas ele não o faz para acobertá-las, mas, antes, para reconhecê-las e oferecer a autocrítica cristã que

Jesus exigiu. Ao fazer isso, Dickson eleva a igreja aos padrões do seu fundador — Jesus Cristo. Ele oferece uma ferramenta conceitual fértil para compreender os meios pelos quais, historicamente, os cristãos têm — ou não — seguido os ensinamentos de Jesus. Esta é a metáfora da "bela melodia", a qual, como Dickson aponta, a igreja, às vezes, tem executado bem, e, às vezes, mal. Mas a música, Dickson revela, nunca foi abafada. Essa metáfora elucidativa ajuda Dickson a desvelar alguns dos frutos históricos dos ensinamentos de Jesus que hoje são a pedra angular dos direitos humanos, do cuidado com os doentes e marginalizados e da educação em massa. Dickson é não apenas um grande historiador, mas também — algo incomum entre os acadêmicos — um grande contador de histórias, com a habilidade de comunicá-las de forma bela e acessível. É isso que torna sua escrita tão revigorante. Ele é humilde, realista e envolvente. Cristãos e descrentes descobrirão em *Opressores e santos* uma leitura convincente.

— SARAH IRVING-STONEBRAKER, professora sênior de
História Europeia Moderna, Western Sydney University

Neste livro de profunda motivação pessoal, John Dickson desafia os leitores a encararem a longa história de violência e vingança levada a cabo por aqueles que carregavam o nome de Cristo e de sua igreja, mas também oferece uma defesa da igualmente longa história de entrega pessoal em favor dos outros. Como um guia em uma longa viagem de trem, ele visita os momentos e indivíduos principais na história da Igreja Ocidental, valendo-se de pesquisas recentes e dos escritores da época, recusando-se a deixar seu público permanecer apenas nos lugares mais bonitos, mas na clara expectativa de que é o exemplo dessas paisagens que nutrirão a esperança e a inspiração para o futuro. Embora isso sirva para aplacar os céticos de fora da igreja, seu principal objetivo é capacitar aqueles que estão do lado de dentro a entender melhor a face obscura de sua própria herança e as sombras que ela projeta sobre o presente, e a seguir em frente com humildade.

— JUDITH M. LIEU, professora emérita Lady Margaret de
Divindade, Universidade de Cambridge

John Dickson não tem problemas em reconhecer a "viga" no olho do cristianismo. Como alguém que fala de dentro da tradição cristã e como um historiador experimentado, ele articula, com uma clareza que supera a de muitos críticos populares, com exatidão o problema da igreja cristã com sua imagem — a hipocrisia já vem de muitos séculos. Mas ele sabe também que o cristianismo legou contribuições únicas à história, e seus hospitais, escolas, reformadores e advogados da dignidade humana foram capazes, muitas vezes, de abrir até os olhares mais preconceituosos. Quer você acredite que estaríamos melhores sem o cristianismo, quer você o veja como algo profundamente vivificante, *Opressores e santos* é um convite a olhar de novo para a atuação da igreja cristã e ver se não conseguimos vislumbrar algo do caráter e cuidado amoroso pelo bem-estar humano do seu próprio fundador.

— MARK P. RYAN, professor adjunto de Religião e Cultura, diretor do Instituto Francis A. Schaeffer, Covenant Theological Seminary, St. Louis

A franca indignação de um historiador sério é o que intriga John Dickson. Como os santos conseguiram entender as coisas de maneira tão errada, com tanta frequência? Para mim, o momento mais revelador chegou nos capítulos centrais do livro. Duas gerações depois de Constantino, nós temos as reações dedicadas de quatro jovens, semelhantes e próximos intelectualmente, em uma única década. Um, Juliano, comanda o Império Romano e pretende se livrar da revolução cristã. Os outros são bispos ou algo do gênero, vindos da periférica Capadócia. Os quatro concordam no mesmo ponto crucial. O próprio governo deve agir, não em favor dos fortes, mas dos fracos e, portanto, os assim chamados indignos, por mais irracional que isso possa parecer. John Dickson não precisava ter se preocupado tanto. No longo prazo, as ordens revolucionárias de Jesus foram incorporadas com profundidade na nossa política secular, a despeito da hipocrisia da igreja. De fato, nosso zelo em expor tal hipocrisia é, em si mesmo, um legado do ensino de Jesus sobre o reino.

— EDWIN JUDGE, professor emérito de História, Macquarie University, Sydney

O livro *Opressores e santos* é um relato surpreendentemente imparcial da história do cristianismo, oferecendo uma descrição sutil dos seus paradoxos e ironias. Ele reconhece de imediato o papel dos cristãos em muitas das piores partes da história humana, ao mesmo tempo em que detalha o bem coletivo extraordinário que os cristãos fizeram e as contribuições distintivas do cristianismo. O livro é uma vitrine do talento do dr. Dickson para produzir uma obra erudita com profunda perspicácia que é, ao mesmo tempo, cativante, acessível e de todo agradável de ler.

— ANDREW TUCH, professor de Direito, Universidade de Washington em St. Louis

A velha pergunta "O cristianismo é verdadeiro?" tem sido substituída pela nova pergunta "O cristianismo é bom?" Nesta pesquisa bem cadenciada e de leitura eminentemente agradável, Dickson trata com sinceridade a matizada história moral da igreja. Ele leva a sério os danos causados pelos cristãos, considerando tudo, desde as Cruzadas até os escândalos de abuso sexual infantil. Ao mesmo tempo, Dickson nos atrai para os aspectos sem precedentes da igreja — seu compromisso com os fracos, por exemplo — que têm o poder de despertar nossa curiosidade. No fim das contas, sua melhor defesa da fé, seja lidando com sua vergonha ou com sua glória, é apenas contar a verdade.

— RACHEL S. FERGUSON, diretora do Liberty and Ethics Center, professora de Filosofia da Administração, Lindenwood University Missouri

opressores

e

santos

opressores e santos

Uma análise do bem e do mal
na história cristã

JOHN DICKSON

Título original: *Bullies and Saints: an honest look at the good and evil of Christian history*
© por John Dickson, 2021. Edição original por Zondervan. Todos os direitos reservados.
© da tradução por Pilgrim Serviços e Aplicações LTDA, 2023.

Todas as citações bíblicas foram extraídas da *Nova Versão Internacional* (NVI) da Biblica Inc., salvo indicação em contrário.

Os pontos de vista desta obra são de responsabilidade dos autores e colaboradores diretos, não refletindo necessariamente a posição da Pilgrim Serviços e Aplicações, da Thomas Nelson Brasil ou de suas equipes editoriais.

É proibida a reprodução por quaisquer meio, salvo em breves citações, com indicação da fonte.

Tradução
João Vitor Oliveira da Silva

Revisão
Edson Nakashima, Rogério Portella e Francine Torres

Adaptação de capa
Maria Cecília Lobo

Projeto gráfico e diagramação
Sonia Peticov

Crédito das imagens de capa
The inspiration of St. Matthew: Alamy
St. Demetrius: Dreamstime

EQUIPE EDITORIAL

Diretor
Samuel Coto

Coordenador
André Lodos

Editor
Guilherme Cordeiro Pires

Assistente
Lais Chagas

Dados Internacionais de Catalogação na Publicação (CIP)
(BENITEZ Catalogação Ass. Editorial, MS, Brasil)

D6710 1. ed.	Dickson, John Opressores e santos: uma análise do bem e do mal na história cristã / John Dickson; tradução João Vitor Oliveira da Silva. – 1.ed. – Rio de Janeiro: São Paulo: Thomas Nelson Brasil; Pilgrim, 2023. 368 p.; 15,5 x 23 cm. Título original: *Bullies and Saints: An Honest Look at the Good and Evil of Christian History.* ISBN: 978-65-5689-656-4 1. 1. Apologética. 2. Bem e mal – História. 3. Igreja cristã – História. I. Silva, João Vitor Oliveira da. II. Título.
07-2023/35	CDD 270

Índices para catálogo sistemático:
1. Bem e mal : Cristianismo : História   270

Bibliotecária: Aline Graziele Benitez CRB-1/3129

Todos os direitos reservados a Pilgrim Serviços e Aplicações LTDA.

Alameda Santos, 1000, Andar 10, Sala 102-A

São Paulo — SP — CEP: 01418-100

Para Ben e Karen
ΦΙΛΟΙ ΕΙΣ ΤΟΝ ΑΙΩΝΑ

Sumário

Mapas	17
Agradecimentos especiais a...	19

Melhores sem religião — um prelúdio   21

1. O dia em que perdi minha fé na igreja: um massacre cristão no ano 1099   27

2. As Cruzadas em poucas palavras: guerras santas do século 11 ao século 13   34

3. A bela melodia: a ética cristã do século 1   49

4. A viga no olho da igreja: outra coisa que Jesus disse no século 1   63

5. Bons perdedores: a perseguição à igreja de 64 a 312 d.C.   70

6. Constantino e a liberdade religiosa: o primeiro imperador cristão no início do século 4   84

7. Constantino e a origem da caridade: mudanças financeiras na lei romana no início do século 4   95

8. Juliano, o Apóstata: um imperador atrasa o relógio do cristianismo na década de 360   113

9. Cristianismo viril: um senador e bispo no final do século 4   122

10. Cristianismo capadócio: bispos, assistência médica e escravidão no final do século 4   133

11. Cristianismo iconoclasta: revoltas cristãs e o fechamento de templos pagãos de 380 a 415   143

12. "Guerra justa": uma teoria da guerra cristã no início do século 5   153

13. O fim de Roma e o crescimento da Igreja: bárbaros e cristãos na Europa de 400 a 1100   165

14. "Jihad" cristã: conversões forçadas na Europa no final do século 8   175

15. O maior europeu do qual você nunca ouviu falar: um
"Renascimento" no meio da "Idade das Trevas" — 183

16. Cavaleiros de Cristo: o prelúdio à "guerra santa" na
marcha para 1100 — 195

17. Profetas e hipócritas: monastérios, instituições de caridade
e reformas medievais — 207

18. O eterno Império do Oriente: os esquecidos bizantinos
do século 6 ao século 15 — 225

19. A invenção da "Idade das Trevas": a suposta catástrofe
do século 6 ao século 13 — 238

20. A Inquisição: os julgamentos de heresias do século 12 ao
século 16 — 246

21. As "Guerras de Religião" da Reforma: mais batalhas
sangrentas no século 17 — 264

22. "Os Problemas": lutas confessionais do século 18 até 1998 — 276

23. Responsabilização moral: o abuso infantil na igreja moderna — 285

24. Capital social: a obra ordinária da igreja contemporânea — 294

25. A viga em nossos olhos: a hipocrisia século a século — 305

A bela melodia — uma coda — 313

Notas — 317
Índice bíblico — 355
Índice remissivo — 357

MAPA DO MEDITERRÂNEO ROMANO

Mapa da Europa medieval e moderna

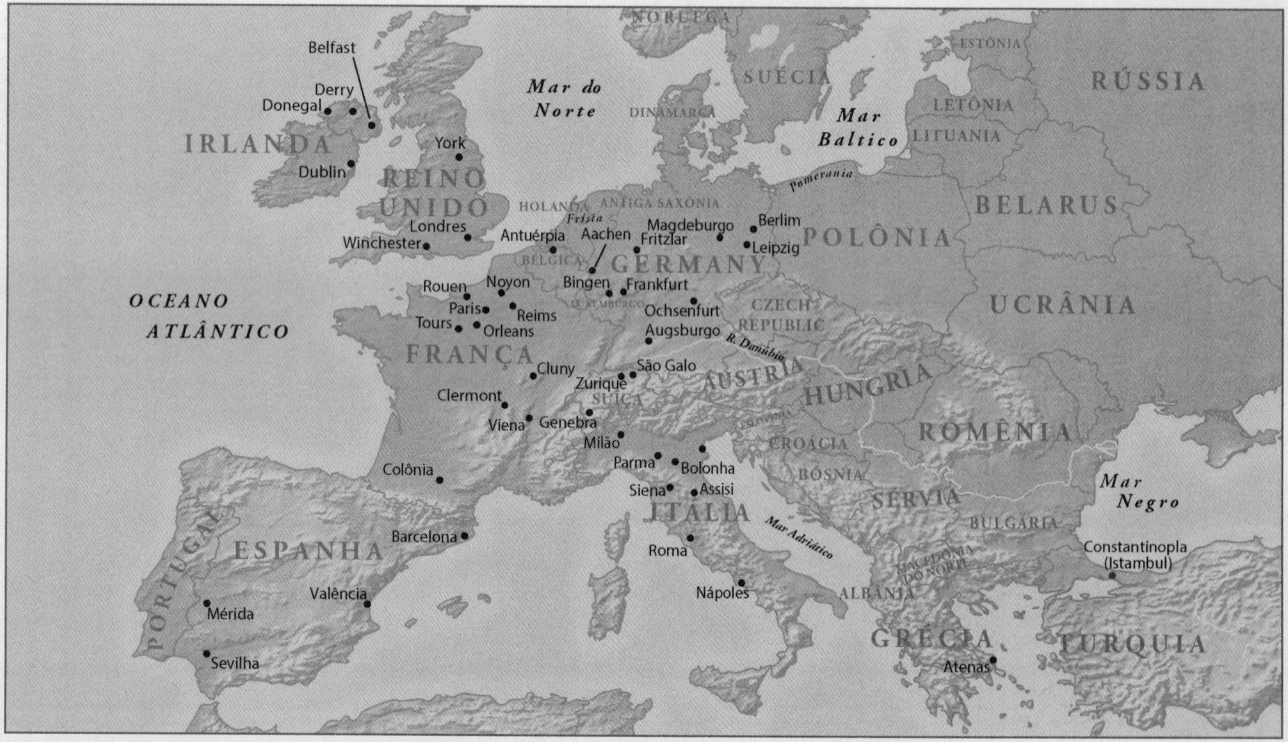

Agradecimentos especiais a...

Kaley Payne, pela pesquisa e assistência editorial inestimáveis.

Lyndie e David Leviston, pelas perspectivas renovadas e sugestões bem-vindas.

Meus amigos no *Centre for Public Christianity*, especialmente Simon Smart, Allan Dowthwaite, Natasha Moore e Justine Toh, pelos anos de discussões profundas sobre estes assuntos.

O Departamento de História Antiga da Macquarie University, de modo especial aos professores Edwin Judge, Alanna Nobbs e dr. Chris Forbes, por darem o exemplo de como estudar o cristianismo de forma criteriosa e "secular".

Bill Hurditch, Jana Robertson, Rob Clarke e Dugald Mackenzie, pela orientação durante todo o projeto Undeceptions.

Professor Michael Quinlan, da Universidade de Notre Dame, por ler o manuscrito, oferecer com gentileza um endosso e sugerir mais de 3 mil palavras com melhorias.

Igreja Anglicana de St. Andrew, em Roseville, por me lembrar durante duas décadas que, apesar das falhas monumentais da história cristã, ainda existe a "santa igreja católica".

Nicholas Purcell, professor da cátedra Camden de História Antiga da Faculdade de Clássicos da Universidade de Oxford, por patrocinar meu status de professor visitante na faculdade nos últimos anos, sem o qual eu jamais teria conseguido realizar a pesquisa para este livro.

Dr. Hagop Kiyork, pelos nossos passeios intelectuais para a resolução de todos os problemas do mundo.

Meredith Dimarco, por curar as dores e os sofrimentos de sete meses curvado sobre minha mesa escrevendo este livro.

Buff, Josh, Sophie e Josie, por aturarem um marido e pai obsessivo.

Melhores sem religião
— um prelúdio

Em agosto de 2008, eu perdi um debate que mudou minha forma de pensar sobre o tema deste livro.

Digo que "eu" perdi o debate. Mas foi um trabalho de equipe. Meu papel foi basicamente nos bastidores, promovendo o evento, correndo atrás de um dos palestrantes — um conhecido professor de Oxford — e auxiliando nos preparativos "do meu lado" para o debate. A proposição a ser considerada na discussão era: *nós estamos melhores sem religião*. Eu estava do lado do *não*, caso você esteja se perguntando.

Estava óbvio desde o começo qual religião em particular era considerada a ré principal. O islã, o hinduísmo e o budismo saíram de lá ilesos. O judaísmo levou alguns golpes, sobretudo por causa das "partes violentas" do Antigo Testamento. Mas foi o cristianismo, a maior das religiões e a principal das opressoras espirituais, que recebeu a maior dose de furor.

Todos os 1.238 assentos do local (o *Recital Hall* de Sydney) estavam ocupados. O evento foi transmitido ao vivo pela ABC, a rádio nacional. Na entrada do teatro, as pessoas respondiam a uma enquete para avaliar como elas se sentiam a respeito do assunto antes de ouvirem os argumentos. A ideia era que respondessem de novo à enquete no final da noite para revelar o vencedor. No curto espaço em que fiquei com o microfone, logo antes da última enquete, pedi ao público que pensasse numa pessoa sinceramente religiosa em sua vida e se perguntasse se o mundo seria mesmo um lugar melhor sem aquela crença. Falei que é fácil formar uma imagem mental da *igreja histórica*, descolada das realidades daquela congregação comum de pessoas de bem inocentes no final da rua. Meu desafio não surtiu nenhum efeito no resultado, é claro. Digo com pesar que o *sim* ganhou de lavada em *ambas* as enquetes. Acabou que aquele grupo particular de australianos de fato acreditava que nós estaríamos melhores sem religião.

OPRESSORES E SANTOS

Fui embora naquela noite com uma clara sensação de algo que pensava havia anos. Na Austrália, no Reino Unido e nos Estados Unidos — os três países nos quais passei a maior parte da minha vida —, nós passamos por uma mudança significativa na percepção do valor da religião em geral, e do cristianismo em particular. Há mais ou menos vinte anos, uma reclamação frequente contra a fé cristã era que ela era muito moralista, hipócrita ou certinha demais. Hoje, tão comum quanto isso é ouvir as pessoas dizendo que o problema da igreja consiste em ser imoral, violenta e odiosa. Quando o renomado jornalista e ateu Christopher Hitchens publicou *Deus não é grande*, em 2007, e deu ao livro o provocativo subtítulo "Como a religião envenena tudo", ele estava bebendo de um sentimento em relação à religião cada vez mais generalizado em sua terra natal, a Grã-Bretanha, e em seu lar adotivo, os Estados Unidos. O livro também se saiu muito bem na Austrália.

Existem também algumas boas pesquisas sobre tudo isso. Em 2017, uma enquete da Ipsos pesquisou vinte países acerca da sua visão sobre a religião. Uma das perguntas era: "Você concorda com a afirmação: 'A religião faz mais mal para o mundo que bem'?". Nos EUA, 39% dos entrevistados responderam que concordavam com a afirmação. Acho isso extraordinário. Em um país geralmente tido como um dos mais religiosos do mundo, quase quatro a cada dez pessoas pensam que a religião é uma força negativa. Na Grã-Bretanha foi pior — ou melhor, dependendo do seu ponto de vista —, com 61% dos que responderam ao questionário concordando com a afirmação. E imagine a Austrália, onde 63% das pessoas acham que a religião faz mais mal que bem. Apenas a Bélgica (68%) teve uma visão ainda mais negativa da religião.[1]

Um padrão similar pode ser visto na pesquisa da Ipsos MORI, sediada no Reino Unido, "Rating Professions by Trustworthiness, 1993-2015".[2] Foi solicitado aos entrevistados que classificassem dezesseis profissões de acordo com "a confiabilidade em dizer a verdade". Infelizmente, jornalistas e políticos estavam entre as últimas colocações em 2015. Como esperado, médicos e professores estavam no topo. Pesquisadores de opinião pública e funcionários públicos estavam no meio.

E quanto ao clero? Interessante notar que as autoridades religiosas ficaram em sétimo lugar nas apostas sobre quem conta a verdade, com cerca de 67% dos britânicos afirmando que confiavam nos homens e nas mulheres de batina. O que é mais revelador, porém, é que tem havido um declínio persistente nos níveis de confiança do público no clero nos 22 anos desde que a pesquisa começou a coletar dados. Os líderes religiosos caíram quatro

Melhores sem religião — um prelúdio

posições e quinze pontos percentuais ao longo desse período. Os cientistas, em contraste, subiram quatro posições e dezesseis pontos percentuais, passando o clero na percepção de confiabilidade em 2011. Um estudo parecido feito na Austrália em 2015 descobriu que só 39% das pessoas enxergavam os ministros religiosos como éticos e honestos, classificando-os em décimo segundo lugar entre trinta profissões.[3]

De certa forma, estou surpreso de ver o clero figurando acima, digamos, dos jornalistas e políticos, que sempre aparecem no último terço nessas pesquisas anteriores. Meu palpite era que a crescente secularização e os eventos dos anos recentes haviam jogado os sacerdotes e pastores para baixo. Essas enquetes coincidem, grosso modo, com os escândalos de abuso infantil que abalaram a igreja ao redor do mundo nos últimos vinte anos. Entre 2001 e 2003, a famosa equipe *Spotlight*[*] do *The Boston Globe* trouxe a público a extensão do molestamento de crianças e acobertamentos na Arquidiocese de Boston. Nos dez anos anteriores, mais de setenta padres haviam sido justamente acusados de abusar de menores, e a Igreja tinha resolvido os casos "sob um extraordinário manto de segredo".[4] Quando o quarto de doze artigos investigativos explosivos foi publicado (em 31 de janeiro de 2002), o *Globe* reportou que ainda havia padres suspeitos de pedofilia exercendo o ofício, muitas vezes tendo sido apenas reempregados por baixo dos panos como capelães em hospitais ou prisões. Esse não é um problema só da Igreja Católica Romana dos Estados Unidos, como veremos no capítulo 25.

Dizer que a igreja tem um "problema de imagem" não faz jus à questão. O cristianismo teve dois milênios para conquistar a afeição e a confiança do mundo. Mas, para muitos de nós hoje, essa venerável tradição não merece nem nosso amor, nem nossa confiança. Christopher Hitchens falou por muitos quando escreveu:

> Acreditamos com certeza que uma vida ética pode ser vivida sem religião. E sabemos como fato que o corolário também vale — a religião tem levado inúmeras pessoas não só a se conduzir pior que outras, mas a se permitir um tal comportamento capaz de franzir a testa de uma dona de bordel ou de um responsável por limpeza étnica. [...] Enquanto escrevo estas palavras,

---

** Trata-se da equipe de jornalismo investigativo do jornal *The Boston Globe*, que apurou casos de abuso sexual e pedofilia por membros da arquidiocese católica de Boston. A reportagem recebeu o Prêmio Pulitzer de Serviço Público em 2003 e rendeu o filme homônimo premiado pelo Oscar. (N. do E.)*

OPRESSORES E SANTOS

e enquanto você as lê, pessoas de fé estão, dos seus modos diferentes, planejando a sua e a minha destruição, e a destruição de todas as realizações humanas, com tantas dificuldades conquistadas, com as quais entrei em contato. A religião envenena tudo.[5]

Imagino que Christopher Hitchens suspeitaria muito do projeto deste livro. Infelizmente, ele morreu de câncer de garganta em 2011. Consigo até imaginá-lo resmungando: *como se* um cristão — mesmo um anglicano instruído — estivesse disposto de verdade a abrir os olhos para as trevas da história cristã e chegar a qualquer coisa próxima de um relato imparcial! *Como se* um "apologista" cristão (rejeito essa palavra, mas sem dúvida ele a usaria) fosse capaz de admitir que os "santos" podem ser "pecadores" tão descarados quanto qualquer um, e algumas vezes piores! Suponho que só os leitores que chegarem ao final deste livro serão capazes de julgar se meu Hitchens imaginário está correto. Quaisquer protestos que eu possa oferecer a esta altura são previsíveis e vazios. Vou apenas admitir que algumas vezes senti a presença de Hitchens — como um fantasma — no meu escritório conforme escrevia este livro.

Hitchens também foi um interlocutor hipotético enquanto eu participava da roteirização e apresentação do filme *For the love of God: how the church is better and worse than you ever imagined* [Pelo amor de Deus: Como a igreja é melhor e pior do que você imagina], de 2018. Trata-se de um extenso levantamento de alguns dos melhores e dos piores momentos da igreja cristã na história e hoje.[6] O documentário apresenta *flashes* da igreja, em três horas e meia de cor, movimento e humor ocasional (pelo menos por parte dos meus colegas apresentadores). O que se segue é, sem dúvida, muito menos divertido, mas é uma tentativa de fazer algo impossível (e com certeza não recomendável) em uma tela: um apanhado, século por século, dos opressores e santos da história cristã, geralmente em suas próprias palavras, ou pelo menos nas palavras dos que os amaram ou odiaram.

Este não é um trabalho acadêmico — não foi escrito para outros pesquisadores e professores. Mas segue um princípio crucial da história intelectual: o desejo de sujeitar nossas narrativas às evidências reais, ou seja, às *fontes primárias*, sejam elas biografias, cartas preservadas, leis, inscrições ou arqueologia da época. Há uma quantidade considerável dessas coisas neste livro. Para um assunto como o nosso, isso é crucial, porque frequentemente nossas impressões sobre se *estaríamos melhor sem a religião* são desenvolvidas em parte por experiências pessoais (boas ou más) e em parte a partir de reportagens, conversas de boteco ou documentários do History Channel de segunda e terceira mão. A evidência que iremos explorar é intrincada, mas é a *evidência* que deve formar nossas conclusões.

Tem outra coisa que preciso enfatizar logo no começo. Não farei nenhuma grande distinção entre a Igreja Católica Romana, a Igreja Protestante e a Igreja Ortodoxa. Existem diferenças teológicas significativas entre as tradições, como mostrarei no capítulo 21, mas, de uma perspectiva histórica, elas são em essência a mesma instituição social. É muito fácil para protestantes como eu se distanciarem de alguns dos grandes males da história da igreja, como as Cruzadas ou a Inquisição, alegando: "foram os católicos!". Certa vez, em uma rede social, comentando algo que eu havia dito sobre a igreja da Idade Média, um ministro presbiteriano sincero que eu conheço argumentou exatamente isto: "Dickson condensa a igreja em uma entidade amorfa de sua própria aversão". Mas o protestantismo, ele disse, deve ser mantido separado. Acho que, uma vez que sua tradição surgiu no século 16, é tentador não admitir para si todas as coisas ruins que aconteceram entre Jesus e Martinho Lutero. Mas a mim isso não convence. Não apenas os protestantes, na sua breve história de quinhentos anos, participaram de toda a mesma intolerância, ódio e violência das suas contrapartes católicas, mas essa linha de raciocínio conveniente deixa o protestantismo na estranha posição de ser obrigado a admitir que não fez quase nenhuma contribuição ao tecido histórico da civilização ocidental, já que todos os hospitais, as instituições de caridade e educacionais e a ética distintamente cristã do protestantismo são em grande medida a continuação das tradições que floresceram no catolicismo e na Igreja Ortodoxa ao longo de quinhentos, ou mil anos antes. (É provável que meu amigo presbiteriano não se importaria com isso. Para ele, e outros cristãos evangélicos, o importante acerca do cristianismo não é qualquer contribuição *social*, mas a contribuição *teológica* que os protestantes fizeram ao esclarecer a mensagem da salvação *só pela fé*.) Digo tudo isso como um orgulhoso protestante — se os leitores aceitarem um anglicano como protestante! O ponto, entretanto, é que, para os propósitos dessa recontagem século a século dos opressores e santos da história da igreja, não existem diferenças entre as três grandes tradições do cristianismo. Martinho Lutero, Ambrósio de Milão e Gregório de Nissa são todos líderes da "igreja". Conheceremos mais sobre esses três, e muitos outros, nas páginas que se seguem.

Já usei a expressão "Ocidente" e "civilização ocidental" umas duas vezes. Deixe-me esclarecer que essa não é outra forma de dizer "civilização

OPRESSORES E SANTOS

branca" ou de expressar qualquer anseio contemporâneo pela recuperação de uma "sociedade judaico-cristã" do passado. Entendo as preocupações recentes acerca de como esses termos foram cooptados por uma agenda conservadora. Contudo, nos círculos de história, é um simples ponto pacífico — irrefutável — que *muito* das leis, ética, filosofia, literatura e cultura dos países da Europa, da Britânia, da Irlanda, dos Estados Unidos, da América do Sul, do Canadá, da África do Sul, da Austrália e da Nova Zelândia tem precedentes concretos identificáveis — bons e maus — nas sociedades greco-romanas e judaico-cristãs que se espalharam *em direção ao Ocidente* a partir da Itália nos séculos 4 ao 16. É a isso que me refiro como "o Ocidente" e "civilização ocidental". E como detalharei no capítulo 18, nada disso deve desmerecer as conquistas e contribuições notáveis vindas do império *oriental* (Bizâncio) e da civilização islâmica na Idade Média.

Desde o debate de 2008 até o filme de 2018 e agora à redação deste livro, admito que sinto uma profunda simpatia, e até afinidade, por quem pensa ter o cristianismo feito mais mal que bem. Muitas coisas podem reforçar essa impressão nas páginas deste livro. Ao mesmo tempo, não consigo afastar a convicção de que as evidências demandam de nós o reconhecimento de que mesmo nos momentos mais sombrios da história cristã (e hoje), a chama que o próprio Cristo acendeu — "amem os seus inimigos, façam o bem aos que os odeiam" (Lucas 6:27) — insistiu em expor as trevas de dentro e, então, reacender a si mesma em toda a igreja. Este livro é um tributo a isso. Ou, para propor outra metáfora à qual retornarei no capítulo 3, Cristo escreveu uma bela melodia que a igreja, às vezes, executou bem, às vezes, mal. Mas a música jamais foi abafada. Algumas vezes, ela se tornou uma sinfonia.

Durante a filmagem do documentário de 2018, eu tive uma segunda experiência profunda que alterou minha perspectiva sobre o tópico deste livro. Consigo me lembrar com precisão da hora e do local. Se você tivesse me perguntado naquele exato momento, eu talvez também teria votado em favor do *sim* no debate de dez anos antes. No primeiro capítulo, portanto, quero conduzi-lo àquele terrível lugar, o local do massacre e da celebração de uma cruzada. Em seguida, depois de uma breve história das Cruzadas, mais ou menos na metade da história de 2 mil anos da igreja, nós voltaremos ao século 1 e exploraremos o que o próprio Cristo esperava do seu movimento, antes de tentar entender o que deu errado — e certo — conforme a história avançou.

26

| CAPÍTULO UM |

O dia em que perdi minha fé na igreja:

um massacre cristão no ano 1099

Qualquer um que, por pura devoção, não para obter honra ou riquezas, partir para Jerusalém para libertar a Igreja de Deus, pode oferecer essa jornada em troca de toda penitência.

— PAPA URBANO II

O título deste capítulo é um exagero, mas não muito grande. Encontro-me em um dilema. O credo formal do cristianismo, conhecido como o *Credo Niceno*, convida o fiel a declarar sua fé na "santa igreja católica e apostólica" (a propósito, "católica" aqui significa apenas *universal*, não Católica Romana). Em um sentido muito real, portanto, cristãos são chamados a ter algum tipo de fé ou confiança espiritual na instituição que Cristo estabeleceu. Foi ele mesmo quem disse: "Edificarei a minha igreja, e as portas do Hades [da morte] não poderão vencê-la" (Mateus 16:18). Entretanto, qualquer um que conheça a história do cristianismo ao longo dos séculos sabe que a igreja tem sido tudo menos consistentemente "santa". Algumas vezes, ela tem sido a aliada do próprio Hades. Como um estudante de história de longa data, e há mais tempo ainda um frequentador de igreja, me sinto em conflito. Eu sei onde os corpos estão enterrados no cemitério da história da igreja, mas, de algum jeito, eu ainda devo recitar as palavras do *Credo Niceno*.

"HOMENS CAVALGAVAM COM O SANGUE ATÉ OS JOELHOS"

Eu nunca senti esse conflito interno com mais intensidade que na ocasião em que estive no local onde ocorreu uma das maiores atrocidades da história religiosa. Eu estava em Jerusalém filmando algumas cenas sobre as Cruzadas, aquela série de "guerras santas" infames em que os cristãos europeus buscaram expulsar os ocupantes infiéis da Terra Santa, isto é, a maior população muçulmana do Oriente Médio.

Foi-nos concedida permissão para filmar na Mesquita de Al-Aqsa, o terceiro lugar mais sagrado do islã, que fica em uma praça enorme conhecida como Haram al-Sharif, ou o Monte do Templo. Compartilhando o espaço da praça, temos o Domo da Rocha, o lindo domo dourado que aparece em todo cartão-postal de Jerusalém. Quase trinta campos de futebol americano caberiam nesse gigantesco pátio de 150 mil m² ao ar livre.

No dia 15 de julho de 1099, algo em torno de 10 mil cruzados europeus irromperam pelas muralhas que protegiam Jerusalém. Marchando pelas ruas estreitas da cidade, eles lutaram contra qualquer um que resistisse. Eles subiram até o Haram al-Sharif, onde descobriram milhares de residentes encolhidos de medo, esperando, como último recurso, que seu pátio sagrado lhes desse proteção prática e divina. Mas os guerreiros, "peregrinos", como chamavam a si mesmos, estavam marchando havia dois anos. Eles viajaram mais de 3 mil quilômetros da França até Jerusalém. Eles estavam sitiando a cidade havia um mês. Eles não iriam desperdiçar a chance de conquistar a vitória. De acordo com nossos registros, os cruzados se precipitaram em um frenesi tão profano a ponto de massacrarem homens, mulheres e crianças. Eles lançaram algumas vítimas de cima dos altos muros da praça direto para a morte, três andares abaixo. Assassinaram de modo cruel o restante com espadas, adagas, fogo, flechas e lanças. Chegaram a perseguir os que conseguiram subir no telhado da Mesquita de Al-Aqsa e os mataram ali mesmo.[1] Foi reportado que o sangue derramado encheu a grande calçada entre a mesquita e o domo. Temos relatos de testemunhas oculares dos eventos. Com satisfação grotesca e óbvio exagero, Raimundo de Aguilers, um líder da Primeira Cruzada, escreveu sobre esse fatídico dia nos "idos de julho":

> Coisas maravilhosas podiam ser vistas. Alguns de nossos homens cortaram a cabeça dos seus inimigos; outros atiraram flechas neles, de modo que caíram das torres; outros os torturaram por mais tempo jogando-os nas chamas. Pilhas de cabeças, mãos e pés podiam ser vistas nas ruas da cidade.

O dia em que perdi minha fé na igreja

[...] Foi um julgamento justo e esplêndido de Deus o fato de este lugar se encher com o sangue dos incrédulos, uma vez que já havia padecido por tanto tempo suas blasfêmias.[2]

Como se isso não bastasse, o velho Raimundo continua nos contando que no dia seguinte, 16 de julho de 1099, os peregrinos realizaram um culto de ação de graças na Basílica do Santo Sepulcro, em Jerusalém, a apenas 500 metros de distância do local do massacre no dia anterior. "Como eles se regozijaram e exultaram e cantaram um novo cântico ao Senhor!", ele nos conta. "Afirmo que este dia será famoso em todas as eras futuras, pois transformou nossas obras e tristezas em alegria e exultação." É um fato histórico confrontador que uma igreja originalmente construída para marcar o lugar da injusta e brutal crucificação (e ressurreição) do humilde homem de Nazaré tenha se tornado o local de canções e orações jubilantes para celebrar uma vitória militar impiedosa no nome de Jesus.

Ali, recontando esses horríveis detalhes em frente à câmera, naquela praça sagrada do lado de fora da Mesquita de Al-Aqsa, foi o momento em que senti uma perda de fé na igreja. Eu não apenas li as fontes, ensaiei minha fala e me encontrava de pé naquele lugar hediondo onde tudo aquilo acontecera. Foi porque bem na minha frente, no meu campo de visão, conforme eu falava aquelas palavras, apenas um metro à esquerda da câmera, estava nossa guia e "guarda-costas" muçulmana, responsável por nos mostrar o lugar e assegurar aos transeuntes que nós de fato tínhamos permissão para filmar naquele ponto. Seu nome era Azra, uma árabe muçulmana de Jerusalém cujo inglês era impecável. Ela assistiu enquanto eu falava a minha parte, vez após vez, até conseguir acertar (não sou um gênio que precisa de uma tomada só). Quando conseguimos uma gravação que o diretor gostou, eu pude ver que Azra havia derramado uma lágrima. De repente, percebi não se tratar apenas de um pedaço sangrento da história. Para os muçulmanos de Jerusalém — para muitos muçulmanos, na verdade —, esse evento ainda causa sofrimento, vergonha e até raiva.

Não que Azra estivesse amargurada. Enquanto arrumávamos as coisas, eu disse a ela: "Eu sinto muito mesmo. Deve ter sido difícil para você assistir a isso!". "Não, não", ela respondeu, "não tem problema. Tudo bem". Mas dava para ver que não estava tudo bem. A data, 15 de julho de 1099, deixou uma ferida de novecentos anos na alma de muitos.

Quaisquer sentimentos triunfalistas que eu havia nutrido até então sobre a igreja histórica morreram naquele dia. Eu não conseguia tirar da minha cabeça a justaposição: a lágrima silenciosa de Azra e o extático "julgamento esplêndido de Deus" de Raimundo de Aguilers. Declarar minha fé na "santa igreja" jamais teria o mesmo significado. Eu ainda recito as palavras do *Credo*, mas agora elas funcionam tanto como uma aspiração quanto como uma afirmação da história do cristianismo ao longo das eras.

Sei que a experiência na Mesquita de Al-Aqsa não foi inteira ou estritamente racional. Fazia sentido eu dizer "sinto muito" para Azra? Eu não estava lá em 1099. Gosto de pensar que jamais teria tomado parte no massacre dos seus antepassados em Jerusalém. Não sou responsável em sentido moral por nada daquilo. Com certeza, eu não carrego a culpa por essa tragédia. Tudo isso é verdade. Então por que "sinto muito" ainda parece a coisa certa a dizer? Acho que é porque eu estou conectado ao meu "time", como Azra tem uma conexão com o "time" dela ("família" talvez seja uma metáfora melhor). Como alguém representando o cristianismo no momento, era apropriado sentir alguma vergonha pelo sangue derramado *em nome de Cristo*. E foi correto comunicar o sentimento a Azra.

AS MOTIVAÇÕES DAS CRUZADAS ERAM REALMENTE "RELIGIOSAS"?

Tudo isso levanta uma questão relacionada: as Cruzadas foram uma série de guerras *motivadas por religião*? É tentador nos escondermos atrás das explicações alternativas sugeridas algumas vezes: que as Cruzadas foram, na verdade, apenas uma pilhagem de terras europeias disfarçada de religião; que elas fizeram parte de uma busca por novos recursos; ou até que elas foram um esquema deliberado para manter ocupados dezenas de milhares de homens sem trabalho. Christopher Tyerman, a respeitada autoridade em Cruzadas da Universidade de Oxford, no Reino Unido, afirmou corretamente: "A maior parte do que o público diz ser conhecimento factual a respeito das Cruzadas é ou duvidoso ou falso".[3] E isso se aplica tanto ao conhecimento cristão das Cruzadas quanto ao secular.

É difícil ler as fontes primárias das Cruzadas sem ser confrontado pelas fortes motivações e objetivos religiosos expressos ali — a importância de defender os correligionários, assegurar a honra dos locais sagrados e trazer glória a Jesus Cristo sobre o "paganismo" islâmico em marcha. Raimundo de Aguilers, citado antes, era na verdade um *capelão* da Primeira Cruzada. Sua função específica era relembrar aos outros a missão espiritual inerente àqueles atos de violência. Comentando o massacre de 1099, declarou:

O dia em que perdi minha fé na igreja

"Afirmo que este dia marca a justificação de todo o cristianismo, a humilhação do paganismo e a renovação da nossa fé".[4]

Essa expressão, "a renovação da nossa fé", é importante para compreendermos as Cruzadas. Ela está de acordo com a perspectiva do instigador da Primeira Cruzada, o papa Urbano II. Devo proceder com cautela aqui, porque é fácil oferecer explicações simplistas dessas coisas — dos dois lados da equação —, e é verdade que existe um enorme pano de fundo para o surgimento da "guerra santa" no cristianismo nos séculos que precederam Urbano (trataremos depois desse assunto). Porém, fica claro que o papa tinha uma missão *espiritual* em mente quando convocou a Primeira Cruzada em caráter oficial, quatro anos antes da ruptura sangrenta das muralhas de Jerusalém.

Quaisquer que fossem as ambições *políticas* do papa Urbano — exercer uma força unificadora em uma Europa fragmentada, ou unir a cristandade ocidental e oriental —, foi a sua *teologia* que conduziu seu pensamento. Urbano ansiava por recuperar o que ele considerava a pureza da igreja dos tempos antigos em termos de doutrina e moralidade. Ele acreditava que a igreja precisava de um grande momento de arrependimento e unidade caso quisesse experimentar a renovação da graça de Deus. Esse momento apareceu quando ele recebeu pedidos de ajuda do longínquo imperador bizantino Aleixo I Comneno (1056-1118 d.C.), cujo reino se situava no fronte ocidental islâmico (basicamente o que chamamos hoje de Turquia).

Desde a sua origem no século 7, o islã desfrutou de uma prática de "guerra santa" muito desenvolvida e bem-sucedida. Exércitos muçulmanos se espalharam pelo Oriente Médio, Egito e em direção à Europa. Por volta do ano 1050, as forças islâmicas capturaram grande parte do antigo Império Bizantino, e no intervalo de duas décadas eles estavam batendo às portas da capital de Aleixo, Constantinopla (agora Istambul). Aleixo enviou com rapidez emissários ao papa (que vivia na França nesse período, não em Roma), implorando auxílio. Sem dúvida, o cristianismo ocidental não ficaria de braços cruzados vendo o último posto avançado do cristianismo oriental remanescente ser varrido do mapa. Urbano enxergou nisso o momento pelo qual estava esperando, quando a igreja teria a oportunidade de se redimir provendo assistência a um reino cristão amigo (grego ortodoxo) e obter de novo a posse dos locais sagrados de Jerusalém, ocupados pelos "incrédulos" em 637.

Depois de uma viagem de pregação de quatro meses pela França promovendo seu plano, o papa Urbano convocou oficialmente a Primeira Cruzada

OPRESSORES E SANTOS

em um sermão proferido do lado de fora da catedral de Clermont, na região central da França, no dia 27 de novembro de 1095. O sermão em si foi perdido, mas nós temos relatos de testemunhas oculares. Temos também algumas das cartas de Urbano descrevendo o projeto. O tema central estava claro: com o pleno consentimento papal, essa guerra não era pecaminosa, mas redentora. Qualquer peregrino disposto a ir para o leste, lutar contra os muçulmanos e reivindicar Jerusalém de volta para o Senhor receberia o perdão pelos pecados e a promessa da salvação. "Qualquer um que, por pura devoção, não para obter honra ou riquezas, partir para Jerusalém para libertar a Igreja de Deus", ele declarou, "pode oferecer essa jornada em troca de toda penitência".[5] Urbano fala de como ele "impôs sobre eles [os cruzados] a obrigação de assumir tal empreitada militar para a remissão de todos os seus pecados".[6] Esta é uma nova teologia digna de nota no cristianismo: alcança-se a salvação pela luta contra os infiéis. Aparentemente, a multidão que ouviu o sermão de Urbano pela primeira vez em Clermont respondeu em uníssono — talvez convencida pelos assistentes do papa — *Deus lo volt*, "Deus assim deseja".

A natureza religiosa da Primeira Cruzada está clara. Ela é sublinhada pela peça principal de teatro executada por todos os soldados cruzados que fizeram o voto para ganhar de volta Jerusalém. Cada um recebeu um pedaço de tecido no formato de uma cruz e o costurou no próprio traje como um sinal de que obedeciam às palavras do próprio Cristo: "Se alguém quiser acompanhar-me, negue-se a si mesmo, tome a sua cruz e siga-me. Pois quem quiser salvar a sua vida, a perderá, mas quem perder a vida por minha causa e pelo evangelho, a salvará" (Marcos 8:34-35). Qualquer leitor moderno da passagem protestará dizendo que Jesus por óbvio quis dizer que seus discípulos deveriam estar dispostos a *suportar a perseguição* por sua causa, até a morte. Ela, sem dúvida, *não* significa que eles deveriam *lutar* por sua causa. Mas na França do século 11, a principal interpretação pública da passagem — e *era* uma das passagens favoritas — era que homens cristãos fisicamente capazes deveriam carregar a cruz da luta contra os inimigos de Cristo. A própria palavra "cruzada" vem do latim *crux* ou "cruz", referindo-se a essa cerimônia de tomar para si o emblema sagrado.

Houve um tempo em que eu me esquivaria das críticas relacionadas às Cruzadas e a outros pontos baixos da história da igreja dizendo que elas não foram de fato "feitas em nome de Cristo" — seriam projetos seculares alheios à teologia. Sem dúvida, eu não penso mais assim. Quanto mais aprendo sobre as Cruzadas, mais eu compreendo por que tantas pessoas veem os séculos entre o declínio de Roma em 500 d.C. e o nascimento do mundo moderno em 1500 como a "Idade das Trevas". Foi um período de obscuridade bárbara, quando a Igreja dominava com punhos de ferro e as pessoas sofriam. Eu não defendo essa visão, como explicarei no capítulo 19, mas com certeza sou solidário aos que o fazem.

O quanto exatamente eu mudei minha forma de pensar sobre essas coisas ficará mais claro no próximo capítulo. Este livro não é uma história cronológica da igreja, ou uma história das Cruzadas, mas acho que vale a pena oferecer um panorama dessas "guerras da cruz" para não correr o risco de dar a impressão de que o que aconteceu na Primeira Cruzada foi uma *aberração* de cinco anos em uma história da igreja que, tirando isso, foi agradável. Depois de confrontar os séculos intermediários perturbadores, nós apertaremos o botão de REBOBINAR até o século 1, examinaremos com brevidade a vida e o ensino de Cristo e, então, apertaremos o PLAY para ver o que aconteceu na história cristã que fez com que a guerra contra os descrentes (e coisas piores) parecesse plausível a tantos cristãos medievais.

| CAPÍTULO DOIS |

As Cruzadas em poucas palavras:
guerras santas do século 11 ao século 13

*Antes de estufarmos o peito e acharmos que isso
é exclusividade de outras pessoas, lembrem-se de
que durante as Cruzadas as pessoas cometiam
coisas terríveis em nome de Cristo.*
— Presidente Barack Obama, 2015

Já falei com alguns detalhes sobre a Primeira Cruzada. Seus temas e objetivos podem, em algum nível, servir de modelo para as cruzadas posteriores. Ela representa também um ponto de inflexão na história do cristianismo.

A PRIMEIRA CRUZADA (1096-1099)

Antes da campanha de pregação do papa Urbano II em 1095 e 1096, a noção de guerra era ambígua no ensino cristão. Algumas vezes, era vista como um mal necessário em um mundo caído. Em outras — em especial nos primeiros séculos —, era rejeitada de forma completa como oposição à exigência do evangelho: "Amem os seus inimigos, façam o bem aos que os odeiam" (Lucas 6:27). Discutirei o pano de fundo da "violência sagrada" cristã mais tarde. Por ora, talvez valha a pena notar que, habitualmente, os historiadores falam em *cinco* cruzadas diferentes. É claro que uma conveniência, um jeito fácil de organizar os *nossos* pensamentos sobre o assunto. As pessoas no ano de 1203, por exemplo, não pensavam: "Partiu, Quarta Cruzada!". Ainda assim, às vezes, é útil deixar nossos pensamentos sobre a história *mais arrumados* que a própria história em si.

Muitos exércitos de voluntários europeus, somando algo em torno de 100 mil homens, atenderam ao chamado do papa Urbano II para auxiliar o imperador bizantino cristão Aleixo I contra o ataque dos muçulmanos. Eles esperavam conseguir proteger Constantinopla e ganhar de volta Jerusalém para Cristo. A campanha foi um sucesso estrondoso, do ponto de vista dos cruzados. Apesar de terem chegado só 10 a 15 mil a Jerusalém em 1099, eles conseguiram recapturar a Cidade Santa em questão de semanas.

Parte da força espiritual (se é que eu posso chamá-la assim) da Primeira Cruzada veio de um monge carismático conhecido como Pedro, o Eremita. Sua aparência desleixada escondia um talento aguçado para o recrutamento e a gestão de soldados, como o estilo de pregação fervoroso. Não está claro se ele foi nomeado pelo papa ou se era apenas um zelote independente bem-sucedido que apoiava a causa. Ele reuniu até 30 mil homens da França e da Alemanha, entre camponeses e alguns membros das elites. Liderou-os pessoalmente em direção à Terra Santa, atravessando a Renânia, na Alemanha central, descendo o Rio Danúbio até os Bálcãs, ao longo de Constantinopla, e então em direção a Jerusalém através da Síria. "Sua mensagem era avivalista", explica o professor de Oxford, Christopher Tyerman, "temperada com visões e histórias de atrocidades".[1] O próprio Pedro era a razão de muitas dessas atrocidades. Conforme marchavam pela Renânia, ele e seus homens massacraram comunidades judaicas, em parte por conta de sua suposta responsabilidade pela morte de Cristo séculos antes e em parte pela alegada cumplicidade nos ataques muçulmanos recentes a locais cristãos em Jerusalém (uma explicação mais maldosa é que eles poderiam estar apenas praticando técnicas de combate).[2] O antissemitismo tem uma longa história no cristianismo, que pode ser traçada até pelo menos o século 4, mas raras vezes assumiu a forma de *pogroms** em massa como os de Pedro em 1096. Houve massacres e/ou conversões forçadas em Mainz, Colônia, Ratisbona e Praga. A maioria dos exércitos organizados pelo papa Urbano aparentemente não participou

---

* "Pogrom" é um movimento popular violento organizado contra uma comunidade de forma violenta, especialmente as judaicas. (N. do E.)

OPRESSORES E SANTOS

dessas perseguições tão violentas a judeus. E, de forma curiosa, vários outros exércitos atacaram e derrotaram alguns dos homens de Pedro por sua violência indiscriminada.[3] Mas Pedro permaneceu uma figura importante na Primeira Cruzada, chegando até a pregar um sermão — que mais parecia um discurso motivacional pré-jogo — no Monte das Oliveiras, com Jerusalém à vista, na véspera do saque à cidade.[4]

Já descrevi o massacre ocorrido em 15 de julho de 1099 nos arredores da Mesquita de Al-Aqsa. Basta dizer que poucas pessoas foram poupadas. Judeus foram queimados vivos em suas sinagogas. Muçulmanos foram esquartejados ou torturados no fogo. Uma judia que foi testemunha dos eventos fala desses horrores, mas nota, *fazendo uma concessão*, que, pelo menos, os cruzados não estupraram as mulheres, como outros invasores fizeram: "Nós não ouvimos notícias — exaltado seja Deus — de que os abomináveis conhecidos como asquenazes [europeus] violaram ou estupraram as mulheres, como outros fazem".[5] Isso é dar um tapa com luvas de pelica!

Após a vitória de julho de 1099, os líderes cruzados estabeleceram diversos pequenos "reinos" europeus na região. Eles são conhecidos de maneira coletiva como *Outremer* (do francês, "além-mar"). A maioria dos combatentes voltaram direto para a Europa depois das hostilidades. Eles não se interessavam muito pelo estabelecimento na Terra Santa. Em 1100, apenas um ano depois, restavam apenas cerca de 300 cavaleiros no sul da Palestina. O principal governante cruzado, Godofredo de Bulhão, ficou em Jerusalém e se autointitulou "Protetor do Santo Sepulcro", uma referência à tumba ou sepulcro de Jesus em Jerusalém. Seu sucessor, Balduíno I, foi um pouco mais longe e tomou o implausível título de "Rei de Jerusalém".[6]

A SEGUNDA CRUZADA (1145-1149)

Em 1144, houve uma reação muçulmana bem-sucedida contra a fortaleza cruzada de Edessa (na fronteira da Síria com a Turquia, 965 quilômetros ao norte de Jerusalém). O novo papa, Eugênio III, conclamou mais uma campanha para derrotar os inimigos de Cristo em 1145. Ele reafirmou todas as mesmas ideias e promessas feitas pelo papa Urbano II meio século antes. Contingentes alemães e franceses responderam à convocação. Eles foram inspirados por um dos clérigos mais proeminentes da época, o abade Bernardo de Claraval (1090-1153 d.C.), que ajudou a fundar os famosos Cavaleiros Templários. Ele já era famoso por suas pregações e escritos sobre o

As Cruzadas em poucas palavras

amor e devoção a Deus. Mas passou a proclamar uma mensagem extraordinária de violência em favor de Cristo: "Mas agora, ó bravo cavaleiro, agora, ó herói guerreiro, eis uma batalha na qual você pode lutar sem perigo [para a alma]", Bernardo escreveu em uma carta posterior a 1145 para os seus seguidores, "onde conquistar é glória e morrer é lucro. Tome o sinal da cruz, e receberá o perdão por todo pecado que confessar com o coração contrito".[7]

A despeito da retórica, a Segunda Cruzada foi um fiasco espetacular, com as forças europeias sendo derrotadas e destruídas de diversas formas na Ásia Menor (Turquia) em 1147 e em Damasco em 1148. No entanto, o "Reino de Jerusalém" ainda estava nas mãos dos cristãos. Era só uma questão de tempo até que as forças islâmicas ressurgentes avançassem contra a Cidade Santa.[8]

A TERCEIRA CRUZADA (1188-1192)

Uns quarenta anos depois de derrotar os cruzados em Damasco, as forças islâmicas se voltaram contra Jerusalém. A joia do projeto dos cruzados estava por um fio. Utilizo a palavra "joia", mas a presença europeia na cidade não passou de um reino sem valor e, por volta de 1180, a região já havia caído na ruína e na instabilidade política. Permaneceu um local de fervorosas peregrinações religiosas para os cristãos do Ocidente, mas não era um lugar em que as pessoas gostariam de morar e criar uma família.

Essa instabilidade contrastava profundamente com o poderoso reino islâmico que emergiu no século 12. Uma das chaves dos sucessos anteriores das Cruzadas resultou do fato de as tribos muçulmanas estarem em guerra entre si mesmas. Os cruzados foram capazes de explorar a desunião e a instabilidade resultantes. Entretanto, por volta de 1160, consolidou-se um império islâmico em grande escala e unificado do Egito à Síria sob a liderança de um dos nomes mais famosos da história islâmica, Salah ad-Din, ou Saladino (1138-1193 d.C.).

Saladino derrotou as forças cristãs de Jerusalém na Batalha de Hatim, travada em uma região pela qual eu já passei várias vezes a caminho da terra natal de Jesus, a Galileia. Muitas vezes, ao passar pelas colinas gêmeas onde esse banho de sangue aconteceu, penso em Jesus pregando pelos montes da Galileia mil anos antes: "Bem-aventurados os pacificadores, pois serão chamados filhos de Deus" (Mateus 5:9); "Abençoem os que os amaldiçoam, orem por aqueles que os maltratam" (Lucas 6:28). De qualquer forma, no dia 4 de julho de 1187, Saladino e mais 30 mil homens aniquilaram as forças europeias em Hatim. Foi o início do seu *Independence Day.*[*] Nós temos uma descrição horrenda de uma testemunha ocular, o secretário de Saladino, Imad Ad-Din:

> O islã atravessou a noite face a face com a incredulidade, monoteísmo em guerra contra o trinitarismo, o caminho dos justos se levantando contra o erro, a fé se opondo ao politeísmo. [...] A humilhação foi infligida nos homens do Domingo [isto é, os cristãos], que haviam sido leões, e agora foram reduzidos ao nível de miseráveis ovelhas. Eu passei por eles e vi os membros dos que tombaram jogados e desnudados no campo de batalha, espalhados em pedaços pelo local do confronto, lacerados e disjuntados, com cabeças rachadas até abrirem [...] [continua nesse fraseado por muitas linhas].[9]

O relato sombrio é, sem dúvida, escrito para chocar e entreter, mas este foi genuinamente um golpe fatal contra a principal força europeia na Palestina. Outra testemunha ocular, Ibn al-Athir, passando pelo campo de batalha um ano depois, descreveu "a terra toda coberta de ossos, que podiam ser vistos de longe, amontoados em pilhas ou espalhados".[10]

Com uma vitória tão avassaladora, Saladino conseguiu forçar com rapidez as cidades e os castelos cruzados vizinhos a se renderem. Apenas três meses depois, em 2 de outubro de 1187, ele tomou Jerusalém com quase nenhum alarde. Escolheu aceitar a oferta dos cruzados de capitulação em vez de tomar a cidade pelo uso de força letal. Com alegria e orgulho aparentes, Saladino escreveu sobre sua restauração da adoração islâmica na Cidade Santa: "O servo [o jeito preferido de Saladino de se referir a si mesmo] restaurou a mesquita de Al-Aqsa ao seu antigo propósito. Ele colocou imames que celebrarão ali a verdadeira adoração. A palavra de Deus foi exaltada".[11]

A reação europeia a tudo isso foi rápida e furiosa. Quando as notícias da queda de Jerusalém chegaram ao Ocidente, os próprios reis e lordes da França, Alemanha e Inglaterra "tomaram a cruz", jurando ganhar de volta a cidade de Cristo. Exércitos de mais de 100 mil homens de guerra

---

[*] Referência ao famoso filme de ficção científica de 1996, que retrata a invasão da Terra por uma raça alienígena. No filme, a nave-mãe dos extraterrestres chega à órbita da Terra no dia 2 de julho de 1996, empregando uma série de manobras para um ataque coordenado no dia 4 de julho, feriado do Dia da Independência nos EUA, e mesmo dia da vitória de Saladino sobre os europeus em Hatim. (N. do T.)

se apressaram até a Palestina, com o rei da Inglaterra em pessoa, Ricardo l, "O Coração de Leão", colocando os pés em Acre, um porto na região norte da Palestina, em abril de 1190.

Apesar dos números e do grande estardalhaço dessa Terceira Cruzada, ela não deu resultados. As forças de Ricardo e as de Saladino travaram algumas batalhas memoráveis, aumentando a reputação militar de ambos. Mas nenhum dos dois foi capaz de alcançar o objetivo final. Ricardo queria Jerusalém, mas as forças de Saladino evitaram que isso acontecesse. Saladino queria os europeus completamente fora da região, mas ele não conseguiu expulsá-los de várias cidades portuárias. Saladino assinou mais tarde um tratado (em 2 de setembro de 1192), cedendo aos cruzados o controle de quase 100 quilômetros da faixa costeira Palestina, de Jafa, no Sul, até Acre, no Norte. Mais importante que isso, Saladino também concordou em conceder salvo-conduto aos peregrinos cristãos para viajarem de Jafa à Cidade Santa, uma estrada pela qual passam de carro todos os que vão do aeroporto de Tel Aviv (Jafa) até Jerusalém. O rei Ricardo embarcou de volta para casa em outubro daquele ano, e Saladino morreu cinco meses depois (em 4 de março de 1193) em Damasco devido a uma febre.[12]

A QUARTA CRUZADA (1198-1204)

O relutante compromisso acordado entre Saladino e Ricardo duraria menos de uma década antes de os europeus tentarem formalmente outra cruzada. A Quarta Cruzada foi diferente de todas as anteriores. Ela não apenas fracassou — de fato, mal começou.

Para o papa Inocêncio lll (papa entre 1198 e 1216 d.C.), o acerto feito entre Ricardo e Saladino não foi mais que um impasse. Apenas não era bom o suficiente. No ano de 1201, numerosos barões franceses atenderam ao seu chamado de tentar recuperar novamente a Cidade Santa das mãos dos muçulmanos. Nenhum dos reis da Europa quis se envolver dessa vez. Não demorou para que a questão financeira se tornasse um problema. Depois de partirem para a Terra Santa, os exércitos cruzados pararam em Veneza. Ali, eles firmaram um acordo com a cidade, acordo este que mudou o curso da história das Cruzadas. Em troca do apoio material de Veneza, os cruzados prometeram ajudar os venezianos a conquistar a cidade portuária de Zara (hoje Zadar, na Croácia), do outro lado do Mar Adriático. Isso era algo novo para as Cruzadas. Era uma reversão à velha guerra "secular" por territórios. E, de forma estranha, Zara era uma cidade *cristã* aliada, sob os auspícios de um forte apoiador das Cruzadas, o rei Américo da Hungria.

OPRESSORES E SANTOS

A campanha contra Zara foi um sucesso, e essa nova aliança entre venezianos e cruzados voltou os olhares, em seguida, para Constantinopla. Lembre-se de que Constantinopla era a capital do Império Bizantino Cristão, o remanescente do Império Romano no Oriente. Esse foi o povo que, na pessoa do imperador Aleixo I, implorou anteriormente ao papa Urbano II que viesse em seu socorro para defender a cristandade oriental contra os agressores muçulmanos. Mas muitos europeus ficaram desapontados com o pouco apoio dado por Constantinopla à restauração da Terra Santa depois do sucesso da Primeira Cruzada. Portanto, o clima estava tenso entre os católicos latinos e os gregos ortodoxos bizantinos. Alguns líderes cruzados acreditavam que Constantinopla lhes *devia* algo.

Uma quantidade significativa de integrantes da Quarta Cruzada fez objeção à tomada de Constantinopla, abandonando a campanha com insatisfação. Os líderes, porém, e a maioria dos soldados ficaram para lutar. No dia 13 de abril de 1204, eles invadiram as grandes muralhas da cidade e saquearam o lugar durante três dias. Pelos próximos cinquenta anos, Constantinopla seguiu sendo *latina* e *católica*, tendo sido a capital de tudo o que era grego e ortodoxo desde o século 4.

A Quarta Cruzada não seguiu viagem rumo aos objetivos prévios. Ela se transformou em uma guerra apenas pragmática por causa de terras e rixas históricas. De alguma forma, a sensação é que ela é ainda mais repugnante que as anteriores. Alguns cruzados sentiram o mesmo.[13]

A QUINTA CRUZADA (1213-1229)

O papa Inocêncio III continuou defendendo as campanhas, a despeito do resultado da Quarta Cruzada. Ele e seus subordinados reiteraram a importância do objetivo original da cruzada — Jerusalém — e enfatizaram a natureza *redentora* de "tomar a cruz" para lutar contra os inimigos de Deus. Em 1212, a campanha propagandista do papa Inocêncio inspirou uma série de aventuras camponesas informais. Uma delas é comumente chamada Cruzada das Crianças. Uma enorme multidão de camponeses sem terra, trabalhadores pobres, mulheres e até crianças de seis anos partiram para a Terra Santa, imitando as cruzadas anteriores. Por uma infelicidade, os registros que temos não nos contam o que aconteceu com eles. Os rumores são de que muitos foram forçados a se tornar escravos ao longo do caminho, e coisas piores. Tudo o que sabemos é que eles não tiveram nenhum impacto nos eventos da distante Palestina.

40

O fervor popular inspirado pela pregação de Inocêncio, por sua vez, pode ter encorajado o papa a decretar formalmente, em 1213, outra tentativa de tomar de volta a Terra Santa. Mais uma vez, o cabeça da Igreja Ocidental prometeu "pleno perdão dos pecados" a todo o que, com o coração contrito, participasse da empreitada. O clero foi instruído a providenciar "voluntários". Dias especiais de oração e jejum foram declarados. Doações foram solicitadas. Novos impostos foram outorgados. Uma ampla diplomacia internacional foi conduzida. E em 1215, um grande concílio foi convocado pela Igreja, com a participação de 1.300 delegados de toda a cristandade católica. A Quinta Cruzada se tornou oficial.

Inocêncio III morreu no ano seguinte, em 16 de julho de 1216, mas seu sucessor, Honório III, manteve o ímpeto. No verão de 1217, uma série de flotilhas abarrotadas de cavaleiros e homens de guerra zarparam de vários portos europeus.

De maneira diferente das cruzadas anteriores, a Quinta Cruzada focou suas energias no Egito, e não na Palestina. Naquela época, o Cairo havia se tornado a base do poder do islã sob os sultões do Império Aiúbida, fundado por Saladino. Em última instância, a missão dos cruzados ainda era Jerusalém, mas nada poderia ser conseguido sem uma demonstração de força no Egito.

Foi durante as batalhas no Egito que Francisco de Assis (1181-1226 d.C.) se apresentou no fronte de guerra. Mais conhecido hoje como o fundador da Ordem Franciscana, que conta quase 20 mil padres, Francisco foi um dos mais carismáticos e influentes clérigos da Idade Média. Ele viajou para o Egito em 1219, alertou os cruzados de que eles estavam fadados a fracassar e insistiu que Deus queria converter os muçulmanos por meio da simples *persuasão*. De alguma maneira ele convenceu as autoridades dos cruzados a deixá-lo se aventurar em território inimigo para "pregar o evangelho" da morte e ressurreição de Cristo para o sultão al-Kamil em pessoa. As coisas não saíram como planejado. Mais sobre isso no capítulo 17.[14]

A longa campanha no Egito resultou em um impasse nada auspicioso e em uma retirada posterior dos cruzados. Ela foi marcada por banhos de sangue ocasionais de ambos os lados, uma cheia mortal do Nilo no final de 1219 e uma epidemia de escorbuto (possivelmente) que matou até 20% das forças cristãs. Após numerosas negociações e algumas baixas dolorosas do lado dos cruzados, os europeus recuaram do Egito. Muitos retornaram para casa. Outros foram para Acre, na costa norte da Palestina (ainda em posse dos cristãos) para explorar outras formas de cumprir os objetivos da cruzada.

O tratado definitivo com o sultão al-Kamil foi firmado não pelos cruzados, nem pelo papa em Roma, mas por Frederico II (1194-1250 d.C.), o sacro imperador romano-germânico daqueles dias. O termo "sacro imperador romano-germânico" era o glorioso título dado ao governante secular das vastas terras europeias que se estendiam da Itália à Alemanha. Naquele período, o papa regia os assuntos eclesiásticos, enquanto o imperador lidava com os assuntos "mundanos" — por assim dizer. Eu o chamo governante "secular", mas isso é provavelmente um anacronismo. Na época, a maioria dos governantes era devota, embora eles entrassem em choque com o papa com certa frequência. Os sacros imperadores romano-germânicos eram coroados pelos papas (por isso "sacros"), mas eles se consideravam, de modo implausível, herdeiros do Império Romano, que havia caído séculos mais cedo. Mais sobre tudo isso nos capítulos 13 e 14.

A relação de Frederico II com o papa era tensa, para dizer o mínimo. Mas ele era um cruzado astuto. Em 1227, lançou a própria minicruzada (algumas vezes designada Sexta Cruzada) dentro da Quinta Cruzada. Ele foi capaz, de alguma maneira, de explorar as facções islâmicas na Síria e no Egito a ponto de extrair delas um acordo em 1229. De acordo com o tratado, Jerusalém e Belém seriam restituídas aos europeus, assim como uma larga passagem para a costa e a partir dela. A Cidade Santa passaria a ser controlada pelos cristãos, mas, em uma jogada de mestre, o Monte do Templo em si, o lugar em que ficavam a Mesquita de Al-Aqsa e o Domo da Rocha, ficaria sob o controle muçulmano local. Um marco impossível de atingir em dois séculos de derramamento de sangue intermitente foi subitamente alcançado por meio da negociação.

A vitória teve vida curta. Jerusalém permaneceu sob o controle europeu por apenas 15 anos, de 1229 a 1244, quando a cidade foi capturada por invasores turcos aliados do Egito. De modo surpreendente, Jerusalém permaneceria nas mãos dos muçulmanos de 1244 até a derrota dos turcos otomanos para os ingleses na Primeira Guerra Mundial, na "Batalha de Jerusalém" em 1917.[15]

A partir de tudo isso, podemos ter uma noção da natureza intratável dos problemas de Jerusalém e de seus arredores hoje. Os judeus foram predominantes nessa terra por volta do ano 1000 a.C. até 135 d.C., quando o imperador romano Adriano temporariamente os expulsou da região. A partir da segunda metade do século 2 até o século 7, judeus e cristãos compartilharam a terra sob o domínio romano, até a conquista muçulmana em 637. À exceção da breve ocupação pelos cruzados no século 11 e de novo, ainda mais breve, no século 13, os muçulmanos usufruíram do controle incontestado sobre Jerusalém e a Palestina até a chegada dos britânicos (1917-1948 d.C.) e o estabelecimento do Estado judeu de Israel (a partir de 1948). Este não é o livro adequado para discutir a política do Oriente Médio, mas um pouco de contexto nos ajuda a avaliar as bases de várias afirmações históricas e a brutal magnitude do problema.

Depois de 1244, houve diversos outros conflitos na Terra Santa que faziam parte da tradição cruzada. Nenhum foi bem-sucedido. Embora os europeus tenham mantido o controle sobre Acre, na costa norte da Palestina, por muitas décadas depois da Quinta Cruzada, até isso foi perdido em 1291, e as cruzadas para a Terra Santa se tornaram coisa do passado.

Vale a pena narrar um estranho evento ocorrido na época. Cerca de 50 anos depois da queda de Acre, um peregrino cristão alemão estava passando pelo Mar Morto no sul da Palestina (algo habitualmente permitido pelas autoridades muçulmanas). Ele encontrou dois senhores mais velhos que revelaram ser templários franceses capturados em Acre em 1291, meio século antes. Esses homens foram forçados a prestar serviços ao sultão e foram absorvidos de modo total pela vida no Oriente Médio. Eles se casaram, tiveram filhos e se estabeleceram nas colinas da Judeia. Ignoravam completamente o que se passava no Ocidente. Isso estava para mudar. Eles e suas famílias foram prontamente escoltados até a França, onde foram aclamados heróis. Receberam as honrarias papais e uma pensão generosa. Viveram o resto dos seus dias na França em relativo conforto e paz.[16] Esse é um símbolo apropriado da conclusão um tanto quanto inglória de toda a história das Cruzadas. Sonhos de conquista e a exaltação de Cristo foram reduzidos à pitoresca domesticação de dois fazendeiros idosos.

Houve uma miríade de outras expedições militares que assumiram o nome — e a teologia — de uma cruzada, na qual lutar contra os supostos inimigos de Deus era a garantia de ter os próprios pecados perdoados. Talvez a mais chocante seja a que ficou conhecida como Cruzadas Albigenses de 1209-1229 (realizada contra um grupo herético bastante estranho).[17] Muitas outras "heresias" também foram alvos das Cruzadas, incluindo a dos hussitas tchecos no século 15 e a dos protestantes no século 16. E eu nem mencionei as cruzadas contra os conquistadores muçulmanos na Espanha (1147 d.C.) ou contra os "pagãos" na região do Mar Báltico no século 13. Essas "guerras da cruz" foram muito mais frequentes que vitoriosas.

OPRESSORES E SANTOS

O FIM DAS CRUZADAS

Felizmente, os papas de hoje não conclamam cruzadas. Na verdade, no dia 12 de março de 2000, o papa João Paulo II pediu perdão de maneira pública por todo o assunto. "Nós não podemos *não* reconhecer as traições do evangelho cometidas por alguns dos nossos irmãos, em especial durante o segundo milênio", ele declarou. "Nós pedimos perdão pelas divisões entre cristãos, pelo uso da violência ao qual alguns recorreram em serviço da verdade e pelos atos de dissidência e hostilidade algumas vezes perpetrados contra seguidores de outras religiões."[18]

Que as Cruzadas são assunto do passado está claro. Descobrir quais fatores levaram à sua derrocada é mais complicado. Na conclusão fascinante da sua grande obra sobre a história das Cruzadas, Christopher Tyerman insiste que nenhuma história genuína das Cruzadas pode oferecer explicações fáceis para o seu fim. Não obstante, existem alguns aspectos acerca dos quais há certo consenso.

Primeiro, uma explicação parcial pode ser encontrada na tradição de paz promovida por Francisco de Assis e outros. Os estranhos eventos envolvendo Francisco e seu apelo por paz e conversão estão longe de serem acontecimentos pontuais. Como Tyerman observa, eles revelam que "no campo dos cruzados e, de modo mais geral, entre as elites intelectuais existia uma alternativa cristã às cruzadas militares". Tyerman a denomina "evangelismo refletido". A missão inglória de Francisco ao sultão al-Kamil "expressou, mesmo que de maneira excêntrica, o desejo de muitos de acabar de forma honrosa com suas dificuldades".[19] Não foi nenhuma crítica *secular* à violência da igreja que acabou com as Cruzadas. De fato, como Tyerman aponta, muitos dos eruditos humanistas do início da era moderna no século 15, aqueles a quem geralmente se dá o crédito pela secularização da Europa, foram entusiastas das Cruzadas. Estas foram minadas por dentro. Como mencionei antes, as tradições que fundaram o cristianismo têm o hábito de se reafirmarem de tempos em tempos na vida da igreja. Isso com certeza ocorreu *em algum momento* no caso da concepção militar de "tomar a cruz".

O segundo fator no declínio das Cruzadas foi a ascensão da Reforma Protestante no século 16, discutida em mais detalhes no capítulo 21. Os reformadores rejeitaram a autoridade dos papas, e metade da Europa seguiu sua deixa. Considerando que uma cruzada precisa do decreto e da bênção papal, cruzadas em larga escala se tornaram implausíveis. Até as minicruzadas iniciadas contra a causa protestante na França, Alemanha e Inglaterra pouco fizeram.[20] Reformadores como o monge alemão Martinho Lutero

As Cruzadas em poucas palavras

(1483-1546 d.C.) não apenas rejeitaram a ideia de que atividades humanas (seja a guerra ou a caridade) poderiam merecer a bênção de Deus, mas também tendiam a ver a guerra como um assunto para governantes seculares.[21] Na visão protestante, os homens do clero não eram mediadores entre Deus e a humanidade. Eles eram *mestres*. Tendo ensinado bem o povo, os cidadãos e seus governantes podiam ficar a cargo de conduzir a sociedade nos caminhos de Deus. Em seu tratado de 1523, *On secular authority* [Sobre a autoridade secular], Lutero distingue o "reino de Deus" do "reino do mundo". Ele não estava exatamente advogando uma separação entre Igreja e Estado, mas sua influente visão significava com certeza que muitas áreas da vida civil, incluindo a guerra, estavam sob as autoridades seculares.[22]

Terceiro, alguns outros movimentos intelectuais também foram importantes para a extinção da ideologia das Cruzadas. A teoria da "guerra santa" sempre foi apenas "vagamente" baseada nos escritos cristãos antigos ou medievais, Tyerman nota, mas "a justificativa para ela fica cada vez mais inadequada em face da teologia das Escrituras e dos ataques do século 16 fundamentados no Novo Testamento".[23] Ele faz referência ao novo humanismo que surgiu por toda a Europa na época. O humanismo foi um movimento intelectual dos séculos 14 ao 16 que reviveu o interesse nos textos antigos da Grécia e de Roma e que desenvolveu técnicas literárias cada vez mais sofisticadas para a compreensão apropriada desses textos clássicos. Isso levou os pensadores cristãos (católicos e protestantes) de volta aos textos originais — fossem eles clássicos ou bíblicos — para examinarem o que de fato estava lá em vez de permitirem que séculos de tradição continuassem obscurecendo sua visão.

À medida que o humanismo se expandiu e se tornou mais secular, governantes locais espalhados por toda a Europa começaram a desconsiderar a religião como causa válida para a guerra. Essa não era uma tendência pacifista entre os humanistas seculares (ou religiosos); era uma conclusão pensada de que os assuntos do Estado são mais bem decididos com base em preocupações materiais e políticas específicas, não espirituais. A Europa crescentemente secular dos séculos 17 ao 20 não era menos militar que a igreja dos séculos anteriores. Mas com a religião excluída, a Europa podia retornar aos fundamentos mais antigos, tradicionais e universais da guerra: poder, honra, terras, ideologia, recursos e política.

O quarto e último fator no declínio dos esforços cruzados costuma ser negligenciado. As Cruzadas foram, na maior parte, um fracasso. As imagens populares sobre esse período, às vezes, retratam uma igreja medieval

45

OPRESSORES E SANTOS

todo-poderosa, aterrorizando os indefesos muçulmanos da Turquia, da Síria, da Palestina e do Egito, e subjugando-os de forma brutal. Na verdade, à parte a surpreendente (e brutal) vitória da Primeira Cruzada em julho de 1099, os cruzados foram os perdedores. Mostraram-se capazes de segurar Jerusalém (e pouca coisa além disso) de 1099 a 1187, e de novo, em seguida, por apenas 15 anos, de 1229 a 1244, mas, para além disso, o objetivo central das Cruzadas ao Oriente nunca se materializou. A verdade é: as forças islâmicas *venceram*. Quaisquer que fossem os benefícios espirituais das Cruzadas — nenhum, na minha visão —, essas guerras santas cristãs nunca foram muito boas em ganhar! Jerusalém, o Domo da Rocha e a grande Mesquita de Al-Aqsa permaneceram seguros nas mãos dos muçulmanos — exceto durante os breves períodos mencionados — desde o século 7 até hoje. O único evento em mil anos a interromper as orações regulares na Mesquita de Al-Aqsa foi a covid-19. Como o *New York Times* reportou: "Agora, a pandemia do coronavírus conseguiu fazer o que os séculos decorridos [e todas as cruzadas!] não conseguiram: quase esvaziar os espaços tão comumente aglomerados e caóticos do terceiro local mais sagrado do islã".[24]

Reforçando a falha generalizada das Cruzadas está o fato de que, até pouco tempo atrás, os muçulmanos relatam a história das Cruzadas não como uma mancha humilhante para o islã, mas como um exemplo da força muçulmana sobre os infiéis ocidentais. "Os muçulmanos não demonstravam até esse momento muito interesse pelas Cruzadas, para as quais eles olhavam com indiferença e complacência", escreveu o famoso medievalista da Universidade de Cambridge, Jonathan Riley-Smith. "Afinal, eles acreditavam ter vencido os cruzados de modo cabal."[25]

REVIVENDO AS CRUZADAS

Como os cruzados ganharam a reputação de opressores de sucesso? Existe ampla concordância sobre a ocorrência de uma virada dramática na década de 1890, seiscentos anos depois que os últimos cruzados foram expulsos da Palestina. No final do século 19, o Império Otomano, com sede em Constantinopla, enfrentou uma revolta nos seus territórios nos Bálcãs e forte pressão por parte da Grã-Bretanha e da França para conceder independência à Romênia, Sérvia e Bulgária. O grande poder do mundo islâmico estava se reduzindo com rapidez. A resposta do soberano otomano, o sultão Abdulhamid II (1842-1918 d.C.), foi declarar que a Europa havia começado uma nova cruzada contra os muçulmanos. Poucos anos depois, a primeira história muçulmana das Cruzadas foi escrita (1899 d.C.). O autor,

As Cruzadas em poucas palavras

Sayyid 'Ali al-Hariri, citou o sultão em sua introdução: "Nosso mais glorioso sultão, Abdulhamid II, observou de forma acertada que a Europa está agora conduzindo uma cruzada contra nós sob a forma de uma campanha política".[26] Como Riley-Smith observa: "Este foi um desdobramento inteiramente novo" na consciência islâmica.[27] Mas a ideia colou. A importunação do mundo islâmico pelos *opressores* ocidentais — muito mais eficaz na era moderna que na Idade Média — agora era tratada como uma forma de cruzada. Por ironia, isso perpetuou na mentalidade moderna a impressão de que as Cruzadas originais de novecentos anos atrás foram — como a política contemporânea — uma supressão bem-sucedida do poder muçulmano. Não foi nada disso. As Cruzadas foram violentas e com frequência mal orientadas, na minha perspectiva, mas elas não foram um sucesso.

O legado das Cruzadas também é mínimo. A maioria das grandes guerras da história deixa uma marca indelével nos vencedores e nos perdedores. Recursos passam de uma mão para outra, ideologias são promovidas ou extintas e novas fronteiras são desenhadas. O mesmo não pode ser dito com firmeza das Cruzadas no Oriente. Com a exceção da ilha de Chipre, subjugada por Ricardo I em 1191, permanecendo majoritariamente ocidental e cristã daí em diante, "a presença ocidental que havia começado quando os primeiros cruzados irromperam na Anatólia e no norte da Síria", escreve Christopher Tyerman, "deixou poucos rastros".[28] Existem alguns sítios arqueológicos maravilhosos para visitar (eu recomendo a incrível fortaleza cruzada de Cesareia, em Israel), e ficou uma memória histórica amarga sobre o massacre de 15 de julho de 1099 na Mesquita de Al-Aqsa. Fora isso, pouca coisa sobrou.

No National Prayer Breakfast* de 2015 nos Estados Unidos, o então presidente Barack Obama causou um rebuliço na mídia ao sugerir que, como a organização terrorista Estado Islâmico havia cometido atrocidades nos nossos tempos, da mesma forma os cristãos fizeram coisas terríveis em nome de Cristo ao longo da história — sendo as Cruzadas a principal delas. "Antes

---

* Evento anual realizado em Washington, geralmente no começo de fevereiro. Composto por várias reuniões e refeições, almeja constituir um fórum para a elite política, social e empresarial se encontrar e orar juntos. (N. do E.)

OPRESSORES E SANTOS

de estufarmos o peito e acharmos que isso é exclusividade de algum outro lugar, lembrem-se de que durante as Cruzadas", Obama disse, "as pessoas cometiam coisas terríveis em nome de Cristo". O extremismo homicida "não é particular a um só grupo ou religião. Existe uma tendência em nós, uma tendência pecaminosa, que pode perverter e distorcer nossa fé". A reação foi imediata e intensa, em particular do lado cristão conservador da política dos Estados Unidos, o qual insistiu que o cristianismo raras vezes, ou nunca, agiu de forma tão implacável e violenta quanto o islã.[29]

O contraste alegado pelos cristãos conservadores pode ser válido para os primeiros séculos das duas religiões. Ninguém nega que o cristianismo foi marcado de modo consistente pelo sofrimento e pela resistência não violenta desde os tempos de Jesus até o século 4. Da mesma forma, ninguém — muçulmano ou não — discorda que o islã conduziu campanhas militares vitoriosas desde o seu tenro começo, na época das batalhas do próprio Maomé em Badr e Meca nas décadas de 620 e 630 até a conquista islâmica da Síria, da Palestina, do Egito, Norte da África e da Espanha nos séculos posteriores. Contudo, veremos em breve que os séculos 4 e 5 da história cristã consistiram em um verdadeiro ponto de virada. Dali em diante, a avaliação do presidente Obama de que "as pessoas cometiam coisas terríveis em nome de Cristo" é vergonhosamente verdadeira.

Este não é um livro de comparações, para anotar o placar de violência das religiões. É um livro sobre os opressores e os santos do cristianismo. O fato é: as Cruzadas deixaram uma marca que não pode ser apagada. O impacto mais duradouro das Cruzadas tem pouca relação com as fronteiras, a política do Oriente Médio ou o tamanho relativo das duas maiores religiões do mundo. O legado real das Cruzadas é o modo como elas permanecem um símbolo da violenta Idade das Trevas e da capacidade demasiadamente humana da igreja de usar o dogma, o ódio e a violência contra os inimigos. Admitir essa realidade deveria ser instintiva para os cristãos genuínos, pelo menos em teoria, como tentarei explicar nos próximos dois capítulos.

| CAPÍTULO TRÊS |

A bela melodia:

a ética cristã do século 1

Amem os seus inimigos, façam o bem
aos que os odeiam, abençoem os que os amaldiçoam,
orem por aqueles que os maltratam.
— JESUS, SERMÃO DO MONTE

Em uma sexta-feira de manhã em 2017, eu aluguei um violoncelo, paguei por uma aula de duas horas e pratiquei como um condenado por cinco dias seguidos. Na terça seguinte eu estaria no palco "tocando" os compassos introdutórios do incomparável *Prelúdio* à Suíte nº 1 em sol maior, de Bach. Tenho certeza de que você o conhece. Se não, por favor, sinta-se à vontade para fechar este livro imediatamente e escutar algo sublime de verdade, antes de retornar ao que, em comparação, é uma piada!

Eu nunca havia segurado um violoncelo na minha vida, então foi uma experiência assustadora, em especial porque eu teria que tocar em um teatro deslumbrante de Sydney, cercado por luzes e câmeras, na frente da audiência mais difícil de todas: meus amigos e colegas produtores do documentário *For the love of God*. De pé nos bastidores e me observando, estava um querido violoncelista australiano, Kenichi ("Keni") Mizushima. Ele me encheu de incentivo: "Você consegue"; "Talvez se você levantar o cotovelo só um pouquinho"; "Não ficou ruim, para quem ensaiou só cinco dias", esse tipo de coisa. Foi bem diferente dos sorrisos amarelos que consegui ver nas faces dos meus amigos no auditório vazio.

Sobrevivi àquela experiência. A evidência incriminatória pode ser vista na internet — onde, indo direto ao ponto, você pode assistir ao maravilhoso

Keni em ação.[1] O objetivo desse relato, além de criar um pouco de diversão visual às minhas custas, é ilustrar um ponto mais sério. Desprezar o cristianismo com base no desempenho medíocre da igreja é mais ou menos como desprezar Johann Sebastian Bach depois de escutar John Dickson tentando tocar as Suítes. Ao me ouvir tocar, você pode até ser perdoado por se perguntar se Bach sabia compor de verdade uma peça musical. Mas a maioria de nós tem pelo menos uma ideia de como deveria ser o original. Portanto, podemos não julgar a melodia em si e colocar a culpa onde ela deve ser colocada — no meu desempenho. Nós sabemos distinguir a composição da performance. No documentário, nós tentamos passar essa ideia fazendo com que Keni assumisse depois de mim, nos mostrando como a música deveria ser tocada. É uma delícia para os espectadores, apesar de ser agonizante para mim. Keni me faz parecer muito ridículo.

Muitas vezes senti algo parecido ao ponderar sobre Jesus Cristo e a história da igreja. Jesus escreveu uma bela composição. Os cristãos não a tocaram bem de forma consistente. Algumas vezes, eles saíram completamente do tom. Outras vezes, tocaram uma música diferente. E quando as pessoas passam a contemplar o original, Cristo faz os cristãos parecerem ruins.

Neste capítulo, quero examinar duas das linhas melódicas (vou tentar não exagerar na analogia) mais distintivas de Cristo. Minha intenção é explorar dois aspectos do seu ensino que, ao mesmo tempo, ressoaram através dos séculos e expuseram a hipocrisia cristã em toda sua horrível dissonância.

O SERMÃO DO MONTE

Muitas das palavras de Jesus se tornaram proverbiais no mundo de fala portuguesa (alguns amigos confirmaram que o mesmo ocorre com o grego, o italiano, o alemão, o holandês, o francês, o romeno, o espanhol, o sueco, o húngaro e o russo):

> "sal da terra";
>
> "cidade sobre um monte";
>
> "ame seu próximo";
>
> "faço aos outros o que você gostaria que fizessem a você";
>
> "o bom samaritano";
>
> "o filho pródigo";
>
> "cegos guiando cegos";

A bela melodia

"uma cruz para carregar";

"pérolas aos porcos";

"não deixe a mão esquerda saber o que a direita está fazendo";

"não julgue para não ser julgado";

"lobo em pele de cordeiro";

"que atire a primeira pedra";

"comam, bebam e se alegrem";

"dê a César o que é de César";

"sinais dos tempos";

"ande a segunda milha";

"proclamai dos telhados";

"a viga no olho"; e muitos outros.

Todas essas palavras procederam originalmente dos lábios de Jesus, mesmo que nem sempre ele receba o crédito por elas. Anos atrás eu me encontrei com um político australiano, no Departamento de Educação, que me disse o quanto amava o mote de liderança de John F. Kennedy: "A quem muito foi dado, muito será exigido". Quando eu falei que Kennedy tomou emprestadas as palavras de Jesus de Nazaré (Lucas 12:48), meu amigo político ficou encantando em saber que a origem do adágio era ainda mais nobre.

Até o grande Albert Einstein, que não era próximo de nenhuma religião formal, reconheceu sua profunda admiração pelos ditos de Cristo: "Estou enfeitiçado pela luminosa figura do Nazareno", ele comentou em uma entrevista de 1929. "Ninguém consegue ler os evangelhos sem sentir a presença real de Jesus. Sua personalidade pulsa a cada palavra. Nenhum mito é carregado de tanta vida. Ninguém pode negar o fato de que Jesus existiu, nem que suas palavras são lindas."[2] Existem, é óbvio, os que ainda hoje "negam o fato de que Jesus existiu". É um tema que explorei em detalhes em outro lugar.[3] Mas poucos de nós negamos que as palavras atribuídas a ele — "ou quem quer que tenha escrito seu roteiro", como o ateu Richard Dawkins ironiza — são, de fato, "lindas". Até o professor Dawkins afirma, em um momento de amigável concessão, que o famoso Sermão do Monte de Cristo "está muito à frente de seu tempo".[4]

O Sermão do Monte, registrado no Novo Testamento, no Evangelho de Mateus, capítulos 5 a 7, talvez consista na coleção de ensinos de Jesus mais adorada. Uma versão similar, e independente, do mesmo material é encontrada no capítulo 6 do Evangelho de Lucas. Muitas das agora proverbiais expressões citadas momentos atrás vêm dessa coleção de meras 2 mil palavras (de Mateus ou Lucas). Sem levar em consideração a sua fé ou dúvida, recomendo vivamente a leitura dessa porção do Novo Testamento, nem que seja por curiosidade cultural. Pouquíssimos discursos na história podem afirmar que influenciaram a cultura ocidental mais que este. São as Suítes de Cristo.

A CENTRALIDADE DO AMOR

Grande parte do Sermão do Monte diz respeito aos tópicos que as pessoas geralmente associam a Jesus: amor, paz, humildade, e assim por diante. Considere esta passagem impressionante que nos leva ao coração das suas demandas éticas:

> Amem os seus inimigos, façam o bem aos que os odeiam, abençoem os que os amaldiçoam, orem por aqueles que os maltratam. Se alguém lhe bater em uma face, ofereça-lhe também a outra. Se alguém lhe tirar a capa, não o impeça de tirar-lhe a túnica. Dê a todo o que lhe pedir, e se alguém tirar o que pertence a você, não lhe exija que o devolva. Como vocês querem que os outros lhes façam, façam também vocês a eles.
>
> Que mérito vocês terão, se amarem aos que os amam? Até os pecadores amam aos que os amam. E que mérito terão, se fizerem o bem àqueles que são bons para com vocês? Até os pecadores agem assim. E que mérito terão, se emprestarem a pessoas de quem esperam devolução? Até os pecadores emprestam a pecadores, esperando receber devolução integral. Amem, porém, os seus inimigos, façam-lhes o bem e emprestem a eles, sem esperar receber nada de volta. Então, a recompensa que terão será grande e vocês serão filhos do Altíssimo, porque ele é bondoso para com os ingratos e maus. Sejam misericordiosos, assim como o Pai de vocês é misericordioso (Lucas 6:27-36; veja também Mateus 5.38-48).

Considero essas palavras o ensinamento ético mais sublime que já existiu. Talvez isso seja apenas um viés de confirmação da minha parte. Mas por muitos anos eu tenho postado periodicamente um desafio nas redes sociais convidando meus amigos céticos a encontrar um bloco de ensinamentos de qualquer lugar do mundo pré-moderno que rivalize a ênfase de Cristo no amor e na misericórdia para com todas as pessoas, incluindo inimigos. O desafio ainda não foi aceito. Talvez o viés seja ainda maior.

A bela melodia

Não estou dizendo que Jesus foi o único mestre moral da Antiguidade a mencionar o amor em seu ensino ético. Por um lado, o amor não aparece nos códigos morais mais conhecidos do mundo *pagão* (Babilônia, Egito, Grécia, Roma). O amor universal não está nos provérbios do Egito, no *Código de Hamurabi*, na ética de Platão e Aristóteles, nas 147 *Máximas délficas* ou nos maravilhosos discursos morais de Sêneca, Epiteto ou Plutarco. Em vez disso, o que encontramos nos ensinamentos morais egípcios, mesopotâmicos e greco-romanos são coisas como justiça, coragem, sabedoria e moderação — as quatro virtudes cardeais da Antiguidade Ocidental. Não existe quase nenhuma menção ao amor, à misericórdia, à humildade ou à não retaliação.[5] A humildade, em particular, era extensamente vista pelos antigos como algo negativo — um rebaixamento ou humilhação —, e não como uma virtude, um tópico sobre o qual escrevi mais em outro lugar.[6]

Onde encontramos, sim, uma ênfase no amor é no contexto *judaico* de Jesus. As Escrituras judaicas, ou o que os cristãos chamam de Antigo Testamento, ordenam coisas como "ame cada um o seu próximo como a si mesmo" (Levítico 19:18). No contexto, essa instrução é um dos 613 mandamentos. Mas um mestre influente que veio *logo antes* de Jesus colocou o amor em primeiro plano. O rabino Hilel (século I a.C.) caracterizou seu judaísmo como "amar a paz e buscar a paz, amar as pessoas e atraí-las para perto da Torá [a instrução de Deus]".[7] Conta-se um caso — embora se admita que ele foi escrito muitos séculos depois da morte de Hilel — sobre um "pagão", grego ou romano, que queria se tornar um "prosélito" judeu, ou um convertido. Ele foi primeiro até outro rabino famoso do mesmo período, Shamai, mas não teve muita sorte. Então ele foi até Hilel e obteve uma resposta encantadora:

> Em outra ocasião, aconteceu de um certo pagão achegar-se diante de Shamai e dizer-lhe: "Torne-me um prosélito com a condição de que você me ensine toda a Torá enquanto permaneço apoiado em um pé só". Shamai o expulsou com o cúbito de construtor em suas mãos. Quando ele foi até Hilel, este o tornou um prosélito. Ele disse: "O que for odioso a você, não o faça ao seu próximo. Eis toda a Torá. O resto é comentário. Vá e aprenda".[8]

Dá para notar a semelhança entre a afirmação de Hilel, "o que for odioso a você, não o faça ao seu próximo", e a afirmação de Jesus já citada: "Como vocês querem que os outros lhes façam, façam também vocês a eles" (Lucas 6:31; Mateus 7:12). Essa é a famosa Regra de Ouro. Geralmente se diz — quando eu lanço meu desafio nas redes sociais — que mesmo que a ênfase de Jesus no *amor aos inimigos* seja difícil de encontrar em outras filosofias, a Regra de Ouro é um princípio ético universal. Espero não estar sendo pró-Jesus com teimosia quando digo que não tenho tanta certeza disso. Hilel oferece apenas a formulação negativa da Regra de Ouro. Ele conclama seu convertido a *se abster de fazer o mal* que ele não quer que seja feito a ele mesmo. Podemos chamá-la a Regra de Prata. Jesus oferece uma formulação positiva do princípio. Seus discípulos — uma palavra que significa apenas alunos — devem fazer o bem que querem que seja feito a eles. Essa é a Regra de Ouro.

O respeitado acadêmico judeu estudioso da vida de Jesus e professor David Flusser, da Universidade Hebraica em Jerusalém, escreveu de forma memorável sobre como Jesus *intensificou* as tradições judaicas. Jesus era um judeu — poucas coisas sobre ele são tão certas —, mas em seu ensino ele era um radical e um reformador. "Os que escutaram a pregação de Jesus sobre o amor", Flusser observa, "devem ter sido movidos por ela. Muitos naqueles dias teriam concordado com ele. Não obstante, na cristalina pureza do seu amor, eles devem ter detectado algo muito especial. Jesus não aceitava tudo o que era pensado e ensinado no judaísmo do seu tempo. Embora não chegasse a ser, ele mesmo, um fariseu, ele era mais próximo dos fariseus da Escola de Hilel, a qual pregava o amor, mas apontava para a segunda milha do amor incondicional — até aos inimigos e pecadores. Como veremos, isso não era ensino sentimental".[9]

Flusser sustenta o argumento crucial de que Jesus não apenas intensificou uma ênfase judaica já existente no amor, mas apresentou essa intensificação como uma extensão da sua própria vida e missão: "Não era apenas seu modo de vida pleno que impelia Jesus a expressar uma devoção amorosa para com os pecadores; essa inclinação estava ligada com profundidade ao propósito da sua mensagem. Desde o começo até sua morte na cruz, a pregação de Jesus estava, por sua vez, ligada ao seu próprio modo de vida".[10] Pode parecer que acabamos escorregando para a teologia, mas para Flusser, isso é apenas uma observação histórica (Flusser era judeu, não cristão). O amor aos inimigos era central ao ensinamento de Cristo, não como uma inovação moral arbitrária, mas como um reflexo do curso total de sua vida. As narrativas de todos os quatro Evangelhos do Novo Testamento se movem de maneira lenta, mas inexorável, em direção ao autossacrifício de Jesus. A prisão, o julgamento e a crucificação de Jesus ocupam quase o mesmo espaço que o Sermão do Monte nos Evangelhos (cerca de 2 mil palavras). É aqui que

A bela melodia

o "amor aos inimigos" encontra sua expressão mais clara. Jesus entregou sua vida em uma cruz de modo voluntário, não como um mártir por uma causa, mas como um salvador tomando o lugar de pecadores.

Os leitores acostumados com a pregação cristã reconhecerão que esta é a doutrina cristã central da salvação, encontrada em todos os ramos do cristianismo — catolicismo, ortodoxia e protestantismo. Cristo tomou sobre si os pecados de toda a humanidade, para que todo o que se entrega a Deus possa encontrar perdão e misericórdia. Na morte de Cristo, nós vemos o amor do próprio Deus aos inimigos. Em vez de condenar os indignos, Deus tem misericórdia deles por meio do sacrifício de Cristo. Como o apóstolo Paulo afirmou 25 anos depois de Jesus: "Mas Deus demonstra seu amor por nós: Cristo morreu em nosso favor quando ainda éramos pecadores" (Romanos 5:8).

Minha intenção aqui não é insistir na "mensagem da salvação". Quero defender o argumento histórico de que podemos traçar uma linha reta entre o ensino de Jesus sobre o amor e o ápice da sua história ao morrer (como ele via) em favor de pecadores. Em outras palavras, a ética do amor não é arbitrária. Não se trata de uma mera intensificação de um mandamento qualquer dentre muitos outros. Nem é apenas o instinto altruísta que evoluiu na espécie humana, ao lado de todos os outros instintos menos amigáveis. É o legado especial de Cristo ao mundo. Ele foi *tomado*, por assim dizer, com um senso do amor de Deus por todos, incluindo os inimigos, e por isso sentiu que precisava morrer por eles. Jesus ensinou que essa misericórdia divina deve ser a ética central dos seus discípulos por ser *quem Deus é*. Os discípulos devem amar (aos outros) como eles foram amados (por Deus em Cristo). Essa é a lógica por trás das palavras apoteóticas da passagem citada antes. Tendo instado seus discípulos a "amar seus inimigos" e "fazer o bem aos que os odeiam", Cristo termina dizendo: "Porque ele [Deus] é bondoso para com os ingratos e maus. Sejam misericordiosos, como o Pai de vocês é misericordioso" (Lucas 6:35-36).

O sentido dessa lição não se perdeu entre os seus primeiros seguidores. Uma geração depois de Jesus, um dos seus discípulos, João, transmitiu esse ensino de forma clara aos cristãos recém-estabelecidos na Ásia Menor (ou o que chamamos Turquia): "Nisto conhecemos o que é o amor: Jesus Cristo deu a sua vida por nós, e devemos dar a nossa vida por nossos irmãos" (1João 3:16). E novamente: "Quem não ama não conhece a Deus, porque Deus é amor. Foi assim que Deus manifestou o seu amor entre nós: enviou o seu Filho Unigênito ao mundo, para que pudéssemos viver por meio dele.

OPRESSORES E SANTOS

Nisto consiste o amor: não em que nós tenhamos amado a Deus, mas em que ele nos amou e enviou seu Filho como propiciação pelos nossos pecados. Amados, visto que Deus assim nos amou, nós também devemos amar-nos uns aos outros" (1João 4:8-11).

Aqui está a lógica moral central, a melodia original do cristianismo. O amor de Deus precisa dar vida ao amor do cristão por todos. O dilema que reside no cerne deste livro é o fato óbvio de que essa *lógica moral* não se traduziu em uma *história moral* consistente.

IMAGO DEI

Existe uma segunda melodia que devemos ter em mente quando avaliamos a performance da igreja. Ela está muito conectada à primeira e influenciou a maneira como muitos de nós, crentes ou céticos, falamos dos seres humanos ao nosso lado.

Desde o começo, judeus e cristãos insistiram que todo homem, mulher e criança é criado à *imago Dei*, à "imagem de Deus". Como resultado, todos possuem valor igual e inestimável. Quando o Congresso Continental dos Estados Unidos afirmou no dia 4 de julho de 1776 que "todos os homens são criados iguais, que eles são dotados por seu Criador com certos direitos inalienáveis", os formuladores estavam conscientemente redirecionando esse ensino bíblico para o cenário político. De fato, o esboço original escrito por Thomas Jefferson, um dos pais fundadores americanos mais *seculares*, descreve essa como uma "verdade sagrada".[11] O mesmo pode ser dito da *Declaração Universal dos Direitos Humanos*, ratificada pelas Nações Unidas em Paris no dia 10 de dezembro de 1948. Suas frases de abertura insistem na "dignidade inerente a todos os membros da família humana e [nos] seus direitos iguais e inalienáveis" e que "todos os seres humanos nascem livres e iguais em dignidade e direitos. São dotados de razão e consciência e devem agir em relação uns aos outros com espírito de fraternidade".[12]

Os leitores céticos podem ficar arrepiados ao lerem que tais declarações grandiosas do Ocidente secular foram influenciadas pela Bíblia. A história da igreja com os direitos humanos torna isso particularmente difícil de engolir. Mas a conexão histórica é difícil de evitar, dada a proeminência da linguagem da *dignidade sagrada da humanidade* no discurso cristão ao longo dos últimos 2 mil anos. "Eu não duvido que Jesus Cristo, em especial, tenha causado uma revolução ao considerar as pessoas iguais aos olhos de Deus", observou Samuel Moyn, professor de Direito e História de Yale e autor de um livro sobre a origem dos direitos humanos modernos.[13] "Mais tarde, essa ideia de

A bela melodia

igualdade moral tornou-se um ideal de igualdade política. E não há dúvidas de que isso fez com que o mundo mudasse de maneira drástica."[14] Moyn não está tentando premiar a fé cristã. Ele não professa o cristianismo, e, na verdade, é bastante crítico da história da igreja. "Embora os cristãos tenham feito muito para introduzir a ideia de igualdade entre todos os indivíduos", ele observa, "eles também fizeram muito para obstruir o progresso dessa ideia".[15]

A noção de "imagem de Deus" se encontra no cerne da visão cristã da dignidade humana. A expressão em si aparece poucas vezes na Escritura, mas ela inspirou séculos de reflexão filosófica e ética. Ela aparece pela primeira vez na página de abertura da Bíblia, no relato da criação:

> Então disse Deus: "Façamos o homem à nossa imagem, conforme a nossa semelhança. Domine ele sobre os peixes do mar, sobre as aves do céu, sobre os animais grandes de toda a terra e sobre todos os pequenos animais que se movem rente ao chão".
>
> Criou Deus o homem à sua imagem,
> à imagem de Deus o criou;
> homem e mulher os criou.
>
> Deus os abençoou, e lhes disse: "Sejam férteis e multipliquem-se! Encham e subjuguem a terra! Dominem sobre os peixes do mar, sobre as aves do céu e sobre todos os animais que se movem pela terra" (Gênesis 1:26-28).

Sendo essa a declaração de abertura da Bíblia sobre os seres humanos, a expressão "imagem [ou semelhança] de Deus" deve ser o *núcleo* da visão bíblica sobre os homens e as mulheres.[16] Então, o que ela significa?

A expressão "imagem de Deus" refere-se, em parte, à *autoridade* da humanidade para ter "domínio" sobre a criação.[17] Isso encaixa perfeitamente com a evidência do Antigo Oriente Próximo de que os monarcas eram algumas vezes considerados "imagens" vivas da divindade.[18] A diferença em Gênesis é que o conceito é *democratizado*. Ele se refere com ênfase a *todos* os homens e mulheres. O ex-grão rabino da Grã-Bretanha, o célebre intelectual Jonathan Sacks escreveu em seu livro de 2020, *Morality* [Moralidade]: "É isso que torna o primeiro capítulo de Gênesis revolucionário na sua declaração de que todo ser humano, independentemente de classe, cor, cultura ou credo, é feito à imagem e semelhança do próprio Deus. No mundo antigo, os governantes, reis e faraós eram considerados feitos à imagem de Deus. Gênesis está dizendo que todos somos realeza. Todos temos a mesma dignidade no reino de fé sob a soberania de Deus".[19]

A expressão também descreve os seres humanos como *filhos* de Deus. Na próxima passagem em que se lê "imagem de Deus", seu sentido filial é óbvio:

> Quando Deus criou o homem, *à semelhança de Deus* o fez; homem e mulher os criou. Quando foram criados, ele os abençoou e os chamou Homem.
> Aos 130 anos, Adão gerou um filho *à sua semelhança, conforme a sua imagem*; e deu-lhe o nome de Sete (Gênesis 5:1-3, grifo nosso).

O paralelismo é inequívoco. Como Adão teve um filho à sua imagem e semelhança, todo homem e mulher carrega a imagem de Deus. Ser feito à *imago Dei* é ser considerado pelo Criador sua descendência. A expressão não se refere a qualquer *capacidade* particular nos seres humanos. Ela descreve nossa *relação* com o Criador.[20] Todos os seres humanos, não importando suas habilidades ou utilidade, são igual e inestimavelmente preciosos porque são considerados filhos do Criador e, portanto, nossa própria parentela.

Por mais "teológico" que tudo isso possa parecer, existem implicações sociais imediatas. Significa que eu devo tratar outros seres humanos como tendo dignidade infinita como descendência do Criador. A Bíblia faz essa conexão quase de imediato. Gênesis 9:6 afirma que ninguém deve assassinar outra pessoa, "porque Deus fez o ser humano segundo a sua imagem". No Novo Testamento, o meio-irmão de Jesus, Tiago (sim, Jesus teve um meio-irmão), insiste que não devemos nem "amaldiçoar os homens, feitos à semelhança de Deus" (Tiago 3:9).[21]

Como tantos outros conceitos judaicos, a *imago Dei* está por trás de muito do ensino do próprio Jesus, mesmo ele não usando a expressão. Ele descreve Deus como o "pai" da humanidade — e isso se aplica até à humanidade *desobediente*, de acordo com sua famosa parábola do filho pródigo (Lucas 15:11-32). Os discípulos de Jesus deviam refletir a semelhança de seu Pai no jeito de tratar os outros, como vimos mais cedo neste capítulo: "Sejam misericordiosos, assim como o Pai de vocês é misericordioso" (Lucas 6:36). No Sermão do Monte, a mesma ideia está evidente no seu ensinamento marcante de que a nossa forma de tratar o próximo é igual à (ou, pelo menos, paralela à) nossa adoração a Deus:

> Portanto, se você estiver apresentando sua oferta diante do altar [um ato de adoração no templo comum para o judeu] e ali se lembrar de que seu irmão

A bela melodia

tem algo contra você [isto é, você fez algo errado para com ele], deixe sua oferta ali, diante do altar, e vá primeiro reconciliar-se com seu irmão; depois volte e apresente sua oferta (Mateus 5:23-24).

O raciocínio por trás de uma instrução como essa é que nós não podemos alegar que honramos o Criador se desonramos outra pessoa que faz parte da descendência dele, nossos irmãos. Um pensamento similar está presente em duas frases impactantes em uma carta do Novo Testamento do apóstolo João, algum tempo depois: "Pois quem não ama seu irmão, a quem vê, não pode amar a Deus, a quem não vê. [...] Quem ama a Deus, ame também seu irmão" (1João 4:20-21).

Ao longo deste livro, encontraremos muitos cristãos posteriores citando explicitamente esse conceito da *imago Dei* como a razão pela qual devemos cuidar dos pobres, enterrar os mortos, abrir hospitais e libertar os escravos. E veremos também a igreja fazendo muitas coisas para "obstruir o progresso dessa ideia", como Samuel Moyn colocou.

UMA NOVA VISÃO DA HUMANIDADE

Vale a pena comparar essa visão judaico-cristã do ser humano com a visão "pagã", ou greco-romana, na época do nascimento do cristianismo. Essa comparação realça algo geralmente difícil de ver hoje. No mundo contemporâneo não existem diferenças práticas entre a perspectiva cristã sobre a humanidade e a perspectiva secular humanista — as duas ideias estão relacionadas pela história. É fácil para nós presumirmos que uma visão tão nobre da pessoa humana, que independe dos seus talentos ou contribuições, é a perspectiva padrão de todas as eras. Esse apenas não é o caso.

Considere a seguinte carta, datada do dia 17 de junho do ano 1 a.C. Um soldado romano chamado Hilárion ocupa seu posto na cidade portuária egípcia de Alexandria. Ele escreve para sua esposa Ális, que está em casa, prometendo enviar-lhe em breve um pouco do seu salário, pedindo-lhe que cuide dos filhos, e assegurando-lhe de novo, com firmeza, que ele não a esqueceu. Alguns aspectos da vida familiar não mudaram. Casualmente, porém, Hilárion fala para Ális que, se ela estiver grávida, ela deve descartar o bebê quando este chegar:

> Hilárion à sua irmã Ális, muitas saudações, também à minha senhora Berous e Apolonárion. Saiba que ainda estou em Alexandria; e não se preocupe se eles todos [o exército] partirem, pois permanecerei em Alexandria. Peço-lhe

e rogo-lhe que cuide da criança, e, se eu receber meu salário logo, o enviarei para você. Acima de tudo, se você estiver grávida e for homem, não faça nada a ele; se for mulher, jogue-a fora. Você falou a Afrodísias: "Não se esqueça de mim". Mas como posso me esquecer de você? Portanto, peço-lhe que não se preocupe. Vigésimo nono ano de César, Pauni 23 [17 de junho de 1 a.C.].[22]

Falar de jogar uma criança fora ao nascer — em uma passagem de uma carta que, em tudo o mais, soa normal e familiar — é chocante para os leitores modernos. Já li essa carta para diversos públicos ao longo dos anos, e o clima pesado na sala fica palpável. Mas nos tempos antigos, isso não era nem chocante, nem ilegal. Não era nem imoral. Descartar recém-nascidos era considerado um método de planejamento familiar. Por todo o mundo grego e romano, crianças eram descartadas com certa frequência, em especial se os pais sentiam que não podiam sustentar outra boca, se a criança era deformada, deficiente ou, como no caso anterior, uma menina.[23]

Algumas vezes, descartar uma criança envolvia "infanticídio" direto, isto é, matar e jogar fora o corpo do recém-nascido. Mais comumente, no entanto, envolvia uma prática conhecida de modo eufemístico por *expositio* ou "exposição". O maior filósofo grego da Antiguidade, Aristóteles (384-322 a.C.), aconselhou: "Quanto à exposição ou criação de bebês nascidos, que haja uma lei segundo a qual nenhuma criança deformada possa ser criada".[24] O bebê era apenas deixado em algum lugar, fosse em uma esquina, no mercado ou mesmo em um aterro sanitário. A criança poderia, é claro, ser resgatada por outros pessoas, que a criariam como se fosse delas. Infelizmente, ela também poderia ser levada por traficantes profissionais, morta por um animal ou morrer vítima dos elementos da natureza.

Hilárion seria preso em flagrante hoje. Mas no seu contexto, ele não era um "monstro" moral. Ele agiu segundo o ponto de vista *racional* generalizado de que o valor de um bebê depende não de um valor intrínseco ou infalível, mas das suas capacidades ou utilidade para a família. O ultraje que sentimos com a prática de expor as crianças só ilustra as pressuposições muito diferentes com as quais trabalhamos hoje. No mundo grego e romano antigo, havia pouca reflexão ética sobre essa prática. Os judeus daqueles tempos se opunham a ela, é claro. De fato, sabemos de um judeu de alto escalão crítico da *expositio*, um mestre chamado Filo, que por acaso vivia em Alexandria exatamente na mesma época em que Hilárion cumpria seu serviço na cidade.[25] Os cristãos também eram explícitos quanto a isso, pregando e escrevendo contra a prática, e até resgatando bebês

A bela melodia

abandonados e criando-os como se fossem seus. (Centenas de milhares de pessoas estão vivas hoje — descendentes de crianças encontradas e resgatadas — como resultado dessa antiga prática cristã.[26] Mais sobre tudo isso nos capítulos 7 e 10.)

Em palestras públicas sobre esses temas, pedi algumas vezes à audiência que se imaginasse sendo um amigo de Hilárion no ano 1 a.C. e tentando convencê-lo do *erro* de "jogar fora" um recém-nascido apenas porque os pais não o querem. Nós podemos de forma instintiva começar a falar sobre *igualdade* e *direitos inalienáveis*. Mas Hilárion provavelmente ficaria olhando para nós confuso. Em um tom frio e calmo, presumindo que houvesse lido um pouco de filosofia grega, ele poderia retrucar: com que base você alega que um recém-nascido que mal possui autoconsciência é *igual* a outros humanos? Será que isso não passa de uma doutrina arbitrária? Você diria que todos os *animais* são iguais? Toda *arte* tem o mesmo valor? Todas as *ferramentas* são valiosas da mesma maneira? Hilárion poderia nos pressionar ainda mais: por qual outra dimensão da vida nós poderíamos argumentar que coisas com capacidades e utilidades obviamente diferentes compartilham do mesmo valor? A própria Natureza fez algumas pessoas mais inteligentes, mais fortes, melhores e, portanto, mais úteis. Quanto mais útil, maior o valor. A lógica é inescapável. Devemos preferir o forte e vantajoso, e deixar a Natureza tomar conta do resto.[27]

Judeus e cristãos antigos não sentiam dificuldade de explicar por que todo homem, mulher e criança são inerente e igualmente valiosos. Os seres humanos, eles diziam, carregam a *imagem de Deus*. O Criador os considera sua descendência. A igreja não viveu essa convicção de forma consistente, como veremos, mas essa doutrina levou a alguns desdobramentos históricos singulares, incluindo o banimento completo do assassinato de infantes em uma lei de 374 d.C. (depois de trezentos anos tentando persuadir Roma).[28]

O filósofo e ateu Raimond Gaita destaca de maneira muito prestativa o lugar incomum em que os ocidentais seculares se encontram hoje: "Se não somos religiosos, costumamos buscar uma das expressões inadequadas, disponíveis a nós, para afirmar o que esperamos ser seu equivalente secular". Ele dá alguns exemplos: "seres humanos são inestimavelmente preciosos", eles possuem "dignidade inalienável", e assim por diante. Mas "essas são maneiras de dizer o que sentimos necessidade de dizer quando não temos os recursos conceituais necessários para dizê-lo. [...] Nenhuma delas têm o poder natural que a forma religiosa de falar tem".[29] Gaita não aceita a forma religiosa de pensar — que os seres humanos são feitos à imagem de Deus.

Ele apenas reconhece que a filosofia secular, até agora, tem tido dificuldade para competir com a sua simplicidade e força. Por 2 mil anos as culturas ocidentais se habituaram a pensar nos seres humanos como portadores da imagem de Deus e, por isso, como possuindo valor *inestimável e igual*. Agora que esse "papo de Deus" deixa muitos de nós constrangidos, debatemo-nos para encontrar maneiras coerentes de expressar a mesma visão sublime da humanidade.

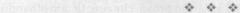

Será importante manter em mente esses aspectos gêmeos da lógica moral cristã ao longo deste livro. Por um lado, está claro que o "amor aos inimigos" e a "imagem de Deus" guiaram muito do que foi extraordinário na história do cristianismo, como até os historiadores e filósofos mais relutantes irão reconhecer. A igreja encontra-se no seu primor, na história e na atualidade, quando ela executa esses versos da melodia contida nos seus documentos fundacionais. Mas lembrar da lógica moral de Cristo e do Novo Testamento torna a história que eu vou contar ainda mais trágica. A intolerância, o egoísmo e a violência da igreja, nas Cruzadas, nas Inquisições, no acúmulo de riquezas ou nos horrores do abuso infantil, não são apenas afastamentos de princípios humanitários mais amplos. São uma traição do mandato específico que Cristo deu ao seu movimento.

É verdade que os padrões seculares de hoje muitas vezes fazem os cristãos parecerem maus. Jesus Cristo os faz parecerem especialmente maus. Aliás, ele exigiu que seus seguidores fossem os primeiros a admitir isso.

| CAPÍTULO QUATRO |

A viga no olho da igreja:

outra coisa que Jesus disse no século 1

*Por que você repara no cisco que está
no olho do seu irmão, e não se dá conta da viga
que está em seu próprio olho?*
— JESUS, SERMÃO DO MONTE

Quando o documentário que mencionei no capítulo 1 foi lançado em 2018, participei de várias exibições nos cinemas para promover o filme. Meus coapresentadores e eu introduzíamos a sessão, deixávamos as pessoas assistirem ao material de 90 minutos preparado para o cinema, e então recebíamos perguntas da plateia. Quase todas as vezes, a cada noite, alguém levantava a mão e perguntava: "Você não está desanimando um pouco sua equipe deixando ir a público toda a roupa suja da igreja?". Essas não eram as palavras exatas usadas para formular a pergunta, mas esse certamente era o sentido. Alguns cristãos nas nossas audiências ficaram desapontados por termos mostrado tantos exemplos das falhas da igreja. Cristo disse que seus seguidores seriam marcados pelo "amor", e cá estávamos nós, sugerindo que a igreja muitas vezes foi marcada pelo ódio, pela intolerância e pela violência. Nesses momentos de perguntas e respostas, em exibições públicas ou nas redes sociais depois delas, as pessoas nos acusavam de nos esforçarmos demais para nos comunicarmos com o público cético "engajado" ao falar mal do povo de Deus.

OPRESSORES E SANTOS

Minha resposta a esse desafio era sempre a mesma. É verdade que Jesus exigiu o amor acima de todas as coisas, mas também é verdade que a primeira lição que ele deu aos seus discípulos consistiu na prontidão para admitir as próprias falhas em amar, a própria falência moral.

"BEM-AVENTURADOS OS POBRES EM ESPÍRITO"

O ensino de Jesus sobre o amor no Sermão do Monte é bastante conhecido. Menos conhecida é sua visão um tanto quanto pessimista da natureza humana. Considere apenas estas duas colocações:

> Se vocês, apesar de serem maus, sabem dar boas coisas aos seus filhos, quanto mais o Pai de vocês, que está nos céus, dará coisas boas aos que lhe pedirem! (Mateus 7:11).

> Muitos me dirão naquele dia: "Senhor, Senhor, não profetizamos nós em teu nome? Em teu nome não expulsamos demônios e não realizamos muitos milagres?". Então eu lhes direi claramente: "Nunca os conheci. Afastem-se de mim vocês, que praticam o mal!" (Mateus 7:22-23).

A palavra "mal" é ofensiva aos ouvidos modernos. Em geral, nós a reservamos para os Hitlers do mundo. Mas ela é bastante comum no ensino de Jesus e significa em sentido básico "imoral" ou "malvado". E ele a usa para *todo mundo*, sejam seus oponentes ou seus seguidores mais próximos. É uma das grandes diferenças entre a perspectiva de Jesus e a nossa: ele falou dos seres humanos como caracteristicamente falhos; nós falamos como se fôssemos bons. Esse panorama básico pode ser visto nas duas frases de abertura do Sermão do Monte:

> Vendo as multidões, Jesus subiu ao monte [por isso: Sermão do Monte] e se assentou. Seus discípulos aproximaram-se dele, e ele começou a ensiná--los, dizendo:
> "Bem-aventurados os pobres em espírito, pois deles é o Reino dos céus.
> "Bem-aventurados os que choram, pois serão consolados" (Mateus 5:1-4).

Ambas as expressões "pobres em espírito" e "os que choram" se referem ao reconhecimento da condição moral lamentável da humanidade, incluindo os próprios discípulos ou alunos de Jesus. O renomado acadêmico bíblico

A viga no olho da igreja

Don Carson explica: "A pobreza de espírito é o reconhecimento da própria falência espiritual. É uma confissão consciente da própria indignidade diante de Deus. Como tal, é a mais profunda forma de arrependimento".[1] É digno de nota que o discurso ético mais rico da tradição ocidental (mais uma vez, meu viés) começa pelo chamado a admitir nossa falência espiritual e moral.

Mantive uma conversa interessante sobre tudo isso com um jornalista ponderado da radiodifusora nacional da Austrália. Ele me contou que gostava de *alguns* dos ensinamentos éticos de Jesus — as partes sobre o amor e a paz —, mas desconfiava muito de qualquer conversa sobre culpa humana e misericórdia divina. Sua preocupação era que isso poderia sufocar o espírito humano, em especial nas crianças (ele e a esposa estavam prestes a ter seu primeiro filho). Elas cresceriam, temia ele, em uma nuvem de culpa que obscureceria suas habilidades e seu valor intrínseco. Ele preferia a noção de que todos temos dentro de nós todo o necessário para viver de forma honrosa. Expliquei que a situação parecia invertida agora. Imagine-se crescendo em uma família em que a expectativa é que você seja bom de capa a capa. Você vai conseguir chegar ao "time titular" (uma referência ao rúgbi), nunca se meter em encrencas, sempre tirar nota máxima na escola e consertar com rapidez quaisquer falhas pessoais. Eu sugeri que *isso* era a receita para sufocar o espírito de uma criança. Essa mentalidade baseada no desempenho, em que o valor está atrelado às conquistas, não é capaz de nos preparar para as falhas inevitáveis da vida. Melhor que isso, acredito, é criar nossas crianças no conhecimento completo dos seus dons *e* das suas falhas, e na certeza de que elas são amadas independentemente do seu desempenho.

Cristo não nos ensinou que nós somos fracassos incorrigíveis fadados a sermos imorais, mas insistiu que reconhecer nossa humanidade imperfeita é o primeiro passo para ver seu "reino". Adotar essa perspectiva é como crescer em uma família que ao mesmo tempo nutre grandes expectativas para você — *quem poderia negar as expectativas de Cristo a respeito dos cristãos?* —, mas também o treina desde o começo a reconhecer as próprias faltas e a confiar que sua filiação na família depende do amor, e não do desempenho.

Pode ser que nada nessa "teologia" seja verdade. Alguns leitores pensarão que isso não passa de lorota. Não tem problema. Estou preocupado neste ponto apenas em explicar por que admitir a pobreza moral *entre os cristãos* é uma característica tão importante do ensino do próprio Cristo. Em 2012, o intelectual e ateu britânico Francis Spufford anunciou que havia "encontrado o cristianismo" *sem querer* (é quase assim que ele descreve o

OPRESSORES E SANTOS

que aconteceu). Seu livro, intitulado *Unapologetic: why, despite everything, Christianity can still make surprising emotional sense* [Sem desculpas: por que, apesar de tudo, o cristianismo ainda pode fazer sentido emocional surpreendente], causou um rebuliço na época. Entre as muitas coisas interessantes que ele escreve a respeito da sua jornada de anticristão esnobe a meio-crente anglicano vacilante, está sua descrição de como ele tomou consciência de sua própria "tendência de cambalear, e tropeçar, e estragar por acidente" e sua "inclinação ativa em arruinar as coisas, 'coisas' aqui incluindo ânimos, promessas, relacionamentos que amamos e nosso próprio bem-estar e o de outras pessoas".[2] Para sua própria surpresa, confrontar isso foi tudo menos angustiante. Foi libertador:

> Descobri que admitir que há um pouco de preto na paleta de cores da minha psique não convida o borrão preto a se espalhar, ou dá a uma verdade parcial um poder sombrio sobre mim maior do que ela deveria ter, mas o oposto. Admitir que existe um pouco de preto na mistura faz com que ele importe menos. Isso torna mais fácil prestar atenção à combinação do resto. Ajuda você a parar de perder seu tempo negando e, portanto, ajuda você a parar de ricochetear entre o autoelogio irrealista e a autocomiseração irrealista. Ajuda você a ser gentil consigo mesmo.[3]

De acordo com Cristo, só quando seus seguidores encararem sua "pobreza de espírito", o que Spufford chama de "o preto na paleta de cores", eles se tornarão conscientes também da "bênção" de "herdar o reino de Deus". É um dos muitos paradoxos do ensino de Jesus. É frequentemente mal compreendido pelos cristãos e pelos céticos.

Não menos paradoxal é o próximo ensinamento das palavras inaugurais de Jesus no Sermão do Monte. Apenas os que têm um discernimento saudável da propensão humana a manchar as coisas estão em posição de lamentar de forma honesta a imoralidade que existe no mundo. Este é o significado da frase: "Bem-aventurados os que *choram*, pois serão consolados". A linguagem que Jesus emprega aqui ecoa uma passagem específica na Bíblia judaica, ou o Antigo Testamento. O livro de Isaías, escrito séculos antes e conhecido por todo o primeiro público de Jesus, contém uma passagem que fala igualmente de "confortar" os que "choram" (Isaías 61:1-9). No contexto, entretanto, não tem ligação com a tristeza normal que afeta nossa vida; tem a ver com lamentar as injustiças que vemos à nossa volta, "o roubo e toda maldade" do mundo, como Isaías 61:8 coloca, e, então, desejar que

A viga no olho da igreja

o Todo-poderoso faça algo a respeito disso. Sem dúvidas, é isso que Jesus quer dizer com "chorar": o pesar que uma pessoa sente quando olha para o mal no mundo. Em outras palavras, a conduta que Cristo esperava dos seus seguidores quando estes vissem a imoralidade nos outros é de tristeza. Tristeza. Não o espírito julgador pelo qual a igreja por vezes se tornou famosa. Mas uma melancolia humilde que *primeiro* vê sua própria pobreza moral e *só então* lamenta "o roubo e toda a maldade" nos outros.

A VIGA E O CISCO DO CARPINTEIRO

Estas duas frases de abertura do ensino de Cristo — uma sobre admitir o próprio mal, a outra sobre lamentar o mal externo — ressoam com uma das suas declarações mais conhecidas, encontrada perto do final do Sermão do Monte:

> Não julguem, para que vocês não sejam julgados. Pois da mesma forma que julgarem, vocês serão julgados; e a medida que usarem, também será usada para medir vocês. Por que você repara no cisco que está no olho do seu irmão, e não se dá conta da viga que está em seu próprio olho? Como você pode dizer ao seu irmão: "Deixe-me tirar o cisco do seu olho", quando há uma viga no seu? Hipócrita, tire primeiro a viga do seu olho, e então você verá claramente para tirar o cisco do olho do seu irmão (Mateus 7:1-5; veja também Lucas 6:37-42).

O mandamento "não julguem" não acrescenta um novo item de comportamento ético. Ele começa a concluir o ensino moral de Cristo descrevendo *a postura* dos que se juntam ao seu movimento. Sem dúvida, Jesus elevou a ética nos parágrafos precedentes: buscar a paz, humildade, contar a verdade, pureza sexual, amor, não violência, caridade, simplicidade na oração e fugir da avareza, tudo isso aparece. A tentação para os que aceitam ensinamentos tão sublimes é olhar com altivez para aqueles que não o fazem! Jesus, porém, insiste que seus discípulos devem resistir a esse impulso. "Não julguem" é a única atitude apropriada aos que aceitam seu ensino. "O tabu contra 'julgar'", Spufford observa com ironia, "não foi formado na nossa cultura em reação à religião; não faz parte da grande jornada em direção à luz secular". Em vez disso, é "um pequeno pedaço da herança cristã, uma proibição cristã específica que se tornou proverbial e se desprendeu do seu contexto, esquecendo-se de modo total das suas origens".[4]

OPRESSORES E SANTOS

Expor o espírito julgador nas pessoas religiosas é, em teoria, uma tradição profundamente cristã.

Cristo destaca esse ponto com uma de suas mais famosas metáforas: a viga no olho. Aqui nós captamos um vislumbre da sua criação. Uma breve passagem em um dos evangelhos nos conta que seu pai, José, era um carpinteiro (Marcos 6:3). A palavra é *tektōn*, que se refere a algo mais próximo de um "construtor", isto é, alguém que trabalha não só com madeira, mas também com pedra e metal.[5] Ainda assim, Jesus deve ter passado muito da sua adolescência ajudando seu pai a fazer e consertar produtos de madeira, como portas, cercas e equipamentos agrícolas. E uma coisa que os carpinteiros conhecem muito bem é a dolorosa experiência de sentir um pouco de pó de serra entrar no olho. Quantas vezes Jesus deve ter tido um "cisco" no olho e pedido ao seu pai para ajudá-lo a tirar, ou o contrário! Em algum ponto ele deve ter percebido como essa é uma excelente ilustração da nossa condição moral.

Uma coisa que você não consegue fazer quando tem alguma coisa no olho, mesmo que seja uma pequena partícula, é ver claramente. Jesus fala aqui de ter uma "viga" inteira no olho. Ele apreciava uma hipérbole retórica — esta é quase cômica. A questão da viga no olho é que seus discípulos deveriam ser mais conscientes dos próprios erros (uma "viga") que dos erros dos outros (um "cisco"). Mais uma vez, o ateu convertido em anglicano Francis Spufford coloca isso com brio:

> A religião certamente pode acabar se tornando um clube ou um grupo de afinidades confortável ou uma muralha contra o mundo. Mas não deveria ser assim. Ela deveria ser uma liga dos culpados. Nem todos culpados da mesma coisa, ou do mesmo modo, ou no mesmo grau, mas o suficiente para nos reconhecermos uns aos outros.[6]

A postura básica de um cristão no mundo deveria ser a de uma melancolia humilde, aceitando carregar seu cartão de membro da "liga dos culpados". Nós primeiro vemos o mal em nós mesmos, e só então lamentamos o mal no mundo.

Essa é a minha resposta para o cristão que reclama por eu estar "desanimando a equipe" ao deixar ir a público a roupa suja da igreja. Foi o próprio Mestre da igreja que disse que eu deveria me preocupar mais com meus próprios pecados que com os pecados dos outros. O mesmo Senhor que chamou seus seguidores a buscar o amor, a paz, a pureza e todo o resto também insistiu, no mesmo sermão, que os cristãos devem ser rápidos para admitir as próprias faltas e tardios para condenar as faltas dos outros.

Não é exagero dizer que esse aspecto do ensino de Cristo é uma das razões por que eu não perco a esperança no cristianismo, mesmo quando a minha fé na "santa igreja" por vezes vacila frente aos registros dessa mesma igreja. Se Cristo tivesse falado que seus seguidores sempre seriam exemplos de amor e integridade — as "pessoas de luz" em um mundo em trevas —, eu não sei como seria capaz de continuar confiando na sabedoria do Fundador. Duvido que eu conseguiria suportar o peso das evidências contrárias, acumuladas ao longo dos séculos.

Tudo isso é o motivo pelo qual me sinto livre para, a despeito da ocasional indagação mal-humorada por parte dos cristãos, escrever um livro sobre os *opressores* e *santos* da história cristã. Haverá tempo suficiente para explorarmos as contribuições positivas do cristianismo — a miríade de maneiras pelas quais os cristãos colocaram o amor em prática —, mas não vejo como esse material faria sentido para leitores criteriosos sem primeiro encararmos as falhas sistêmicas dos cristãos em viverem o cristianismo. Pense neste livro como um exercício para perceber a "viga" no olho da igreja.

| CAPÍTULO CINCO |

Bons perdedores:
a perseguição à
igreja de 64 a 312 d.C.

Eles foram cobertos com peles de feras selvagens e
despedaçados até a morte por cães.
— TÁCITO, 115 d.C.

No mundo de hoje, temos um retrato confrontador das duas faces, o médico e o monstro, da história da igreja. Existe o servo humilde que suporta a dor com alegria em vez de a infligir, e existe o policial da moralidade ansioso por oprimir a cultura em favor da causa da "retidão". Essa segunda figura costuma ser associada aos evangélicos dos Estados Unidos, mas os conservadores australianos muitas vezes são descritos em termos similares, e isso em um país que deveria ser um dos menos cristianizados do Ocidente. Neste exato instante, na verdade, minha terra natal está no meio de uma balbúrdia por causa da "liberdade religiosa", uma expressão que é interpretada muitas vezes pelo público mais amplo como a liberdade de discriminação contra as minorias. Pouco tempo atrás, lia-se na manchete de um grande jornal: "Lei da discriminação religiosa concede aos australianos 'o direito de ser intolerante'".[1] O artigo não é exatamente um modelo de reportagem imparcial — e eu argumentaria que uma ampla liberdade religiosa é necessária para uma democracia secular saudável —, mas consegue sublinhar o modo como muitos na mídia pensam a respeito da igreja "opressora".

Bons perdedores

A PERSEGUIÇÃO HOJE

As coisas são diferentes em outros lugares. Neste exato instante na China, no Oriente Médio e em partes da África, os cristãos não têm proteção legal ou social e com frequência sofrem grave oposição da cultura dominante. Acontece que os cristãos estão entre as minorias mais perseguidas do mundo hoje, como um relatório recente do governo britânico revelou.[2] As declarações dos líderes eclesiásticos nesses contextos são confrontadoras. Eles não choram, conspiram nem sequer imploram por ajuda. Eles exibem uma estranha determinação em defender a verdade do cristianismo ao mesmo tempo em que persistem no caminho do amor e da não retaliação aos seus opressores. Eles parecem bons perdedores.

Em dezembro de 2018, por exemplo, cem cristãos do movimento de igrejas subterrâneas em Chengdu, na China, foram detidos e encarcerados. A maioria foi liberada pouco tempo depois. O líder do grupo, Wang Yi, foi julgado em segredo pela Corte Popular de Intermediários de Chengdu e condenado a nove anos de prisão, a maior sentença dada a um pastor de igreja doméstica em uma década (conheci pessoalmente outros condenados por apenas um ou dois anos). Em uma carta contrabandeada para o Ocidente pouco depois da sua prisão, o pastor Yi descreve sua filosofia. "O evangelho exige que a desobediência em favor da fé seja não violenta", ele escreve. "O mistério do evangelho repousa em sofrer de modo ativo, e estar disposto até mesmo a suportar punições injustas, em lugar da resistência física. A desobediência pacífica é o resultado do amor e do perdão. A cruz significa estar disposto a sofrer quando não se deve sofrer. Cristo dispunha de formas ilimitadas de revidar, mas suportou toda a humilhação e todo o mal. A forma como Cristo resistiu ao mundo que lhe resistiu consistiu em estender um ramo de oliveira de paz na cruz ao mundo que o crucificou."[3]

Para os leitores não atentos ao cenário cristão global, uma carta como essa e os eventos que a instigaram podem parecer extraordinários, talvez até implausíveis. Certamente, onde eu vivo, notícias de uma "igreja perseguida" parece uma contradição em termos. A reputação da igreja no Ocidente é tal que para muitos é difícil imaginar que uma grande parcela dos cristãos de hoje vive em circunstâncias precárias, e muito menos que os líderes dessas igrejas advogam a "compaixão" para com os seus interrogadores e insistem em "estender um ramo de oliveira de paz" aos seus perseguidores. Como resultado, a perseguição aos cristãos é raras vezes noticiada pela mídia mais convencional, apesar de permanecer um dos abusos de direitos humanos mais generalizados no mundo hoje.

Como podem essas duas imagens coexistir em um mesmo movimento? Ou, para refazer a pergunta em um formato mais historicamente linear: como um movimento que agiu como o pastor Yi durante seus três primeiros séculos de existência pode acabar parecendo com a polícia da moralidade e soando como ela? Os próximos capítulos responderão a essa pergunta.

MASSACRADOS NO "CIRCO" DE ROMA

A igreja sob o domínio romano, do imperador Tibério (14-37 d.C.) ao imperador Constantino (306-337 d.C.), especializou-se no que pode ser designado "ser um bom perdedor". Os cristãos aceitaram que o Estado detinha o direito de usar a força contra os malfeitores, mas acreditavam que eles mesmos não contavam com esse direito. De modo geral, os cristãos eram quase inteiramente pacíficos (digo quase pois as evidências são ambíguas quanto à resposta dada pela igreja aos soldados que queriam se tornar cristãos, como explicarei no capítulo 12). A própria estrutura de sua fé — fundada no sacrifício de Cristo — proibia a vingança e exigia a compaixão, até mesmo para com os inimigos. Naqueles dias, era mais provável que a igreja fosse zombada por conta da sua dedicação à filantropia e ao martírio — literalmente zombada por essas coisas — que por causa da intolerância ou violência. Naqueles dias, seria inimaginável que os cristãos um dia apareceriam como os opressores.

O livro de Atos dos Apóstolos, no Novo Testamento, nos permite assistir de camarote ao aumento de problemas para o cristianismo nas três primeiras décadas.[4] Conhece-se menos o que aconteceu logo após esse período. A expansão da igreja entre 60 e 300 d.C. já foi descrita para mim por historiadores clássicos renomados como quase "miraculosa". Eu mesmo escrevi uma extensa tese de doutorado sobre a missão cristã no antigo Império Romano e, com franqueza, não sei explicar o sucesso do cristianismo ante a oposição romana.[5] Eu consigo dizer o que os cristãos *fizeram* e *aonde* eles foram, mas não consigo desvendar o resultado. O Departamento de História Antiga da Macquarie University, onde realizei meus estudos, não estava interessado nas especulações teológicas sobre a questão (concernente ao envolvimento de Deus no movimento). Historicamente falando, é tudo bastante misterioso.

De qualquer forma, temos evidências claras de que as igrejas de Roma cresceram nos 15 anos depois da morte de Jesus em Jerusalém. No final da

Bons perdedores

década de 40 d.C., os debates cristãos na cidade chegaram até os ouvidos do imperador Cláudio, que expulsou alguns dos líderes da "perturbação".[6] Menos de vinte anos depois, a expulsão se transformou em franca perseguição. Esse é um tema reconhecidamente exagerado pelos cristãos ao longo dos anos, conforme contavam e recontavam histórias de perseguições infindáveis e fé inabalável. Escritores recentes têm tentado corrigir o mito minimizando as evidências até se tornarem quase irreconhecíveis. Um exemplo notável é o da pesquisadora inglesa do Novo Testamento, Candida Moss, em seu livro *The myth of persecution: how early Christians invented a story of martyrdom* [O mito da perseguição: como os primeiros cristãos inventaram uma história de martírio],[7] publicado em 2013. O título é um pouquinho sensacionalista. A dra. Moss sabe tão bem quanto qualquer um que, embora os cristãos não fossem perseguidos *de forma rotineira* pelos romanos, temos boas evidências de que eles foram reprimidos em diversas ocasiões nesse período inicial, e a experiência deixou uma marca indelével na consciência cristã.[8]

No ano 64 d.C., o imperador Nero condenou "um vasto número" de cristãos em Roma. O estadista e cronista romano Cornélio Tácito nos deixou um relato breve, mas brutal. "Eles foram cobertos com peles de feras selvagens e despedaçados até a morte por cães", ele calmamente informou, e "eles foram amarrados a cruzes, e, quando a luz do dia cedeu, foram queimados para servir como lâmpadas à noite". E justo quando parece que não tem como piorar: "Nero havia oferecido seus Jardins para o espetáculo, e realizou uma apresentação em seu Circo [uma arena de jogos], misturando-se à multidão nos trajes de um cocheiro".[9] O próprio Tácito não era fã do cristianismo. Ele o considerava uma "superstição perniciosa" e uma "doença" que começou quando "*Christus*, o fundador do nome, recebeu a pena de morte no reinado de Tibério, por sentença do procurador Pôncio Pilatos". Ainda assim, Tácito foi capaz de admitir que alguns romanos começaram a sentir um pouco de pena dos cristãos.

As ações de Nero foram a primeira supressão violenta de cristãos patrocinada pelo Estado, apenas trinta anos depois de Jesus. Foi mais ou menos nessa época que muitos dos textos do Novo Testamento, os Evangelhos e as Cartas, foram escritos.[10] Um texto, endereçado pelo apóstolo Paulo às igrejas nascentes de Roma apenas alguns anos antes da violência de Nero contra elas, conclama os cristãos a se prepararem para a oposição relembrando o *ethos* de Jesus: "Não retribuam a ninguém mal por mal. Procurem fazer o que é correto aos olhos de todos. Façam todo o possível para viver em paz com todos. Amados, nunca procurem vingar-se, mas deixem com Deus a ira [...]. Não se deixem vencer pelo mal, mas vençam o mal com o bem" (Romanos 12:17-21). Os primeiros cristãos criam que, um dia, Deus lidaria com os opressores, mas eles mesmos eram proibidos de resolver o assunto com as próprias mãos.

Alguns anos atrás visitei o que sobrou do Circo de Nero. O local está agora dentro das muralhas do Vaticano (há algo de poético nisso). Pensei naqueles cristãos antigos para os quais Paulo escreveu essa carta. Fiquei imaginando como eles processaram as palavras "vençam o mal com o bem" quando Nero começou a crucificá-los e a queimá-los em nome do espetáculo.[11]

PANFLETOS ANÔNIMOS NA BITÍNIA

Temos evidências excelentes, de 50 anos depois, da ampliação da ação estatal contra os cristãos na importante província romana da Bitínia e Ponto, no norte da atual Turquia. Por volta do ano 112, a perseguição, o interrogatório e até a execução de cristãos já haviam se tornado a norma nessa região. Só sabemos disso porque o governador da província, o quase quadragenário Plínio, o Jovem, escreveu para o imperador Trajano em busca de conselhos sobre como proceder. Nós temos essa carta, junto com mais de cem outras cartas dele.[12] Plínio estava quase se sentindo mal por ter de deter tantas pessoas na região sob sua jurisdição. Ele começa a carta: "É meu costume referir-lhe todas as minhas dificuldades, senhor, pois ninguém é mais capacitado para sanar minhas dúvidas e lançar luz sobre minha ignorância". Plínio nunca julgara cristãos antes; ele parece ter herdado a função policial quando assumiu seu cargo. "Eu não conheço a natureza ou a extensão das punições geralmente executadas sobre eles", ele escreve, "nem os motivos para começar uma investigação e quão longe essa deve ser levada".[13]

O problema ganhou proporção, Plínio nos conta, porque as pessoas agora delatavam os cristãos fazendo circular panfletos anônimos que citavam os nomes: Demétrio, o coureiro, é um cristão; Júnia, a costureira, foi vista na igreja; e assim por diante. Por que as pessoas estavam denunciando seus vizinhos desse jeito? "A partir de muitas pistas na carta", nota Robert Wilken, da Universidade da Virginia, "é possível inferir que a acusação havia sido registrada por mercadores locais, talvez açougueiros e outros trabalhadores envolvidos no abatimento e na venda de carnes sacrificiais".[14] Quando as pessoas tornavam-se cristãs, elas paravam de sacrificar animais nos templos pagãos e, às vezes, paravam até de comprar a carne proveniente desses sacrifícios nos templos que eram revendidas no mercado (os cristãos e os

Bons perdedores

judeus consideravam essas carnes "impuras"[15]). A conversão ao cristianismo ameaçava os negócios locais.[16] E os números estavam crescendo. Plínio se inquieta porque uma "grande quantidade de indivíduos de todas as idades e classes, homens e mulheres, está sendo trazida a julgamento". Como um bom romano, ele não tem interesse em ultrapassar os limites da justiça. Ele não quer matar as pessoas só por matar. Ele resume para o imperador sua política interina:

> Até o momento, esta é a linha de ação que tenho tomado com todas as pessoas trazidas até mim sob a acusação de serem cristãs. Tenho perguntado a elas em pessoa se são cristãs, e, se elas confessam, eu repito a pergunta uma segunda e uma terceira vez, advertindo-as acerca da punição que as aguarda. Se elas persistem, ordeno que sejam levadas para serem executadas; pois, qualquer que seja a natureza da sua confissão, estou convencido de que sua teimosia e obstinação resistentes não devem sair impunes.[17]

Ele acrescenta que descobriu uma forma de distinguir os cristãos reais dos falsos: "Julguei que deveria dispensar qualquer um que negasse ser ou ter sido cristão quando repetissem comigo uma fórmula de invocação aos deuses e fizessem oferendas de vinho e incenso à tua estátua, e, ademais, insultassem o nome de Cristo, nenhuma das quais, no meu entendimento, um cristão genuíno pode ser induzido a fazer".[18] Ele considerava essa "obstinação resistente" irracional e insolente.

Plínio não sabe definir com exatidão qual crime os cristãos cometeram. Ele até tentou "extrair a verdade, pela tortura, de duas escravas, a quem eles chamam diaconisas".[19] Essa é uma peça interessante de evidência primitiva de que os líderes da igreja desse período podiam ser escravos e mulheres. Não sabemos ao certo o que essas mulheres escravas faziam nas igrejas locais, mas fica claro que Plínio acreditava que elas eram líderes representativas do movimento. Mesmo assim, ele não encontrou "nada senão uma espécie degenerada de culto de extensões extravagantes".[20]

A partir de outros interrogatórios, Plínio descobriu apenas três coisas sobre os cristãos: eles cantam para Cristo, fazem votos morais e comem juntos. Plínio fornece uma de nossas mais antigas descrições de um culto público:

> Eles também declararam que a soma total de sua culpa ou erro não passava disto: que eles se encontravam com regularidade antes do pôr do sol em

OPRESSORES E SANTOS

um dia fixo para entoar cânticos alternadamente entre si em honra a Cristo como se o fizessem a um deus, e também para se unirem em juramento, não para qualquer propósito criminoso, mas para se absterem de furtar, roubar e adulterar, não cometerem qualquer violação de confiança e não negarem uma fiança quando chamados a restaurá-la. Ao término dessa cerimônia, era o seu costume irem embora para, depois, se reunirem de novo para comer de forma comum e inofensiva.[21]

Temos também à nossa disposição a resposta do imperador Trajano a Plínio.[22] É uma aprovação breve, mas clara, da política de Plínio: "Você procedeu da maneira correta, meu querido Plínio", ele escreve. "Essas pessoas não devem ser procuradas; se forem trazidas até você e a acusação contra elas provar-se verdadeira, devem ser punidas." Isso quer dizer executadas, ou, no caso de pessoas com plena cidadania romana, enviadas a Roma para serem julgadas pelo imperador.

Plínio morreu em exercício no ano seguinte (113 d.C.). A partir de um registro memorial encantador preparado por amigos em Roma, sabemos que ele deixou, em seu testamento, dinheiro para a organização de banhos públicos em sua honra, para sustentar cem de seus antigos escravos e para financiar um jantar anual em seu nome.[23] Ele era a quintessência do "cavalheiro romano",[24] embora os cristãos espalhados por aquela região provavelmente o temessem como um assassino.

Temos também algumas cartas cristãs daquele contexto. Talvez as mais significativas venham de fora da coleção do Novo Testamento, compostas nos dias de Plínio. Inácio era o bispo das igrejas na Antioquia, na Síria. Em algum momento durante o reinado do imperador Trajano (98-117 d.C.), ele foi preso e enviado para ser julgado em Roma — um indício de que a perseguição já chegara bem longe ao leste no começo do século 2. Acompanhado por dez soldados, Inácio foi levado na jornada de muitos meses por terra através da Turquia, daí para a Grécia, antes de chegar à capital, onde ele foi executado, provavelmente servindo de alimento para os felinos no Coliseu.[25] Ao longo de sua jornada, foi-lhe permitido escrever aos cristãos de várias cidades pelo caminho. Sete de suas cartas chegaram até nós. Elas estão repletas de ordenanças ao "amor", uma palavra que aparece não menos que 64 vezes na coleção.[26] Na sua carta para os cristãos em Éfeso, ele suplicou:

Orem continuamente pelo resto da humanidade também, para que possam encontrar Deus, porque há neles a esperança para o arrependimento.

76

Bons perdedores

Portanto, permitam-lhes que sejam instruídos, ao menos pelas atitudes de vocês. Em resposta à sua raiva, sejam gentis; em resposta à sua jactância, sejam humildes; em resposta às suas difamações, ofereçam orações; em resposta aos seus erros, fiquem firmes na fé; em resposta à sua crueldade, sejam civilizados; não anseiem por imitá-los. Mostremos, por meio da nossa paciência, que somos seus irmãos e irmãs, e ansiemos por sermos imitadores do Senhor.[27]

Quase cem anos depois de Jesus proclamar "amem os seus inimigos, façam o bem aos que os odeiam", está claro ser essa ainda a melodia esperada que os cristãos cantassem.

BONS PERDEDORES E OUTRAS VITÓRIAS

Sabemos de muitas outras perseguições romanas a cristãos nos séculos 2 e 3, e o padrão é quase sempre o mesmo. Por volta do ano 215, por exemplo, o procônsul (um governador) da província romana de Cartago, no Norte da África, chamado Escápula, iniciou uma campanha local para suprimir a igreja. Sabemos disso porque temos uma carta pública destinada a Escápula escrita pelo principal intelectual cristão da província, o brilhante ex-advogado e retórico Quintus Septimius Florens Tertullianus (160-225 d.C.), ou apenas Tertuliano. A carta de quatro páginas de Tertuliano faz referência, de passagem, à tortura e execução de crentes comuns. Ele lembra ao governador que são milhares de cristãos na província e ameaça reunir uma multidão na frente da casa do procônsul. Os cristãos haviam feito isso antes, em um dos primeiros protestos pacíficos já registrados na história, e estavam dispostos a fazê-lo de novo.[28] O que o governador faria então? Torturar e matar todos eles? "O que você fará com tantos milhares, com tal multidão de homens e mulheres, pessoas de ambos os sexos, todas as idades e todas as posições, quando se apresentarem diante de você?", ele pergunta. "Quantos archotes, quantas espadas serão necessárias? Quão grande será a angústia da própria Cartago, a qual você terá de dizimar?"[29]

A ousadia de Tertuliano é impressionante. Os cristãos antigos não eram tímidos. Eles não adotavam uma postura de resistência pacífica devido a algum tipo de mentalidade escrava de oprimidos. E sua religião não era um ópio que os insensibilizava para as realidades sociais aqui e agora. De fato, ao lermos as fontes primárias, fica claro que eles, na verdade, sentiam-se *vitoriosos*! Eles criam que o verdadeiro poder para mudar o mundo não estava na política, no judiciário ou no contingente militar, mas na mensagem da morte e ressurreição de Cristo. O que quer que pensemos acerca da possibilidade de uma ressurreição "miraculosa" hoje, tantos anos depois, os primeiros cristãos realmente acreditavam nela. E eles a consideravam a prova e a garantia de que Deus vindicou o sofrimento de Jesus e vindicará, um dia, sua igreja sofredora.

Era isso o que tornava os cristãos bons perdedores, e até mesmo alegres: a certeza de que eles *já haviam vencido*! Seu papel consistia apenas em se manterem fiéis ao caminho de Cristo, buscando transformar o mundo por meio da oração, do serviço, da persuasão e do sofrimento. Tertuliano irradia esse sentimento nas linhas de abertura da sua carta a Escápula:

> Nós não nos perturbamos ou nos alarmamos por conta das perseguições que sofremos devido à ignorância dos homens; porque nós nos vinculamos de boa vontade a este grupo, aceitando de forma plena os termos do seu pacto. [...] Porque nossa religião nos ordena amar até mesmo nossos inimigos e a orar por aqueles que nos perseguem, almejando uma perfeição própria. Pois todos amam àqueles que os amam; é peculiar somente aos cristãos amar àqueles que os odeiam.[30]

Três décadas depois de Tertuliano, uma perseguição breve, mas generalizada, ocorreu durante o curto reinado do imperador Décio (249-251 d.C.). Ela levou à execução muitos cristãos proeminentes, incluindo o bispo Alexandre de Jerusalém, o bispo Bábilas de Antioquia e até o bispo Fabiano de Roma.[31] Com mortes de tão alto escalão, os romanos indubitavelmente esperavam desencorajar as massas a nem sequer contemplar a ideia de se tornarem cristãs. De acordo com os cristãos da época, o resultado foi o oposto. As pessoas ficaram intrigadas em descobrir mais sobre essa fé, e não demorou para que muitas delas se convencessem de ser ela a verdade.[32] Os bons perdedores estavam ganhando.

A "GRANDE PERSEGUIÇÃO"

Algo sem precedentes ocorreu 50 anos depois do assassinato desses três bispos importantes. Na aurora do século 4, aparentemente do nada, Roma instaurou sua maior campanha de violência contra a igreja. O cristianismo estava crescendo de forma dramática desde o seu início na Galileia e na Judeia. No século 3, ele já havia alcançado quase todas as partes do Império Romano, incluindo a França (Gália), o Norte da África e a Espanha, em número suficiente para tornar-se um enorme incômodo para as autoridades, ocasionando as campanhas de violência periódicas mencionadas há pouco. Uma nova política se fazia necessária.

O poder intelectual para uma nova política contra os cristãos veio do célebre filósofo grego Porfírio (234-305 d.C.). Ele era um dos intelectuais mais destacados daqueles dias e o crítico mais poderoso que os cristãos enfrentaram nos tempos antigos. Criado na cidade comercial cosmopolita de Tiro, na Fenícia, localizada na costa noroeste do atual Estado de Israel, Porfírio estava posicionado de forma favorável para entrar em conflito com os cristãos. Ele era um "oriental", profundamente consciente da história e das tradições dos judeus e dos cristãos na Palestina, mas educado no melhor da filosofia, literatura e religião greco-romanas. E ele usou tudo isso com grande eficácia para produzir diversas obras direcionadas a minar a Escritura e a teologia cristãs, dentre as quais se incluem *Against the Christians* [Contra os cristãos] e *Philosophy from oracles* [Filosofia a partir dos oráculos].[33] Porfírio era a união de Richard Dawkins, Christopher Hitchens e Sam Harris,* todos em uma só pessoa.

Em uma de suas obras, *Philosophy from oracles*, Porfírio faz ao mesmo tempo uma defesa ampla da religião pagã tradicional e rebaixa Jesus ao nível de um "homem piedoso considerado digno da imortalidade depois da morte".[34] Muitos acadêmicos acreditam hoje que este foi um trabalho comissionado de forma específica pelo imperador Diocleciano (245-312 d.C.) para prover o raciocínio filosófico necessário para reviver as tradições antigas e reprimir o cristianismo.[35]

Porfírio argumentou abertamente que os cristãos eram uma *ameaça pública*, uma vez que eles desonravam os deuses que preservaram a saúde e a riqueza do império durante séculos: "Como se pode pensar que essas pessoas [cristãos] merecem indulgência?", Porfírio questionou. "Eles se afastaram dos que desde os tempos mais antigos são tidos como divinos entre todos os gregos e bárbaros. E a quais sortes de punições não estão sujeitos com justiça os desertores das coisas dos seus pais?"[36] O argumento era claro: os deuses protegeram Roma desde os tempos antigos; todos os que abandonavam os deuses renunciavam o direito à proteção imperial.

---

* Sam Harris é um filósofo e neurocientista ateu norte-americano, muito conhecido por suas críticas e ataques à religião. Junto com Richard Dawkins, Christopher Hitchens e Daniel Dennett, ele faz parte do grupo conhecido popularmente como os "Quatro Cavaleiros do Novo Ateísmo". (N. do T.)

OPRESSORES E SANTOS

No ano de 303, as coisas chegaram a um ponto insustentável. Balizados pelos argumentos de intelectuais públicos como Porfírio e um governador chamado Hiérocles,[37] o imperador Diocleciano emitiu uma série de quatro éditos com o propósito de esmagar o cristianismo. Nisso ele foi plenamente apoiado pelo imperador assistente no Oriente, Galério (250-311 d.C.). A política romana era complicada nesse período. O império havia sido dividido em dois: uma região ocidental e uma região oriental, cada uma com seu próprio "Augusto" (imperador sênior) e "César" (imperador júnior). Diocleciano era, em teoria, apenas o Augusto *oriental* (com Galério como seu César), mas todos reconheciam sua precedência. O ponto aqui é que ele foi capaz de promover em todo o império uma repressão de cristãos conhecida pelos historiadores hoje como a "Grande Perseguição". Essa foi diferente de tudo o que ocorrera em termos de intensidade, duração e extensão geográfica.

O primeiro édito, datado de 23 de fevereiro de 303, decretou que as igrejas deveriam ser demolidas e suas Escrituras queimadas. Temos acesso a um documento estatal surpreendente: uma transcrição literal do interrogatório de líderes eclesiásticos em Cirta, no Norte da África, datada de 19 de maio de 303, quase dois meses depois do primeiro édito. O guardião da cidade, o "sacerdote e curador vitalício", era o romano Munácio Félix. Ele fora incumbido de investigar os líderes e as propriedades das igrejas na região. No registro, ele entrevista vários líderes eclesiásticos, incluindo Paulo, o bispo, e muitos outros, diáconos e leitores públicos. Estava interessado de modo particular nos "códices", os livros da Escritura cristã, que deveriam ser destruídos. Dois diáconos, Marcúclio e Catulino, se recusaram a cooperar. Eles entregaram somente um livro e avisaram que os outros volumes estavam com vários membros da igreja, em outros lugares da cidade. Félix não se dá por satisfeito. A transcrição oficial registra:

> Félix, o sacerdote e curador vitalício, disse [...]: "Por que vocês deram só um códice?".
>
> Catulino e Marcúclio disseram: "Não temos mais nenhum, por sermos subdiáconos; mas os leitores públicos têm os códices".
>
> Félix disse: "Mostrem-me os leitores públicos!".
>
> Marcúclio e Catulino disseram: "Nós não sabemos onde eles moram". [Com certeza, uma pequena mentira inofensiva].
>
> Félix disse a Catulino e Marcúclio: "Se vocês não sabem onde eles moram, digam os seus nomes".

Catulino e Marcúclio disseram: "Nós não somos traidores. Cá estamos nós; mate-nos".

Félix disse: "Que sejam levados sob custódia".[38]

Essa é a última notícia dos corajosos Catulino e Marcúclio. Foi provavelmente a última notícia que qualquer um teve deles.

Félix continuou seus interrogatórios em Cirta, também detalhados na transcrição. Indo de casa em casa, ele teve mais sucesso com outros leitores públicos e diáconos, listados como Edúsio, Júnio, Victorino, Félix, o alfaiate (é verdade), Proicto, Victor, o gramático (um professor de literatura latina), Eutício e, finalmente, Códeo, que, como somos informados, não estava em casa no momento, mas cuja mulher também cedeu e entregou seis códices. No total, Félix, o curador, foi embora com 27 códices da Escritura dessa única igreja, um tesouro inestimável agora perdido para o mundo (junto com milhares de outros manuscritos perdidos durante a Grande Perseguição).

De acordo com os éditos do imperador, os cristãos também eram proibidos de se reunirem. Escravos libertos que confessavam Cristo eram escravizados de novo. E quaisquer crentes dos escalões mais altos da sociedade, incluindo os postos acadêmicos, perdiam as posições sociais e o status. As medidas tomadas eram duras, mas os efeitos foram limitados, mesmo depois de um segundo e terceiro éditos similares. O cristianismo se recusava a morrer.

Um quarto édito, expedido no ano de 304, foi o fator decisivo. A lei mandava que todos os cidadãos participassem dos sacrifícios oferecidos aos deuses gregos e romanos tradicionais. Qualquer um que se negasse a fazê-lo, como os cristãos, seria torturado até ceder, ou, caso contrário, seria executado. Tais medidas não foram levadas a cabo com o mesmo vigor em todas as partes do império. A Ásia Menor, a Palestina, o Egito e o Norte da África foram as regiões que mais sofreram o impacto. A maioria dos cristãos vivia nelas. As regiões ocidentais da Gália/França e da Britânia, porém, foram menos atingidas. As ações continuaram, de modo especial no Oriente, por oito longos anos (303-312 d.C.). Diocleciano abdicou em 305, mas seu imperador assistente, Galério, tornou-se "Augusto" e rapidamente continuou a perseguição. Galério padeceu de uma doença agonizante em 311 e emitiu um édito de tolerância para com os cristãos, no qual ele pediu até que cristãos orassem por ele (30 de abril de 311). Mas seu sucessor, Maximino Daia (270-313 d.C.), não teve pudor em continuar a perseguição no

OPRESSORES E SANTOS

Oriente. Durante esses oito anos, houve muitos mártires cristãos de todas as posições sociais.[39] Foi o teste definitivo da determinação cristã.

AS CHAVES DA DETERMINAÇÃO CRISTÃ

Temos alguns textos cristãos escritos em meio a Grande Perseguição. Um deles é de um professor de retórica da academia da Nicomédia, no noroeste da Turquia, que recentemente se tornara a capital imperial. Seu nome era Lúcio Lactâncio (240-320 d.C.). Ele era um dos muitos cristãos do período que obtiveram um cargo acadêmico secular. Quando a perseguição foi deflagrada em 303, Lactâncio foi forçado a renunciar ao posto, e fugiu para a relativa segurança do Ocidente. No exílio, ele escreveu *The divine institutes* [As institutas divinas], uma tentativa de defender a verdade do cristianismo contra os argumentos dos seus detratores romanos instruídos, como o grande Porfírio. Como alguém que vivia e ensinava na cidade imperial quando Diocleciano planejou e lançou a Grande Perseguição, Lactâncio estava em uma posição privilegiada para resistir aos críticos do cristianismo.[40]

Em uma seção de sua obra intitulada "Verdadeira adoração", Lactâncio contrasta a "lógica" da ética cristã com a base racional das teorias morais greco-romanas. Ele explica que o cristianismo conecta enfaticamente a devoção a Deus com a compaixão à humanidade. Por quê? Porque os seres humanos carregam a *imago Dei*. "O que quer que você dê ao homem", ele diz, "você dá também a Deus, uma vez que o homem é a semelhança de Deus". Se devemos amor ao nosso Criador, também devemos amor aos seus filhos, nossos próprios irmãos por serem criaturas. "Se todos recebemos o sopro de vida do único e mesmo Deus", ele continua, "devemos todos ser irmãos, e mais próximos que irmãos, sendo irmãos em espírito antes de sê-lo em carne". Esse "relacionamento fraternal é o motivo pelo qual Deus nos instrui a nunca fazer o mal e sempre fazer o bem".[41] Isso requer misericórdia e perdão, nunca vingança:

> O justo jamais deixará passar a chance de agir com misericórdia. Ele deve responder a uma maldição com uma bênção; ele mesmo jamais deve amaldiçoar, para que nenhuma palavra má lhe saia da boca. Ele deve também tomar muito cuidado para nunca criar um inimigo por culpa própria, e se existir alguém tão agressivo a ponto de fazer mal a um homem bom e justo, o homem bom e justo deve suportá-lo com perdão e autocontrole, não reivindicando qualquer vingança para si, mas entregando-a ao juízo divino.[42]

Bons perdedores

Lactâncio tende a formular sua linguagem nos termos filosóficos que seus leitores esperavam (e que ele, sem dúvida, gostava), mas a base bíblica para o seu pensamento — a "imagem de Deus" e o "amor ao inimigo" — é clara. Deus ama todas as suas criaturas, portanto, os cristãos devem amar até seus perseguidores.

Mencionarei Lactâncio novamente no próximo capítulo, quando explorarmos seu notável argumento — contra Porfírio — de que todos os cidadãos devem ter "liberdade religiosa". É um argumento que chegou, 1.500 anos depois, ao conhecimento do pai fundador da liberdade religiosa dos Estados Unidos, Thomas Jefferson (1743-1826 d.C.). Por ora, quero tirar uma única e irresistível conclusão. Os *documentos fundamentais* do cristianismo (o Novo Testamento) e os *séculos fundamentais* da história cristã (30-312 d.C.) pintam um claro retrato do que podemos chamar "cristianismo normativo". Um aspecto importante dessa norma é a disposição de amar *até os inimigos* pelo fato de eles também carregarem a imagem de Deus. O que quer que tenhamos a dizer sobre o mau comportamento posterior — e eu tenho muito a dizer —, é óbvio que não encontraremos a explicação para o ódio e a violência da igreja nas origens do movimento.

Nos primeiros três séculos, os cristãos pareciam "bons perdedores". Eles acreditavam já haver recebido a maior recompensa — o amor de Deus por meio da morte e ressurreição de Cristo. E eles estavam certos de que sua história de sofrimento seguida de vindicação também era a deles. Eles ganhariam — eles *já* eram vitoriosos — mesmo quando perdessem. Tudo o que era demandado deles, conforme esperavam pelo reino de Deus, era oração, serviço, persuasão e perseverança em meio ao sofrimento. Jesus lhes dera uma bela melodia, e eles a cantariam juntos.

Uma vantagem de saber de tudo isso, como disse antes, é que nós temos um padrão por meio do qual podemos julgar corretamente todo o comportamento futuro da igreja. Se conhecemos a melodia, conseguimos perceber de modo geral quando alguém está fora do tom. E os primeiros indícios de dissonância apareceram quase logo após o término da Grande Perseguição. Ninguém teria sido capaz de prever o que estava para acontecer, muito menos os cristãos. De repente, no auge do sofrimento da igreja, o homem mais poderoso do mundo anunciou que se tornara cristão.

| CAPÍTULO SEIS |

Constantino e a liberdade religiosa:

o primeiro imperador cristão no início do século 4

Todos quantos desejarem observar a religião dos cristãos podem fazê-lo imediatamente sem qualquer preocupação ou constrangimento.

— IMPERADOR CONSTANTINO

Em um artigo de 2018 no *Washington Post* intitulado "The Church is tempted by power and obsessed with sex" [A Igreja é tentada pelo poder e obcecada pelo sexo], o colunista de assuntos nacionais David Von Drehle apresentou uma espécie de *curriculum vitae* das corrupções do cristianismo desde o seu início até hoje. Ele menciona alguns dos principais momentos explorados neste livro: a Inquisição, as guerras da Reforma, o julgamento de Galileu, e, é claro, os escândalos recentes de abuso sexual infantil e sua ocultação. "A liderança da Igreja, desde os papas até os cargos mais baixos", ele nos conta, "não tem sido capaz de discernir o certo do errado". E tudo começou, ele acredita, com o casamento profano entre a Igreja e o Império: "Desde a sua aliança com o imperador romano Constantino no século 4, a hierarquia católica tem sido tentada pelo poder".[1] Von Drehle está parcialmente certo.

A CONVERSÃO DE CONSTANTINO

No ano de 312, quase 300 anos depois de Cristo, Flávio Valério Constantino, que logo passaria a ser conhecido como Constantino, o Grande,

Constantino e a liberdade religiosa

anunciou sua aliança com o Deus dos cristãos. Até onde podemos concluir, a mudança de mente se seguiu a uma vitória memorável sobre seu rival imperial Maxêncio.

Como expliquei no capítulo anterior, a política romana era complicada nesse período, com um imperador sênior (Augusto) e um imperador júnior (César) no Oriente e no Ocidente. Pode-se compreender que os quatro governantes competiam pela primazia, e provavelmente todos eles ansiavam por ser o único soberano sobre o povo. Maxêncio era o rival mais poderoso de Constantino no Ocidente. Já em Roma, diz-se que Maxêncio reinou como um déspota. De acordo com uma fonte quase contemporânea, ele chegou a obrigar as esposas nobres de alguns senadores a dormirem com ele de tempos em tempos. Algumas dessas mulheres pareciam cristãs, e elas preferiram cometer suicídio a ir para a cama com ele.[2] Seu governo, contudo, estava prestes a acabar.

Em outubro de 312 d.C., depois de inúmeras vitórias no Ocidente, Constantino e seu exército entraram na Itália e combateram as forças de Maxêncio na Ponte Mílvia, que cruza o Tibre mais ou menos cinco quilômetros ao norte de Roma. A vitória de Constantino foi absoluta, e Maxêncio foi afogado no famoso rio.

A vitória na Ponte Mílvia, em 28 de outubro de 312, seria apenas mais uma entre milhares de batalhas na história romana não fosse pelo anúncio chocante de que Constantino vencera a batalha com a ajuda de Jesus Cristo. De acordo com seu próprio relato, entregue diretamente ao bispo e erudito Eusébio de Cesareia — cujos escritos estão preservados —, nos dias que antecederam ao confronto com Maxêncio, Constantino refletiu sobre as inadequações dos deuses greco-romanos e ponderou sobre a devoção do seu próprio pai, Constantino I, a uma única divindade. Constantino I não era cristão, mas um monoteísta filosófico.

Certo vez, por volta do meio-dia, conforme a narrativa de Constantino, o próximo imperador teve uma visão de pura luz no céu na forma de uma cruz. Ela estava gravada com as palavras *in hoc signo vinces*, ou "neste emblema, conquiste!". Constantino foi dormir naquela noite confuso e perturbado com o que vira. Ele foi visitado em um sonho. "Em seu sono", Eusébio nos conta, "o Cristo de Deus apareceu a ele com o mesmo emblema que ele havia contemplado nos céus, e ordenou que ele fizesse um símbolo como o que vira nos céus e o usasse como salvaguarda em todos os conflitos com seus inimigos".[3] Constantino obedeceu ao sonho. E funcionou. No espaço de uma semana, ele derrotou as forças mais numerosas de Maxêncio. A região ocidental era agora de Constantino.

85

OPRESSORES E SANTOS

Outro escritor do mesmo período, Lactâncio, que conhecemos no capítulo anterior, relata apenas o sonho, não a visão no céu em plena luz do dia.[4] É difícil decidir como processar tudo isso. Mas relendo meu exemplar de Eusébio neste exato instante, estou inclinado a lhe dar o benefício da dúvida. Existe uma clara sensação de hesitação nas suas palavras. Ele admite que se sente confortável em relatar o incidente só porque o imperador em pessoa havia "confirmado sua declaração sob juramento".[5] Pessoalmente, creio que Eusébio narra a história como a recebe. É na versão de Constantino, ou talvez na sua interpretação dos eventos, que eu tenho dificuldade de acreditar. Dito isso, um dos especialistas mais proeminentes em Constantino, o historiador britânico Arnold H. M. Jones, insiste: "Não há razão para desconfiar da *bona fides* de Eusébio ou de Constantino":

> O que Constantino provavelmente viu foi uma forma rara, mas bem documentada, do "halo solar". É um fenômeno análogo ao do arco-íris, e, como este, local e transiente, causado pela precipitação não de chuva, mas de cristais de gelo através dos raios do sol. Em geral, assume a forma de falsos sóis ou de anéis de luz que circundam o sol, mas uma cruz de luz com o sol no seu centro já foi observada por cientistas em diversas ocasiões. A exibição em si pode ter sido breve e nada espetacular, mas para a imaginação exagerada de Constantino, foi muito significativa.[6]

O que quer que pensemos daqueles estranhos acontecimentos no final de outubro de 312 d.C., isso consistiu numa virada determinante e totalmente inesperada na história do mundo. O povo mais perseguido no império agora contava com o patrono mais importante imaginável, o grande "Augusto" do Império Romano Ocidental — que em breve se tornaria o imperador do Oriente e do Ocidente (324 d.C.). Um povo acostumado à zombaria e ao ostracismo social (e coisas piores) agora era convidado ao verdadeiro centro do poder. E, talvez ainda mais bizarro, o símbolo cristão de autossacrifício humilde agora era parte formal da máquina de guerra romana.

Eusébio acrescenta que ele mesmo inspecionou o novo "estandarte" (a bandeira sob a qual os exércitos lutam) romano que Constantino confeccionou para celebrar sua nova religião: "uma lança longa, revestida de ouro, formava o aspecto de uma cruz junto com uma barra transversal costurada sobre ela", ele escreve. "No topo da figura repousava uma coroa de ouro e pedras preciosas; e dentro dela, o símbolo do nome do Salvador, duas letras indicando as iniciais do nome de Cristo." Este é o famoso cristograma

Constantino e a liberdade religiosa

Qui Rô: qui é a primeira letra grega em "Cristo" e tem o formato de um "X", e *rô* é a segunda letra (o "r") e é traçada como o nosso "P". Colocadas uma sobre a outra na maneira como Eusébio descreve, o resultado é ☧. (O mesmo símbolo apareceria mais tarde nas moedas imperiais.) Eusébio conclui: "e o imperador adquiriu o hábito de usar essas letras em seu elmo algum tempo depois. [...] O imperador fazia uso constante desse signo da salvação como uma salvaguarda contra todo poder adverso e hostil, e ordenou que outros, semelhantes a este, fossem carregados na cabeça dos exércitos".[7]

É difícil transmitir o quão estranha essa mudança pareceu a todos, incluindo os cristãos. Apenas um ano atrás, o cristianismo havia sido proscrito, sob pena de morte. Agora ele estava sendo inundado pela proteção e consentimento imperiais. Um clérigo, alguns anos depois, ficou tão empolgado de finalmente ter um imperador cristão que fez um discurso na presença de Constantino declarando que o imperador estava — eu mal consigo digitar as palavras — "destinado a compartilhar o reinado do Filho de Deus no mundo porvir". Eu quase consigo ouvir os sobressaltos dos outros homens do clero presentes. Fico feliz em informar que Constantino ficou indignado e mandou o homem parar de falar e voltar a orar pelo imperador.[8] Bom conselho.

A LEGALIZAÇÃO DO CRISTIANISMO

Alguns diriam que este é o momento em que tudo começou a dar errado na história cristã. Aqui a fixação da igreja pelo poder e sua pose de quem tem direitos de posse irrompeu como a liberação de uma mola fortemente comprimida. Era o momento da vingança para os até então oprimidos *opressores*.

Os historiadores de hoje que estudam Roma tendem a ser mais cautelosos sobre esse tipo de coisa, notando que, embora o acolhimento do cristianismo por Constantino tenha sido um ponto de virada definitivo para a igreja, o escandaloso excesso de poder, riqueza e violência da igreja desenvolveu-se muito depois (como detalharei mais adiante). De fato, muitas das reformas de Constantino foram revertidas rapidamente, 25 anos depois, por um dos seus sucessores, o imperador Juliano (361-363 d.C.). Como veremos no capítulo 8, Juliano ejetou os cristãos das posições de poder, impediu-os de ensinar nas academias e tomou medidas para reviver a religião pagã por todo o império. Encarnando um pouquinho o filósofo, Juliano até publicou obras contra os cristãos.

O longo reinado de Constantino, o Grande (306-337 d.C.), não causou o colapso moral imediato da igreja, como o colunista David von Drehle

OPRESSORES E SANTOS

sugeriu no *Washington Post*. O que ele fez, no entanto, foi abrir as portas para concessões lamentáveis ao poder e ao privilégio, e trazer alguns desdobramentos felizes para a sociedade romana de modo geral. Como tantas outras ocorrências da vida humana, a história é complicada e algumas vezes contraditória.

A primeira atitude de Constantino, e a mais óbvia, foi extinguir todas as normas opressoras contra os cristãos e declarar o cristianismo plenamente legal. Ele elaborou junto com sua contraparte oriental, o imperador Licínio, o que ficou conhecido como "Édito de Milão". Não era, em sentido técnico, um édito, e não foi expedido em Milão! Mas ele leva esse nome pelo fato de os detalhes de uma nova forma de tratar a religião terem sido acertados em uma reunião dos dois imperadores em Milão. A política foi então implementada no nome de ambos os imperadores — o nome de Constantino primeiro — em Nicomédia, perto de Constantinopla (noroeste da Turquia) em 13 de junho de 313. O Édito de Milão garantia a tolerância para todas as crenças. O surpreendente documento começa: "Acreditamos que devemos dar aos cristãos e a todos os homens a liberdade de seguir a religião de sua escolha". Isso "para que qualquer Divindade que exista nas regiões celestiais possa ser graciosa e propícia a nós e a todos quantos vivem sob o nosso domínio". Outro parágrafo do édito soa quase como um texto secular moderno:

> Autonomia e plena liberdade foram garantidas de acordo com a paz de nossos tempos, para o exercício da livre escolha para cultuar como cada um achar melhor. Isso foi feito por nós para que nada pareça ser subtraído da honra de ninguém ou de qualquer religião.[9]

O cristianismo não se tornou a religião oficial do império nesse período; foi apenas considerado legal ao lado das religiões pagãs, ainda dominantes. Constantino favorecia abertamente o cristianismo como sua religião pessoal, como todos os imperadores antes dele apoiavam sua própria deidade ou deidades. Mas permitiu-se ao paganismo em grande parte florescer ou desaparecer por si só — ao longo dos 25 anos do governo de Constantino.

LIBERDADE DE RELIGIÃO

Afinal, de onde Constantino tirou essa ideia de *liberdade religiosa para todos*? A maioria de nós, vivendo tantos anos depois, toma como certo que o Estado garantirá a liberdade plena nos assuntos espirituais. Mas na maior parte da história, na maioria dos lugares do mundo, isso apenas não ocorria. A religião era vista como algo muito importante para a saúde da sociedade para *não* ser regulada. A importância da religião consistia principalmente no fato de ela assegurar prosperidade ao Estado e vitória sobre os inimigos, contanto que os deuses continuassem sendo honrados da forma devida pelas pessoas. Esta era a lógica, conforme afirmei antes, por trás da justificativa do filósofo Porfírio para a repressão da igreja por parte do Estado: ao desagradar os deuses tradicionais, os cristãos colocavam todos em perigo.

Não precisamos especular sobre a inspiração de Constantino para sua perspectiva relativamente "iluminada" da religião registrada no Édito de Milão. Dois pensadores cristãos argumentaram de forma contundente a favor da liberdade religiosa bem antes de Constantino derrotar Maxêncio e proclamar-se cristão. Um deles era de um passado antigo, mas seus escritos ainda eram muito conhecidos. O outro tornou-se um dos confidentes de Constantino. Já falei de ambos antes.

Um século antes de Constantino, o teólogo e ex-retórico Tertuliano (160-225 d.C.) escreveu a Escápula, o procônsul de Cartago, para deixar claro que os cristãos não temiam a perseguição e continuariam a amar seus inimigos, independentemente das circunstâncias (como vimos no último capítulo). Parte do argumento de Tertuliano é que os cristãos têm uma compreensão muito diferente da natureza da religião. A adoração não é uma questão de cultura ou política, mas da mente e da vontade. Tertuliano deixa claro que ele não tem um segundo sequer a perder com a religião pagã. Em sentido intelectual, ele é bastante intolerante com a religião pagã. Mas insiste que todos devem prestar culto como acharem conveniente:

> Nós somos adoradores de um Deus cuja existência e caráter a Natureza ensina a todos os homens; sob cujos relâmpagos e trovões você treme, cujos benefícios ministram à sua felicidade. Você pensa que outros também são deuses, que sabemos ser demônios. Entretanto, é um direito humano fundamental, um privilégio da natureza, que todo homem possa cultuar de acordo com as próprias convicções: a religião de um homem nem prejudica nem ajuda outro homem. Certamente não é característica da religião compelir a religião — à qual o livre-arbítrio, e não a força, devem nos levar.[10]

A linguagem de Tertuliano, de um "direito" à "liberdade" de culto, soa bastante moderna, mas é antiga e cristã.

OPRESSORES E SANTOS

Um argumento similar foi proposto por outro pensador cristão, que influenciou diretamente Constantino. Mencionei antes os argumentos acerca do amor oferecidos por Lactâncio (240-320 d.C.) nas suas *Divine institutes*, escritas pouco tempo depois de ser obrigado a abandonar seu cargo acadêmico na Nicomédia no início da Grande Perseguição (303-312 d.C.). Ele sobreviveu aos anos de repressão e foi restaurado à sua condição quando Constantino ascendeu ao poder. De fato, em 317, Constantino convidou-o a ser o tutor pessoal do seu filho mais velho e herdeiro, Crispo. Lactâncio tornou-se, de forma repentina, muito influente.

As *Institutes* de Lactâncio foram uma tentativa de rebater as críticas pagãs ao cristianismo e de explicar o motivo pelo qual a concepção bíblica do bem é filosófica e moralmente superior a qualquer coisa oferecida no mundo greco-romano. Parte do seu argumento afirma que o cristianismo é uma *religião da mente*, e não uma característica cultural ou uma extensão do Estado. Seu longo capítulo sobre a "Justiça" talvez seja a primeira tentativa na história ocidental de sustentar um argumento consistente em favor da tolerância recíproca de todas as religiões. Se estamos procurando por uma fonte intelectual do Édito de Milão, a encontraremos em Lactâncio.[11]

Lactâncio ponderou que a religião *imposta* era o oposto da *verdadeira* religião e, portanto, ilógica. Ele apontou que se é necessário usar a força para promover uma religião, os argumentos em favor dela devem ser muito fracos: "Se o argumento é sólido", ele disse, "que eles o exponham! Estamos prontos a ouvir". A violência mostra que você já perdeu, ele considera. Os cristãos, por sua vez, estão dispostos a morrer por sua fé, uma vez que eles sabem que já ganharam a Verdade. Aqui está um pequeno excerto do seu extenso tratado:

> Não há qualquer necessidade de violência ou brutalidade: o culto não pode ser forçado; é algo que deve ser conquistado pela conversa, e não pelos golpes, para que haja espaço para o livre-arbítrio. [...] Ninguém será detido por nós [cristãos] contra a sua vontade — qualquer pessoa sem devoção e fé é inútil para Deus; mas quando é a verdade que detém, ninguém se afasta. Se eles [pagãos] têm alguma confiança em sua verdade, que nos ensinem a respeito dela: que falem, que só digam, que tenham a coragem, afirmo, para se engajarem em algum tipo de debate conosco. A religião deve ser defendida não pelo assassinato, mas pelo autossacrifício, não pela violência, mas pela perseverança. [...] Não há nada que seja mais uma questão de disposição que a religião.[12]

Lactâncio oferece uma "verdadeira teoria da tolerância", escreve Elizabeth DePalma Digeser no *Journal of Roman Studies*. "Ele entende que tanto os cristãos quanto os seguidores das religiões tradicionais desaprovam uns aos outros e discordam muito uns dos outros, mas ele argumenta também que nenhum grupo deve usar a força contra o outro. E advoga a tolerância para que se alcance o bem maior."[13] O argumento está profundamente arraigado na visão cristã de Lactâncio de como Deus se relaciona com homens e mulheres, como um pai com seus filhos, e não como um monarca com seus súditos. Se o propósito é o amor — amor a Deus e ao próximo —, a religião nunca pode ser uma questão de força.[14]

Os cristãos nem sempre mantiveram esse compromisso com a liberdade de religião. Há períodos na história em que governantes cristãos baniram a "falsa" adoração e forçaram a conversão das pessoas. De fato, 80 anos depois de Lactâncio, um orador pagão chamado Libânio pleitearia diante de Teodósio 1 pela tolerância cristã de templos e oficiais pagãos. Ele usou os argumentos do próprio Lactâncio (relacionados à centralidade da persuasão) *contra* os zelotes cristãos. Ele os lembrou de que "nas suas próprias regras" — ou seja, nos ensinamentos dos cristãos de outrora — "a persuasão é aprovada e a coação é deplorada". Assim, se você "lançar mão da força [...] obviamente estaria quebrando suas próprias regras".[15] Os cristãos quebraram essas regras vezes o suficiente nos séculos que se seguiram.

REFORMAS RELIGIOSAS ANTIPAGÃS?

Constantino, de forma geral, abandonou a religião pagã aos seus próprios recursos. Mas houve exceções. Primeiro, Constantino acabou com os sacrifícios no culto imperial. Por mais estranho que possa soar aos ouvidos modernos, durante séculos existiu um sistema de templos e sacerdotes por todo o império dedicado a prestar reverência aos imperadores como se fossem divindades. Constantino botou um fim a esse culto imperial quase que imediatamente.[16]

Segundo, em uma carta de 23 de maio de 318, Constantino repreendeu de forma pública os praticantes das "artes mágicas". Ele proibiu o uso de magias para causar danos às pessoas, mas permitiu sua utilização para ajudá-las ou para melhorar as colheitas. Considerou que mesmo que a magia seja moralmente errada (para um cristão), ninguém sai prejudicado nos casos de magia "branca".[17]

Terceiro, em outra carta, datada de 323 d.C. — uma década depois da sua conversão —, Constantino puniu um grande sacrifício pagão em Roma, o

OPRESSORES E SANTOS

Sacrifício Lustral de purificação da cidade. Sua reprimenda não foi dirigida contra o sacrifício em si, mas contra os oficiais que obrigaram os cristãos a participar dele. Ele ameaçou com castigos físicos e multas caso acontecesse novamente.[18] Ele não era um governante cristão caloroso e delicado!

A tentação de subjugar a religião pagã deve ter sido grande em 324 d.C., quando Constantino derrotou o Augusto oriental, Licínio, para se tornar o único soberano do Império Romano.[19] Mas nós temos uma carta pública de Constantino escrita após sua vitória. Nela, ele informa que *não* eliminará as práticas tradicionais. Sua explicação é intrigante. Ele admite explicitamente na carta que "na verdade recomendaria com seriedade essa remoção [do paganismo] a todos os homens", mas sabe que tal culto "permaneceria fixo na mente" de alguns — já que a religião é uma questão de consciência —, o que "desencorajaria qualquer esperança de uma restauração geral da humanidade ao caminho da verdade". Em outras palavras, banir o paganismo seria contraprodutivo, pois trabalharia contra sua esperança de que todas as pessoas se tornassem cristãs. "Pois pode ser", ele medita, "que essa restauração de privilégios [religiosos] iguais para todos prevalecerá para guiá-los [os pagãos] até o caminho reto. Que ninguém moleste o outro, mas que todos façam como suas almas desejarem".[20]

Essa carta de 324 é surpreendente em seu contexto. Licínio, como coimperador, foi o coautor do Édito de Milão pouco mais de uma década antes. Em algum momento por volta de 320 d.C., porém, ele se voltou contra os cristãos nas suas províncias orientais. Ele os expurgou da sua corte real e do serviço civil, tornando com astúcia o sacrífico pagão um teste para o cargo. Baniu o culto cristão dos prédios dentro da cidade (alegando ser uma medida de saúde pública). Impôs restrições às viagens de bispos e até executou alguns deles.[21] Para alguns, nesse período de três ou quatro anos, provavelmente parecia que as coisas voltariam a ser como eram nos velhos e maus dias da Grande Perseguição de 303-312. Mas a persecução teve uma vida curta. Constantino e Licínio guerrearam devido a disputas territoriais, e não demorou para Licínio ser deposto, deixando Constantino para governar sozinho. E *este* é o contexto da carta que acabou de ser citada, reassegurando às províncias orientais que, a despeito do seu amor à religião cristã, Constantino se recusa a infligir sobre os pagãos o que Licínio havia acabado de infligir sobre os cristãos: "Que todos façam como sua alma desejar".

Ninguém descreveria o imperador Constantino como um modelo de pluralismo esclarecido quando o assunto é religião — ou qualquer outro assunto, a propósito! Mas Constantino, e a igreja à sua volta, permaneceram

Constantino e a liberdade religiosa

firmemente comprometidos com os ideais do Édito de Milão. Essa legislação de tolerância para com todas as crenças foi um desdobramento notável na história da política.

DE CONSTANTINO A THOMAS JEFFERSON

Muitos séculos depois, as ideias de Tertuliano e Lactâncio e o Édito de Milão seriam empregados por um dos nomes mais famosos do progresso moderno em direção à liberdade da religião. Thomas Jefferson, o terceiro presidente dos Estados Unidos, é tido geralmente como o fundador político do conceito americano de "liberdade religiosa". Ele conduziu o debate no *Virginia Statute for Religious Freedom* [Estatuto da Virgínia para a liberdade religiosa] em 1786, o precursor da garantia fornecida pela Primeira Emenda: "o Congresso não deve elaborar leis com respeito ao estabelecimento de religiões ou proibindo seu livre exercício".[22] As influências diretas de Jefferson eram filósofos políticos recentes à época, como John Locke, e talvez vários pensadores batistas do século 18.[23] Mas sabemos também que Jefferson estava ciente de que o primeiro argumento ocidental em favor da liberdade religiosa vinha de Lactâncio e Tertuliano.

A coleção de livros particular de Jefferson contém exemplares de ambos. Robert Louis Wilken, da Universidade da Virginia, conseguiu acesso à coleção de Jefferson na preparação do seu livro de 2019, *Liberty in the things of God: the Christian origins of religious freedom* [Liberdade nas coisas de Deus: as origens cristãs da liberdade religiosa]. No exemplar privado de Jefferson das suas *Notes on the State of Virginia, query XVII* [Notas sobre o Estado da Virginia, pergunta XVII] (acerca da liberdade religiosa), ele escreveu em latim a mesma passagem de Tertuliano citada antes: "É um direito humano fundamental, um privilégio da natureza, que todo homem possa cultuar de acordo com suas próprias convicções: a religião de um homem nem prejudica nem ajuda outro homem. Certamente não é característica da religião compelir a religião — à qual o livre-arbítrio, e não a força, devem nos levar".[24]

E tem mais. O professor Wilken pediu para ver o exemplar pessoal de Jefferson do livro de Tertuliano. "Quando o livro foi encontrado nas pilhas e trazido para mim", ele reporta, "eu segurei em minhas mãos um pequeno volume encadernado em couro publicado em Cambridge, na Inglaterra, em 1686. Conforme virava as páginas e chegava ao capítulo 2 de *Ad Scapulam* [a carta para Escápula], para o meu espanto, eu vi que Jefferson havia sublinhado a passagem e marcado um grande X na margem".[25] Wilken não argumenta que Jefferson foi diretamente influenciado por Tertuliano e

Lactâncio, apenas que esse grande estadista do Iluminismo e presidente dos EUA sabia que o mundo moderno não foi o primeiro a insistir na liberdade religiosa.

A conversão de Constantino e seu Édito de Milão poderiam ter feito um bem enorme e duradouro (eles fizeram algum bem, como veremos). Os princípios de compaixão para com todos e liberdade de religião encontrados no Novo Testamento, em Tertuliano, em Lactâncio e em muitos outros poderiam ter transformado com rapidez o império em um lugar muito diferente. Constantino agia muitas vezes como um líder evangelista, mas sua tendência proselitista não se traduzia no uso da força pelo império.[26] Não em um primeiro momento. Antes de explorar algumas das medidas que colocaram os cristãos acima dos outros, quero apresentar um panorama de um modo importante pelo qual *todos* se beneficiaram da conversão de Constantino: ele expandiu muito os serviços de caridade da igreja.

| CAPÍTULO SETE |

Constantino e a origem da caridade:

mudanças financeiras na lei romana no início do século 4

Dê aos cegos, aos doentes, aos coxos e aos pobres;
se não o fizer, eles morrem. Os homens podem não
ter qualquer uso para eles, mas Deus tem.

— LACTÂNCIO

Quando o povo da cruz colidiu contra a máquina de guerra romana na conversão do imperador Constantino, o resultado foi misto. Por um lado, houve uma política marcante, embora instável, de tolerância de pontos de vista. Mas ela não perdurou. Alguns dos outros "benefícios" da conversão de Constantino, descritos a seguir, deram à igreja o primeiro gostinho do privilégio e do poder, lançando as bases para a vasta super-potência global conhecido como "cristandade", o domínio de Cristo. Seria anti-histórico enxergá-lo como completamente ruim. Em parte, foi bom. Mas também seria um erro negar a viga que crescia no olho da igreja.

Quero reservar um espaço grande para as concessões e dádivas que Constantino deu à igreja. O motivo para isso ficará claro. Muitas das mudanças legais e culturais implementadas durante seu reinado de 25 anos explicam o *melhor* e o *pior* do cristianismo pelo próximo milênio ou mais. Por exemplo, certas isenções fiscais permitiram à igreja se tornar a principal

OPRESSORES E SANTOS

fonte de bem-estar social no Ocidente pelos 1.500 anos seguintes. Por outro lado, a influência política concedida aos bispos os tornou, mais tarde, tão ricos e poderosos e, algumas vezes, tão perversos quanto qualquer senador romano. A onda de medidas favoráveis aos cristãos de Constantino acendeu um pavio que explodiu — em câmera lenta, ao longo de muitos séculos — nos inúmeros santos e opressores da história cristã.

PROGRAMAS DE CONSTRUÇÃO

Um benefício enorme para os cristãos que se seguiu à conversão de Constantino foi bastante prático. O imperador ordenou que os prédios da igreja danificados, demolidos ou confiscados "deveriam, sem questionamentos, ser restaurados a esses mesmos cristãos, isto é, à sua corporação e assembleia".[1] Esse decreto referia-se só às propriedades eclesiásticas *públicas*, não às casas individuais dos cristãos.

De interesse especial é a insistência de Constantino de que a restauração financeira de edifícios eclesiásticos não acontecesse às custas dos cidadãos não cristãos. Alguns prédios foram confiscados por oficiais estatais durante a perseguição e revendidos ou doados a outros. Ao devolver essas propriedades, os cidadãos deveriam ser reembolsados pelo Estado.[2] Constantino não queria que a restauração das igrejas penalizasse a maioria pagã.

Ele lançou também um novo e generoso programa de construção. Isso não deve ter surpreendido ninguém. Durante séculos os imperadores deixaram as próprias marcas nas cidades com projetos extravagantes de revitalização, muitos dos quais eram religiosos por natureza. Por exemplo, o imperador Augusto (63 a.C.-14 d.C.) construiu o famoso Fórum Romano e o não tão distante Templo de Marte Vingador, ambos ainda visíveis em Roma hoje. Ao sair do Fórum em direção ao Coliseu, os turistas podem contemplar também o magnífico Arco de Tito, construído pelo imperador Tito (39-81 d.C.) para comemorar a vitória de Roma sobre os judeus e seu templo em Jerusalém em 70 d.C. Na Antiguidade, os líderes enxergavam a si mesmos como mestres de obras.

Um dos maiores projetos de Constantino foi mover a capital do império quase 1.300 quilômetros ao leste de Roma para a cidade de Bizâncio. Ele prontamente a rebatizou — em homenagem a si mesmo — para Constantinopla, a atual Istambul. Ele ordenou a construção de grandes igrejas por toda a cidade, como numerosas residências, centros administrativos, instalações recreativas e a enorme infraestrutura que acompanha tais projetos: estradas, aquedutos, sistemas de esgoto, e assim por diante.

Constantino e a origem da caridade

Uma coisa que pode ter surpreendido as pessoas, incluindo os cristãos, foi o desejo de Constantino de construir vastos monumentos na distante Jerusalém e nos arredores. Pouquíssimos cidadãos romanos a visitaram, e o próprio Constantino nunca esteve nela.[3] Em 326 d.C., ele autorizou sua mãe, Helena — uma apoiadora devota dos cristãos —, a visitar a Cidade Santa e a recomendar a construção de novos monumentos em homenagem a Cristo. Os dois edifícios mais espetaculares, ainda em pé hoje, são a Basílica da Natividade, em Belém, que comemora o lugar do nascimento de Jesus, e a Igreja da *Anastasis* (Ressurreição), mais conhecida hoje como a Basílica do Santo Sepulcro. Essa última foi construída bem em cima de uma tumba do século 1 que os cristãos locais naquela época insistiam ser o mesmo sepulcro, ou tumba, de Jesus. Pesquisas arqueológicas modernas de fato confirmam a presença de uma tumba do século 1, cortada em uma antiga pedreira ao lado de um jardim a apenas 30 metros, mais ou menos, fora das muralhas de Jerusalém de 30 d.C.[4] Eu faço algumas turnês históricas ali todos os anos, e é extremamente difícil ajudar as pessoas a enxergar além da hiper-religiosidade do grande labirinto de edificações (comandado agora por cinco denominações diferentes) e imaginar uma tumba em um jardim silencioso um pouquinho depois da pressa e confusão da antiga cidade. Nem todos "sentem a presença de Jesus" no local, mas todos veem o impacto de Constantino.

BISPOS COMO MAGISTRADOS

Em uma estranha inovação, o imperador concedeu certos poderes judiciais aos bispos, isto é, aos superintendentes (é isso que a palavra "bispo" significa) clericais responsáveis pelos padres e pelas igrejas de determinada região. Apesar dos esforços de Roma nos séculos anteriores, os cristãos provavelmente somavam no mínimo 10% das 50 milhões de pessoas do império no ano 300. Os bispos, portanto, exerciam autoridade espiritual e moral sobre muitas pessoas.[5]

Muito tempo antes, os cristãos já haviam cedido aos líderes eclesiásticos a prerrogativa de resolver várias disputas civis entre eles, exatamente como o Novo Testamento ordenava (1Coríntios 6:1-6). Em um sistema legal muito disfuncional e hierárquico como o romano — e do qual os cristãos eram com frequência marginalizados —, isso foi providencial para os litigantes nos círculos eclesiásticos, pertencentes em sentido majoritário às classes mais baixas. Em 23 de junho de 318, apenas cinco anos depois de sua conversão, Constantino transformou essa prática cristã em lei: os bispos poderiam julgar de maneira formal uma gama de casos, incluindo a libertação de escravos. De fato, a lei permitia aos litigantes nas cortes seculares transferir seus casos para as cortes eclesiásticas para serem julgados pelos bispos.[6] Na origem, a lei foi bem-intencionada, mas estava aberta a abusos, como a história subsequente mostraria.

BÍBLIAS DE PRESENTE

Constantino abriu o caminho para desenvolvimentos teológicos e sociais muito significativos, tanto positivos quanto negativos. Ele patrocinou um grande projeto de cópias de Bíblias. Era o mínimo que poderia fazer. Um dos primeiros decretos de Diocleciano contra os cristãos na eclosão da Grande Perseguição de 303 foi destruir as Escrituras cristãs. Isso foi devastador para os cristãos. Diferentemente de muitas religiões gregas e romanas, as igrejas eram mais escolas ou clubes filosóficos que cultos religiosos, um ponto argumentado com vigor pelo conhecido historiador estudioso de Roma, Edwin Judge.[7] Dar cabo de livros cristãos era um golpe bem no coração do movimento. Algumas cópias de manuscritos, datadas de antes da Grande Perseguição, sobreviveram — cópias dos evangelhos e das cartas de Paulo —, mas nós poderíamos ter milhares, não fosse a estratégia de Diocleciano. De qualquer forma, Constantino reverteu isso. Ele não só concedeu aos cristãos a liberdade de fazer suas próprias cópias, mas também subsidiou cinquenta cópias espetaculares da Bíblia e as trouxe à capital imperial. Na sua carta ordenando a produção dessas Bíblias, fica claro que ele não teve nenhum envolvimento no conteúdo das Escrituras — ao contrário do que dizem algumas teorias conspiracionistas modernas —, mas seu presente foi muito significativo.[8]

A cópia dos escribas era cara ao extremo. Eu entrevistei Brendan Haug, o curador da coleção papirológica da Universidade de Michigan, que abriga alguns dos manuscritos mais valiosos da história — mais de 15 mil. Guardados dentro de um cofre, o departamento hospeda 30 páginas duplas das cópias em papiro mais antigas das cartas do apóstolo Paulo, datadas de cerca de cem anos antes de Constantino. Durante a conversa, Brendan me contou que esse manuscrito das cartas de Paulo, conhecido como P46 e composto originalmente por um total de 104 páginas, teria tido um custo de produção igual a três anos de salário de um trabalhador comum.[9] E isso apenas para reproduzir as cartas de Paulo, que totalizam menos de 10% da Bíblia. A Bíblia inteira teria custado o equivalente a trinta anos de salário.

Além disso, os materiais e a mão de obra usados nas cinquenta Bíblias de Constantino eram muito superiores àqueles utilizados no antigo P46 (procure no Google "Images of Papyrus 46" e "Images of Codex Sinaiticus" para ver o contraste). A matemática é de transtornar a cabeça. É óbvio que nada seria capaz de compensar a perda de tantos manuscritos bíblicos durante a Grande Perseguição, mas a oferta de cinquenta Bíblias por Constantino foi uma benfeitoria de importância duradoura.

O CONCÍLIO DE NICEIA (325 D.C.)

Constantino fez uma contribuição tangencial à teologia. Depois da agitação civil e das atrocidades dos seus predecessores, Constantino queria que seu império gozasse "uma vida de paz e concórdia imperturbável", como ele coloca.[10] Entretanto, ele herdou um problema que ameaçava rachar a própria igreja no meio: uma disputa doutrinária acerca da natureza de Jesus Cristo, que só pôde ser resolvida por meio de uma reunião universal de líderes cristãos ocorrida na cidade de Niceia (noroeste da Turquia) de maio a julho de 325 d.C. O assim chamado Concílio de Niceia produziu um sumário da doutrina cristã conhecido como o *Credo Niceno*. É a confissão de fé universal aceita por católicos, ortodoxos e os principais protestantes até hoje. A história real do concílio é muito menos divertida que a versão contada por Dan Brown no romance *best-seller* de 2003, *O código Da Vinci*.[11]

A história fictícia do Concílio de Niceia sugere que Constantino queria elevar o humilde homem Jesus ao status de Deus como um instrumento de controle estatal. Mas a verdade é que Constantino não teve nenhum papel no debate a não ser patrocinar a conferência, que durou de seis a oito semanas, e realizar seu discurso de abertura. É improvável que ele até mesmo entendesse as sutilezas e a importância dos argumentos. O debate girava em torno das visões correntes de um sacerdote cristão chamado Ário, que propunha que Jesus era uma ponte entre a humanidade e a divindade, *não* a plena encarnação do próprio Deus. Isso era uma inovação. Desde o século I, os cristãos referiam-se a Jesus como *Deus*. Eles tomavam as passagens do Antigo Testamento que se referiam ao Criador e aplicavam-nas de forma direta a Jesus.[12] Eles cantavam hinos a Jesus como Senhor dos céus e da terra.[13] E em algumas ocasiões eles declaravam abertamente que Jesus era Deus.[14] Mas isso intrigava a mentalidade pagã em sentido filosófico, que se perguntava qual era a relação entre o *Infinito absoluto* (Deus) e a *finitude* (um judeu chamado Jesus). A solução de Ário foi dizer que Jesus não era

OPRESSORES E SANTOS

Deus *de verdade*, mas uma criatura divina. Ele colocou suas ideias em um poema intitulado *Thalia* ("Banquete") e em canções populares compostas para serem cantadas nas igrejas e noutros lugares.[15]

As ideias de Ário se espalharam. Em certos momentos durante os trinta anos seguintes, parecia que o "arianismo" se tornaria a posição majoritária.[16] Constantino só queria pôr um fim a toda a discussão.[17] Algo em torno de 250 a 320 oficiais da igreja, majoritariamente bispos, compareceram ao Concílio de Niceia. Só *dois* votaram a favor da proposta de Ário. O resto afirmou: "[Cremos] em um Senhor, Jesus Cristo", como o *Credo Niceno* resultante coloca, "o unigênito Filho de Deus, gerado pelo Pai antes de todos os séculos, Deus de Deus, Luz da Luz, verdadeiro Deus de verdadeiro Deus, gerado, não feito, de uma só substância com o Pai".

O HUMANITARISMO E O ANTISSEMITISMO DE CONSTANTINO

Constantino fez muito mais do que se preocupar com questões especificamente religiosas. Primeiro, ele outorgou um dia de folga semanal para todos. À parte da ideia judaica de um dia sabático (o quarto dos famosos Dez Mandamentos de Moisés), o descanso regular e agendado era quase desconhecido no mundo antigo. Os camponeses trabalhavam o tempo todo, e as elites trabalhavam tão pouco quanto podiam. Constantino impôs um dia de folga aos civis, fundamentado no modelo bíblico judaico, mas aplicável a todos. A lei é datada do verão de 321 d.C.[18] Deve ter sido um ótimo verão para os que nunca experimentaram um dia de folga periódico. Nós devemos a noção ocidental de final de semana a Moisés e Constantino.

Segundo, a despeito de continuarem sendo brutais para os nossos padrões, Constantino baniu certas punições formais, as quais ele acreditava serem uma afronta à justiça. Ele declarou ilegal a crucificação.[19] E em março de 316 d.C., também legislou que os delitos de criminosos condenados não seriam mais marcados ou tatuados no rosto, uma vez que a face "foi feita à semelhança (*similitudo*) da beleza divina", a primeira referência à "imagem de Deus" na lei secular.[20] Em vez disso, os criminosos passariam a ser marcados na mão ou na coxa. De modo similar, em 325 d.C., ele tentou banir os jogos de gladiadores. "Espetáculos sangrentos nos desagradam", seu decreto começa. "Nós proibimos totalmente a existência de gladiadores".[21] Isso parece ter ocorrido de imediato no Oriente, mas passaram-se décadas antes que os esportes sangrentos fossem erradicados de Roma e do Ocidente. Essa história merece ser contada.

Constantino e a origem da caridade

Não foi antes de 404 d.C., muito tempo depois de Constantino, que o banimento total aos jogos de gladiadores foi alcançado. E foi um cristão sozinho que conseguiu a façanha. Telêmaco foi um monge piedoso de uma das províncias orientais. Ele derrubou uma indústria de séculos de existência com um único ato dramático. A imagem que temos dos monges hoje é de figuras solitárias estranhas que não fazem outra coisa senão orar e entoar cânticos. Nos séculos 3 e 4, os monges eram um dos recursos públicos mais importantes do cristianismo: eles eram de outro mundo, mas também ativos nas ruas por meio da caridade; eram relativamente instruídos, mas também não tinham um tostão; eram severos contra o pecado, mas também, de alguma forma, conseguiam recrutar pecadores.[22] De qualquer modo, em viagem a Roma certo dia, Telêmaco elevou a pregação cristã contra os esportes sanguinários a um novo patamar. Ele apareceu no estádio, pulou a mureta e correu para dentro da arena para parar a luta. "Os espectadores ficaram indignados", uma fonte nos conta, "e apedrejam o pacificador até a morte". Quando a notícia chegou aos ouvidos do imperador Honório, ele declarou Telêmaco um "mártir" e por fim acabou com a tradição de quinhentos anos.[23] O célebre historiador do século 18 Edward Gibbon ironiza que "a morte de Telêmaco foi mais útil para a humanidade que sua vida".[24] Gibbon jamais perdia uma oportunidade de fazer piada às custas da religião. Eu responderia que a vida de Telêmaco, de modo preciso, o inspirou a enfrentar a morte pela causa da humanidade.

Terceiro, Constantino mudou as leis familiares para algo mais humano.[25] Em 31 de janeiro de 320, ele revogou a antiga lei romana que penalizava os que nunca se casavam ou casais sem filhos. Essas pessoas eram excluídas de várias leis de herança e leis acerca do recebimento de doações. Constantino acabou com tudo isso, determinando que os solteiros e os pais sem filhos "tivessem o mesmo status" e, ademais, que "a mesma provisão deve valer com respeito às mulheres".[26] Ele também tornou o divórcio mais difícil sob a lei romana. Em um período em que as mulheres divorciadas ficavam em distinta desvantagem, isso foi providencial para muitos (mulheres mais que homens). A nova lei afirmava de maneira explícita: "A um homem não deve ser permitido se divorciar de sua mulher sob todo tipo de pretexto". Em relação ao esposo que fosse descoberto tendo se divorciado de sua esposa por motivos triviais, a lei dizia: "ele deve restituir plenamente seu dote, e não deve se casar com outra mulher. Mas se o fizer [ou seja, casar-se com outra mulher depois de se divorciar por motivos triviais], à sua ex-esposa deve ser dado o direito de entrar em sua casa à força e transferir para ela mesma todo

OPRESSORES E SANTOS

o dote de sua atual esposa em recompensa pelo ultraje infligido sobre ela".[27] Em outra série de proclamações em 313, 315 e 322, Constantino também tentou remover o incentivo econômico decorrente do abandono de bebês na prática da exposição (discutida no capítulo 3). A lei afirmava: "Se qualquer progenitor informar possuir um rebento que, devido à pobreza, não será capaz de criar, dever-se-á fazer pressa em fornecer víveres e vestuário".[28] Constantino usou as igrejas como centros de distribuição dos itens básicos incluídos nesse programa.[29]

Um quarto tipo de lei, receio eu, era tudo menos humanitária. Constantino legislou contra os judeus. Ele proibiu os judeus de possuir escravos cristãos com base na absurda desculpa religiosa de ser inadequado "que aqueles cujo Salvador resgatara devessem estar sujeitos ao jugo de escravidão de um povo que matara os profetas e o próprio Senhor".[30] O escravo cristão nesse caso era posto em liberdade. Aos judeus também não foi permitido circuncidarem seus escravos não judeus. Se eles fossem descobertos tendo feito isso, eles não só perderiam os escravos, mas "enfrentariam a punição capital". Deixando de lado a tragédia: considerando o fato de a escravidão em si ter permanecido o ponto cego para a maior parte da igreja por muitos séculos (assunto para o capítulo 10), é impossível não ver nessas leis o primeiro antissemitismo "cristão" institucionalizado. O cristianismo havia começado como um movimento de renovação do judaísmo. No espaço de três séculos, um imperador cristão ostracizou o povo judeu como cidadãos de segunda classe e "assassinos de Cristo". Essa lei antissemita foi ratificada no dia 8 de maio de 336, quase exatamente um ano antes da morte de Constantino. A lei foi um sinal sinistro das coisas que estavam por vir nas décadas e nos séculos que se seguiram.

A IGREJA E OS IMPOSTOS

Talvez a mudança legislativa mais significativa de Constantino diga respeito à política fiscal e a isenções e ajudas tributárias. Essas mudanças exerceram um impacto enorme sobre a igreja e a sociedade. Elas merecem nossa atenção pelo restante do capítulo.

Uma pequena, mas importante, mudança financeira ocorreu em 3 de julho de 321, quando Constantino determinou que "toda pessoa é livre para deixar, quando de sua morte, quaisquer propriedades que ela desejar para o santíssimo e venerável concílio da Igreja Católica".[31] A propósito, a palavra "católica" aqui refere-se a *toda* a igreja. De qualquer maneira, essa

102

Constantino e a origem da caridade

lei, que permitia deixar heranças não tributáveis para a igreja, algo que já era permitido para outras corporações, com o tempo, teria um impacto imenso na capacidade da Igreja de se autossustentar, e mais! Com o passar do tempo — e, é óbvio, nenhuma outra organização teve *mais* tempo —, as propriedades detidas pela Igreja se tornariam indescritivelmente grandes. O que parecia uma pequena concessão tributária no verão de 321 se tornaria uma das principais fontes de renda (propriedade) e uma causa determinante para uma crítica compreensível.

Outro benefício fiscal foi eximir o clero do exercício de "cargos públicos". Muitos cidadãos de classe média do império eram obrigados a desempenhar vários tipos de serviços governamentais. Podemos pensar nisso como uma forma de taxação. O serviço poderia envolver hospedar soldados e oficiais em visita, fornecer suprimentos para a cidade ou até participar de conselhos municipais. Essas funções públicas com frequência eram onerosas, em particular quando envolviam sair por um tempo do emprego regular. Acho que exemplos de equivalentes modernos podem ser a participação compulsória em um júri, na Austrália, ou o serviço militar, em Israel; há pouco, a França anunciou que todos os adolescentes de 16 anos devem prestar um mês de treinamento no serviço (em primeiros socorros, por exemplo), depois do qual eles são encorajados a prestar serviço voluntário durante três meses em favor do bem público. De qualquer forma, na primavera de 313, apenas seis meses depois de sua vitória na Ponte Mílvia, Constantino escreveu ao procônsul da África, Anulino, ordenando que o clero da província "deve ser tido como absolutamente livre de todos os cargos públicos. [...] Pois quando rendem o serviço supremo à Deidade, parece que eles conferem benefícios incalculáveis aos assuntos do Estado".[32]

Os homens do clero não eram as únicas pessoas a serem liberadas de tais deveres civis na sociedade romana. Todos os sacerdotes pagãos, professores, médicos e líderes das sinagogas gozavam do mesmo privilégio. Agora, Constantino o estava estendendo só ao clero cristão.[33] A lógica de Constantino em relação às igrejas era que as atividades do clero — que incluíam visitar os doentes, distribuir doações para a caridade e pregar essas coisas para torná-las realidade — já eram um serviço público valioso. Essas isenções foram formalizadas mais amplamente em todo o império em uma série de leis ao longo dos próximos quinze anos.[34]

Havia uma jogada brilhante. Os cidadãos ricos que podiam cumprir papéis públicos significativos eram explicitamente proibidos de ingressar no clero, a fim de que não usassem a igreja como uma brecha para escapar

OPRESSORES E SANTOS

dessa forma de imposto: "Nenhum decurião (um cidadão de média para alta classe) ou descendente de um decurião, ou mesmo qualquer pessoa abastada, tomará refúgio em nome e em serviço do clero"; e, além disso, os membros do clero devem ser escolhidos só dentre os "que têm fortunas minguadas".[35] Essa lei perdurou por pelo menos uma geração depois de Constantino e foi reiterada em uma legislação de 364 d.C.[36] Nesse período, a lei romana ainda mantinha uma visão condescendente do clero cristão, segundo Peter Brown, da Universidade de Princeton: "Os bispos e demais clérigos eram privilegiados precisamente porque não se esperava que eles fossem iguais aos ricos".[37] As coisas mudariam em breve, é claro!

Uma das leis de Constantino revelam a justificativa para dar às igrejas os privilégios gozados por outras associações e cultos imperiais. Uma lei datada de 1º de junho de 329, 15 anos depois da conversão do imperador, ratifica a proibição contra os ricos se tornarem parte do clero. Ao fazê-lo, a redação da lei faz uma clara distinção entre o papel do rico e o papel da igreja: "o abastado deve assumir obrigações seculares [por meio dos impostos e funções públicas], e os pobres devem ser sustentados pela riqueza das igrejas".[38] Em outras palavras, os cidadãos abastados devem atentar para os assuntos do Estado, enquanto os cristãos devem continuar a assistir os pobres. A Igreja recebeu a isenção fiscal pelo fato de ser efetivamente o braço da caridade do império. Isso era algo novo.

A CARIDADE NAS SOCIEDADES GREGA E ROMANA

Hoje não damos a devida importância ao fato de os serviços de caridade estarem amplamente disponíveis. Não era o que acontecia no mundo antigo. A noção de que os cidadãos ricos eram obrigados pela moralidade a cuidar dos desvalidos quase não existia na Grécia e em Roma naquele período. Digo quase não existia porque nós, na verdade, encontramos em nossas fontes referências esparsas a indivíduos que praticavam formas humanitárias de atenção social em suas comunidades.[39] Ainda assim, a caridade não fazia parte dos principais discursos morais daquela era, sejam os de Platão, Aristóteles, Epicuro, Sêneca, Epíteto ou Plutarco. Considere as famosas *Máximas délficas*, uma destilação da "boa vida" em 147 vigorosos mandamentos bastante populares. As máximas incluem preciosidades como "Ajude seus amigos", "Retorne um favor", "Honre boas pessoas", "Respeite a si mesmo", "Não confie na fortuna", "Não despreze ninguém", e o sapientíssimo "Evite assassinar". Mas não há nada parecido com "Alivie a pobreza", "Compartilhe com os desprovidos" ou coisas semelhantes.[40]

Constantino e a origem da caridade

Um motivo para essa escassez de referências antigas à caridade é prático: não havia muito o que dar, então não havia sentido em compartilhar o pouco possuído com pessoas além do seu círculo familiar, de amigos ou clientes. Existiam também motivos mais teóricos. A pobreza era muitas vezes vista como uma punição dos deuses, ou, colocando de forma menos religiosa, como um princípio balanceador do universo. O mundo está em um *loop* ou ciclo sem fim — muitos acreditavam —, e o "princípio racional" do cosmo tem o costume de compensar as injustiças de jornadas de vida anteriores. Uma geração antes de Constantino, o muitíssimo influente filósofo neoplatônico Plotino (205-270 d.C.) explicou desta maneira:

> O princípio racional não olha apenas para o presente a cada ocasião, mas para os ciclos anteriores, e para o futuro, de modo a determinar o valor do homem a partir destes e mudar suas posições, transformando em escravos aqueles que antes foram senhores se estes foram maus senhores; e se os homens usaram suas riquezas de forma má, tornando-os pobres. [...] Devemos concluir que a ordem universal é sempre algo dessa espécie.[41]

Plotino foi um dos filósofos mais nobres de sua era. Mas até ele era capaz de imaginar que os pobres de alguma forma *mereciam* sua pobreza (ele diz a mesma coisa com respeito ao abuso sexual, mas achei melhor não reproduzir a citação completa). Dentro dessa perspectiva, apenas não havia muito com o que motivar as pessoas a se preocuparem com os de fora do seu círculo mais íntimo de pessoas.

Platão, no século 4 a.C., insistiu que os cidadãos virtuosos que estivessem passando por necessidades em tempos difíceis deveriam ser assistidos pela comunidade, mas os "pobres indignos" seriam banidos. O legislador sábio, ele falou, fará bem em banir os pedintes de suas cidades "a fim de que a terra possa ser totalmente expurgada de tais criaturas".[42] Os oficiais da Roma imperial seguiram o sábio conselho de Platão. Durante as épocas de fome, o senado romano ordenava que os não cidadãos *saíssem* da cidade. As cotas de grãos jamais podiam ser dadas à grande massa de pobres na cidade, mas *só* aos que apresentassem sua *téssera* de bronze ou de chumbo, o equivalente à carteira de identidade ou ao passaporte de um cidadão.[43]

A "benfeitoria" dos abastados era, é claro, um aspecto importante da vida na Roma antiga. Os imperadores e outras elites concediam presentes aos cidadãos — e só cidadãos —, incluindo edifícios, monumentos e jogos públicos, como estoques de comida em tempos de escassez. A palavra para isso era *evergetismo*, "fazer a boa ação do dia", e estava intimamente ligada à virtude da *philotimia*, o "amor à honra". A benfeitoria pública nos tempos antigos não era *fazer caridade* por causa da necessidade humana, mas um *contrato social*. O benfeitor partilhava seus recursos com os cidadãos menos abastados em troca de honra pública. Esse *evergetismo* cívico, escreve Peter Brown, de Princeton, "não continha nenhum elemento de compaixão aos pobres".[44] Por essa razão, os escritos cristãos do período criticavam com frequência essa dimensão estranha da ética greco-romana, insistindo que a gentileza com o propósito de trazer recompensas ou honra não merecia o título de "caridade", ou amor.[45]

O NASCIMENTO DA CARIDADE CRISTÃ

Teresa Morgan é professora de História Greco-Romana na Universidade de Oxford. Ela escreveu a obra padrão acerca da ética convencional no mundo romano.[46] Em uma entrevista de 2019, perguntei-lhe qual contribuição considerava a mais distintiva do cristianismo à vida antiga. Ela respondeu que foi a caridade:

> Os cristãos são ensinados que Deus os ama de forma absoluta e que, com base nisso, eles podem confiar nele, são capazes de amar a Deus e, por receberem amor em tanta abundância, conseguem amar uns aos outros com uma generosidade enorme e sem reservas. Esse é um modelo de relações com o próximo e de como o seu relacionamento com Deus afeta sua ligação com os seres humanos, completamente diferente de qualquer coisa que o pensamento religioso antigo ensinasse em geral, à parte do judaísmo. Sem dúvida é completamente diferente de qualquer coisa que a consciência moral popular acreditava. E com essa ideia de amor vem o cuidado com os vulneráveis. Aquele era um mundo com nenhuma rede de segurança social. Mas os cristãos criaram redes de segurança social. Eles foram o povo conhecido por cuidar das viúvas, dos pobres, dos órfãos, isto é, das pessoas que em quase toda a sociedade eram apenas atiradas nas ruas.[47]

A professora Morgan nota, de passagem, uma característica importante das origens da caridade no mundo ocidental: ela foi judaica antes de ser cristã. Passagens após passagens nas Escrituras judaicas, ou o Antigo Testamento cristão, conclamam os fiéis a assistirem os estrangeiros pobres, os órfãos e as viúvas.[48] Alguns textos chegam a sugerir que o excesso de "posses" na verdade *pertence* aos que "não possuem" por direito divino.[49] E há

Constantino e a origem da caridade

claras evidências a partir do período romano de que os judeus cuidavam uns dos outros de forma tão efetiva que "nenhum judeu jamais precisa mendigar", como afirmou um imperador.[50]

Jesus e os primeiros cristãos eram todos judeus. A preocupação com os pobres era um pressuposto. Porém, como em muitas outras coisas, Jesus *intensificou* ou *universalizou* a prática judaica. Na sua provocativa parábola do bom samaritano (Lucas 10:30-37), ele conta que um homem judeu foi assaltado e deixado para morrer na estrada entre Jerusalém e Jericó — uma antiga estrada ainda visível e transitável hoje. Um *sacerdote* do templo passa ao largo, não disposto a ajudar. Um *levita* (um assistente sacerdotal) faz o mesmo. Então um *samaritano* aparece. Ele para e ajuda o homem: cura as feridas dele, paga por sua hospedagem em uma estalagem local e retorna mais tarde para ver como o paciente está e pagar quaisquer gastos adicionais. Hoje, o proverbial "bom samaritano" é conhecido por atos de caridade similares. Mas a chave para a história nos dias de Jesus consiste no fato de os samaritanos serem inimigos étnico-religiosos do povo judeu. Ao transformar um samaritano, não um compatriota judeu, no herói da sua parábola, Jesus estava simultaneamente criticando seu próprio povo por não viver à altura dos mandamentos de Deus e insistindo que a compaixão deve ser exercida para além das fronteiras étnicas e religiosas. Ele termina a parábola com dureza: "Vá e faça o mesmo".[51] Os cristãos de fato *foram e fizeram o mesmo*. Eles pegaram a tradição judaica da caridade e a derramaram sobre judeus e pagãos, crentes e descrentes. Considere os seguintes fragmentos de evidência desses primeiros séculos.

Nos anos 40 e 50 do século I, o apóstolo Paulo conduziu o que pode ter sido o primeiro projeto de assistência internacional registrado na história, coletando donativos de cristãos não judeus na Grécia e na Ásia Menor (Turquia) para as pessoas assoladas pela fome na Judeia.[52] O grande apóstolo Pedro insistiu com Paulo, quando este partia para sua missão por todo o império, que por favor "se lembrasse dos pobres" (Gálatas 2:10). Paulo fez justamente isso. Alguns dos seus ensinos mais bonitos lembram os cristãos de regiões mais ricas do que impulsiona a caridade: "Pois vocês conhecem a graça de nosso Senhor Jesus Cristo que, sendo rico, se fez pobre por amor de vocês, para que por meio de sua pobreza vocês se tornassem ricos. [...] Nosso desejo não é que outros sejam aliviados enquanto vocês são sobrecarregados, mas que haja igualdade" (2Coríntios 8:9,13). Mais uma vez, podemos ver a bela melodia sendo tocada: o amor sacrificial de Cristo a nós inspira o amor prático aos outros. O apóstolo João explica quase a mesma coisa no final do século 1: "Nisto conhecemos o que é o amor: Jesus Cristo deu a sua vida por nós, e devemos dar a nossa vida por nossos irmãos. Se alguém tiver recursos materiais e, vendo seu irmão em necessidade, não se compadecer dele, como pode permanecer nele o amor de Deus?" (1João 3:16-17).

A descrição cristã mais antiga de um culto na igreja — depois do período do Novo Testamento — vem do renomado defensor público em favor da fé, Justino Mártir (100-165 d.C.). Ele elenca os cinco elementos regulares da reunião: leituras dos escritos dos apóstolos, instrução de um líder designado, uma refeição de ações de graça com pão e vinho, orações públicas e, finalmente, uma coleta para "os órfãos e as viúvas, os que, por causa da doença ou qualquer outra causa, estão passando necessidades, e os presos".[53] Por volta do mesmo período, temos um vislumbre do tipo de exortação que os líderes cristãos davam aos ricos em suas igrejas. O *Shepherd of Hermas* [O pastor de Hermas], composto em Roma por volta de 150, declara: "Em vez de campos, comprem almas que sofrem, como a todos é possível, e visitem as viúvas e os órfãos, e não os negligenciem; e gastem sua riqueza e todas as suas posses, as quais vocês receberam de Deus, em campos e casas dessa espécie".[54]

No ano de 250, muito antes da aceitação legal oficial do cristianismo, a igreja de Roma estava fazendo o que podia para sustentar uma quantidade extraordinária de pessoas empobrecidas em uma lista de rações diárias. Uma carta do bispo Cornélio de Roma para um oficial eclesiástico, na distante Antioquia, menciona de passagem os vários ministros e atividades da igreja, incluindo: "46 presbíteros [isto é, anciãos ou mestres], sete diáconos [...]", e assim por diante, e em seguida "mais de 1.500 viúvas e pessoas vulneráveis, todas sustentadas pela graça e bondade amorosa do Mestre".[55] Mil e quinhentas pessoas em um programa de bem-estar é um número igual ao das maiores associações artesãs de Roma.[56]

Os cristãos continuaram esses programas nas circunstâncias mais difíceis. Por volta do mesmo período — metade do século 3 —, uma pandemia atingiu o mundo mediterrâneo e devastou cidades durante uma década. Os historiadores a chamam "Peste de Cipriano", batizada em referência ao bispo cristão de Cartago, no Norte da África, cujos escritos nos providenciam em primeira mão a evidência mais clara da natureza da doença: "o intestino, relaxado em um fluxo constante, sugava a força do corpo", escreve Cipriano durante o surto da pandemia (252 d.C.); "um fogo proveniente da medula fermenta em ferimentos [...] os intestinos são remexidos em um vômito contínuo [...] os olhos pegam fogo por causa do sangue

Constantino e a origem da caridade

injetado ali. [...]"[57] Dá para entender. Alguns especulam que Cipriano está descrevendo um *filovírus* como o ebola.[58]

Quaisquer que sejam os detalhes médicos da Praga de Cipriano, nós temos evidências confrontadoras de que os cristãos daqueles dias sentiram o dever de cuidar dos doentes. Com frequência, as famílias abandonavam os entes queridos ao primeiro sinal da doença. Eles podiam não entender como controlar a infecção, mas com certeza sabiam que o contato com o doente significava a morte certa. Uma carta de Alexandria (na costa mediterrânea do Egito) da mesma época informa com sobriedade o pânico que acometeu a cidade quando a praga chegou: "Aqueles que estavam no primeiro estágio da doença eram afastados para longe e fugiam dos seus queridos. Eles chegavam a ser jogados nas ruas moribundos, e as pessoas tratavam os corpos não enterrados como um refugo vil em seus esforços para evitar a disseminação e o contágio".[59] A carta foi escrita pelo bispo alexandrino Dionísio (200-264 d.C.). Ele elogia aqueles cristãos, certamente não todos os cristãos, que superaram seus medos e seguiram o caminho de Cristo na pandemia:

> Nossos irmãos, em sua maior parte, não se preocupavam consigo mesmos, e, com amor transbordante e gentileza filial, se apegavam uns aos outros, visitando os doentes sem se importar com o perigo, diligentemente ministrando a eles, cuidando deles em Cristo; sendo infectados com a doença pelos outros, eles carregavam sobre si a doença do seu próximo, assumindo seu sofrimento de boa vontade. Foi dessa maneira que os melhores de nossos irmãos partiram desta vida a qualquer custo, incluindo alguns presbíteros e diáconos, e alguns dentre os leigos.[60]

Considerando que o nosso mundo passa pela sua própria pandemia — estou escrevendo no final de 2020 —, certamente não endosso a rejeição, por parte de Dionísio, das medidas de "distanciamento social", as quais, a meu ver, são um aspecto essencial da solução. Não obstante, há algo de heroico, ainda que ingênuo, nas coisas que ele narra. Parece que 200 anos depois de Jesus os cristãos estavam lendo a parábola do bom samaritano, que também continha referências a lavar os ferimentos e carregar os feridos, e atendendo ao seu chamado de "fazer o mesmo".

Uma evidência final vem de 50 anos depois, bem no começo da Grande Perseguição (303-312 d.C.). Ela fornece detalhes próximos dos programas de caridade da igreja na cidade de Cirta (Norte da África). Oficiais romanos entraram na igreja em Cirta com o objetivo de confiscar tesouros

OPRESSORES E SANTOS

escondidos. No capítulo 5, eu reproduzi a transcrição das entrevistas, nas quais os oficiais estatais confiscaram e destruíram 27 códices (livros) com Escrituras cristãs. Eles estavam também procurando por quaisquer itens de valor monetário. Suponho que eles imaginavam que as igrejas eram mais ou menos como os templos pagãos, que muitas vezes continham tesouros nos cofres e algumas vezes até funcionavam como bancos.

A igreja de Cirta realmente dispunha de diversos objetos preciosos, em sua maioria vasos destinados ao uso nos cultos públicos. Eles estão listados no relatório: dois cálices de ouro, seis cálices de prata, sete candelabros de bronze, e assim por diante. A partir daí, segue-se um catálogo quase cômico de artigos menos valiosos: roupas para dar aos pobres armazenadas no depósito da igreja. Lemos que havia "82 túnicas femininas, 38 capas, 16 túnicas masculinas, 13 pares de sapatos masculinos, 47 pares de sapato femininos, 19 fivelas de camponeses". Uma inspeção mais demorada das dependências da igreja encontrou uma sala de jantar: "Quatro jarros foram achados ali, e seis potes", informa a transcrição.[61] As autoridades romanas descobriram o real "tesouro" da igreja: seu programa de caridade.

As últimas páginas forneceram só um fragmento da evidência que possuímos para a expansão repentina da caridade entre os primeiros cristãos nos anos depois de Jesus e antes da conversão de Constantino. Quando o imperador finalmente livrou as igrejas da perseguição e as isentou de pagar impostos, ele estava tirando os freios do maior movimento de caridade que o mundo jamais veria. É um aspecto do comportamento cristão que nunca desapareceu. Mesmo durante os períodos mais opulentos, negligentes e violentos da história da igreja, aliviar a pobreza permaneceu sendo central à vocação da igreja no mundo. E assim permanece hoje, ainda que grande parte do bem-estar no Ocidente seja agora providenciado pelo Estado e outras agências humanitárias seculares.

A explosão da caridade no século 4 é uma clara via por meio da qual o ensino de Cristo impactou a história da sociedade ocidental. Esse foi "um mundo antes do nosso mundo", como Peter Brown coloca na última frase do seu livro magistral sobre a riqueza e a caridade na Antiguidade, mas é "um mundo do qual muitas das nossas próprias visões acerca da riqueza e da pobreza foram derivadas".[62] As concessões de Constantino à igreja no começo do século 4 — que anteciparam legislações comparáveis na maioria dos países ocidentais daí em diante — só possibilitaram à igreja fazer mais obras de caridade. Isenções tributárias podem ter tornado o trabalho um pouco menos heroico, mas elas também ajudaram a difundi-lo melhor.

Até hoje, em um país como a Austrália, a maioria das 50 maiores instituições de caridade, segundo a renda, são instituições de caridade cristãs.[63] O "vá e faça o mesmo" de Cristo, junto com o "as igrejas serão isentas" de Constantino, recriaram nosso mundo em um sentido muito importante.

UMA PALAVRA FINAL SOBRE CONSTANTINO

O imperador adoeceu terrivelmente pouco depois da Páscoa de 337 d.C. Ele viajou para a cidade termal de Helenópolis, com a esperança de ser revigorado. Quando ficou óbvio que ele estava em estado terminal, foi a Nicomédia e pediu ao bispo de lá que o batizasse. Pode parecer estranho que Constantino tenha sido batizado 25 anos depois de sua conversão, mas no século 4 isso não era incomum. O batismo era muitas vezes tratado como o *selo* da fé, e não como uma iniciação. Como "catecúmeno", ou estudante da fé, Constantino ainda foi considerado um cristão ao longo de todo o seu reinado. De qualquer forma, ele substituiu seu manto púrpura pelo branco simples de um discípulo e foi batizado pelo bispo de Nicomédia. Alguns dias depois, ele morreu, sendo enterrado em Constantinopla.

É óbvia a impossibilidade de psicanalisar uma figura como Constantino 17 séculos depois da sua morte. Suas motivações e vida interna permanecem obscuras para os historiadores modernos. Mas existe uma característica marcante da sua retórica cristã que ajuda a explicar sua forma de tratar a fé e como ela pode ter impactado os cidadãos do império. No seu muito estudado *Constantine and the conversion of Europe* [Constantino e a conversão da Europa], Arnold H. M. Jones, da Universidade de Cambridge, observou que o imperador falava de Deus principalmente como um Deus de poder. Suas expressões favoritas eram: O Poderoso, Altíssimo Deus, Senhor sobre todos e Deus Todo-poderoso. "Poucas vezes falava dele apenas como o Salvador", Jones nota, "e nunca como amoroso ou compassivo". Das cartas, discursos e decretos de Constantino que chegaram até nós, parece que "sua relação com Deus era orientada pelo temor e pela esperança, e não pelo amor".[64]

Comparada à linguagem consistente do *amor* que dominou os três primeiros séculos da literatura cristã, a retórica de Constantino a respeito de Deus era grandiloquente e austera. Pode não ter sido a melhor teologia cristã, mas era uma excelente religião imperial, que se encaixava muito bem com as aspirações do povo romano. Muitos bons romanos se sentiram atraídos por essa forma de pensar e falar acerca do cristianismo. E muitos cristãos os acompanharam alegremente.

Constantino não chegou a transformar a igreja durante sua vida. A *romanização* do cristianismo e a *cristianização* de Roma foram processos demorados. Mas todos na década de 330 sabiam que algo estava mudando de forma drástica: cruzes estavam sendo bordadas nos estandartes militares romanos e moedas no mercado estavam sendo gravadas com o ☧, as duas primeiras letras da palavra "Cristo". Era impossível ignorar o significado disso, e era difícil recusar as oportunidades. Os cristãos começaram a ousar acreditar que Cristo começava a reinar sobre a terra.

O registro de Constantino é uma estranha combinação de pacificação e violência, de reforma humanitária e intolerância para com judeus e pagãos. A conversão de Constantino ao caminho de Cristo abriu as portas para a conversão da própria igreja para os caminhos do mundo, os caminhos do poder, da riqueza e até da violência em nome de Cristo. A cristandade que lentamente emergiu trouxe ao mundo dádivas sem precedentes, mas também males indizíveis. Aqueles que uma vez foram bons perdedores se tornariam, em certos momentos, ganhadores muito maus.

Mas antes de a igreja revelar plenamente suas bênçãos e seus pecados mais graves, ela experimentou uma reversão quase completa do legado de Constantino. Vinte e cinco anos depois do primeiro imperador cristão, um dos seus sucessores buscaria jogar o cristianismo para o segundo plano e reviver o lugar supremo do paganismo no império. Se ele tivesse conseguido, a história ocidental poderia ter sido bem diferente. Estou falando do governo tempestuoso do imperador Juliano.

| CAPÍTULO OITO |

Juliano, o Apóstata:

um imperador atrasa o relógio do cristianismo na década de 360

O culto aos deuses se encontra em um patamar esplêndido e magnificente, ultrapassando toda oração e toda esperança.

— IMPERADOR JULIANO

Dos anos 330 a 350 d.C., parecia que tudo estava indo muito bem para a igreja. Sucessivos imperadores e coimperadores (Constantino II, Constâncio II, Constante I, Constâncio Galo) continuaram a tradição de Constantino, o Grande. Eles toleraram o paganismo (na maior parte das vezes) e consolidaram a posição do cristianismo no império. Mas um exemplo do quão frágil era esse período de transição foi o fato de um jovem e brilhante imperador no início da década de 360 ter conseguido reverter rapidamente as bem-aventuranças do cristianismo. Em um piscar de olhos, os bispos foram expulsos dos salões do poder e seu povo foi enquadrado em uma situação de nítida desvantagem. As religiões antigas assumiram mais uma vez o papel principal.

O AVIVAMENTO PAGÃO DO IMPERADOR JULIANO

Flávio Cláudio Juliano (332-363 d.C.) nasceu em Constantinopla nos últimos anos do reinado de Constantino. Ele era, na verdade, sobrinho de Constantino e primo do grande imperador sênior que o antecedeu, Constâncio II,

OPRESSORES E SANTOS

que governou de 337 a 361. Apesar de ter nascido em um lar cristão, Juliano abandonou a fé com 20 anos de idade. Ele havia lido extensivamente a literatura cristã e a pagã, como era de praxe entre os cristãos intelectuais daqueles tempos. De fato, foi um dos seus tutores cristãos, Jorge da Capadócia, que o introduziu às obras da tradição pagã clássica. Em uma reflexão posterior, Juliano descreveu a biblioteca de Jorge como "muito grande e completa e contendo filósofos de todas as Escolas". Quando Juliano tornou-se imperador em 361, ele exigiu que toda a biblioteca de Jorge, cada volume dela, fosse levada até ele, sob pena de sofrer "a mais severa punição" o pobre homem que fosse encarregado da tarefa.[1]

De qualquer forma, depois de estudar por algum tempo em Atenas e outros lugares, Juliano abraçou com zelo a filosofia e literatura gregas, iniciou-se nos veneráveis cultos religiosos da Grécia e tornou-se um devoto da "teurgia", uma prática mágica cujo propósito era unir a alma humana à divina. Ele chegou até a publicar um "Hino à Mãe dos Deuses" [isto é, Cibele]: "Concede ao povo romano que se purifique da mácula da impiedade [isto é, o cristianismo]; concede-lhe uma porção abençoada e ajuda-o a guiar seu Império por muitos milênios!", o hino roga. "Concede-me a virtude e a boa fortuna, e que o ocaso de minha vida seja indolor e glorioso, na boa esperança de que é para vós, os deuses, que eu parto!"[2] Veremos em alguns instantes que ele não recebeu a morte "indolor e gloriosa" pela qual orou.

Quando Juliano tornou-se imperador em 361 d.C., aos 30 anos, ele se empenhou em desmantelar a posição da igreja na sociedade. Não perseguiu os "galileus", como os chamava, do jeito que os imperadores anteriores fizeram. Mas utilizou todos os outros meios disponíveis para tanto. Ele expulsou os cristãos da sua corte imperial, revogou as isenções tributárias de Constantino, proibiu os acadêmicos cristãos de ensinarem (mais sobre isso daqui a pouco) e publicou tratados ridicularizando-os. Fez também tudo o que podia para reviver as glórias da antiga religião, construindo e reformando templos, sustentando sacerdotes pagãos em várias cidades, e, nas palavras de Rowland Smith, da Universidade de Newcastle, "discriminou abertamente em favor de indivíduos e comunidades pagãs em seus compromissos e julgamentos".[3] Sua abordagem "moderada" à opressão de cristãos é bem exemplificada em uma breve carta endereçada ao administrador imperial Atárbio: "Afirmo, pelos deuses, que não é meu desejo que os galileus sejam mortos ou punidos injustamente, ou que sofram qualquer outro tipo de dano; não obstante, assevero em absoluto que os que temem aos deuses devem ser preferidos a eles".[4]

Juliano, o Apóstata

Ao que parece, Juliano cumpriu o que prometera: ele não ordenou a perseguição violenta aos cristãos. Em certas ocasiões, porém, fez vista grossa. Na cidade de Alexandria, no norte do Egito, no primeiro ano do seu reinado, houve um massacre de cristãos. Induzida aparentemente por cristãos que zombaram dos deuses pagãos em público, uma turba "atacou os cristãos com quaisquer armas que por acaso lhes caíssem nas mãos, destruindo, em sua fúria, muitos deles em uma variedade de formas [...] [o texto lista os métodos grotescos]". Então, eles desceram até a igreja principal de Alexandria e arrastaram o bispo Jorge para fora. Eles "prenderam-no a um camelo, e quando o despedaçaram, queimaram-no com o animal". Sócrates Escolástico, o erudito cristão que registra o evento e que era conhecido por sua imparcialidade, reconhece em parte a culpa de Jorge, pois "ele fora excessivamente detestável para com todas as classes, o suficiente para explicar a indignação fervorosa da multidão contra ele".[5] Um escritor pagão do período, Amiano Marcelino, também nos conta que o bispo Jorge "se esquecia da sua vocação, que recomenda apenas a justiça e a brandura" (esta era uma descrição gentil do cristianismo quando as pessoas estavam de bom humor!). E acrescenta que até os cristãos locais "ardiam de ódio por Jorge".[6] Ele deve ter sido uma peça rara! De qualquer maneira, o ponto é que quando o imperador Juliano ficou sabendo das mortes, que envolveram muito mais vítimas que Jorge, não fez quase nada quanto a isso. Enviou uma carta para a cidade repreendendo-a por conduta desordeira, algo abaixo da dignidade de uma cidade tão nobre.[7] Não houve mais nenhuma consequência, e ninguém foi levado à justiça.

Em certa ocasião, Juliano culpou os cristãos por um incêndio arrasador no grande templo de Apolo em Dafne, perto da Antioquia. Ele mandou fechar a grande Igreja de Antioquia como punição, embora nossa fonte pagã — Amiano, de novo — admita que o rumor era falso.[8] Em outro momento, o imperador tomou todas as propriedades e bens da igreja de Edessa (uma cidade cristã de longa data perto da fronteira entre a Síria e a Turquia), e, esbanjando sarcasmo, explicou que ele só estava, na verdade, ajudando os cristãos a alcançarem seus próprios ideais superiores: "Uma vez que, por sua admirabilíssima lei, eles são obrigados a vender tudo o que têm e dar aos pobres, para auxiliá-los nesses esforços, ordenei que todos os seus fundos, a saber, os que pertencem à igreja do povo de Edessa, fossem levados para serem doados aos soldados, e que suas propriedades fossem confiscadas para os meus fundos privados".[9]

Justo quando me vejo quase admirando a sagacidade e eloquência de Juliano, me recordo de que sua medida mais famosa contra os cristãos foi pensada para desferir um golpe decisivo no progresso intelectual deles na sociedade romana. Em 17 de junho de 362, ele decretou que todos os "mestres de estudos" — os equivalentes antigos dos professores escolares e universitários — deveriam ser aprovados de forma direta por ele.[10] Juliano estava efetivamente banindo os instrutores cristãos de todas as escolas. (Os cristãos retornariam o favor 160 anos depois, quando o imperador Justiniano colocou na rua os professores pagãos, como será discutido no capítulo 18.) Juliano explicou sua decisão em uma carta sobre o assunto. Ele acreditava ser vergonhoso existirem mestres das tradições divinas dos gregos que não confessavam as divindades gregas: "O que é isso senão a conduta de mercenários", ele escreveu. "Penso ser um absurdo que homens que expõem as obras desses escritores [gregos] desonrem os deuses que eles costumavam honrar".[11] Vários mestres cristãos em posições proeminentes tiveram de abandonar seus cargos. Um deles foi o célebre Vitorino, da academia de Roma, cuja própria conversão pública ao cristianismo uma década antes havia causado um alvoroço. Outro foi o talentoso filósofo armênio Proerésio, da respeitada academia de Atenas.[12] (Muitos hoje não sabem que a longânime nação da Armênia foi a primeira a adotar oficialmente o cristianismo.[13]) A percepção atual da igreja como inimiga da erudição "escolar" não se encaixa com as evidências mais antigas. Os filósofos cristãos eram, na verdade, um fator importante para o sucesso da igreja entre as elites pagãs. Era isso que o imperador Juliano estava tentando impedir.

O PROGRAMA DE BEM-ESTAR SOCIAL PAGÃO DE JULIANO

Outra coisa que Juliano tentou parar foi o monopólio prático do cristianismo sobre os serviços de caridade entre os desvalidos. As palavras do imperador nos fornecem algumas das melhores evidências que temos para a onipresença dos programas de bem-estar conduzidos pela igreja no século 4. Por um lado, Juliano castigou os cristãos pela sua "filantropia". Por outro, tentou imitá-los, estabelecendo programas similares em templos pagãos fundamentados explicitamente no modelo da igreja. Em uma carta para um sacerdote pagão desconhecido — uma espécie de diretor dos sacerdotes — Juliano escreve sobre a doença do cristianismo e seu antídoto:

> Devemos prestar atenção especialmente nesse ponto, e, por intermédio dele, efetuar a cura. Pois quando se descobriu que os pobres estavam sendo

negligenciados e omitidos pelos sacerdotes [dos templos pagãos], foi então que, creio eu, os ímpios galileus [cristãos] observaram esse fato e se dedicaram à filantropia. E eles têm ganhado influência nos piores dos seus feitos por conta da credibilidade que alcançam por tais práticas. [...] Os galileus também começam com seus famigerados banquetes ágapes [refeições comunitárias], ou com sua hospitalidade, ou cultos nas mesas — pois eles têm muitas maneiras de fazê-lo e, assim, atribuem-no muitos nomes —, e o resultado é que eles têm levado muitos ao ateísmo.[14]

Juliano chama os cristãos frequentemente de "galileus" para marcar suas origens nos remansos da Palestina. Ele também os chama "ateus" porque eles negam os nobres deuses da Grécia e de Roma. Seja como for, o imperador requer dos sacerdotes pagãos que eles sejam ativos nas obras de caridade, como os cristãos. Ele quer ganhar da igreja no seu próprio jogo.[15] Em um discurso proferido diante do senado romano, Juliano repreendeu os homens da nobreza por deixarem que suas mulheres auxiliassem nos esforços cristãos de alimentar os pobres: "Todos vocês permitem às suas esposas tirarem tudo de suas próprias casas para levar aos galileus, e quando suas esposas alimentam os pobres às custas de vocês, elas inspiram grande admiração pela impiedade [isto é, o cristianismo] naqueles que carecem dessas doações".[16]

Esse tema fica ainda mais claro em outra carta de Juliano, remetida a Arsácio, o alto sacerdote da Galácia, um ano antes da morte do imperador. Nela, Juliano admira o rápido retorno da religião pagã que ele conseguira propiciar no último ano. Em seguida, lamenta que, em que pese isso, o cristianismo continuava a crescer por causa dos seus serviços de caridade. Sua solução é demandar o estabelecimento de um programa de bem-estar social similar nos templos tradicionais:

> Ninguém, há pouco tempo, teria se aventurado até mesmo a orar por uma mudança de tal espécie ou tão completa em tão pouco tempo [uma referência ao seu próprio trabalho nos últimos 12 meses mais ou menos]. Por que, então, pensamos ser isso o suficiente, por que não percebemos que são a sua [dos cristãos] benevolência para com os estranhos, seu cuidado pelas sepulturas dos mortos e a santidade dissimulada de sua vida os principais responsáveis pelo crescimento do ateísmo? Creio que devemos real e verdadeiramente praticar cada uma dessas virtudes. E não é o bastante que você sozinho as pratique, mas assim também devem fazê-lo todos os sacerdotes

na Galácia, sem exceção. Os envergonhe ou os persuada a praticar a justiça, ou então remova-os do seu ofício sacerdotal.[17]

Há uma referência, de passagem, na citação anterior a uma dimensão da caridade cristã nos tempos antigos que geralmente é esquecida (e eu também deixei de discuti-la no capítulo 7). Juliano menciona o "cuidado pelas sepulturas dos mortos" por parte dos cristãos. Ele está se referindo aos *serviços funerários* extraordinários da igreja nos séculos 2 ao 4.

A IGREJA COMO SOCIEDADE FUNERÁRIA

Os turistas que viajam a Roma hoje muitas vezes visitam várias das grandes catacumbas subterrâneas que ficam nos arredores da antiga capital imperial. Para nós, que vivemos tantos anos depois, elas parecem um tanto assustadoras — quilômetros de cavernas com corredores após corredores de nichos abertos nas paredes no quais os mortos eram colocados para descansar. Mas para as pessoas desse período, as catacumbas eram uma dádiva divina.

Um dos grandes medos da vida antiga era a ideia de morrer sem ter um sepultamento apropriado. Ser deixado às intempéries dos elementos da natureza ou para matar a fome das feras selvagens era horrível. E era exatamente isso que acontecia se você não fosse rico o suficiente para comprar um local para ser sepultado ou se você tivesse deixado de pagar as taxas mensais cobradas por uma associação funerária, cujo trabalho era recolher seu corpo depois que você morresse e garantir-lhe um sepultamento decente. Eles chegavam até a recolher seu corpo caso você tivesse morrido durante uma viagem de negócios em alguma região distante. Os documentos dessas associações foram conservados, então sabemos que elas não eram baratas: só a taxa de associação equivalia a cerca de um mês de salário de um trabalhador diurno, e as taxas mensais equivaliam a mais ou menos o salário de meio período.[18]

A solução cristã foi oferecer seus serviços funerários de forma gratuita, parte deles ainda podem ser vistos nas vastas catacumbas de Roma. Literalmente centenas de milhares de pessoas foram sepultadas ali. Alguns anos atrás, eu caminhei pelas Catacumbas de Priscila, em Roma, filmando uma cena para um documentário. O que chama a atenção — depois que você se acostuma à atmosfera horripilante — é a sensação de "família" comunicada por esse sistema de sepultamentos. Você era colocado para descansar entre os seus irmãos cristãos, jovens e velhos, ricos e pobres. Os espaços tradicionais para sepultamentos em Roma, como a vida romana tradicional, em geral observavam fronteiras estritas entre as classes, separando os nobres da plebe com uma parede, cerca ou pedras fronteiriças. Esse não era o caso nas catacumbas cristãs. Dá para perceber que alguns cristãos ricos foram sepultados ali. O desenho das tumbas e a arte funerária deixam isso óbvio. Mas existe uma ausência surpreendente de qualquer separação entre ricos e pobres. Uma análise arqueológica importante feita por John Bodel em 2008 observa: "A novidade nas catacumbas é que as duas formas de sepultamento [ricos e pobres] são integradas entre si a abrigadas no mesmo espaço indefinido". O que vemos é "uma mistura heterogênea de pessoas de riquezas e status diferentes com nenhuma crença distintivamente unificadora quanto à representação de privilégios nos sepultamentos". Uma catacumba cristã era, portanto, "um mundo por si só, sem parâmetros normais".[19]

O "cuidado pelas sepulturas dos mortos" por parte da igreja, como coloca o imperador Juliano, não era por mera necessidade prática. Os cristãos o consideravam uma expressão adequada de uma das crenças mais básicas da visão judaico-cristã da realidade: todo homem, mulher e criança foi feito à imagem de Deus, como vimos no capítulo 3. Na sua explicação sobre a fé, escrita para os intelectuais romanos, Lactâncio (240-320 d.C.) contrasta a opinião de certos filósofos pagãos com as demandas do cristianismo:

> O último e maior dever da piedade é sepultar os estrangeiros e os pobres, algo que os especialistas [pagãos] em justiça e virtude jamais discutiram. [...] O que está em jogo é uma ideia. Nós não vamos, portanto, permitir que uma criatura feita à imagem de Deus caia vítima de feras e pássaros selvagens: nós a retornaremos à terra de onde ela veio; podemos não a conhecer, mas cumpriremos nossos deveres de parentesco.[20]

É um argumento bastante interessante. O dever cristão de conceder até mesmo aos estrangeiros e aos pobres um sepultamento digno pode não garantir nenhum benefício prático para o finado. Mas atribui a devida honra à ideia de que os seres humanos são criaturas feitas à imagem de Deus, preciosos, se não para ninguém mais, para o Pai da criação.

O ÚLTIMO SUSPIRO DE JULIANO

Juliano detectou que as instituições de caridade cristãs eram uma chave para o crescimento da igreja — para o "crescimento do ateísmo" —, e,

OPRESSORES E SANTOS

assim, tentou criar seu próprio sistema de bem-estar social. Na carta a Arsácio citada momentos atrás, o imperador anuncia que providenciou o equivalente a milhões de reais do tesouro imperial para assegurar o seu sucesso:

> Acabo de elaborar um plano pelo qual você estará bem suprido para isso; pois dei diretrizes para que 30.000 módios de milho sejam fornecidos todos os anos para toda a Galácia [= 261.650 litros, pesando mais de 2 toneladas], e 60.000 quartilhos de vinho [= 28.000 litros]. Ordeno que um quinto disso seja utilizado em favor dos pobres que servem aos sacerdotes, e o restante seja distribuído por nós para os estrangeiros e os mendigos. Pois é vergonhoso que, enquanto nenhum judeu jamais precisou mendigar [por causa do sistema de bem-estar judaico] e os impiedosos galileus sustentam não apenas seus próprios pobres, mas igualmente os nossos, todos os homens vejam que nosso povo carece do nosso auxílio.[21]

O projeto de Juliano teve vida curta. No dia 26 de junho de 363, conforme seus exércitos marchavam em direção ao alvo de invadir a Pérsia no Oriente, ele foi atingido por uma flecha e morreu mais tarde naquela noite. Sua morte repentina assinalou o fim da campanha para reviver o paganismo e jogar o cristianismo de novo na obscuridade. Seu programa de bem-estar social nos templos jamais chegou a decolar. Quem sabe o que terá acontecido com o dinheiro e os recursos despachados para Arsácio!

Uma de nossas fontes mais antigas, reconhecidamente escrita por um cristão jubilante chamado Teodoreto de Antioquia, conta que a notícia de que Juliano apertou seu ferimento no campo de batalha, "encheu sua mão de sangue, a ergueu na direção do céu e clamou: 'Tu ganhaste, ó Galileu'!".[22] Seja qual for o grau de veracidade desse relato, a morte de Juliano de fato marcou o dia da vitória do "Galileu".

O sucessor imediato de Juliano foi seu próprio general, Joviano. Ele morreu no ano seguinte (364 d.C.), aparentemente sufocado pela fumaça da própria fornalha a carvão, mas não antes de reverter em caráter oficial as políticas anticristãs de Juliano. O império, dividido de novo, foi passado para Valentiniano no Ocidente e seu irmão Valente no Oriente. O reinado de uma década de Valentiniano (364-375 d.C.) foi descrito como "tolerante em relação aos pagãos e à maioria dos hereges"[23] e se sobrepôs ao primeiro ano do bispado de Ambrósio de Milão (374 d.C.), um homem que, como veremos, não era conhecido por sua tolerância.

Juliano, o Apóstata

Por volta do final do século 4, os imperadores e as igrejas cristãs não arriscariam ter outro Juliano. Os cristãos galgavam a escada social e declamavam sua visão para a sociedade dos terraços dos palácios. Nas gerações anteriores, era proibido escolher bispos dentre as elites da sociedade. Muito em breve, porém, os líderes eclesiásticos seriam projetados diretamente do próprio senado romano. E eles agiriam de acordo.

| CAPÍTULO NOVE |

Cristianismo viril:

um senador e bispo no final do século 4

A distância entre o fórum e a igreja, que parecia considerável uma geração atrás, foi eliminada.

— PETER BROWN, UNIVERSIDADE DE PRINCETON

As tendências mais infelizes dos séculos que antecederam as Cruzadas têm suas raízes — ou pelo menos suas prefigurações — nas mudanças que começaram a ganhar espaço quando Constantino convidou a igreja para jantar à sua mesa. Isso não significa defender o clichê de que Constantino causou o colapso moral da igreja. Padrões nítidos como esse nos ajudam a elaborar uma narrativa, mas eles raramente correspondem à granularidade da história. Como espero ter demonstrado, muitas das coisas que Constantino fez podem ser consideradas melhorias em relação ao que ocorrera antes. Uma trajetória humanizadora parecia estar ao alcance, mesmo depois da grande interrupção no reinado de Juliano. Mas as coisas eram imprevisíveis.

O Império Romano permaneceu predominantemente pagão por pelo menos um século depois de Constantino. Mas o sucesso crescente da igreja na evangelização e no exercício do poder brando* da influência imperial

---

* No original, *soft power*. Traduzido também como poder suave ou poder de convencimento, é uma expressão bastante utilizada na teoria das relações internacionais para

Cristianismo viril

levou os que no passado foram oprimidos a se tornarem os opressores. Com o passar do tempo, depois de alguns pontos de transição bastante significativos, a cruz do Salvador se acomodaria como um emblema plausível nos ombros dos guerreiros medievais.

Um personagem vital nessa transição apareceu mais para o fim do século 4. Como Constantino, no começo desse século, esse personagem também "reinou" por mais ou menos 25 anos. Ele não era um imperador, no entanto. Ele foi o primeiro senador romano que se tornou bispo. O bispo Ambrósio (339-397 d.C.) é uma figura histórica espetacular: estadista da elite, legislador experiente, amigo de imperadores e um cristão convertido, poeta e pregador. Antes de chegarmos a Ambrósio, preciso dizer algo sobre o modo como os cristãos subiram na hierarquia social nas décadas que o antecederam.

A ESCALADA SOCIAL CRISTÃ DE 50 A 350 D.C.

Nos séculos posteriores a Constantino, a igreja se tornou rica e poderosa. Existem alguns paradoxos profundos e sutis acerca dos quais precisamos ponderar aqui. O mais óbvio é: como a defensora dos pobres acabou acumulando uma riqueza tão incalculável?

A igreja em si era, de modo geral, de classe baixa. Havia exceções, mesmo no século 1. Escrevendo para os coríntios em 56 d.C., por exemplo, o apóstolo Paulo comentou: "Irmãos, pensem no que vocês eram quando foram chamados. Poucos eram sábios segundo os padrões humanos; poucos eram poderosos; poucos eram de nobre nascimento" (1Coríntios 1:26). "Poucos", é claro, sugere que *havia alguns*. E esses devem ter realmente se sobressaído nesse período inicial.

A evidência de mais ou menos 50 anos depois de Paulo (por volta de 112 d.C.) melhora a imagem que temos do espectro social dos primeiros cristãos. No início do século 2, o governador da Bitínia, Plínio, queixou-se com o imperador Trajano (como vimos no capítulo 5) de que o cristianismo havia "infectado" uma "grande quantidade de indivíduos de todas as idades *e classes*".[1] Embora existisse um número crescente de cristãos de "todas as classes", os esnobes romanos no século seguinte ainda caracterizavam a igreja como a "escória" da sociedade. Um dia, por volta do ano 200, três

---

se referir à capacidade ou habilidade de uma pessoa ou corpo político de fazer valer seus interesses sem recorrer à força militar, utilizando, em vez disso, de meios ou recursos alternativos, como os culturais. (N. do T.)

homens da elite, Minúcio, Cecílio e Otávio, caminhavam ao longo da praia em Óstia, uma cidade portuária encantadora pouco mais de 32 quilômetros ao sudoeste de Roma. (A propósito, a cidade está belamente preservada e vale a pena visitá-la.) Otávio se tornara cristão havia pouco tempo. Quando o tópico da religião veio à tona, seu versado amigo Cecílio contou o que pensava sobre o movimento. Suas críticas eram teológicas e sociais. Minúcio registrou para a posteridade a tirada de Cecílio: os cristãos são "uma facção réproba, ilegítima e desesperada", ele afirmou. E "tendo ajuntado os mais incapazes e as mulheres das piores escórias da sociedade", a igreja era uma "conspiração profana". Eles "desprezam os templos como casas de mortos, rejeitam os deuses, zombam das coisas sagradas; seminus, desprezam as honras e os mantos púrpuras. Ó, que tremenda loucura e incrível audácia!".[2]

O cristianismo não reunia seus membros apenas das "piores escórias". O próprio Otávio é uma prova viva disso. E, de qualquer forma, as inscrições sepulcrais nas catacumbas e cemitérios romanos desse período (séculos 3 e 4) revelam uma gama surpreendente de ocupações nas quais os crentes trabalhavam: artesãos, comerciantes, funcionários públicos menores, tecelãs de seda, um fabricante de espelhos, barbeiros, criadores de cavalos e — não estou brincando — um comediante chamado Vitalis, cujo epitáfio registrava como "contando piadas, adquiri uma boa casa e uma boa renda". E ele arrelia: "Ó morte, que não aprecias uma boa piada".[3]

A retórica contra os cristãos como mera "escória" que "despreza os mantos púrpuras" deriva-se provavelmente da reputação da igreja nesse período como a defensora dos pobres. Na nossa sociedade liberal secular atual, isso soa como uma honra, mas a intenção não era o elogio, em uma cultura que conectava seu valor social de forma dogmática à sua nobreza e riqueza. Mas as coisas começaram a mudar lentamente.

As doações e concessões tributárias de Constantino à Igreja nos anos seguintes a 312 d.C. impulsionaram ao mesmo tempo as obras de caridade do cristianismo e aumentaram sua independência e versatilidade financeiras. Era só uma questão de tempo até que a nobreza aceitasse a igreja e a igreja aceitasse a nobreza. Peter Brown, da Universidade de Princeton, escreveu a obra seminal sobre "a riqueza, a queda de Roma e a formação do cristianismo no Ocidente" (o subtítulo do seu livro). Para ele, a transição era inevitável: "De todos os desdobramentos na história do cristianismo romano tardio, a entrada dos ricos e poderosos na igreja foi, de muitas maneiras, a mais previsível". Embora as igrejas continuassem associadas aos pobres e com frequência fossem ignoradas, como os pobres em si, o

Cristianismo viril

fato é, Brown explica, que a igreja nas primeiras décadas do século 4 era, a essa altura, constituída majoritariamente de "plebeus bem de vida" — o que podemos chamar de classe média baixa —, e ela continuou aberta em ambos os lados do espectro social: os desprovidos e os nobres eram bem-vindos. Logo, "no ano de 350", atesta Brown, "os ricos já estavam lá, 'nos bastidores', por assim dizer, esperando para marcar sua presença nas igrejas".[4]

As sutilezas e os paradoxos só aumentam. A igreja não se tornou uma "delinquente" só porque agora contava com isenções fiscais e patronos ricos. Muitas outras sociedades cívicas e templos pagãos gozavam de privilégios similares. E a igreja permaneceu a única despenseira da caridade no mundo romano. Como fui lembrado recentemente em uma discussão educada com um acadêmico de Oxford e defensor do cristianismo (que permanecerá sem ser nomeado), quanto maiores a riqueza e o poder da igreja, maior o *bem* cívico que ela foi capaz de fazer pelas milhões de pessoas que viviam às margens da sociedade romana. Isso não pode ser negado. Como fui forçado a admitir para o meu interlocutor, a equação popular IGREJA RICA = CRISTIANISMO EMPAREDADO é simplória.

Seis anos depois da morte de Constantino, no período em que os ricos ainda "permaneciam à sombra", um concílio eclesiástico buscou dificultar a entrada de ricos na liderança. Constantino já proibira as elites de integrar o clero em 320 d.C., como vimos. Mas no ano de 343, os bispos se reuniram em Sérdica, na moderna Bulgária, pouco mais de 480 quilômetros ao noroeste da capital imperial de Constantinopla, para expressar sua própria desaprovação pelo fato de os ricos estarem se tornando bispos sem primeiro servir por "um período considerável" em posições menores. O bispo Ósio se colocou na tribuna (sim, nós temos minutas detalhadas dessa reunião de negócios de 17 séculos atrás!). Ele propôs: "Penso ser necessário tratar da questão com a maior cautela: caso ocorra de um homem rico ou um jurista do fórum, ou um administrador, ser convocado ao bispado, ele não deve ser ordenado sem antes cumprir a função de leitor [da Bíblia] e o ofício de diácono e o ministério do presbiterato [...] [para que] sua fé, sua modéstia, sua dignidade e reverência possam ser provadas". Felizmente, o concílio inteiro replicou em uníssono "De acordo", e a decisão entrou para a lei canônica, ou eclesiástica.[5] Por algum tempo, pelo menos, parece que os próprios bispos ficaram apreensivos quanto ao perigo da riqueza e do poder rastejarem de forma sutil para dentro de suas fileiras.

Entretanto, a determinação não durou muito tempo. Conforme o século 4 se desenrolava, tornou-se claro que o cristianismo estava plenamente

OPRESSORES E SANTOS

legitimado e havia chegado para ficar. Os ricos saíram aos poucos dos bastidores para o palco central. E não era só porque eles queriam ficar à frente. Naquela época, você poderia ficar à frente com mais facilidade ao se juntar a uma das outras — mais numerosas — associações religiosas ou civis. Peter Brown argumenta que as elites encontraram no cristianismo "um pulmão urbano social [...] uma certa diminuição do senso de hierarquia e um arrefecimento do ritmo de competição".[6] Roma era um lugar de concorrência selvagem dentro das elites, além da competição entre elites e não elites. A igreja oferecia uma forma de sociedade "com uma face mais gentil", como Brown coloca.[7] Com o tempo, os ricos recompensariam a igreja pelos novos ares que ela propiciava contribuindo com seu dinheiro e influência para a sua causa. Trinta anos depois do concílio dos bispos em Sérdica mencionado há pouco, a igreja em Milão receberia seu primeiro senador romano e governador local *como bispo*. É uma evolução importante na história do cristianismo.

AMBRÓSIO: SENADOR ROMANO E BISPO CRISTÃO

Talvez fosse inevitável que alguns da elite cristã que esperavam "nos bastidores" mais tarde assumissem a liderança da Igreja. E, sem dúvida, a pessoa mais rica e poderosa a dar esse passo foi Aurélio Ambrósio, santo Ambrósio (339-397 d.C.). Em 374, ele tornou-se o bispo da importante cidade de Milão, no norte da Itália (mais famosa agora pela moda que pela religião). Se Constantino, no começo do século 4, foi um ponto de inflexão para a posição legal da igreja no império, a conversão e ordenação de Ambrósio mais para o final do mesmo século sinalizou uma nova era para o poder das elites dentro da igreja e, portanto, uma visão renovada do papel da igreja na sociedade. Sendo um ex-senador e governador romano, Ambrósio foi descrito algumas vezes como o epítome do bispo orgulhoso, elitista e moralista. Isso pode ser verdade. Mas nesse período, tal figura ainda não podia ser considerada um clichê. Ambrósio foi o primeiro.[8]

Ele é famoso na história da igreja por uma série de razões. Deixou um extenso corpo de escritos, cinco volumes grossos nas edições modernas, que têm sido estudados daí em diante. De fato, a Igreja Católica hoje considera Ambrósio um dos quatro tradicionais "Doutores (isto é, professores) da Igreja", junto com Jerônimo (342-420 d.C.), Agostinho (354-430) e o papa Gregório, o Grande (540-604 d.C.). Sim, todos homens! Apenas recentemente as mulheres foram acrescentadas a essa ilustre lista.[9] Ambrósio é

Cristianismo viril

muito conhecido também por seu papel na conversão do maior intelectual ocidental do período — entre cristãos e não cristãos —, Agostinho (354-430 d.C.), cujas obras são reverenciadas hoje tanto por católicos quanto por protestantes.

Mas eu estou interessado em particular no modo que Ambrósio representa um desdobramento social ou político significativo no cristianismo. Não só sua consagração como bispo deixou claro que as elites agora seriam bem-vindas nas mais altas posições da autoridade eclesial, mas o próprio Ambrósio pavimentou o caminho para uma nova forma viril de cristianismo, sem medo de mandar nas pessoas em nome de Jesus para o bem da sociedade!

Ambrósio foi a Milão como um governador imperial no ano de 370. Um aristocrata, político e orador fluente em latim *e* grego (pouco comum na época), ele já era um cristão devoto. No espaço de três anos, os cristãos de Milão mexeram os pauzinhos para fazer dele o seu bispo. Isso era algo novo e surpreendente. Ambrósio — e a liderança maior da igreja — aceitaram o convite e, em 374 d.C., ele foi alçado diretamente para o cargo de bispo, sem antes ter trabalhado como diácono ou presbítero. Apesar de Ambrósio ter retido algo de sua fortuna e propriedades, tornar-se um bispo nessa época ainda envolvia cortes de salário e um grande retrocesso na escala social. Não há motivos para interpretar sua decisão com cinismo. Nesse período, ainda existiam mais pagãos que cristãos no império.

A eloquência de Ambrósio no púlpito, suas doações pessoais para os cofres da igreja e sua enorme ênfase no cuidado com os pobres tornaram-no popular ao extremo. Eis um romano de classe alta que também era um "homem do povo". Seus esforços para transformar suas igrejas em um tipo de sociedade alternativa em Milão abriram as portas para uma nova concepção do papel do bispo como "cristão público". Ele era o cruzamento do santo com o prefeito da cidade. Suas vestes festivas pessoais foram conservadas até hoje e estão armazenadas na Basílica de Santo Ambrósio, em Milão. Elas são completamente diferentes de qualquer coisa na história da igreja até então: uma roupa de seda preciosa e uma capa adamascada com cenas de uma caça a leões costuradas no tecido.[10] (Vale a pena buscar no Google "robes of Saint Ambrose".)

Conforme a fama de Ambrósio em Milão aumentava e sua igreja se expandia em número, ele passou a usar sua força nesta que era uma cidade de importância crescente. Na década de 380, ele começou a usar sua influência para abafar os arianos (os que rejeitavam a teologia do Concílio de Niceia).

OPRESSORES E SANTOS

Em 381, ele intimou um líder ariano chamado Paládio a comparecer à sua residência e o interrogou, do mesmo jeito que um governador interrogava um criminoso — algo que sem dúvida já fizera antes como governador. Havia até estenógrafos no salão anotando cada palavra incriminatória.

Dois anos depois (383 d.C.), a corte imperial se mudou para Milão. Os oficiais requisitaram a Ambrósio que liberasse uma das igrejas da cidade para os arianos. Ambrósio se recusou. Ele explicou que as igrejas não eram simples salões civis, e sim lugares de adoração. Durante muitos meses, houve uma disputa tensa em Milão. As autoridades romanas acabaram cedendo, não só por causa de quem Ambrósio era e do peso de sua personalidade, mas porque o bispo havia instigado os cristãos da cidade a organizarem grandes protestos públicos. Multidões enchiam as ruas e as igrejas, cantando canções antiarianas que o próprio Ambrósio compusera. Aqui está um fragmento de uma delas:

Ó Jesus, Senhor de divina graça,
O brilho do Pai tua face realça,
Tu és a fonte de luz eternamente a reluzir
Cujos raios as sombras da noite fazem fugir.[11]

Com canções, pregações e manobras políticas, o ex-senador feito bispo foi capaz de empurrar o arianismo para a margem da sociedade.

Ambrósio começou a falar de maneira pública contra várias medidas imperiais e se atreveu até a contradizer o próprio imperador. Por exemplo, em 388 d.C., na longínqua cidade romana fronteiriça de Calínico (Raqqa, Síria), os cristãos atacaram uma sinagoga após serem inflamados pelo bispo local. Eles a incendiaram completamente (mais sobre as revoltas cristãs no capítulo 11). Quando as notícias da destruição da sinagoga de Calínico chegaram aos ouvidos do imperador, agora Teodósio I (que reinou de 379 a 395 d.C.), o imperador ordenou a punição dos rebeldes e a reconstrução imediata da sinagoga às custas da igreja. Nada mais justo, é claro! Mas Ambrósio ficou sabendo disso — ele se mantinha informado da maior parte das maquinações imperiais — e demandou que o imperador cessasse e desistisse. Teodósio era um frequentador assíduo da igreja de Ambrósio em Milão, e o bispo indagou com sarcasmo em público: "Devem os judeus inscrever na fachada de sua sinagoga os dizeres: 'O templo da impiedade, construído com o butim tomado dos cristãos'?".[12] Ambrósio lista as igrejas que os judeus queimaram no reinado do imperador Juliano 25 anos antes: duas em

Cristianismo viril

Damasco, ele enumera, e outras em Gaza, Asquelom e Beirute.[13] Ninguém foi punido por esses crimes, ele crava. Os cristãos tiveram que reconstruir as estruturas eles mesmos. Seria, portanto, uma traição a Cristo forçar a igreja agora a reconstruir a sinagoga. Ambrósio foi mais longe: a ordem de Teodósio foi "como a dada por Juliano"![14] As palavras de Ambrósio — que podem ser lidas na íntegra na sua muito publicada *Epistle* [Epístola] 74 — são cortantes no seu revanchismo contra os judeus e na sua audácia contra o imperador. Teodósio aquiesceu. O imperador obedeceu ao bispo.

Ambrósio usou sua força mais uma vez dois anos depois. Em 390, Teodósio ordenou um massacre retaliativo de 7 mil civis na cidade grega de Tessalônica. Ao receber essas chocantes notícias, o bispo de Milão convocou Teodósio para se explicar e o baniu de receber a comunhão até que o imperador se arrependesse publicamente! Teodósio frequentou a igreja em Milão sem trajar suas roupas imperiais — algo muito importante para um imperador — durante meses, até que Ambrósio se deu por satisfeito e o readmitiu aos fiéis.[15] Isso pode nos remeter ao comportamento despótico que associamos aos papas na Idade Média tardia, mas era algo novo em Ambrósio. Foi uma jogada arriscada da parte do bispo, não só uma demonstração de poder. Nesse caso — mas não em todos —, a pura autoridade e o apelo popular de Ambrósio lhe garantiram a vitória.

A SOCIEDADE CRISTÃ DE AMBRÓSIO

A imagem de Ambrósio como "homem do povo" foi a chave para muito do seu sucesso na (agora imperial) cidade de Milão. Além do seu vigoroso ministério de pregação, ele incentivou os membros do clero a se posicionarem e tornarem-se "cristãos públicos". A maioria dos outros presbíteros e bispos da Itália eram homens medianos se comparados a Ambrósio. Poucos deles pensariam que seu papel incluía exercer influência sobre a sociedade. As ferramentas tradicionais da igreja eram, até então, a oração, o serviço, a pregação e o sofrimento. E estavam funcionando muito bem. Mas na obra *On duties* [Sobre os deveres] (388 d.C.), Ambrósio propôs uma visão do bispo como alguém ativo na sociedade para o bem desta. Embora os cristãos ainda não fossem um grupo majoritário no império, eles eram os mais influentes enquanto associação. Eles mantinham o controle de propriedades consideráveis e grandes benfeitores (e um senso de vocação divina, é claro!). Além disso, eles vinham de todas as camadas da sociedade, de escravos a senadores. A ideia de Ambrósio era que todas essas coisas

OPRESSORES E SANTOS

precisavam ser usadas para consertar o que havia de errado na sociedade romana. Era dever da igreja reunir as classes que competiam entre si, em especial as esquecidas, em uma nova humanidade sob Cristo. Ambrósio ajudou outros homens do clero a usarem sua própria força (consideravelmente menor) para o mesmo fim. Em certa ocasião, ele encorajou o bispo da Pávia, uma cidade vizinha, a rejeitar a tentativa de oficiais locais de confiscarem uma doação generosa de uma mulher rica para a igreja.[16] Pode-se perceber, em caráter definitivo, um sentimento crescente de privilégio por parte da igreja nos dias de Ambrósio.

Ambrósio ofereceu sua perspectiva para uma sociedade alternativa em resposta à visão da igreja bastante popular entre os pagãos da época. Muitos não cristãos costumavam dizer que as mazelas do império — derrotas militares, um império dividido, estagnação econômica — eram provas de que os deuses estavam descontentes com o declínio da religião romana tradicional. Ambrósio respondeu que tais mazelas eram, na verdade, resultado do pecado humano e do abandono da justiça. Portanto, a igreja — não os templos pagãos — contava com a resposta verdadeira para as tribulações romanas. Só a igreja, dizia ele, era capaz de tratar as dores, os pecados e as fraturas da humanidade: "Para o seu próprio benefício, a igreja não deve nada, exceto sua fé", Ambrósio afirmou em uma réplica ao alto oficial pagão Símaco. "Tais rendas e rendimentos a igreja dá liberalmente. As posses da igreja são gastas com os pobres." Em contraste, desafia ele, "que eles [os pagãos] contem quantos cativos os templos colocaram em liberdade [ou seja, escravos que eles libertaram], quantos alimentos eles ofereceram aos pobres".[17]

Um dos primeiros testes à abordagem de Ambrósio em relação à igreja na sociedade foi sua insistência em 383-384 d.C. de que a estátua da deusa Vitória (Nice, em grego) fosse removida do Senado Romano. Isso era o equivalente a exigir a remoção da Estátua da Liberdade, em Nova York, ou da Coluna de Nelson, em Londres. A requisição o colocou em rota de colisão direta com o alto oficial Símaco, que argumentou que a remoção da deusa seria uma afronta à memória de Roma e aos deuses que cuidaram de Roma por tantos séculos. Ambrósio contra-argumentou que os pagãos dispunham de oportunidades de sobra de cultuar seus falsos deuses em seus próprios templos, mas a idolatria não podia estar presente no Senado. A discussão prosseguiu por um bom tempo na imprensa e em discursos públicos. Por fim, Ambrósio venceu, convencendo o imperador Valentiniano II a remover a estátua.[18]

Cristianismo viril

A remoção de Vitória do assento da política romana foi mais um sinal de que os costumes antigos estavam desaparecendo e que o Estado romano intencionava apoiar o cristianismo de forma total. "Não se deve subestimar a 'violência gentil' efetuada contra a alta classe da sociedade", escreve Peter Brown, "pela presença permanente de uma corte cristã, mesmo quando a política dos imperadores (e sua escolha de servidores públicos) tendia a ser imparcial em relação à religião".[19] O cristianismo viril de Ambrósio — sua "violência gentil" — estava começando a ganhar.

Um ponto principal a se observar em tudo isso é que Ambrósio acreditava que ele e seu clero estavam plenamente justificados em ostracizar os pagãos e hereges, em acumular riquezas na igreja e em exercer ampla influência civil. Eles eram os únicos que administravam a cura na sociedade ao estabelecer a nova humanidade de Cristo no mundo. Tornar-se um "opressor" por Jesus (para dizê-lo de modo um tanto quanto injusto) beneficiava a todos. E dada a reputação da igreja como defensora dos pobres, muitos na população mais ampla acolheram de bom grado esse cristianismo mais viril.

A carreira episcopal de mais de vinte anos de Ambrósio (374-397 d.C.) foi tão importante para a formação do Ocidente cristão quanto a conversão de Constantino, duas gerações antes. Foi o verdadeiro "ponto de virada na cristianização da Europa", afirma Peter Brown.[20] Em santo Ambrósio, "a distância entre o fórum e a igreja, que parecia considerável uma geração atrás, foi eliminada".[21] As elites não tomaram a igreja de assalto, ou a igreja de repente se tornou majoritariamente elitista. Antes, a igreja transformou-se em uma "associação" peculiar, jamais vista no estratificado mundo romano. Era um espaço público onde todas as diferentes camadas da sociedade se uniam numa única família. Era uma nova humanidade.

No final da carreira de Ambrósio, na virada do século 4 para o 5, o cristianismo passava a se enxergar pela primeira vez como a "maioria". É provável que isso tenha se tornado uma verdade numérica só meio século depois, mas sem dúvida era o estado de espírito da igreja. Nas palavras do próprio Ambrósio, o cristianismo era como a lua crescente em uma noite escura: "Finalmente ele brilha com todo o esplendor de sua luminosidade radiante".[22] Cristo estava começando a "reinar na terra" por meio da igreja. Era uma perspectiva que inspiraria os opressores e os santos nos séculos seguintes.

OPRESSORES E SANTOS

Antes de esboçar algumas das piores opressões que ocorreram nesse período de transição, quero dar uma pausa e, no próximo capítulo, considerar algumas figuras santas precisamente do mesmo período. Na época exata em que Ambrósio contraía seus músculos no Ocidente, três bispos extraordinários 3.200 quilômetros a leste estavam pregando em favor dos pobres, denunciando a prática da escravidão e fundando o primeiro hospital público do mundo.

| CAPÍTULO 10 |

Cristianismo capadócio:

bispos, assistência médica e escravidão no final do século 4

*Portanto, toda vez que um ser humano é
colocado à venda, nada menos que o Senhor do
mundo é levado ao salão de vendas.*

— GREGÓRIO DE NISSA

O problema de focar em um indivíduo de fama extravagante como Ambrósio (339-397 d.C.) é que ele pode se fixar em nossa mente como o exemplo de tudo que a igreja defendia na época: remover estátuas do senado, apoiar a destruição de sinagogas, demandar um assento à mesa da influência e até sair pressionando imperadores por aí. Escolhi detalhar alguns aspectos da carreira de Ambrósio, talvez correndo o risco de não ser completamente justo com ele, porque muitos historiadores o veem como um ponto de inflexão na autoconfiança da igreja ocidental no final do século 4.

Mas precisamos ter algumas coisas em mente. Uma é que o cristianismo viril de Ambrósio ensejou uma ética humanitária no centro da vida imperial, com benefícios duradouros para os vulneráveis nas sociedades romana e europeia. É um dos paradoxos da história, como veremos vez após vez neste livro: o cristianismo estridente de Ambrósio, apesar de toda sua fealdade, de

OPRESSORES E SANTOS

fato buscava criar programas de caridade, construir escolas e prover o que Peter Brown chama "um pulmão urbano social e moral". As igrejas eram ao mesmo tempo "lugares de tolerância moral zero" e "locais de perdão, o que implicava a dissolução das divisões". Elas eram intolerantes em sentido intelectual, mas filantrópicas em sentido social, um fato "concretizado de modo vívido, em um ritmo cotidiano, pela quebra das barreiras sociais por meio do envolvimento com os pobres".[1]

Existe ainda outra advertência importante. Inúmeros outros bispos, da mesma época que Ambrósio, concentravam-se menos na política e mais no antigo trabalho de pregar sermões para os fiéis, defender o cristianismo dos ataques intelectuais dos pagãos e no posicionamento a favor dos fracos da sociedade. E eles faziam essas coisas sem o poder estrutural ao qual um ex-senador que se tornou bispo teria acesso. Exemplos esplêndidos disso podem ser encontrados em três bispos famosos da Capadócia (atualmente no centro da Turquia), 3.200 quilômetros a leste de Milão. Eles são conhecidos como os Pais Capadócios: Gregório de Nazianzo (330-390 d.C.) e dois irmãos, Basílio de Cesareia (330-379 d.C.) e Gregório de Nissa (330-395 d.C.). Ao menos uma carta de Basílio a Ambrósio chegou até nós, então está claro que eles se conheciam, mesmo que os capadócios jamais tenham encontrado sua contraparte ocidental principesca.[2]

TRINDADE, CARIDADE E OS PRIMEIROS HOSPITAIS

Os Pais Capadócios são mais bem conhecidos hoje — nos círculos teológicos — pela defesa da doutrina da Trindade. Tendo recebido uma educação extensa nas literaturas cristã e secular, eles eram periodicamente convidados a escrever ensaios e proferir palestras para expor o mistério do Pai, do Filho e do Espírito Santo.

Mas eles também eram defensores aguerridos dos pobres e dos doentes. A *Oration 14* [Discurso 14] de Gregório de Nazianzo, "Sobre o amor aos pobres", é provavelmente a explicação mais sistemática já elaborada da centralidade da caridade. São 10 mil palavras de argumentação bíblica, teológica e lógica fundamentando o ponto de que "o amor aos pobres" é insubstituível. Há uma retórica amorosa construída ao longo de sucessivos parágrafos. "Fé, esperança e amor são coisas boas", ele começa, e apresenta, em seguida, uma ou duas frases sobre o tópico. "Hospitalidade é uma coisa boa", ele acrescenta, com mais uma ou duas frases. "Zelo é uma coisa boa [...]", "Humildade é uma coisa boa [...]". Você entendeu.

Cristianismo capadócio

Depois de cerca de mil palavras de exposição, ele chega ao ponto: "Devemos considerar a caridade o primeiro e o maior dos mandamentos, uma vez que ela é o próprio resumo da Lei e dos Profetas", e "sua parte mais vital, creio eu, é o amor aos pobres, junto com a compaixão e simpatia ao próximo. Devemos, portanto, abrir o coração para todos os pobres e todas as vítimas de desastres de qualquer natureza".[3] A partir desse parágrafo, ele compõe uma obra-prima da argumentação, formulada para deixar qualquer rico apático com a cara no chão.

E essas não eram meras palavras. A *Oration 14* de Gregório de Nazianzo foi proferida em conexão com a construção, em 368-372, de um enorme complexo de bem-estar social na estrada nos arredores de Cesareia, a moderna cidade de Kayseri, na região central da Turquia. Esse complexo era conhecido como *Basileias*, assim batizado em homenagem ao bom amigo de Gregório, Basílio de Cesareia (330-379 d.C.). Basílio supervisionou a criação do primeiro centro dedicado à assistência social e hospital público da história. Os exércitos romanos, é óbvio, dispunham de serviços hospitalares. Os ricos podiam contratar médicos. Os templos de Esculápio, o deus da cura, permitiam que as pessoas dormissem nos seus santuários e recebessem orações e atenção dos sacerdotes em troca de doações e aclamações públicas à grandeza de Esculápio. Mas não existia nada como uma assistência médica gratuita disponível a todos, pelo menos não até Basílio chegar.

A ideia de Basílio, nomeada por ele *Ptocheion*, ou "Casa dos Pobres", empregava uma equipe de médicos residentes que atendiam os doentes utilizando as melhores tradições da medicina grega secular. O "centro de assistência médica" (não existe outra maneira de descrevê-lo) incluía *seis* departamentos separados: um para os pobres, outro para os desabrigados e estrangeiros, uma casa para os órfãos e enjeitados (a igreja no século 4 ainda recolhia bebês abandonados), uma ala completamente separada para leprosos, salas para os mais velhos e debilitados e um hospital próprio para doentes.[4]

Basílio era um dos cristãos que, bebendo da antiga tradição judaica, acreditavam que se você tivesse recursos e os guardasse para si mesmo, estava, na verdade, roubando dos necessitados. Em um sermão bastante enérgico acerca da parábola do rico insensato, ensinada por Jesus (Lucas 12:13-21), Basílio declara: "O pão que você retém pertence ao faminto. A roupa que você guarda em um baú pertence ao nu. Os sapatos que você deixou parados, se desgastando, pertencem ao que anda descalço. A prata que você

OPRESSORES E SANTOS

enterrou no chão pertence ao carente. Destas e de outras maneiras, você agiu errado para com todos os que era capaz de ajudar".[5] O sermão de Basílio atravessaria os séculos. De fato, esse mesmo parágrafo se tornaria uma citação autorizada, 900 anos depois, na influente análise da "caridade" feita por Tomás de Aquino (1225-1274 d.C.).[6]

Basílio faleceu em 379. Seu amigo, o bispo Gregório de Nazianzo, proferiu o discurso funerário. Nele, Gregório descreve o centro de assistência médica, então com uma década de existência, basicamente como uma cidade. "Siga adiante um pouco depois desta cidade e contemple a nova cidade, o celeiro da piedade, o tesouro comum dos ricos. [...] Outros tinham seus cozinheiros e mesas fartas e finezas gastronômicas encantadoras, suas carruagens elegantes e suas roupas macias esvoaçantes", Gregório diz. "Basílio tinha seus doentes e os emplastros das suas feridas, e sua imitação de Cristo, limpando a lepra não com palavras, mas com ações."[7]

O *Basileias* foi o primeiro hospital público da história, mas inspirou muitos outros. "Os hospitais expandiram-se rapidamente pelo império oriental no final do século 4 e no século 5", escreve Gary Ferngren, professor de História na Oregon State University, "com bispos tomando a iniciativa de fundá-los".[8] Essa parte oriental do império, chamada Império Bizantino, tem uma história toda particular, quase intocada pela invasão bárbara de Roma e pelo colapso das províncias romanas da Gália (França) e outras nos séculos 5 e 6. Por mil anos depois de Basílio, essa sociedade cristã bizantina, que se estendia da Turquia à Síria e da Palestina ao Egito, floresceu em sentido comercial, artístico e acadêmico, e na difusão da caridade. Mais sobre isso no capítulo 18.

No Ocidente — em Roma, França etc. —, os hospitais chegaram mais devagar. Mas já em 390, a antiga capital imperial presenciou a criação do primeiro equivalente ocidental do *Basileias*. Ele foi fundado por Fabíola, a mulher que talvez tenha sido a mais rica do império. Ela pertencia a uma das históricas famílias fundadoras de Roma. Sobreviveu a um casamento abusivo, obteve a permissão do imperador para se divorciar e, a certa altura, converteu-se o cristianismo. Sentindo-se acusada pelo montante de sua riqueza, ela descartou as joias e as roupas de seda e passou a vestir, em vez disso, as vestes de uma plebeia e o manto de uma escrava. Ela se tornou amiga e confidente de Jerônimo de Belém (345-420 d.C.), um dos eruditos mais cultos e santos da igreja. A partir de duas das cartas de Jerônimo para Fabíola, e da sua elegia quando da morte desta, em 399, que podemos saber algo de suas atividades.

Cristianismo capadócio

Fabíola vendeu sua vasta propriedade e distribuiu tudo para os pobres. Parte disso envolveu a construção do que Jerônimo chamou "enfermaria". Ela contava com todas as marcas registradas da operação de Basílio vinte anos atrás, incluindo o gesto significativo de lavar ferimentos com as próprias mãos (algo inimaginável para uma mulher romana de linhagem nobre): Fabíola "ajuntava ali pessoas que sofriam nas ruas", Jerônimo reporta, "oferecendo os cuidados necessários aos pobres corpos sobrecarregados pela doença e pela fome — narizes mutilados, olhos afundados, pés queimados, braços leprosos, ventres inchados. Com que frequência ela carregava nos próprios ombros os pobres e sujos miseráveis torturados pela epilepsia! Com que frequência ela lavava a substância purulenta de machucados que outros não suportavam nem ver! Ela serviu comida com as próprias mãos e, mesmo quando alguém não passava de um cadáver respirando, ela umedecia seus lábios com gotas de água".[9]

A fama da instituição de Fabíola se espalhou da Itália para a Britânia. Com o tempo, muitos outros hospitais, para os quais existe boa documentação, surgiram no Ocidente, como no Oriente, todos eles fundados por bispos locais, presbíteros ou monges. Devemos agradecer a Basílio e Fabíola por uma instituição à qual hoje, muitas vezes, não damos o devido valor.[10]

Pode ser mais exato dizer que devemos agradecer à irmã mais velha de Basílio, Macrina (327-379 d.C.), por toda essa grandeza. Os poucos detalhes biográficos de que dispomos sobre Macrina deixam a nítida impressão de uma mulher notável, cujo intelecto e exemplos foram as forças dominantes na vida de Basílio e de seu irmão Gregório.[11] Ela aprendera a ler com sua mãe, e se empenhou muito nos estudos. Quando seu noivo morreu repentinamente, ela rejeitou todos os outros pretendentes e passou a se dedicar à vida cristã contemplativa. Logo cedo, ela educou seus irmãos mais novos e instilou neles o amor ao aprendizado, pelo qual Basílio e em especial Gregório se tornariam famosos. Anos mais tarde, quando Basílio retornou dos estudos formais na academia de elite de Atenas, Macrina o convenceu a não buscar uma carreira acadêmica e, em vez disso, a se oferecer para o serviço de Deus e da igreja. Ele obedeceu, e as consequências disso mudaram o rumo da história. Embora fosse rica, Macrina também vendeu suas propriedades e deu tudo aos pobres, vivendo o restante dos seus anos em uma comunidade com outras mulheres que também viviam de forma contemplativa, estudando, orando e plantando para se sustentarem. Juntas, essas mulheres também resgatavam bebês abandonados. Elas criavam as crianças na comunidade.[12] Isso também deve ter contribuído para a perspectiva de

OPRESSORES E SANTOS

Basílio e de Gregório acerca do que significa viver uma vida útil. Depois da morte de Macrina, no final de 379, Gregório escreveu *Life of Macrina* [A vida de Macrina], na qual ele a descreve repetidas vezes como "a grande" e sua mestra mais importante. Ele menciona como, quando ela morreu, muitas jovens mulheres choraram com amargura: "Elas eram as que ela resgatara quando haviam sido jogadas nas estradas", ele explica, "e das quais ela cuidara, criara e guiara pela mão à vida santa e sem mácula".[13] Em outra obra, Gregório fala da longa conversa mantida com sua irmã logo antes de sua morte. Nela, ele "coloca Macrina no papel de Sócrates em um diálogo filosófico em que ele desempenhava o papel de aluno", escreveram Lynn Cohick e Amy Brown Hughes em *Christian women in the patristic world* [Mulheres cristãs no mundo patrístico].[14] Este foi um verdadeiro elogio, vindo do homem que muitos consideram o intelectual mais talentoso do cristianismo oriental. Deixe-me, portanto, contar um pouco mais sobre o irmão mais novo de Macrina e Basílio, Gregório.

As datas de Gregório de Nissa (335-395 d.C.) correspondem quase perfeitamente às de Ambrósio de Milão (339-397 d.C.), ao ponto de ambos terem se tornado bispo mais ou menos na mesma época (Gregório em 371 d.C., Ambrósio em 374 d.C.). Gregório de Nissa foi um dos gigantes intelectuais do cristianismo primitivo. Nós não sabemos se ele estudou na renomada academia de Atenas com seu irmão Basílio — o qual, como mencionei no capítulo 8, foi colega de classe do futuro imperador e cético Juliano, o Apóstata. Mas, de alguma maneira, Gregório eclipsou Basílio na sofisticação filosófica e no estilo retórico. Sua obra, *Catechetical lectures* [Palestras catequéticas], escrita para instruir os novos na fé, demonstra rigor e sutileza quase inacreditáveis.[15] Ele escreveu muitos outros livros, e seu pensamento continua sendo objeto de pesquisa no campo da história da filosofia até hoje. Existe até um International Colloquium on Gregory of Nyssa [Colóquio Internacional sobre Gregório de Nissa], que se reúne de tempos em tempos.[16]

Sendo um bispo local, Gregório de Nissa também pregava sermões semanais. Um desses sermões consiste no primeiro ataque veemente e direto à prática da escravidão. O cristianismo, é óbvio, tem uma história complicada com a escravidão. Preciso discorrer com brevidade sobre essa relação antes de retornar ao famoso sermão de Gregório.

CRISTIANISMO E ESCRAVIDÃO

É de conhecimento geral que os líderes dos movimentos abolicionistas modernos eram, muitas vezes, cristãos que falavam sem rodeios valendo-se

Cristianismo capadócio

de argumentos explicitamente religiosos, pessoas como Thomas Clarkson (1760-1846 d.C.) e William Wilberforce (1759-1833 d.C.), na Grã-Bretanha, e William Lloyd Garrison (1805-1879 d.C.) e Frederick Douglass (1818-1895 d.C.), nos Estados Unidos. O abolicionismo *não* foi um movimento secular. "Se a abolição da escravidão fosse deixada nas mãos dos secularistas iluminados do século 18", afirma o ex-arcebispo da Cantuária e professor de Cambridge Rowan Williams, "nós ainda estaríamos esperando por ela".[17] Isso pode ser um exagero, mas Williams, até certo ponto, tem razão. É um erro imaginar que o impulso para o fim da escravidão nos séculos 18 e 19 foi um projeto secular, e não *religioso*. Para ser mais exato, havia religião em ambos os lados. A diferença é que os argumentos contra a escravidão eram quase inteiramente religiosos ou semirreligiosos, ao passo que os argumentos a favor da escravidão eram econômicos, científicos e pragmáticos, além de religiosos. David Brion Davis, Professor Sterling* de História na Universidade de Yale e a autoridade americana mais proeminente na área, deu à sua ampla história da escravidão o título *In the image of God* [À imagem de Deus]. Nela, ele aponta que "a hostilidade popular à escravidão, que emergiu quase simultaneamente na Inglaterra e em partes dos Estados Unidos, bebeu da tradição da lei natural e de um senso renovado da imagem de Deus no homem".[18]

O grande ativista americano e ex-escravo Frederick Douglass era mordaz em relação às igrejas que apoiavam a escravidão — que eram muitas, diga-se de passagem. Nas palestras públicas nos dois lados do Atlântico, ele as descreveu como os "baluartes da escravidão americana". Para Douglass, igrejas e teólogos que apoiam a escravidão eram especialmente culpáveis, porque proviam uma desculpa moral para um sistema econômico maligno e porque estavam em contradição com sua própria doutrina central de que o Criador ama todos aqueles "que foram estampados com a semelhança do Deus eterno", como ele coloca em uma carta para William Lloyd Garrison.[19] Fica claro a partir dos seus discursos que ele acreditava estar repreendendo tais igrejas não para avançarem em direção a uma visão "progressista" da vida, mas para voltarem à sua doutrina fundamental de que todo homem e mulher compartilha um "Criador comum" e merece respeito e amor filial.[20] A tolerância da escravidão pelos cristãos foi um ponto cego indesculpável,

---

* "Professor Sterling" significa a mais alta classificação acadêmica da Universidade de Yale e é atribuído a um membro do corpo docente considerado o melhor na sua área. (N. do R.)

OPRESSORES E SANTOS

como Douglass e outros argumentaram, mas não foi um desdobramento do cristianismo. Deixe-me enquadrar tudo isso em um contexto mais antigo.

É verdade que o Novo Testamento não menciona em lugar algum que os cristãos dessem fim à escravidão. Na verdade, ele tacitamente tolera a escravidão quando urge com os escravos que trabalhem duro para seus mestres e com os mestres para que tratem os escravos com justiça e equidade, porque "vocês também têm um Senhor no céu" (Colossenses 3:22—4:1). Isso não é uma aprovação exata da escravidão. É uma instrução sobre como viver em um sistema de aparência imutável como o romano. Uma possível analogia é a instrução do Novo Testamento para honrar e obedecer ao imperador (1Pedro 2:17). Isso tolera de forma tácita as ditaduras hereditárias pagãs, mas seria um erro pensar nisso como um endosso do sistema.

O que o Novo Testamento faz, porém, é condenar os "comerciantes de escravos" como "profanos e irreverentes" e "aqueles que se opõem à sã doutrina" (1Timóteo 1:9-11).* Ele impele os escravos a obterem sua liberdade, se possível, e insiste que ninguém deve escolher tornar-se escravo (1Coríntios 7:21-23), o que era comum acontecer no mundo antigo por motivos econômicos.[21] É quase inacreditável que nós tenhamos evidências bastante antigas, de logo depois do Novo Testamento (96 d.C.), de cristãos que, às vezes, vendiam a si mesmos como escravos para doar o valor adquirido para os desvalidos.[22] Os cristãos nos séculos 2 e 3 também tomaram medidas inovadoras para regular a escravidão a partir de dentro. Em 115 d.C., por exemplo, as igrejas estavam arrecadando fundos para pagar pela manumissão (alforria legal) de escravos. Esse ministério cresceu e tornou-se uma marca importante da caridade cristã nos primeiros séculos.[23] Parcialmente como reconhecimento desse ministério, Constantino concedeu aos bispos a autoridade de alforriar escravos às custas da igreja em um decreto de 18 de abril de 321. Isso garantiu aos ex-escravos os direitos plenos da cidadania romana.[24]

---

*Nas traduções da Bíblia comumente utilizadas pelos protestantes no Brasil, a expressão "comerciantes de escravos" é traduzida como "sequestradores" (NAA, NVI, NVT), "raptores de homens" (ARA) ou "exploradores de homens" (A21). Na versão utilizada pelo autor, a *New Revised Standard Version*, a expressão é *slave traders*, que significa literalmente "comerciantes de escravos". O trecho bíblico ao qual o autor faz referência é, nessa versão: "This means understanding that the law is laid down not for the innocent but for the lawless and disobedient, for the godless and sinful, for the unholy and profane, for those who kill their father or mother, for murderers, fornicators, sodomites, *slave traders*, liars, perjurers, and whatever else is contrary to the sound teaching that conforms to the glorious gospel of the blessed God, which he entrusted to me" (1Timóteo 1:9-11, grifo nosso). (N. do T.)

Infelizmente, raras vezes as coisas foram mais adiante. Os cristãos não puseram fim à escravidão, mesmo quando alcançaram, em teoria, o poder para tanto, mais ou menos no século 6. A ausência de qualquer mandamento claro no Novo Testamento para abolir a escravidão, combinada com a ubiquidade do sistema nas sociedades romana e bárbara, fez com que muitos cristãos, na maior parte do mundo, aceitassem a escravidão como um mal necessário em um mundo caído. Rowan Williams pode estar certo ao dizer que foi o cristianismo que "acendeu um longo pavio de argumentos e descobertas [sobre a escravidão], que acaba por explodir" nos séculos 18 e 19.[25] Mas todos podemos concordar que esse pavio foi longo demais.

GREGÓRIO DE NISSA CONTRA A ESCRAVIDÃO

É isso que torna a pregação de Gregório de Nissa contra a escravidão, 1.500 anos antes de Frederick Douglass, tão extraordinária. É um raio de luz que brilha em meios às sombras da história da humanidade e da igreja. Seu argumento é o mais óbvio — pelo menos, óbvio para nós agora. Os seres humanos são feitos à *imagem de Deus*. Eles são, portanto, preciosos de modo igual e inestimável e não podem pertencer a ninguém. É precisamente esta a premissa que viraria o jogo a favor da abolição na Inglaterra do século 18 e nos Estados Unidos do século 19. Gregório de Nissa viu essa conexão no século 4. Aqui está uma porção do seu notável sermão:

> Vocês condenam o homem à escravidão, quando sua natureza é livre e possui livre-arbítrio, e vocês fazem leis que competem com Deus, anulando sua lei para a espécie humana. Aquele que foi criado sob a ordenança específica de possuir a terra, e nomeado para o seu governo pelo Criador — é este que vocês colocam sob o jugo da escravidão, desafiando e lutando contra o decreto divino. Ao dividir a espécie humana em dois, entre "escravos" e "proprietários", vocês fizeram com que ela fosse escravizada por si mesma e se tornasse a possuidora de si mesma. Digam-me, qual foi o preço? O que vocês encontraram na existência que carrega tão grande valor quanto a natureza humana? Qual o preço colocado por vocês na racionalidade? Quantos óbolos [moedas] vocês consideram ser o equivalente à *semelhança de Deus*? Quantos estáteres [moedas mais valiosas] vocês conseguiram vendendo o ser *moldado por Deus*? Deus disse: "*façamos o homem à nossa imagem e semelhança*" (Gênesis 1:26). [...] Portanto, toda vez que um ser humano é colocado à venda, nada menos que o Senhor do mundo é levado ao salão de vendas. Mas será que o pedaço de papel, o contrato escrito e a contagem de óbolos

os levaram a pensar enganosamente que vocês são os mestres *da imagem de Deus*? Quanta insensatez![26]

Muitas vezes me pego pensando em como a história teria sido diferente se Gregório de Nissa tivesse ascendido à posição de primazia no império e ganhado os ouvidos do imperador em vez de Ambrósio de Milão. Gregório pregou esse sermão por volta do ano 380, bem na época em que Ambrósio estava interrogando os hereges, liderando protestos para prevenir o uso imperial dos edifícios eclesiásticos e contestando o fato de os cristãos terem de pagar por uma sinagoga que eles mesmos incendiaram.

Minha intenção não é ser severo com Ambrósio. Espero que meus leitores católicos perdoem esse tipo de falatório acerca de um dos seus santos canonizados. Mas aqui jaz uma lição importante para mim, que estou estudando a história. É um aprendizado do qual volta e meia me recordo enquanto escrevo este livro. Algumas vezes, os momentos mais sombrios e os mais brilhantes da igreja aconteceram ao mesmo tempo. Isso provavelmente não se aplica aos primeiros três séculos, os quais me parecem uma longa e harmoniosa execução da melodia original de Cristo. Mas com certeza a partir do século 4 — e sem dúvida hoje — nós encontramos, com certa frequência, a beleza e a dissonância juntas ao mesmo tempo, embora nem sempre na mesma proporção. Gregório e Ambrósio foram grandes homens. Para mim, um incorporava a própria essência do ensino de Cristo. O outro era tão romano quanto cristão. Para o bem ou para o mal — e eu me refiro de fato a *ambos* —, Ambrósio estabeleceu o modelo das relações entre a Igreja e o Estado no Ocidente nas décadas e nos séculos que viriam.

Houve muitas outras Macrinas, Gregórios e Basílios na história da igreja. Eles podem ser ouvidos bradando das periferias e, algumas vezes, dos centros, buscando persuadir os cristãos a se lembrarem da bela melodia. Conheceremos muitos deles nas páginas seguintes. Houve também muitos Ambrósios, homens brilhantes e talentosos que insistiram, infelizmente, em um cristianismo mais viril. Eles fizeram mais que apenas orar, persuadir, servir e sofrer. Eles queriam moldar a sociedade — para o bem — usando, para isso, todos os meios necessários. E, infelizmente, isso não raro incluía até revoltas e violência em nome de Jesus, como veremos agora.

| CAPÍTULO 11 |

Cristianismo iconoclasta:

revoltas cristãs e o fechamento de templos pagãos de 380 a 415

A nenhuma pessoa será concedido o direito de realizar sacrifícios; nenhuma pessoa deve frequentar templos; nenhuma pessoa deve venerar os santuários.

— IMPERADOR TEODÓSIO

No meio do processo de escrever este livro, um homem afro-americano chamado George Floyd foi assassinado pela polícia durante uma abordagem em Mineápolis, Minnesota, nos Estados Unidos. Sua morte foi o estopim para uma série de protestos contra a brutalidade policial e a injustiça racial por todos os EUA e outras partes do mundo, incluindo minha cidade natal, Sydney. Os protestos em algumas cidades americanas tornaram-se violentos, levando o então presidente Donald Trump a ameaçar enviar forças militares para abafar as revoltas. Uma foto gerou uma oportunidade que poucos esquecerão (ela foi parar no noticiário do horário nobre na Austrália): o presidente deu uma demonstração de força ao se postar na frente de uma igreja histórica do outro lado da Casa Branca, danificada durante os protestos. Ele ergueu uma Bíblia em uma mão, de forma um tanto quanto embaraçosa, e posou para fotos. A mensagem parecia clara: este líder é a favor do cristianismo, e, quem sabe, Deus estivesse com ele.

OPRESSORES E SANTOS

Muitos líderes cristãos — à esquerda e à direita — criticaram as ações do presidente Trump. Mas a politização do cristianismo dificilmente pode ser considerada algo novo. Uma teóloga australiana, a dra. Robyn J. Whittaker, escreveu um artigo no *The Conversation* [O diálogo], um site de notícias que publica comentários acadêmicos, perguntando: "Ele fez alguma coisa que os líderes 'cristãos' poderosos não fazem há séculos? A resposta é não. Cooptar o cristianismo a serviço do poder é quase tão velho quanto o próprio cristianismo. Nós fomos deixados com um legado no cristianismo ocidental de governantes poderosos afirmando que Deus lhes apoia a causa", ela observa. "É bastante sugestivo que, no novo império ocidental, nenhum presidente americano tenha sido eleito sem sinalizar de modo explícito sua fé cristã."[1]

É provável que se possa excluir os três primeiros séculos do cristianismo da avaliação pessimista de Whittaker. Mas, até certo ponto, ela tem razão. Não muito tempo depois de Constantino, as esperanças de uma era de "liberdade religiosa" foram desfeitas. "A política de Constantino de fazer vista grossa com respeito ao paganismo", escreve Peter Brown, da Universidade de Princeton, "foi categoricamente contradita pela revolução social que ele mesmo havia fomentado".[2] É apenas mais um dos muitos paradoxos e ironias na história desse período que precisamos encarar. O Constantino do começo do século 4 tornou o Ambrósio do final desse mesmo século uma possibilidade, até mesmo uma inevitabilidade. E, como eu disse, Ambrósio representou um novo "cristianismo viril" que dispunha de toda a confiança política de um senador romano e todo o senso de missão justa intrínseco ao cristianismo desde o seu nascimento. Era uma fusão poderosa, com consequências histórias definitivas.

REVOLTAS EM NOME DE JESUS

No final do século 4, os cristãos estavam cada vez mais dispostos a exercer mais que a "violência gentil" da política pastoral.[3] Já mencionei o incêndio da sinagoga em Calínico (Raqqa, Síria) em 388. Motins e ataques incendiários semelhantes são noticiados por inúmeras fontes desse período.

A grande cidade egípcia de Alexandria já era bastante conhecida na Antiguidade como um lugar de revoltas. Uma fonte contemporânea a descreve sem rodeios como "uma cidade que, no seu próprio impulso e sem justificativa, é muitas vezes atiçada à rebelião e aos motins".[4] Os cristãos que residiam ali somavam uma grande quantidade no século 4. O Alto Egito,

Cristianismo iconoclasta

um distrito próximo, era um dos centros do movimento monástico, onde comunidades de monges — do sexo masculino e feminino, que viviam em separado — praticavam a propriedade comum, o trabalho manual, a autossuficiência, o estudo, as orações diárias e grandes programas de caridade entre os pobres da região.[5]

Infelizmente, os monges também podiam formar uma turba furiosa bastante eficaz. As tensões entre cristãos, judeus e pagãos em Alexandria cresceram de forma incessante ao longo do século 4 (lembre-se do massacre de cristãos no primeiro ano do reinado de Juliano, em 361 d.C.). Agora, perto do fim do século, "havia cerca de 2 mil monges a uma distância boa o suficiente para atacar os grandes templos de Alexandria", escreve Peter Brown.[6] E no ano de 391, os monges *atacaram*!

O bispo alexandrino, Teófilo, havia solicitado ao imperador Teodósio permissão para transformar um templo pagão abandonado em uma igreja. (Com a expansão do cristianismo, existiam muitos desses templos em desuso.) A permissão foi concedida. A obra de restauração do edifício descobriu algumas salas subterrâneas e itens de adoração pagã. A população não cristã local considerou isso uma profanação de sua antiga religião, e teve início uma rebelião. Clavas e espadas foram usadas contra os cristãos. "Nosso lado superava o outro em número e força", informa a principal fonte cristã sobre esses eventos, "mas era menos selvagem devido ao caráter manso de nossa religião". (Como eu queria acreditar nisso!) "Como resultado, muitos dos nossos foram feridos nos conflitos recorrentes, e alguns foram até mortos."[7] Multidões de não cristãos encheram o grande templo de Serápis, uma das maravilhas arquitetônicas do mundo antigo, e tomaram cristãos como reféns. A turba formou uma barricada e se fechou no templo, e um impasse longo e tenso começou.

É curioso que nossa fonte, escrita pelo cristão Rufino de Aquileia, pausa nesse ponto para apresentar uma descrição detalhada da exuberância do templo e da estátua de Serápis. Ele provavelmente desprezava os rituais que ocorriam ali, mas admirava o estilo. Assim, conta como um dos soldados, um cristão, começou a atacar a grande estátua. O caos se instaurou. Os monges e a multidão de cristãos (na verdade, eram todos a mesma coisa) começaram a atacar a estrutura. De alguma maneira, eles conseguiram destruir o templo por completo, que abrigava alguns tesouros e uma biblioteca. Foi um evento internacional: "A destruição do templo mais esplêndido da Antiguidade chocou todo o império", relata Philip Amidon, o tradutor moderno das obras de Rufino.[8]

OPRESSORES E SANTOS

A morte de George Floyd, mencionada alguns momentos atrás, deflagrou uma renovação do movimento *Black lives matter* [Vidas negras importam] e uma onda de derrubamento de estátuas por todos os Estados Unidos (e, em um grau menor, na Inglaterra e na Austrália), uma "revolta simbólica contra as histórias de escravidão e colonialismo", traz o *New York Times*.[9] As estátuas dos confederados ruíram, é claro. Mas o mesmo ocorreu aos monumentos a George Washington e Thomas Jefferson. Em Londres, uma estátua de Winston Churchill foi atacada por manifestantes que queriam derrubá-la. Em Sydney, a polícia teve que montar guarda em um memorial ao capitão James Cook, o navegante inglês que "descobriu" a costa oriental da Austrália em 1770, que foi ameaçado. De volta aos EUA, vários edifícios governamentais, incluindo tribunais, também foram alvo dos revoltosos. Os eventos foram um lembrete muito útil — para mim, pelo menos — do modo como movimentos de massa podem desenvolver uma "mente moralista" que se expressa por meio da violência contra monumentos de um passado obscuro. Não pretendo colocar em pé de igualdade a revolta política de 2020 e a iconoclastia cristã do século 4. Mas entender a história envolve tentar ver as coisas da perspectiva das pessoas que você estuda. Vale a pena notar que os rebeldes cristãos em Alexandria e outros lugares acreditavam estar purificando os espaços públicos de um passado cultural sombrio.

O imperador Teodósio — de volta ao meu argumento específico — aparentemente aprovou a destruição do monumento de Serápis; é possível que ele tenha até encorajado isso. Ele era um cristão fervoroso, ansioso por mostrar sua preferência pelo cristianismo. Mas ele também anistiou todos os cidadãos que mataram cristãos durante o cerco e os motins. Nossa fonte nos informa de que ele o fez na esperança de que os pagãos "fossem induzidos a abraçar o cristianismo com mais rapidez".[10] Acho difícil imaginar que tais eventos — em especial a destruição do santuário de Serápis — induziriam qualquer um a pensar na fé cristã de modo mais favorável, mas, ao que parece, isso aconteceu de verdade![11] Seja como for, a iconoclastia continuou. No Egito e em outros lugares, os monges se lançaram em uma campanha de destruição de santuários pagãos. Os adoradores em si saíram ilesos — pelo menos em teoria —, mas o "reinado de Cristo" implicava a erradicação desses monumentos a Satanás.

Enquanto isso, continuamos com um paradoxo familiar, os monges prosseguiam nas suas atividades de caridade em larga escala. Eles construíam hospitais e centros de distribuição de alimentos e enterravam os mortos de maneira misericordiosa. De fato, apenas alguns anos depois, durante uma

Cristianismo iconoclasta

invasão bárbara, os mesmos monges rebeldes foram vistos providenciando serviços ambulatoriais aos cidadãos locais e tratando e curando os feridos.[12]

HIPÁTIA, UMA MÁRTIR SECULAR?

Uns 25 anos depois, Alexandria se tornaria o local de um dos exemplos mais infames de fanatismo e violência cristã que eu já estudei. No começo do século 5, a indicação de mestre de matemática e filosofia mais famosa de Alexandria pertencia a uma mulher chamada Hipátia. Ela era a filha talentosa de outro acadêmico local, chamado Téon. Em 415 d.C., ela foi assassinada por cristãos.

Costuma-se narrar a história de Hipátia como um conto sobre uma mulher brilhante e influente que, por ensinar filosofia secular (o neoplatonismo, mais precisamente), era odiada pela igreja. Uma turba cristã a confrontou sob a ordem do seu bispo, Cirilo, a despiu e a brutalizou até a morte, queimando, em seguida, seus restos mortais na costa egípcia. A igreja estava enviando uma mensagem: nós não vamos tolerar mulheres ou educação. O incidente marcou o início de séculos de misoginia e anti-intelectualismo cristãos. É assim, pelo menos, que a história tem sido contada desde o Iluminismo do século 18, até mesmo no filme *Ágora*, de 2009, estrelando a atriz ganhadora do Oscar Rachel Weisz no papel de Hipátia. Um relato similar pode ser encontrado no livro de 2017, *A darkening age* [Uma era de escuridão], escrito pela ex-professora de Clássicos do Ensino Médio e jornalista Catherine Nixey.[13]

A obra com mais autoridade sobre o tópico hoje é *Hypatia: the life and legend of an ancient philosopher* [Hipátia: a vida e a lenda de uma filósofa antiga], escrita por Edward J. Watts, professor de História na Universidade da Califórnia. Como muitos historiadores profissionais, Watts lamenta a forma como a vida de uma filósofa antiga, detentora de um brilhantismo sem par, foi reduzida a uma história sinistra sobre a sua morte e ao que ela supostamente nos conta sobre a religião. Hipátia foi morta por um bando de cristãos. Até aqui, é verdade. Mas Edward Watts é categórico ao dizer que o terrível destino de Hipátia não teve nada a ver com o fato de ela ser *mulher* ou *instruída*. Teve pouca ligação até mesmo com o tema da religião.

Como a principal intelectual da cidade, Hipátia foi chamada pelo governador romano Orestes para ajudar a acalmar os ânimos entre o governo local e o recém-nomeado bispo de Alexandria, de nome Cirilo. O governador Orestes e o bispo Cirilo não se davam, em parte porque se acusava Orestes de haver apoiado o rival de Cirilo para o posto de bispo, um homem

OPRESSORES E SANTOS

chamado Timóteo. A grande comunidade judaica de Alexandria também fez oposição a Cirilo e apoiou Timóteo. Cirilo parece ter pegado no contrapé muitas pessoas que escolheram o lado errado. Ele era um líder autoritário. A tradição posterior da igreja o declarou um "santo", mas não acho que eu teria gostado de me encontrar com ele.

As tensões estouraram no ano de 414, de todos os lugares possíveis, em uma apresentação de dança no teatro de Alexandria. A comunidade judaica, que se encontrava na apresentação, percebeu que um dos principais apoiadores de Cirilo estava presente na audiência, um professor cristão local chamado Hierax. Os judeus fizeram uma comoção em oposição a Hierax, pois presumiram que ele estava lá para causar confusão. O governador se aliou à comunidade judaica e ordenou que Hierax fosse torturado bem ali no teatro. Tudo isso enfureceu o bispo Cirilo, cujo ressentimento contra o governador Orestes e a comunidade judaica se aprofundou ainda mais.

Este é o contexto no qual o governador Orestes procurou o sábio conselho da filósofa e estrela local, Hipátia. A expectativa era que sua sabedoria e renome público fossem capazes de arrefecer os ânimos entre Cirilo e o governo, e entre judeus e cristãos. "Hipátia parecia o último árbitro neutro", diz Watts.[14] Infelizmente, Cirilo interpretou o papel dela como apoio a Orestes *contra* ele. Em resposta, um dos apoiadores de Cirilo, Amônio, certo dia se exaltou e jogou uma pedra no governador, acertando-o na cabeça. Por sorte, uma multidão de pessoas, incluindo cristãos, conduziu rapidamente o governador até um local seguro. Mas o governador ordenou que Amônio fosse preso e torturado. Ele morreu por conta dos ferimentos. Cirilo de maneira rápida (e implausível) declarou o monge Amônio um mártir pela fé. Entretanto, era óbvio para a maioria, incluindo a fonte cristã que registrou tudo isso, que Amônio não passava de um valentão irritável.[15]

O governador Orestes e muitos outros cristãos proeminentes de Alexandria decidiram parar de frequentar todos os cultos presididos pelo bispo Cirilo. Este é outro detalhe pelo qual geralmente se passa batido. O próprio Orestes era um cristão batizado. Ele estava tentando manter a cidade unida antes que ela incorresse em um caos (ainda maior).

Mas as esperanças pelo governador Orestes de que Hipátia pudesse ajudá-lo a estabelecer a paz logo foram apagadas. Espalhou-se um rumor entre os entusiastas mais apaixonados do bispo Cirilo de que Hipátia havia "enfeitiçado" o governador. *Esse* era o motivo pelo qual Orestes e outras elites locais pararam de frequentar a igreja. Tudo fazia tanto sentido! Em março de 415, um grupo de defensores de Cirilo, liderado por um homem

148

Cristianismo iconoclasta

chamado Pedro, confrontou Hipátia. É improvável que as pessoas tenham saído com a intenção de matá-la, conforme Watts explica.[16] Mas o embate saiu do controle. Nas palavras da nossa melhor fonte primária: "Arrastando Hipátia de sua carruagem, eles a levaram até a igreja chamada *Caesareum*, onde a despiram completamente e, em seguida, a mataram com ladrilhos. Depois de esquartejar seu corpo, eles levaram seus membros mutilados para um lugar chamado Cinaron, e ali os queimaram".[17]

O assassinato brutal da renomada Hipátia enfureceu o povo espalhado por todo o império. Tendo lido as fontes primárias e secundárias acerca do incidente, eu também me sinto perplexo e envergonhado pelo fato de cristãos professos terem sido capazes de fazer isso.

O incidente com Hipátia nos recorda de que a fé cristã não evita que as pessoas se envolvam em atos de violência vergonhosos. Embora o próprio Cirilo provavelmente não tenha ordenado um ataque a Hipátia, "ele foi o responsável, em última instância, por criar o clima que levou a isso", conclui Edward Watts.[18] No afã de consolidar sua influência na cidade, o bispo fomentou uma atmosfera de intolerância e desconfiança.

O QUE A MORTE DE HIPÁTIA NOS DIZ (E O QUE ELA NÃO DIZ)

A vida e a morte de Hipátia nos dizem alguma coisa maior a respeito do desdém da igreja pelas mulheres e pelo conhecimento secular? A resposta é não. Primeiro, como acabei de falar, o próprio governador era cristão e um profundo admirador de Hipátia. Na verdade, muitos cristãos de destaque na cidade apoiavam Orestes e Hipátia contra seu próprio bispo.

Segundo, os cristãos em todo o império se sentiram tão irados com a morte de Hipátia quanto a população geral, talvez ainda mais. De fato, a razão pela qual hoje contamos com detalhes precisos do evento é que os *cristãos* se juntaram à condenação generalizada de Cirilo e seus apoiadores. Um intelectual cristão importante da época, Sócrates Escolástico (380-450 d.C.), escreveu um relato sóbrio dos eventos, no qual elogia a intelectualidade de Hipátia e condena seus assassinos e o bispo. Ela "alcançou tamanhas conquistas na literatura e na ciência a ponto de ultrapassar todos os filósofos do seu tempo", afirma Sócrates. "Todos os homens a admiravam por conta da sua extraordinária dignidade e virtude." Em seguida, ele conta a triste história:

> Noticiou-se de forma caluniosa entre a população cristã que ela preveniu [o governador] Orestes de se reconciliar com o bispo [Cirilo]. Alguns deles,

OPRESSORES E SANTOS

então, saíram apressados, movidos por um zelo selvagem e intolerante, e, liderados por um leitor público de nome Pedro, a emboscaram no caminho para casa, e, arrastando-a de sua carruagem [...] [ele descreve o assassinato citado antes]. Esse caso não trouxe o mínimo opróbrio, não só sobre muitos, mas sobre toda a igreja alexandrina. E, sem dúvida, nada pode estar tão longe do espírito do cristianismo quanto a permissão de massacres, lutas e feitos dessa espécie.[19]

Qualquer afirmação de que a morte de Hipátia se relacionou com a oposição cristã às mulheres ou ao aprendizado pagão deve explicar por que a nossa melhor e mais antiga evidência para o evento é uma fonte cristã, que enaltece Hipátia como intelectualmente superior a todos os outros filósofos (homens).[20]

Tão relevante quanto isso é o fato de que muitos dos alunos de Hipátia eram cristãos. Com respeito a isso, sabemos do aristocrata líbio Sinésio e seus irmãos Eutrópio e Alexandre. Há também o filósofo Atanásio e um amigo de Sinésio chamado Olímpio.[21] Sinésio, aliás, tornou-se bispo de Ptolemaida, pouco mais de 800 quilômetros ao sul ao longo do Nilo. Dispomos de sete cartas elogiosas de Sinésio a Hipátia, nas quais ele se dirige a ela como sua "mãe, irmã, mestra e benfeitora".[22] Ele morreu em 415, no ano anterior ao assassinato de Hipátia. Seu irmão Eutrópio, também um ex-aluno de Hipátia, o sucedeu como bispo.

A morte de Hipátia foi uma tragédia obscena, mas não impediu o progresso intelectual de Alexandria, pelo menos não até a era islâmica (o Egito foi tomado pelos muçulmanos em 642 d.C.). De fato, como Watts observa: "Os platônicos alexandrinos dos séculos 5 e 6 foram alguns dos mestres mais prolíficos e influentes que a Antiguidade já viu".[23] E alguns deles eram cristãos, como o lendário matemático, gramático e filósofo João Filopono (490-570 d.C.), cujos livros em grego foram preservados por acadêmicos cristãos árabes, passados adiante para a civilização islâmica e, então, trazidos de volta ao Ocidente pelos muçulmanos na Idade Média. Os escritos de Filopono chegariam mais tarde a influenciar cientistas pioneiros como Galileu (mais sobre isso no capítulo 18).

O FECHAMENTO DE TEMPLOS PAGÃOS: UMA BREVÍSSIMA HISTÓRIA

Estamos agora em um período em que a tolerância cristã dos costumes antigos estava se exaurindo, algumas vezes no nível extraoficial dos

Cristianismo iconoclasta

motins, mas outras vezes no nível oficial. Pode-se perceber com clareza uma evolução — ou involução — na política imperial ao longo do século 4 e adentrando o século 5. Depois da breve campanha de isolamento do cristianismo, perpetrada pelo imperador Juliano de 361 a 363 d.C., novas leis de sucessivos imperadores cristãos começaram a montar um cerco em torno dos rituais pagãos.[24] O imperador Graciano (359-383 d.C.) se recusou a aceitar o título, consolidado havia muito tempo, de *pontifex maximus*, ou alto sacerdote. Com isso, ele efetivamente retirou o patrocínio estatal aos templos pagãos.[25]

O verdadeiro ponto de inflexão veio com Teodósio na década de 390. Antes, ele havia permitido as orações, o incenso e vários outros rituais de veneração aos deuses nos templos,[26] mas em um período posterior no seu reinado — talvez sob a influência de Ambrósio —, declarou ilegais todos os sacrifícios, e os templos foram fechados. Ele decretou: "A nenhuma pessoa será concedido o direito de realizar sacrifícios; nenhuma pessoa deve frequentar templos; nenhuma pessoa deve venerar os santuários". De acordo com essa lei, de 16 de junho de 391, todo oficial do império que fosse pego em alguma dessas atividades seria multado em quase "7 quilos de ouro".[27]

As leis que, por fim, baniram o culto pagão do Império Romano nem sempre foram seguidas à risca, e várias operações administrativas para amarrar as pontas soltas seriam realizadas nos regimes posteriores. Contudo, "ao lado da conversão do próprio Constantino", escreve John Curran, da Queen's University, em Belfast, a proibição do culto pagão em 391 d.C. "foi o marco legal mais significativo da história de Roma no século 4".[28] Após 54 anos da morte de Constantino, o Grande, e 360 anos depois de Jesus Cristo, as antigas religiões greco-romanas tornaram-se oficialmente ilegais.

Você pode anotar o ano de 400 d.C., ou suas proximidades, na linha do tempo mental da história ocidental como o momento em que o cristianismo conseguiu empurrar a religião greco-romana para as margens, e logo para a obscuridade. A transformação foi lenta, mas acabou sendo total. Uma indicação clara disso é que hoje, em todos os pontos do Ocidente, assumimos o "monoteísmo" do cristianismo, não o "politeísmo" dos gregos e romanos. Até os mais célebres ateus de hoje publicam livros contra *Deus*,

OPRESSORES E SANTOS

não contra os *deuses*. Essa perspectiva ganhou ainda mais corpo, da Síria à Britânia, a partir do século 5.

Com os cristãos se tornando lentamente a maioria no império, e os oficiais imperiais buscando nos bispos a direção para os assuntos do Estado, alguns desdobramentos importantíssimos ocorreram de forma acelerada, um atrás do outro. Um dos mais importantes foi a defesa teológica da violência estatal. Esse é o fascinante e desconcertante assunto do nosso próximo capítulo.

| CAPÍTULO 12 |

"Guerra justa":

uma teoria da guerra cristã
no início do século 5

*O governante sábio sofrerá ao se deparar com a
necessidade de travar guerras justas.*
— Bispo Agostinho de Hipona

No começo da primeira temporada da clássica série *West Wing — Nos bastidores do poder*, o presidente Bartlet se irrita ao pensar na resposta correta a ser dada a um ataque sírio a um avião militar dos Estados Unidos que carregava sua querida médica pessoal e outros 57 agentes de saúde americanos. Uma discussão acalorada irrompe entre o presidente, um católico devoto que luta contra seus sentimentos de vingança, e seu chefe de gabinete, Leo McGarry, mais experiente:

Bartlet: Não estamos fazendo nada.
Leo: Nós não estamos parados. Quatro alvos militares de alta prioridade [...]
Bartlet: E isso é bom?
Leo: É claro que não é bom; não existe nada bom. É apenas o que há. É como você deve se comportar, caso seja a nação mais poderosa do mundo. É proporcional, razoável, responsável e misericordioso. É diferente de nada. É o que nossos pais nos ensinaram.

O título do episódio é "Uma resposta proporcional", um princípio fundamental da antiga teoria da "guerra justa". E embora eu não tenha certeza quanto aos "pais" referidos por Leo no episódio, no mundo real, foi um pai da igreja em particular que formulou a teoria original.

No capítulo anterior, mencionei as atividades rebeldes de monges (e outros cristãos) em Alexandria mais para o fim do século 4 e início do 5. A maior parte desses eventos pode ser descrita — *conquanto, não desculpada* — como histeria coletiva em um período de grandes mudanças sociais e religiosas. Tais erupções não eram frequentes nem faziam parte de uma política eclesiástica mais ampla. Nessa época, a violência nunca dava as caras na retórica cristã. Isso estava prestes a mudar.

No século 5, os líderes da igreja começaram a idealizar uma explicação distintivamente cristã para a violência estatal. Um dos desdobramentos intelectuais de maior repercussão política no primeiro milênio do cristianismo veio de uma das mentes mais capazes do período. Agostinho começou a teorizar sobre a "guerra justa".[1]

Tendo em vista que mais e mais cristãos começavam a ocupar posições administrativas no império, e cada vez mais bispos ganhavam acesso ao "ouvido" imperial (nos moldes de Ambrósio de Milão), talvez fosse inevitável que os intelectuais cristãos passassem a ser convidados a oferecer direção aos governantes quanto a como um regime cristão deveria conduzir suas guerras. Isso envolvia um pensamento mais elaborado. Como a religião do "ame seu inimigo", a religião da *cruz*, seria capaz de dar conselhos à máquina militar mais bem-sucedida que o mundo havia visto até então?

OS CRISTÃOS E A GUERRA NOS PRIMEIROS QUATROCENTOS ANOS

Talvez a guerra fosse a característica mais venerada da cultura romana. Ao longo de todo o período que temos explorado, os imperadores promoveram guerras quase continuamente em múltiplos frontes, como na Pérsia, a leste, nos Bálticos, ao norte, e na Alemanha, a oeste. A conquista tornou-se parte vital da consciência romana pelo menos a partir das Guerras Púnicas, no Norte da África no século 3 a.C.

Para os cristãos, porém, pensar acerca da guerra era algo novo e estranho. O Antigo Testamento contém histórias de guerras santas, mas os próprios judeus nesse período acreditavam, havia muito tempo, que a conquista de Josué foi única, designada para assegurar a terra de Israel quando de sua fundação. Não era um modelo para conquistas maiores, exceto na medida em que provia a justificativa racional para defender as fronteiras de Israel.[2] Na teologia cristã dos séculos 2 ao 4, essas guerras do Antigo

"Guerra justa"

Testamento eram, de modo geral, interpretadas de forma alegórica. Elas eram tidas como batalhas históricas genuínas, mas seu significado para os cristãos era inteiramente simbólico, tendo relação com a vitória de Cristo sobre o pecado e a morte ou com a batalha do crente contra a própria alma desgovernada.[3]

Para piorar — ou melhorar, dependendo do seu ponto de vista —, o Novo Testamento não dá qualquer instrução acerca de como conduzir as guerras. O apóstolo Paulo usou a metáfora da "armadura de Deus", na qual a "justiça" é uma "couraça", a "fé" é um "escudo" e a "Palavra de Deus" é uma "espada" (Efésios 6:10-17). Mas era impossível interpretar tais imagens nesses séculos em qualquer sentido concreto. Paulo ensinou, em outro lugar, que o Estado pagão detinha o direito de "portar a espada" para punir os malfeitores (Romanos 13:3-5). Mas ele ordenara aos cristãos em si na passagem imediatamente anterior: "Abençoem aqueles que os perseguem. [...] Não retribuam a ninguém mal por mal. [...] nunca procurem vingar-se, mas deixem com Deus a ira" (Romanos 12:14-19). Acima de tudo, a morte de Cristo na cruz nas mãos dos romanos sacramentou a crítica definitiva da violência e forneceu o modelo para a perseverança paciente em face do sofrimento.

Nos poucos séculos seguintes, do ano 100 ao 400, os pensadores cristãos se opuseram à tortura, à pena capital e, em sua maior parte, até ao exercício militar. Podemos encontrar referências literárias ocasionais, provenientes do ano 200 mais ou menos, a cristãos individuais que serviam como soldados romanos.[4] Encontramos, da mesma época, uma inscrição mosaica no chão de uma igreja em Megido, Israel — a mais antiga já encontrada — que menciona um "centurião" romano chamado "Gaiano". Presumivelmente, ele era um benfeitor cristão.[5]

Também um manual eclesiástico detalhado datado desse período (200 d.C.), conhecido como *The apostolic tradition of Hippolytus* [A tradição apostólica de Hipólito], lista as profissões que desqualificavam as pessoas para receber instrução formal na fé — a qual, aliás, envolvia uma aula semanal durante três anos! A lista incluía gladiadores, caçadores de arena (que matavam as feras por prazer), oficiais e treinadores para espetáculos de gladiadores, comandantes militares que eram obrigados a executar pessoas, e magistrados que também assinavam punições capitais. O manual parece permitir que soldados regulares recebessem o ensino (no mínimo, eles não eram explicitamente excluídos), mas se um cristão instruído e batizado de modo cabal "desejar tornar-se soldado, que ele seja lançado fora, pois rejeitou a Deus".[6]

Mesmo um século depois, por volta do ano 300, Lactâncio escreveu sem papas na língua: "Um homem justo não pode ser um soldado e não pode colocar outra pessoa sob acusação capital".[7] E, por último, a regra número 12 do Concílio de Niceia, formulado na presença do próprio Constantino, declara que os cristãos que voltavam a se tornar soldados eram como "cães que voltavam ao próprio vômito", e se tal soldado mudar de ideia (novamente) e voltar para o rebanho, ele deve frequentar mais três anos de aulas sobre a fé.[8] Parece que nada nos documentos e séculos fundamentais do cristianismo preparou a igreja para o casamento entre a teologia cristã e a violência estatal.

Entra em cena o talentoso retórico convertido a bispo cristão, Aurélio Agostinho, conhecido hoje como Agostinho (354-430 d.C.). Seu pensamento acerca da relação entre Igreja e Estado fornece a oportunidade que os regimes cristãos estavam procurando para encontrar uma forma de conduzir as guerras de maneira aceitável ao Senhor crucificado e ressurreto.

AGOSTINHO DE HIPONA

Nascido em 354 d.C., Agostinho cresceu na província romana da África do Norte (atual Argélia). Seu pai era pagão e sua mãe uma cristã devota. Ele abandonou qualquer interesse no cristianismo aos dezessete anos de idade, arrumou uma amante com a qual teve um filho e depositou sua confiança na maestria da língua e literatura latinas pela qual ele ficou famoso. Ele foi atrás de renome e riquezas como professor de retórica, ocupando posições de ensino nas cidades cosmopolitanas de Cartago, Roma e Milão (375-385 d.C.).

Durante esse período, Agostinho leu filósofos clássicos como Cícero e Plotino, que acenderam nele o desejo de conhecer a verdade acerca do lugar da humanidade no cosmo. Depois de um longo flerte com uma filosofia ascética conhecida como maniqueísmo, ele começou a ser influenciado pelos cristãos de Milão. Não demorou muito para ele chegar à conclusão de que o maniqueísmo era uma filosofia obsoleta e dogmática, e o cristianismo era intelectualmente vibrante e expansivo — quase o oposto da impressão moderna.

Um filósofo cristão mais velho chamado Simpliciano (320-400 d.C.) foi particularmente influente na vida de Agostinho. Ele foi tutor do bispo Ambrósio. E também era amigo do respeitado filósofo pagão Vitorino, que chocara Roma na década de 350, no auge da sua carreira, com o anúncio

"Guerra justa"

do seu desejo de se tornar cristão. Agostinho, que ainda não havia se convertido, ficou intrigado ao descobrir por meio de Simpliciano que o grande Vitorino, "habilidoso nas ciências liberais, que havia lido e ponderado muitíssimas obras de filósofos e fora o mentor de numerosos nobres senadores [...] [que] como reconhecimento do seu excelente desempenho do seu ofício, merecera e recebera uma estátua no Fórum de Roma", poderia acabar se tornando cristão![9] Obcecado pela retórica e pela literatura, Agostinho sempre achara a Bíblia vulgar e simplória. Agora, ele estava cogitando de fato a possibilidade de a verdade ser encontrada em algum lugar além do território sagrado da alta poesia e prosa latinas.

Por volta dessa mesma época, Agostinho passou a ter contato com a pregação do bispo Ambrósio de Milão. Em um primeiro momento, Agostinho só ficou impressionado com o poder retórico e a personalidade de Ambrósio. Mais tarde, ele passou a sentir que as "simples" Escrituras continham o que toda a humanidade buscava. Em um jardim de uma casa de campo no meio do verão de 386, ele escutou o que parecia uma criança cantando repetidamente: "*Tolle, lege*" ("Pegue, leia"). Pensando ser aquilo um sinal, ele pegou uma cópia das cartas do apóstolo Paulo constantes do Novo Testamento que estava ali por perto. Ele a abriu de forma aleatória e leu as palavras: "Revistam-se do Senhor Jesus Cristo, e não fiquem premeditando como satisfazer os desejos da carne" (Romanos 13:14).[10] Essas palavras podem não significar muita coisa para os ouvidos modernos, mas para Agostinho: "Imediatamente, ao final dessa frase, como se eu tivesse sido exposto a uma luz serena que invadia meu coração, todas as negras sombras da dúvida desapareceram".[11]

Agostinho sentiu ter encontrado a resposta para uma questão filosófica importante em sua era: como um ser humano racional pode *superar* suas paixões animais, vivendo em plena sintonia com a alma racional do universo? A resposta que Agostinho encontrou nos Evangelhos e nas cartas de Paulo, e a qual ele passaria os próximos 45 anos expondo, estava contida naquela frase do livro de Romanos: Jesus Cristo, a perfeita encarnação da divindade, ofereceu a si mesmo em nosso favor, ressurgiu novamente e derramou seu Espírito na vida do cristão, de modo que, ao "revestir-se do Senhor Jesus Cristo", ele pudesse vencer os instintos carnais e desejar com acerto o que é verdadeiro e bom. Naquela que muitos consideram ser a primeira autobiografia psicológica da história, Agostinho sumariza o lugar da humanidade no universo nas palavras de abertura das suas *Confissões*: "O ser humano, mera partícula de tua criação, quer te louvar. Tu nos despertaste

OPRESSORES E SANTOS

para o prazer de te louvar, pois nos criaste para ti, e o nosso coração não tem sossego enquanto não repousar em ti".[12]

Agostinho foi batizado por Ambrósio de Milão em 387 d.C. Foi nomeado presbítero em 391 e bispo em 395 na importante cidade portuária comercial de Hipona Régia (moderna Annaba, Argélia). Passou o resto da sua vida relativamente longa (ele morreu aos 76 anos) pensando, ensinando e escrevendo. A vida e o pensamento de Agostinho permanecem objeto de disciplinas inteiras nas principais universidades e seminários do mundo até hoje.

LIBERTANDO ESCRAVOS NO NORTE DA ÁFRICA

Antes de explorar a influente teoria da guerra justa de Agostinho, preciso deixar claro que ele também era um bispo muito pastoral. Quase trezentas de suas cartas chegaram a nós hoje, publicadas em seis volumes.[13] Elas revelam um homem envolvido de forma profunda com a vida dos outros, preocupado com seu bem-estar espiritual e material. Ele também dirigiu serviços de caridade importantes, utilizando fazendas da igreja para produzir alimentos para os pobres e fundos eclesiásticos para libertar escravos. Como expliquei no capítulo 10, os cristãos buscaram regular a escravidão a partir de dentro. Infelizmente, não conhecemos ninguém além de Gregório de Nissa (335-395 d.C.) que tenha elaborado uma crítica à escravidão em larga escala. Mas os cristãos de fato sentiam que era seu dever ajudar os escravos sempre que podiam, em especial quando havia recursos suficientes para comprar a liberdade de alguém. Muitos dos primeiros cristãos, é claro, eram eles mesmos escravos ou ex-escravos, incluindo um dos bispos de Roma, Calisto, no começo do século 3.[14]

Agostinho precisou enfrentar um problema específico em Hipona. Os comerciantes de escravos, da Galácia até a Ásia Menor (Turquia), estavam usando sua cidade como um porto conveniente para transportar escravos do Norte da África para vários destinos espalhados pelo império e além deste. Agostinho estivera usando o dinheiro da igreja normalmente durante anos até então. Mas na década de 420, as coisas começaram a sair do controle, e as igrejas de Agostinho se viram pressionadas até o limite.

Em uma carta para o seu amigo Alípio, o bispo de uma cidade vizinha, Tagaste (atual Souk Ahras, na Argélia), Agostinho conta que muitos homens, mulheres e crianças estavam sendo sequestrados e vendidos no porto de Hipona.[15] Pais venderam seus filhos aos escravizadores, ele diz. Uma mulher de Hipona montara um negócio lucrativo com o tráfico atraindo mulheres

"Guerra justa"

do país de colinas arborizadas de Giddaba (moderna Chettabah), ao sul de Hipona, sob o pretexto de comprar madeira delas, só para, em seguida, aprisioná-las, espancá-las e vendê-las. Um monge do monastério de Hipona foi raptado e vendido como escravo. Outro homem, um dos senhorios da igreja que era fazendeiro e cultivava produtos destinados aos pobres, vendeu a própria esposa como escrava, "movido unicamente por essa pestilência febril (da avareza)", Agostinho comenta. Para piorar as coisas, bandos de intimidadores estavam agora rondando as regiões rurais do Norte da África, raptando pessoas e as vendendo para os comerciantes. "Eles parecem estar tirando da África muito da sua população humana", Agostinho lamenta, "e transferindo suas 'mercadorias' para as províncias de além-mar".[16]

A parte mais extraordinária dessa carta conta como os paroquianos de Agostinho decidiram resolver o problema com as próprias mãos. Um grande navio estava no porto, prestes a zarpar com seu carregamento humano. Um membro da igreja, "um cristão fiel", Agostinho elogia, "sabendo dos nossos costumes de empreender missões de misericórdia desse tipo, levou isso ao conhecimento da igreja". De imediato, os membros da igreja sitiaram tanto o navio quanto as celas de prisão próximas. "Cerca de 120 escravos foram libertados pelos nossos", ele reporta. Já em segurança, os escravos contaram suas histórias para a igreja, e "dificilmente alguém conseguia deixar de derramar lágrimas ao ouvir todas as diversas maneiras pelas quais eles foram trazidos para os gálatas na base do engano ou do sequestro". Alguns conseguiram retornar para suas famílias. Outros foram hospedados e alimentados pela igreja. Outros ainda tiveram de ser abrigados nas casas dos cristãos locais de Hipona, "pois a igreja não conseguia alimentar todos os que havia libertado". Enquanto escrevia, Agostinho temia porque as coisas na cidade estavam ficando tensas. Os comerciantes de escravos contavam com amigos em posições de influência e começavam a organizar para conseguir toda sua "mercadoria" de volta. A operação de resgate não era exatamente legal, e Agostinho estava preocupado pelo fato de as coisas poderem acabar prejudicando os cristãos locais. Parte da motivação de Agostinho em escrever para Alípio era pedir a ele que fizesse o que estivesse ao seu alcance, durante sua estadia na Itália, para conseguir a ajuda de pessoas influentes. Ele encerra a carta com um alerta. Se essas coisas podem acontecer em Hipona, "onde, pela misericórdia de Deus, a ampla vigilância da igreja está atenta para que as pessoas pobres possam se ver libertas dessa sorte de cativeiro", imagine, diz ele, "quanto tráfico similar de almas desafortunadas deve ocorrer em outras áreas costeiras!".[17]

OPRESSORES E SANTOS

Agostinho não era abolicionista. Na sua cabeça, o sistema era um aspecto permanente infeliz de um mundo caído. Tudo o que podia ser feito quanto a isso era implorar para que os mestres tratassem bem seus escravos, usar os recursos das igrejas para comprar a liberdade das pessoas e, de vez em quando, invadir alguns navios de escravos.

Vale a pena manter em mente esse breve vislumbre do pensamento pastoral de Agostinho conforme nos debruçamos, agora, para explorar suas influentes ideias acerca da "guerra justa".

A CIDADE DE DEUS

Para os meus propósitos, apenas um dos muitos livros de Agostinho requer nossa atenção. *A cidade de Deus* foi escrita na esteira da pior catástrofe da história romana. Em 24 de agosto de 410, os assim chamados visigodos (tribos germânicas), liderados por Alarico, conseguiram de alguma forma romper as defesas italianas e fazer o inimaginável: saquear Roma. Depois de um longo cerco que cortou os suprimentos alimentícios da cidade, os bárbaros irromperam pelas grandes muralhas e penetraram, rua a rua, ataque a ataque, no grande Fórum em si, pilhando edificações e violando monumentos no caminho. Um sobrevivente do ataque escreveu para um amigo contando sobre o "som estridente das trombetas de guerra e dos brados dos godos". O medo alastrou-se pela cidade, e "tudo foi lançado em confusão e desordem", ele diz. "Em toda casa ouvia-se lamentação, e o terror espalhou-se por todo o lugar da mesma maneira. Escravos e nobres ficaram em pé de igualdade: todos viram a mesma imagem da morte."[18]

Depois de muitos dias de pilhagem, e tendo garantido que a mensagem fora enviada, os visigodos avançaram em direção ao sul da Itália, recuando para fora do país somente após a morte de Alarico devido a uma doença, meses depois da conquista de Roma. Esses bárbaros eram melhores em conquistar do que em manter um governo estável.

Ainda assim, muitos começaram a se perguntar como foi possível a cidade cair. É difícil para nós, tantos anos depois, enxergar com precisão como essa catástrofe cultural foi desnorteadora. É verdade que o império contava com uma segunda capital (Constantinopla) e que a parte oriental do Império Romano (o Império Bizantino) perduraria por mais mil anos, caindo sob o poder dos otomanos apenas em 1453. Mas a invasão da cidade de Roma pelos "bárbaros" foi um evento internacional sem paralelos na sua história milenar. Três dias de luto público foram proclamados em Constantinopla, mas pouca coisa além disso foi feita para ajudar a capital ocidental. (Muito foi feito para fortificar as grandes muralhas que cercavam Constantinopla, para que o mesmo não acontecesse ali.)

Quem era o culpado por essa catástrofe? Para muitos, a resposta óbvia era os cristãos. Os deuses antigos cuidaram do povo romano por um milênio, e agora, um século depois do primeiro imperador cristão, a capital histórica do império foi derrotada. Os críticos pagãos, dos quais ainda existiam muitos no começo do século 5, bateram na tecla de que os deuses abandonaram o povo porque o povo abandonara os deuses. O que vinha adiante era a escuridão, a "idade das trevas".

Agostinho encarou esse desafio, escrevendo uma das peças mais memoráveis de análise cultural (e teológica) da história ocidental, com um total avassalador de 400 mil palavras (três ou quatro vezes o tamanho deste livro). *A cidade de Deus*, escrita em partes de 416 a 422 d.C., virou a crítica pagã contra si mesma. A obra apresenta uma crítica detalhada, sutil e devastadora da ética, da política e da religião da "cidade terrena" de Roma, em contraste com o reinado de Cristo, a verdadeira cidade eterna de Deus, a única esperança da humanidade.

A cidade de Deus não era um argumento simplista em favor da substituição do Império Romano por uma cristandade *terrena*, como se cristianizar as instituições estatais trouxesse paz sobre a terra. Agostinho era realista — alguns diriam pessimista — demais para acreditar nisso. Ele cria que a conversão ao cristianismo traria algumas melhoras à sociedade, especialmente para os pobres e marginalizados, mas "ele ficaria bastante espantado com os canonistas medievais [advogados da igreja de períodos posteriores] que o interpretaram como implicando que o império deveria ser comandado por bispos tendo o papa como seu cabeça", escreve Henry Chadwick, da Universidade de Oxford. Agostinho conhecia muito bem as fraquezas do cristianismo. Ele amava a igreja, mas "as falhas dos seus membros, tanto do clero quanto dos leigos, lhe traziam momentos de tristeza sombria".[19] Sei como é.

Esse é o contexto no qual devemos entender as visões de Agostinho acerca da "guerra justa", o uso da violência estatal da forma mais próxima possível aos ideais da "cidade de Deus". Seus pensamentos sobre esse tópico não são alvo de grande atenção no seu texto volumoso, sendo oferecidos mais como parte da sua crítica aos valores romanos que como uma medida política para ser seguida por governantes cristãos. Não obstante,

Agostinho talvez seja o pensador que mais influenciou — dentre cristãos e não cristãos — os oitocentos anos seguintes. Portanto seu tratamento desse assunto em particular, fatalmente, teria um impacto fora de proporção com o espaço que ele mesmo dedicou para isso. Os pensadores posteriores apenas assumiriam que as guerras podiam ser *justas* e tentariam, então, se assegurar de que as guerras que eles queriam realizar se encaixassem em algum ponto dentro dos limites da doutrina de Agostinho.

UM PANORAMA DA "GUERRA JUSTA"

Nos dias de Agostinho, no início do século 5, manter os cristãos fora do exército havia se tornado uma impossibilidade prática; apenas existiam muitos cidadãos cristãos, e alguns deles galgaram posições até se tornarem generais. Em 418 d.C., no mesmo período em que escrevia *A cidade de Deus*, Agostinho enviou uma carta a Bonifácio, o tribuno da África e cristão: "Não suponha que não possa agradar a Deus aquele que, como soldado, carrega as armas de guerra".[20] Enquanto lutar for absolutamente necessário e o objetivo continuar sendo a paz, a guerra pode ser boa: "Sua vontade deve ser a paz; só a necessidade requer a guerra, para que Deus possa nos libertar da necessidade e nos preservar em paz. Pois não buscamos a paz para incitar a guerra, mas fazemos guerra para alcançar a paz".[21]

Dez anos depois (427 d.C.), Agostinho sentiu-se compelido a escrever de novo a Bonifácio, rogando sutilmente por uma intervenção militar para proteger as cidades romanas no Norte da África do possível ataque por bandos de saqueadores vindos das tribos do Saara: "O que devo dizer quanto à pilhagem da África a que os bárbaros africanos procedem sem oposição, enquanto você se mantém amarrado às suas dificuldades e não faz quaisquer preparativos para evitar tal desastre?". Quem poderia saber, ele pergunta com ironia, que bem debaixo do nariz do grande Bonifácio os bárbaros saarianos "se tornariam agora tão aventureiros, teriam feitos tantos avanços, teriam assolado, roubado e devastado áreas tão grandes e cheias de pessoas?".[22] Isto era algo novo: um líder cristão instigando de forma direta os poderes estatais à luta.

Os princípios gerais da teoria da guerra justa de Agostinho podem ser reunidos tanto de *A cidade de Deus* quanto de suas muitas cartas desse período. Ele rejeitou terminantemente as justificativas romanas para a guerra: a expansão do império, a proteção da honra, a deposição de nações iníquas ou a assunção de que a subjugação romana era, em si mesma, uma forma de "paz".[23] Henry Chadwick, o grande intérprete e biógrafo de Agostinho, resume as ideias do teólogo a respeito da guerra justa. O uso de força militar pode ser considerado justo quando:

1. Seu objetivo é estabelecer a paz mútua entre as partes;
2. É empregado somente na autodefesa ou para recuperar propriedades roubadas;
3. Os soldados restringem ao máximo as hostilidades (uma resposta proporcional);
4. A luta é conduzida "com tamanho respeito pela humanidade a ponto de deixar o oponente sem qualquer sensação de ter sido humilhado ou de ressentimento"; e
5. Os prisioneiros de guerra são preservados, não executados (como acontecia com tanta frequência).[24]

Está claro que Agostinho enxergava a guerra — até mesmo a guerra justa — como uma trágica necessidade na "cidade terrena", a qual só poderá ser parcialmente cristianizada por intermédio dos princípios listados antes.[25] Em uma passagem comovente mais para o final de *A cidade de Deus*, Agostinho escreve:

> O sábio, acrescentam, há de travar guerras justas. Como se o sábio, cônscio de ser homem, não sentirá muito mais ver-se obrigado a declarar guerras justas, pois, se não fossem justas, não devia declará-las e, portanto, para ele não haveria guerras! A injustiça do inimigo é a causa de o sábio declarar guerras justas. Semelhante injustiça, embora não acompanhada de guerra, apenas por ser tara humana, deve deplorá-la o homem.[26]

Sob a perspectiva de Agostinho, até as guerras justas não são "santas". E elas com certeza não causam alegria, nem mesmo na vitória.

Mas os argumentos de Agostinho teriam uma influência completamente desmedida se comparada às suas breves concessões quanto à necessidade da violência estatal. Quaisquer que fossem as esperanças de Agostinho, a influência monumental dos seus escritos no Ocidente, nos séculos vindouros, nos leva à conclusão de que ele abriu o caminho para a "guerra santa" cristã, culminando nas Cruzadas.

A maioria dos eventos que se seguiram na história da igreja, bons ou maus, encontra algum precedente nos acontecimentos e nas ideias dos primeiros quinhentos anos do cristianismo. A opressão eclesiástica posterior já dá seus primeiros sinais na visão viril da relação entre Igreja e Estado exemplificada precocemente por Ambrósio. A intolerância infame da igreja em relação aos "pecadores" é prognosticada nos motins monacais contra santuários pagãos. A abundância de riquezas que inundou os cofres da igreja medieval (e das megaigrejas contemporâneas) encontra sua origem nos donativos, nas doações de terra e isenções tributárias concedidas às igrejas por sucessivos imperadores no século 4. E as "guerras santas" travadas em larga escala contra muçulmanos e hereges do século 11 ao 15 foram justificadas de modo racional, exagerando só um pouquinho na imaginação, com base na teoria da guerra justa de Agostinho.

Igualmente, por todos esses séculos, a igreja foi a única promotora da caridade, a única defensora dos fracos e o manancial mais profundo de reformas e renovações periódicas a partir do modelo deixado por Jesus Cristo. O próprio Agostinho incorpora o paradoxo da história da igreja. Ele foi o responsável por elaborar uma justificativa teológica para a violência estatal *ao mesmo tempo em que* tentava libertar escravos. Isso acontece em todas as eras. Para cada Cirilo de Alexandria (o bispo em exercício quando Hipátia foi assassinada) existe um Basílio de Cesareia (fundador do primeiro hospital). Para cada chefe militar cristão que arruína a Europa pagã, há um pregador humilde em seu caminho preferindo morrer a matar. Conheceremos a ambos, e outros, nestes próximos capítulos.

| CAPÍTULO 13 |

O fim de Roma e o crescimento da Igreja:

bárbaros e cristãos na Europa de 400 a 1100

Parem de lutar, rapazes! Renunciem à batalha!
Pois somos ensinados pelo testemunho confiável da
Escritura que não devemos pagar o mal com mal,
mas retribuir o mal com o bem.

— BISPO BONIFÁCIO, 754 d.C.

Os séculos que se sucederam ao saque de Roma em 410 d.C. são, ao mesmo tempo, complexos e simples. A parte complicada é a história e a política posterior à queda do poderoso Império Romano do Ocidente, no espaço de menos de um século. A parte (mais ou menos) fácil é a história da igreja, que continua a demonstrar a mesma intransigência e caridade que podemos ver nas décadas anteriores.

Para aumentar ainda mais a confusão, existem, na verdade, duas histórias imperiais para contar: uma ocidental e outra oriental. O Império Romano do Ocidente ficou desorganizado depois das invasões bárbaras bem-sucedidas na Itália, no Norte da África, na Gália (França) e na Espanha. Os reinos que então surgiram, até mesmo os bárbaros, convenceram a si mesmos de que eram a continuação do Império Romano. Mas isso era, em grande parte, uma ficção inventada para gerar conforto e um senso de legitimidade.

OPRESSORES E SANTOS

A história do Império do Oriente é totalmente diferente. Nós o denominamos Império Bizantino agora, já que Bizâncio era o nome grego original de Constantinopla (atual Istambul), a qual Constantino transformou na sua capital e em uma "nova Roma" lá atrás, em 330. O Império Bizantino, na verdade, é apenas a vibrante extensão oriental do Império Romano de fato. O colapso de Roma foi uma experiência catastrófica em todos os lugares a oeste da Itália. Mas se você estava entre os sortudos que viviam no leste — na Ásia Menor (Turquia), na Síria, na Judeia ou no Egito —, a vida seguiu de forma normal. A metade mais cosmopolitana do império ainda estava em boa forma.

É raro os ocidentais de hoje conhecerem razoavelmente bem o lado oriental da história do mundo, mas esta é uma história com um relato esplêndido. É uma história sobre riquezas e estabilidade, educação e religião, arquitetura, arte e caridade — mas também (é claro) sobre guerras intermináveis. O contraste com seus pobres primos cristãos no Ocidente não poderia ser maior.

Mas uma coisa ainda ligava essas duas narrativas imperiais: a igreja. O cristianismo começou a crescer em ambos os contextos, influenciando e sendo influenciado pelos eventos dramáticos daqueles tempos. Nos próximos cinco capítulos, quero oferecer uma breve descrição do que aconteceu no Ocidente nos cerca de quinhentos anos depois do colapso de Roma. Depois, no capítulo 20, vou traçar uma breve história do segredo guardado a sete chaves: o Império Bizantino. Isso nos proporcionará uma boa ponte mental do mundo antigo para o mundo moderno, através da intermediária e famigerada "Idade das Trevas".

O HORROR DOS GODOS

Várias tribos de godos já logravam vitórias no mundo romano — oriental e ocidental — havia pelo menos um século. Como vimos, os visigodos liderados por Alarico conseguiram, mais tarde, saquear a cidade de Roma em 410 d.C. Depois disso, eles foram embora. "Seus números e capacidade militar podiam até vencer as batalhas", afirma Peter Brown, "mas eles não estavam em posição de garantir a paz".[1] Após o retorno ao norte dos homens de Alarico (depois da morte deste), os cidadãos romanos no Ocidente tentaram reconstruir ou reimaginar sua gloriosa cultura, e seguiu-se uma sucessão de falsos recomeços e meio-imperadores. No vácuo que foi deixado, a igreja passou a ser vista cada vez mais como o ente mais estável na cidade. É interessante que Alarico tenha deixado ilesas as duas gigantescas

O fim de Roma e o crescimento da Igreja

basílicas romanas relacionadas aos apóstolos Pedro e Paulo. Os monumentos devem ter figurado como um sinal da presença e liderança duradouras do cristianismo.

Qualquer resquício de estabilidade imperial no Ocidente sumiu no final do século 5: o guerreiro bárbaro Odoacro depôs o imperador menino Rômulo Augusto em 476 (data considerada por alguns o fim oficial do império ocidental); 17 anos depois, em 493, um novo líder godo chamado Teodorico uniu várias tribos bárbaras para formar os ostrogodos, que terminaram o que os antigos visigodos não conseguiram. Depois de matar Odoacro, eles ocuparam a Itália, estabeleceram seu próprio governo e colocaram um fim definitivo no Império do Ocidente. Eles apresentaram seu regime como "a continuação do Império Romano",[2] mas era uma história que pouco convencia. As pessoas que hoje falam da "Idade das Trevas" geralmente datam seu início a partir desse momento, até o Renascimento italiano no século 14. Vamos explorar tudo isso no capítulo 19.

As classes governantes bárbaras estavam "empoleiradas de forma insegura no topo"[3] da grande massa de romanos na Itália. A maioria dos cidadãos locais seguiram vivendo a vida, pagando seus impostos e aguardando dias melhores. É o que um povo que foi subjugado costuma fazer. A aristocracia guerreira goda mantinha relações surpreendentemente boas com a igreja em Roma. Essa igreja agora possuía grandes prédios e propriedades na zona leste da cidade, no famoso Palácio de Latrão, onde o bispo de Roma residia, e em um parque, que pertencera ao império, conhecido como "Vaticano", na margem ocidental do Tibre. Constantino havia doado essas terras e construído igrejas ali 150 anos atrás. "Vaticano" é sinônimo hoje de *quartel-general católico*, mas naquele período era um subúrbio pouco frequentado na periferia da cidade.

Nos tempos incertos do século 5, os romanos passaram a confiar cada vez mais nas figuras eclesiásticas, de modo especial no bispo de Roma, isto é, o papa, como uma fonte de autoridade social detentora de uma legitimidade que vinha de séculos. O modelo do bispo como uma espécie de prefeito, exemplificado por Ambrósio um século antes, era agora plenamente aceito pela população comum, ainda mais considerando que muitos bispos eram, de fato, da classe senatorial. E eles faziam procissões até suas igrejas da mesma forma exata que os cônsules romanos de tempos mais antigos realizavam suas procissões pela cidade, "saudados por velas, jogando presentes para o populacho, calçando as sandálias de seda de um senador".[4] Os "príncipes" da igreja eram os novos senadores.

OPRESSORES E SANTOS

Isso ocorria até na distante Gália (França), no final do século 5, exatamente na época em que as extremidades ocidentais do império estavam ruindo. Lá, o erudito aristocrata e estadista romano Sidônio Apolinário (430-486 d.C.) foi nomeado bispo em Clermont, a mesma cidade na qual o papa Urbano inauguraria as Cruzadas 600 anos depois. Sidônio era "um dos últimos grandes representantes da cultura clássica na Gália"[5] e um filantropo e apoiador dos monastérios muito querido. Sua transição de estadista romano para bispo foi, de muitas formas, um rebaixamento. Mas ele se esmerou na função, pregando, escrevendo e visitando as paróquias do seu distrito. Ele nos deixou um retrato vívido do seu ministério nas cerca de cem cartas preservadas.[6] Sua região foi dominada pelos visigodos em 475, e ele mesmo ficou preso por um tempo, antes de receber a permissão de retornar ao posto em 476. Em um bispo como Sidônio, a comunidade inteira, alta e baixa, estava unida. Em uma reviravolta curiosa, o pobre e velho bispo foi, afinal, reduzido à insignificância por dois clérigos competitivos de sua diocese que, de alguma forma, conseguiram brigar até controlar a maior parte das propriedades da igreja. Nesse período, era comum os clérigos reclamarem do poder e da riqueza do seu bispo. Mas, quer fosse por fraqueza ou brandura, o oposto era verdade com respeito a Sidônio.[7]

Seja como for, nessas condições desestruturadas, conforme Roma se fragmentava e a Europa gemia, os últimos não cristãos do antigo Império Romano do Ocidente correram para a igreja cristã como a fonte de estabilidade, caridade e, é óbvio, conforto espiritual.[8] Poderíamos dizer até que, no final do século 5, *ser um bom romano* era ser um *cristão*. E, de certo modo, temos de agradecer (ou culpar) aos godos por isso.

A ASCENSÃO DOS FRANCOS

Mais ou menos na mesma época de Sidônio, a igreja estava começando a fazer incursões para as regiões pagãs da Europa.[9] A Gália, controlada pelos romanos, caiu sob a força dos francos (povos germânicos do norte da França) por volta de 486 d.C. Pouco tempo depois, o rei dos francos, um homem chamado Clóvis (466-511 d.C.), declarou subitamente sua aliança com o cristianismo e foi batizado por volta do ano 500.

Não sabemos exatamente o motivo pelo qual Clóvis se converteu. Sua esposa Clotilde era cristã havia algum tempo, e sabemos que o bispo Remígio de Reims (também conhecido como Rheims) insistia no ouvido de Clóvis acerca das "virtudes e deveres de um governante cristão".[10] Mas se foi a

O fim de Roma e o crescimento da Igreja

persuasão externa ou seu próprio cálculo político de qual era a deidade mais poderosa — ou ambos — que levou Clóvis à conversão, é impossível dizer. De qualquer forma, ela marcou o início do vasto Reino Merovíngio, que dominou grande parte da Europa Ocidental pelos próximos 250 anos, até o Reino Carolíngio de Carlos Magno nos séculos 8 e 9.[11] Os merovíngios e os carolíngios acabaram se tornando apoiadores aguerridos da igreja — aguerridos *mesmo*. Estamos agora no período conhecido de modo popular como a "Idade das Trevas". Mas também ocorriam muitas coisas interessantes. Não havia só ignorância e violência, como descobriremos nas próximas páginas.

Esta foi uma era das grandes "missões" de ensino às terras pagãs remanescentes. O papa Gregório I, "o Grande" (540-604 d.C.), por exemplo, enviou um monge romano local chamado Agostinho (não confunda com o Agostinho mais antigo) junto com um grupo de 40 assistentes para evangelizar o povo da Inglaterra. Agostinho se saiu bem. O rei pagão Etelberto de Kent (589-616 d.C.) recebeu o cristianismo, e Agostinho tornou-se o primeiro arcebispo da Cantuária — um título desprovido do prestígio do arcebispo da Cantuária de hoje, o cabeça de 85 milhões de anglicanos/episcopais ao redor do globo. (Preciso mencionar também os cristãos "celtas", que fizeram algumas incursões na Inglaterra e na Irlanda já no século 3, bem antes dos planos do papa Gregório.[12])

O BISPO ELÍGIO: OURIVES E LIBERTADOR DE ESCRAVOS

Uma geração depois de Agostinho da Cantuária, as terras francas deram à luz uma figura marcante, o bispo Elígio (590-660 d.C.) de Noyon, no norte da França. Elígio é pouco conhecido hoje, mas em seus dias ele era um dos homens mais queridos da Europa. Sua fama era dupla: ele fabricava joias e libertava escravos.

Nascido em Chaptelat, perto de Limoges, no centro-sudoeste da França, Elígio foi treinado para ser um mestre ourives. Por causa da sua habilidade, ele logo chamou a atenção de Clotário II, rei dos francos, um dos sucessores de Clóvis. Clotário — e depois seu sucessor, Dagoberto — comissionaram Elígio para supervisionar a produção de todos os metais preciosos e joias régias. Era uma posição de altíssima distinção, e Elígio acumulou grande riqueza. Sua biografia foi escrita pelo seu contemporâneo e amigo Dado, o bispo de Ruão, de quem recebemos as vívidas descrições dos trajes de Elígio: "Tendo cintos forjados com ouro e gemas, e bolsas elegantes cobertas de

OPRESSORES E SANTOS

joias, linhos cobertos de metais vermelhos e sacos dourados debruados de ouro e todo tipo de tecidos preciosos, incluindo a seda". Ao mesmo tempo, Elígio era extremamente devoto e sempre mantinha consigo um livro religioso "aberto e escorado diante dos seus olhos, para que mesmo durante o trabalho ele recebesse os mandamentos divinos".[13]

Um desses "mandamentos" divinos moldou o resto de sua vida. Elígio se sentiu cativado pelo chamado de Cristo para assistir os oprimidos. Jesus entregara a si mesmo pelo mundo, e nós devemos fazer o mesmo; essa é a lógica da vida. Rapidamente, ele começou a doar o ouro e as joias que usava. Sua indumentária suntuosa acabou funcionando como um banco ou uma caridade móvel. Onde quer que ele encontrasse pessoas em situações de privação, ele tirava gemas e metais preciosos das suas vestes e os dava de modo liberal. Ele saía para uma viagem de negócios parecendo pertencer à realeza e voltava trajando "nada mais que uma camisa de penitência" ou "a roupa mais vil, cingida por apenas uma corda".[14]

Talvez seu ato de caridade mais chocante, pelo qual ele passou a ser conhecido por toda a Europa, tenha sido a compra e a libertação de escravos. Na Gália do século 7 ainda existiam os remanescentes do sistema escravagista romano, como as práticas de escravização dos godos e dos pagãos. Elígio não suportava ver uma pessoa presa. "Ele carregava essa obra em seu coração", afirma Dado. "Sempre que recebia notícias de que em algum lugar ocorreria uma venda de escravos, ele se apressava com misericórdia e, sem demora, pagava o preço de resgate pelos cativos". Ele não discriminava, libertando pessoas de "ambos os sexos e de diferentes nações". Ele "libertava a todos do mesmo modo: romanos, gauleses, bretões e mouros, mas particularmente os saxões, que eram tão numerosos quanto ovelhas naqueles tempos". E se ele ficasse sem dinheiro devido à quantidade brutal de pessoas à venda, "ele dava mais se despindo de tudo o que tinha em seu próprio corpo, do seu cinto e capa à comida da qual necessitava e até mesmo seus sapatos, contanto que conseguisse ajudar os cativos". Ele não pedia nada em troca. Se eles quisessem permanecer em sua comunidade, ele arrumava um lugar para ficarem e recursos básicos para viver. Se eles quisessem retornar para suas próprias terras, "ele oferecia a eles quaisquer subsídios necessários" à viagem.[15]

Não demorou para Elígio entrar para o sacerdócio e tornar-se um pregador vigoroso por toda a França. Em 641, ele foi nomeado o bispo de Noyon, cerca de 95 quilômetros ao norte de Paris. Mas ele nunca parou de alimentar os pobres e libertar os escravos, usando a própria riqueza e

O fim de Roma e o crescimento da Igreja

redirecionando os fundos da igreja para seus projetos. Ele não era apenas o que nós chamaríamos de um "promotor da justiça social", mas também um "evangelizador" zeloso, ansioso por disseminar a mensagem de Cristo para novas regiões, pregando e construindo novos monastérios e igrejas. Sua biografia fala de pagãos nos Flandres e na Antuérpia que "o receberam com ânimo hostil e mente adversária". Ainda assim, persistiu. Ele "de maneira gradual começou a introduzir a palavra de Deus entre eles pela graça de Cristo", e, mais tarde, uma grande multidão "deixou seus ídolos e se converteu".[16] Seus convertidos eram ensinados a cantar a mesma melodia que ele cantava: "Viam-se muitas pessoas precipitando-se ao arrependimento, entregando suas riquezas para os pobres, libertando seus escravos e fazendo muitas outras boas obras em obediência aos seus preceitos".[17]

A morte de Elígio, em 660, foi um grande evento. Até a rainha dos francos, Batilda de Ascânia, correu para ver seu corpo. Ela o beijou e chorou de forma audível na presença de uma vasta multidão. Ela exigiu que o corpo lhe fosse entregue, para ser enterrado no seu monastério local em Chelles. A comoção em Noyon foi tão grande que ela aquiesceu à vontade dos cidadãos locais. "Então, o corpo foi levado para ser enterrado com todo o povo prestando homenagens em lágrimas."[18] Era um dia gélido e torrencial de inverno (1º de dezembro), mas nada foi capaz de parar as multidões. Até a rainha recusou-se a usar a carruagem real e caminhou com os enlutados em direção ao túmulo.

O BISPO BONIFÁCIO: A PERSUASÃO E O MARTÍRIO

Uma geração depois de Elígio, e duas gerações depois de Agostinho da Cantuária, a Inglaterra estava enviando seus próprios missionários para as terras ainda pagãs no norte da Europa. Um erudito e monge chamado Bonifácio (675-754 d.C.) partiu em 716 em uma campanha de pregação malsucedida à Frísia (hoje Holanda).[19] Depois de viajar até Roma para receber do papa Gregório II a bênção para o seu trabalho, ele retornou à região em 719 e gozou de um sucesso significativo em convencer as tribos germânicas guerreiras a seguir Jesus Cristo. Isso não era fácil! Ao longo das décadas seguintes — com o apoio de Roma —, Bonifácio estabeleceu comunidades cristãs em Fritzlar, Ohrdruf, Ochsenfurt e outras cidades germânicas. Foi uma obra extraordinária, pela qual ele é lembrado até hoje como o "apóstolo da Alemanha".

O método de Bonifácio era a *persuasão*. Temos uma carta encantadora endereçada a ele por seu amigo e conselheiro, o bispo Daniel de Winchester

OPRESSORES E SANTOS

(724 d.C.). Nela, Daniel dá as linhas gerais de como Bonifácio deveria tentar converter os pagãos — por meio do ensino e da argumentação gentil. A carta começa: "Para o venerável e amado prelado Bonifácio, Daniel, servo do povo de Deus. Regozijo-me, querido irmão e companheiro sacerdotal, pelo fato de você ser merecedor das maiores recompensas da virtude. Você abordou os corações até então de pedra e áridos dos pagãos, confiado na plenitude da sua fé, e trabalhou incansavelmente com o arado da pregação do evangelho". Daniel prossegue dando conselhos acerca de vários argumentos para utilizar contra o politeísmo pagão, mas o ponto principal de todo o documento era que Bonifácio "deveria se esforçar para refutá-lo e para convencê-los valendo-se de muitos documentos e argumentos. Você deve expor estas e muitas coisas similares diante deles, não de maneira ofensiva ou de modo a enfurecê-los, mas com calma e grande moderação". Ele termina a carta dizendo "oro pelo seu bem-estar em Cristo".[20] Bonifácio precisaria dessas orações!

Outra carta datada do mesmo ano (724 d.C.) veio do papa Gregório II (não confunda com Gregório I). Nela, o papa se alegra porque "por meio da ampla difusão da sua pregação, os descrentes estão sendo convertidos". O foco é, enfaticamente, o poder da persuasão para transformar os corações:

> Damos graças ao poder do Senhor e oramos para que ele, de quem todo o bem procede e cuja vontade é que todo homem chegue ao conhecimento da verdade, possa trabalhar com você e possa conduzir as pessoas das trevas para a luz pela inspiração do poder dele. Não deixe que nenhuma ameaça o alarme e que nenhum temor o derrube, mas, apegando-se firmemente à sua fé, proclame a Palavra. [...] Porque Deus, que não deseja a morte do pecador, mas, antes, que ele se converta da sua impiedade e viva, irá, em todas as coisas, lhe acrescentar. Que Deus o mantenha seguro.[21]

Alguns leitores não vão apreciar o zelo proselitista de Bonifácio, Daniel e do papa Gregório (I e II). Tudo bem. Meu ponto é que as maiores campanhas missionárias à Europa pagã nos séculos 7 e 8 foram promovidas com as antigas armas cristãs da persuasão, do serviço, da oração e do sofrimento. Não estou dizendo que não existiam também alguns bispos terríveis que "eram primariamente figuras políticas", escreve Ian Wood em sua história do Império Merovíngio. Alguns até "se comportavam mais como guerreiros que como eclesiásticos". No entanto, Wood conclui, "o comportamento de alguns indivíduos não deve ofuscar os padrões da maioria da igreja".[22]

O fim de Roma e o crescimento da Igreja

Bonifácio encarnou esses padrões ideais, que incluíam a disposição para sofrer, em vez de causar sofrimento, pela causa de Cristo. É algo que ele logo aprenderia, do jeito mais difícil, a colocar em prática.

Bonifácio foi nomeado arcebispo de Mainz (perto de Frankfurt) em 746 só para renunciar ao posto poucos anos depois, porque desejava continuar a pregação na Frísia, onde trinta anos antes havia começado seu trabalho sem sucesso. O retorno não chegou a ser concretizado. Ele foi morto por bandidos locais em 754. Enquanto acampava à margem do Rio Boorn, ao norte da Holanda, "[uma] grande multidão de inimigos, armados com lanças e escudos, correu com armas cintilantes", sua biografia registra. E quando seus protetores sacaram suas armas para lutar, ao que parece, ele gritou: "Parem de lutar, rapazes! Renunciem à batalha! Pois somos ensinados pelo testemunho confiável da Escritura que não devemos pagar o mal com mal, mas retribuir o mal com o bem".[23] É bom saber que alguns líderes cristãos, 700 anos depois de Cristo, ainda estavam cantando a bela melodia.

A resposta dos agressores de Bonifácio provavelmente não foi a que ele esperava: "A turba enlouquecida de pagãos lançou-se com rapidez sobre eles com espadas e todos os equipamentos de guerra, e maculou os corpos dos santos com sangue benigno". A biografia da vida de Bonifácio — incluindo essa cena — foi escrita apenas cinco ou seis anos depois da sua morte pelo clérigo inglês e seu contemporâneo, Vilibaldo. Os fatos básicos são aceitos por todos, e a metodologia pacificadora do discurso derradeiro de Bonifácio se encaixa perfeitamente com o que conhecemos a respeito do homem a partir das suas noventa cartas que sobreviveram.[24] No século 8, ele foi o exemplo máximo, para todos, de como um missionário deveria viver e morrer.

No curso de cerca de quatro séculos (de 500 a 900 d.C.), a Europa esteve lentamente sendo convertida a Cristo por meio da pregação, do estabelecimento de novas igrejas e monastérios e da nomeação de bispos para dirigir a obra. O colapso do Império Romano do Ocidente já pertencia ao passado remoto. A igreja estava se consolidando como a principal fonte de energia cultural, intelectual e espiritual.

A abordagem gentil e sacrificial à atividade missionária, exemplificada por Agostinho da Cantuária, Elígio, Bonifácio, os Gregórios, Daniel e outros, não é o único tipo de abordagem que sabemos ter sido adotada nesse período da Idade Média. Em 751 e 752 d.C., exatamente na época da morte

OPRESSORES E SANTOS

de Bonifácio, os merovíngios foram substituídos pela dinastia carolíngia no comando dos francos. O mais famoso desses reis foi Carlos Magno (742-814 d.C.). Em reconhecimento do seu poder político e zelo religioso, Carlos Magno foi coroado "imperador" pelo papa Leão III em Roma, no dia de Natal do ano 800. Este foi o início do que chamamos Sacro Império Romano-Germânico. Não era nem o Império Romano *de fato*, nem uma referência ao poder crescente da igreja na Europa. O Sacro Império Romano consistia em uma sucessão de reis europeus, com fronteiras em constante movimento, que era na sua maioria devotamente leal à Igreja Romana. Ele sobreviveu até 1806.[25]

Começando com Carlos Magno no final do século 8, essa devoção estatal à Igreja levou a muitos atos extravagantes de coerção e violência, assim como ao "renascimento" da educação e da cultura. Esse paradoxo é o foco dos próximos dois capítulos.

| CAPÍTULO 14 |

"Jihad" cristã:

conversões forçadas na Europa no final do século 8

A fé é algo voluntário, e não uma questão de coerção.
Uma pessoa só pode ser atraída à fé, e não forçada a ela.
— ALCUÍNO DE YORK, 796 d.C.

Jamais me esquecerei da noite de sexta-feira em que saí da linha tentando defender o cristianismo em uma conversa com um conhecido dentro de um *pub* barulhento em Sydney. Meu interlocutor era um homem de negócios bem-sucedido de Balmoral (procure no Google "Balmoral Beach, Sydney" e você terá uma ideia do que estou falando). Ele perguntou o que eu fazia da vida. Expliquei que eu pensava, escrevia e falava sobre o cristianismo histórico. Isso costuma acabar com a conversa ou começar uma discussão. Ele respondeu listando todas as coisas que ele via de errado na fé. A ciência havia desacreditado a crença em Deus, a maioria dos cristãos eram hipócritas, e assim por diante. Eu até que gostei desses minutos de "toma lá, dá cá" mais amigável. Aí, ele lançou sua crítica definitiva. O cristianismo só conseguiu se disseminar pelo mundo naqueles primeiros séculos pela força. Eu perguntei a ele se ele não estava confundindo um pouco as religiões. Ele me assegurou que não. "Muitos livros foram escritos sobre isso", ele disse, em uma expressão que chamou minha atenção. "A igreja convertia as nações usando a espada." Aparentemente, era batismo ou morte. Foi assim que a igreja primitiva cresceu.

Alguma coisa disparou na minha cabeça, da qual até hoje me envergonho. Eu ri do que ele falou. Subi o tom de voz. Lembrei a ele que eu tinha alguns títulos e diplomas nessa área. Citei autores dos quais ele nunca ouvira falar. E conforme as palavras saíam da minha boca, eu quase conseguia ouvir os sussurros do Novo Testamento no meu ouvido: "Estejam sempre preparados para responder a qualquer que lhes pedir a razão da esperança que há em vocês. Contudo, façam isso com mansidão e respeito" (1Pedro 3:15-16). Eu não fui manso nem respeitoso. A expressão no rosto dele foi o suficiente. Ele pediu licença e saiu para encontrar uma conversa mais agradável. Justo.

Sinto vergonha daquela noite por duas razões. Sem dúvida, eu fui um idiota, e sem dúvida fui mais um dos cristãos arrogantes que ele colocou no seu banco de dados de cético. O período do qual ele falava pode estar errado em muitos séculos, mas ele não estava *inteiramente* errado. Não existe qualquer vestígio de conversões coercitivas nos primeiros séculos do cristianismo. Nessa época, há clara evidência de que os líderes da igreja preferiam ser bons perdedores a maus ganhadores, como vimos no capítulo 5. Mas por trás do exagero do meu amigo, existia uma meia-verdade a respeito de vários períodos espalhados ao longo da história cristã. O mito das conversões forçadas ao cristianismo é como a maioria dos mitos: ele contém *alguma* verdade.

JIHAD CRISTÃ

Alguma coisa mudou no norte da Europa no final do século 8 e início do século 9 sob Carlos Magno (742-814 d.C.). Já durante o Reino Merovíngio sob Clóvis e seus sucessores, era normal os missionários irem após as conquistas militares fundando monastérios e igrejas nas novas terras, a partir dos quais seriam capazes de começar missões de pregação e caridade entre os pagãos.[1] O Reino Carolíngio, incluindo Carlos Magno, herdou essa política geral, com duas grandes diferenças.

Carlos Magno, cuja corte ficava em Aachen (na parte oeste da Alemanha), era um apoiador da igreja ainda mais fervoroso que os merovíngios. Como recompensa pelos seus esforços, o papa o coroou o primeiro "sacro imperador romano-germânico". O conceito era muito simples: Carlos Magno fora escolhido por Deus para reviver as glórias do Império Romano do Ocidente e para defender e promover a causa da igreja (por isso, "sacro"). Para ficar mais claro, o Vaticano não orientava Carlos Magno de forma alguma. Ninguém orientava Carlos Magno! Mas o que a igreja fazia era prover a

"Jihad" cristã

legitimação social que ele almejava. Até mais que Constantino, 450 anos antes, Carlos Magno realmente parece ter tido um senso sincero de vocação divina. Mas, como vimos, a devoção de uma pessoa a Jesus Cristo não é garantia de que ela vá seguir os versos da sua melodia.

Carlos Magno sentiu que era seu dever levar a "salvação" a todos os lugares que Deus colocava sob seu domínio. Ele era o típico rei-guerreiro europeu com um desejo honesto de canalizar suas habilidades para a glória de Deus, conforme ele a enxergava. Ele instituiu reformas legislativas de amplo alcance em favor do cristianismo. A *Admonitio generalis*, ou "Admoestação Geral", consistiu em uma série de medidas legislativas articulando "a responsabilidade do rei pelo povo de Deus", observa Rosamond McKitterick, professora de História Medieval na Universidade de Cambridge, "e a necessidade de todos no reino, e especialmente as elites seculares e eclesiásticas, trabalharem para criar uma ordem e um regime dignos da salvação".[2] Seu método era parecido com o de Clóvis, patrocinando a construção de monastérios e igrejas por todo o reino. Mas havia mais. Entre os "saxões", Carlos Magno adotou o que tem sido descrito como uma *jihad* cristã.

Os saxões eram um povo guerreiro germânico que habitava onde agora é o noroeste da Alemanha.[3] Carlos Magno conduziu uma campanha brutal de pouco mais de trinta anos contra eles, de 772 a 804. Ele queria incorporá-los ao seu Império Franco, que crescia e, mais tarde, englobaria grande parte da Europa. A tarefa provou-se muito difícil, algo que os romanos também experimentaram mais cedo com esses nortenhos. Os sucessos aparentes de Carlos Magno entre eles foram rapidamente revertidos em rebeliões saxãs. A quantidade bruta de armas, escudos e cotas de malha do século 8 encontrada por arqueólogos nessa região oferece um testemunho sinistro da escala do conflito.[4]

Carlos Magno respondeu a esses retrocessos com brutalidade. Em 782, por exemplo, ele ordenou a decapitação de mais de 4.500 saxões em um único dia. Mais tarde na guerra, depois de mais acordos seguidos de mais rebeliões, Carlos Magno "removeu 10 mil homens que viviam com suas esposas e filhos", conta seu cortesão e biógrafo, Eginardo. Ele "os dispersou aqui e ali por toda a Gália e Germânia em vários grupos pequenos".[5] Deportar grandes números de homens em condições de lutar (com suas famílias) para partes distantes do reino era uma tática bastante sagaz. E, afinal, ela funcionou. Em 804, depois de quase trinta anos de luta, os saxões foram subjugados. Eles também foram convertidos. Eginardo registra: "Assim, aquela guerra que durara tantos anos terminou nos termos elaborados pelo rei e aceitos pelos

OPRESSORES E SANTOS

saxões; a saber, que eles rejeitariam o culto a demônios, abandonariam seus ritos pagãos ancestrais, assumiriam a fé cristã e os sacramentos da religião e se uniriam aos francos para formarem um único povo".[6]

Algum tempo antes da subjugação completa dos saxões, Carlos Magno publicara um conjunto notório de leis intitulado *Capitulatio de partibus saxoniae*, ou *Ordinances for the region of Saxony* [Ordenanças para a região da Saxônia]. Entre as regras especiais para os desregrados saxões, se encontrava esta: "Se alguém da raça dos saxões doravante escondido entre eles desejar ocultar-se sem ser batizado, escarnecer o batismo ou desejar permanecer pagão, que seja punido de morte".[7] Existe um debate entre os especialistas sobre se a intenção dessas leis era levar outros à conversão ou se elas eram um meio de punir as regiões que prometeram (fingiram) se submeter à religião e ao governo de Carlos Magno.[8] De qualquer maneira, é o tipo de cristianismo coercitivo que meu amigo no *pub* acertadamente rejeitava. Robert Flierman, da Universidade de Utrecht, coloca isso de forma dura: "A conformidade religiosa dos saxões foi assegurada por meio de uma máxima arrepiante: batismo ou morte".[9]

E para jogar lenha na fogueira, Carlos Magno obrigou imediatamente todas as famílias saxãs a pagarem o "dízimo", isto é, impostos religiosos. Este foi um golpe duplo: destruição cultural e um fardo financeiro. A medida, de fato, carrega todas as marcas registradas de uma *jihad* cristã, afirma Yitzhak Hen, da Universidade Hebraica em Jerusalém, cujo instigante artigo sobre o tópico recebe o título *"Charlemagne's jihad"* ["A *jihad* de Carlos Magno"].[10]

CONVERSÃO E COERÇÃO ANTES DE CARLOS MAGNO

As políticas de Carlos Magno entre os saxões foram inegavelmente terríveis. Elas constituem evidência de um experimento mortífero no campo das expansões "missionárias" no final do século 8. Preciso admitir que me peguei balançando minha cabeça várias vezes enquanto escrevia estes parágrafos.

Mas a conversão forçada dos saxões ainda não fundamenta o argumento que meu amigo cético estava propondo. A abordagem de Carlos Magno é notoriamente um ponto fora da curva na tradição cristã. Como o próprio Yitzhak Hen observa, o decreto de Carlos Magno para a Saxônia "não tem precedente na história da missão cristã".[11] Mesmo se colocarmos de lado os altos padrões de Jesus, do Novo Testamento e dos dois séculos seguintes, resta o Édito de Milão em 313, que declarou a "autonomia e plena liberdade [...] para exercer a livre escolha para cultuar como cada um achar melhor".[12] Um século depois, o pensador cristão ocidental mais influente do milênio,

178

"Jihad" cristã

Agostinho, o bispo de Hipona (354-430 d.C.), formulou o princípio segundo o qual "ninguém deve ser compelido a abraçar a fé contra sua vontade".[13] Ele acreditava na teoria da "guerra justa", como vimos, mas converter os pagãos não era um dos seus princípios.

A mesma política foi seguida pelo próprio papa na missão à Inglaterra no século 6. O papa Gregório I (540-604 d.C.) escreveu a um abade chamado Melito, o qual se encontrava a caminho de auxiliar Agostinho da Cantuária no estabelecimento do cristianismo nas Ilhas Britânicas. Na carta, o papa expressa o desejo de ver o país convertido a Cristo, mas insiste que os templos pagãos não deveriam ser danificados — os ídolos poderiam ser removidos, mas as edificações em si não poderiam ser destruídas. E ele diz o porquê: para que os pagãos não fiquem ressentidos e para que, assim, eles possam se abrir mais para receber a verdadeira adoração a Deus. Ele recomenda também permitir aos pagãos continuarem seus antigos rituais de sacrifício de grandes quantidades de bois para os seus deuses, exceto que, agora, era necessário insistir que eles o fizessem "para a renovação de si mesmos ao louvor a Deus, e [para] prestar ações de graça ao Doador de todas as coisas por sua abundância".[14]

E houve também, é claro, Bonifácio (675-754 d.C.) e sua equipe, mencionados no capítulo anterior. Ele foi o epítome da missão por meio da persuasão e martírio entre os povos germânicos nas décadas imediatamente anteriores à *jihad* de Carlos Magno.

A CRÍTICA OUSADA A CARLOS MAGNO

O mais importante de tudo são duas cartas, que chegaram até nós, de um dos conselheiros de maior confiança de Carlos Magno. Ele tentou convencer o rei a retomar uma política de persuasão. Falo do intelectual e diácono da igreja inglesa Alcuíno de York (735-804 d.C.), possivelmente o maior europeu do qual você nunca ouviu falar. Alcuíno era um proeminente erudito bíblico e mestre das artes liberais (retórica, lógica, aritmética, astronomia etc.). Ele merece um capítulo próprio, ao qual chegaremos assim que terminarmos este. Em 796 — quando esteve ausente da corte real —, Alcuíno tentou modificar a forma de Carlos Magno lidar com os saxões e os recém-conquistados abares da Áustria-Hungria. Sua abordagem consistia em duas linhas de ação. Primeira, ele escreveu para o seu amigo e colega de corte Meginfrid, na expectativa de que ele agisse como "o emissário de Alcuíno ao rei".[15] Alcuíno recorda Meginfrid da natureza voluntária da verdadeira fé. "Primeiro, a fé deve ser ensinada e, assim, os sacramentos

OPRESSORES E SANTOS

do batismo entendidos, e, então, os ensinamentos do evangelho devem ser transmitidos", ele escreveu. "Uma pessoa só pode ser atraída à fé, e não forçada a ela. [...] Mesmo depois de as pessoas terem recebido a fé e o batismo, as mentes mais fracas devem ser conduzidas por meio de mandamentos mais gentis."[16]

Alcuíno admite que os saxões são os "mais resistentes dentre os resistentes", mas insiste que a conversão forçada, o batismo e o "dízimo" não refletem o espírito do cristianismo. De fato, ele diz que se o "jugo suave e o fardo leve de Cristo" tivessem sido pregados para os saxões com o mesmo zelo que os dízimos foram extraídos e as punições foram aplicadas sobre eles, "então talvez não estariam se afastando do sacramento do batismo".[17] Os mestres da fé, sejam entre os saxões ou nas novas terras dos abares, não devem ser agentes fiscais estatais. Em vez disso, Alcuíno defende, eles devem seguir "os exemplos dos apóstolos: que eles sejam pregadores, não roubadores".[18]

A segunda linha de Alcuíno: no mesmo ano (796 d.C.) ele enviou uma carta muito mais branda a Carlos Magno, levantando as mesmas preocupações. A especialista em Alcuíno, Mary Garrison, da Universidade de York, há pouco descreveu o homem proveniente do condado de York como "a única pessoa capaz de contestar Carlos Magno".[19] Mesmo assim, Alcuíno começa sua carta com modéstia e lisonja. Ele elogia Carlos Magno pela preocupação com a salvação do mundo. Em seguida, como Yitzhak Hen coloca, "Alcuíno solta a bomba, lenta e muito cautelosamente".[20] A missão não diz respeito à coerção ou coleta de dízimos, mas à persuasão por meio do "ensino gentil":

> Agora, em teu sábio e piedoso cuidado, que tu possas providenciar bons pregadores para o novo povo, de boa conduta, instruídos na fé e cheios do ensino do evangelho, bem-intencionados em seguir o exemplo dos apóstolos na pregação da Palavra de Deus. Pois eles deram leite aos seus ouvintes, isto é, o manso ensino. [...] Os neófitos devem ser alimentados com um ensino mais delicado, como bebês recebendo o leite para que não vomitem o que beberam — pois a mente deles é fraca demais para o ensino mais duro. Uma atenção especial deve ser dada também ao método correto de pregação e batismo, de modo que a lavagem do corpo no batismo não se torne ineficaz pela falta de entendimento da fé na alma.[21]

Em uma reviravolta surpreendente, Carlos Magno suspendeu sua severa política contra os saxões, publicando um novo código de leis em 28 de outubro de 797 — o *Capitulare Saxonicum* — que removia todas as referências a batismo ou morte e fazia inúmeras concessões aos costumes pagãos locais, contanto que não contrariassem diretamente o cristianismo. Em longo prazo, Alcuíno provou estar certo. A metodologia voluntária da missão era mais eficaz. A Saxônia acabaria, afinal, acolhendo a fé de forma plena e se tornaria um importante centro do cristianismo nos séculos vindouros.

Houve outras épocas de conversões coercitivas na história da igreja — algumas vezes na Espanha, por exemplo —, mas a política de Carlos Magno foi a mais clara e mais infame de todas. É um bom exemplo de uma das principais coisas que continuo aprendendo quando estudo História. Em meio a todas as suas degradações periódicas, a igreja cristã tem o hábito de reformar a si mesma. Nesse caso em particular, a lei eclesiástica (lei canônica) resolveria a querela no *Decretum*, um manual legislativo da igreja compilado por volta do ano 1140 pelo monge italiano Graciano. O cânone 3 afirma: "As pessoas devem ser convidadas à fé não por meios violentos, mas por palavras mansas". Citando o papa Gregório I (540-604 d.C.) como sua autoridade, o cânone continua: "Os que desejam conduzir com sinceridade as pessoas que se encontram fora da religião cristã à fé apropriada devem se esforçar por fazê-lo utilizando-se de meios brandos, e não violentos, para que a adversidade não aliene a mente daqueles que um argumento razoável teria sido capaz de atrair".[22]

A decisão foi corroborada no século seguinte por Tomás de Aquino (1225-1274 d.C.), provavelmente o pensador cristão ocidental mais influente desde Agostinho no século 5. Na sua volumosa *Suma teológica*, uma declaração da fé cristã em muitos volumes, Aquino escreve com sua típica precisão: "Os descrentes não devem, em hipótese alguma, ser compelidos à fé, para que eles possam crer, porque o crer depende da vontade". Ele acrescenta que, embora se possa com legitimidade travar guerras contra as nações pagãs "para impedi-las de *colocar obstáculos* à fé de Cristo", tais guerras não devem "ser promovidas com o intuito de *forçá-las* a crer, pois ainda que eles [os cristãos] os [pagãos] dominem, e os levem como prisioneiros, ainda devem deixá-los livres para crer, se assim desejarem".[23]

Certamente havia muitas manchas no cristianismo medieval, como hoje. Mas existe também uma forte tradição de autocrítica e reforma dentro do cristianismo. Os cristãos participaram diversas vezes de tudo o que existe de

OPRESSORES E SANTOS

pior na natureza humana, mas seus documentos fundamentais e as tradições dos seus séculos iniciais quase sempre dão um jeito de se reafirmarem na escuridão — para revelar o mal com sua luz e inspirar uma renovação dos esforços para seguir o caminho de Cristo. Este foi, sem dúvida, o caso das missões cristãs da Europa: foi a visão de Alcuíno, e não a de Carlos Magno, que prevaleceu.

A influência de Alcuíno de York foi muito além da defesa da persuasão em detrimento da violência. Esse homem, quase sozinho, levou a Europa ao primeiro grande "renascimento". Alcuíno merece um capítulo próprio nesta história dos opressores e santos.

| CAPÍTULO 15 |

O maior europeu do qual você nunca ouviu falar:

um "Renascimento" no meio da "Idade das Trevas"

*Nada é mais essencial ao governo, nada mais útil à
condução de uma vida moral, que a beleza da sabedoria,
o louvor da instrução e as vantagens da erudição.*

— ALCUÍNO DE YORK

No livro *The swerve: how the world became modern* [A virada: o nascimento do mundo moderno], Stephen Greenblatt — ganhador do prêmio Pulitzer de 2012 e acadêmico de Harvard especialista em Shakespeare — apresenta uma história tocante acerca de como o heroico erudito italiano Poggio Bracciolini (1380-1459 d.C.) rasgou o véu da ignorância que a igreja havia lançado sobre o mundo medieval.[1] Segundo Greenblatt, durante séculos, a igreja buscou suprimir os clássicos literários da Grécia e de Roma. Os cristãos estavam preocupados com o fato de esses textos pagãos minarem seu controle sobre a Europa. "Trabalhando com facas, escovas e trapos", ele nos conta, "os monges com frequência limpavam com cuidado os escritos antigos — Virgílio, Ovídio, Cícero, Sêneca e Lucrécio — e escreviam, em seu lugar, os textos que seus superiores os instruíam a copiar".[2] Mas Poggio não se deixaria impedir. Ele era o símbolo supremo do caçador de livros humanista, determinado a resgatar o que os

OPRESSORES E SANTOS

monges "supersticiosos, ignorantes e desesperadamente preguiçosos" buscavam esconder. Como um bom secularista raiz, Poggio acreditava que os monastérios eram "os aterros nos quais os considerados inaptos à vida no mundo eram descartados".[3]

Então, em um fatídico dia de 1417, passando os dedos pelos pergaminhos ignorados em um enfadonho monastério alemão qualquer, Poggio fez uma descoberta que mudaria o mundo (na narrativa de Greenblatt). Era um manuscrito do antigo filósofo-poeta latino Lucrécio (século I a.C.). O poema épico de 7.400 linhas era uma apologia à filosofia epicurista. Ela insistia que os deuses não desempenham nenhum papel relevante no mundo, a morte não deve ser temida e a racionalidade nos levaria à paz em meio ao sofrimento e à desordem. É possível entender por que a igreja temia tanto um texto desse! "Ordenando ao seu escriba que fizesse uma cópia", Greenblatt relata, "Poggio correu para tirá-lo do monastério", assim "libertando um livro que ajudaria, com o tempo, a desmantelar todo o seu mundo".[4] Por séculos a igreja havia "atacado, ridicularizado, queimado ou — o mais devastador — ignorado e, por fim, esquecido" a tradição racionalista de Lucrécio e seus colegas epicureus.[5] Mas a redescoberta de Poggio foi um milagre secular, uma "virada", na qual o curso natural dos eventos — nesse caso, a tentativa da igreja de sufocar o conhecimento — foi evitado, e uma nova trajetória foi aberta para o mundo. Esse caminho foi o Renascimento italiano dos séculos 14 e 15 e o nascimento da educação moderna.

A epopeia narrada por Greenblatt é cativante. Ela ressoa bem com a saga contada de modo recorrente sobre uma "idade das trevas" de ignorância implacável que teve início com o colapso da sociedade romana por volta de 500 d.C. e continuou pelos próximos oitocentos anos até o período de 1300 a 1500. Só então os humanistas italianos do Renascimento reviveram o estudo da literatura clássica antiga e colocaram a Europa no caminho da renovação artística e intelectual.

A história de Greenblatt é parcialmente verdadeira, o que significa dizer, na verdade, que ela é, em sua maior parte, falsa. O detalhe encontrado no cerne de *The swerve* é razoável o suficiente: Poggio de fato descobriu uma cópia de *On the nature of things* [Sobre a natureza das coisas], de Lucrécio, em um monastério alemão em 1417. Pouco mais do que isso é histórico. O poema epicureu foi importante para os eruditos renascentistas quando foi encontrado, mas o Renascimento em si já havia começado mais de meio século antes. Em nenhum sentido *On the nature of things* foi "a virada" que nos tornou "modernos".

O maior europeu do qual você nunca ouviu falar

Como muitos resenhistas apontaram,[6] Greenblatt oferece uma descrição da Idade Média irreconhecível aos especialistas no período. No núcleo do livro se encontra uma pista para sua própria inverdade: acadêmicos como Poggio Bracciolini sabiam muito bem que se você quisesse encontrar um manuscrito antigo e precioso em algum lugar, esse lugar teria que ser um monastério cristão, onde textos como o de Lucrécio eram preservados, estudados e copiados desde pelo menos o tempo de Carlos Magno, 600 anos antes. De fato, o grande medievalista Brian Tierney, da Universidade de Cornell, apontou que "mais de 90% das obras da Roma antiga que conhecemos hoje se encontram, na sua forma mais antiga, em um manuscrito carolíngio", ou seja, em um texto estudado e copiado por eruditos cristãos na era de Carlos Magno (séculos 8 e 9). Seus esforços meticulosos "formam a base de quase todas as edições modernas" da literatura romana clássica.[7] Talvez possamos acusar os monges medievais de *restringir* o acesso aos clássicos antigos para eles mesmos, mas não podemos acusá-los de ocultar esses textos, e menos ainda de destruí-los.

LUZ NAS TREVAS

Fechei o capítulo anterior com a imagem de Carlos Magno, no final do século 8, brutalizando os saxões, antes de moderar sua política sob a (provável) influência de Alcuíno de York. Mas existe um aspecto crucial do Império Carolíngio que precisa ser mencionado. Carlos Magno estabeleceu um programa educacional em grande escala de escolas e outros centros de aprendizagem que, antes de tudo, tornaram possíveis trabalhos de acadêmicos posteriores como os de Poggio Bracciolini. A chave aqui era o patrocínio apaixonado de Carlos Magno aos homens mais cultos da era, pessoas como o bispo erudito-poeta Teodulfo de Orleans (na região central da França), Paulo, o Diácono, e Alcuíno de York. Com a ajuda desses homens, Carlos Magno foi capaz de criar gerações de homens do clero, oficiais da corte e acadêmicos profissionais letrados. Eles estabeleceram o que os especialistas de hoje batizaram de o "Renascimento Carolíngio", seiscentos anos antes do Renascimento de Poggio e seus amigos. Conforme a medievalista Mary Garrison, da Universidade de York, atesta com ironia: "Alcuíno, não a redescoberta de Lucrécio no início da era moderna, foi a verdadeira 'virada' na cultura ocidental".[8]

No final do século 8, bem na época em que Carlos Magno oprimia os saxões no norte, o rei também estava tentando elevar a Europa a um alto

OPRESSORES E SANTOS

nível de florescimento legal, literário, artístico e acadêmico.[9] E se a quantidade de poesia formal serve de qualquer indicação da confiança estética de uma cultura, o Renascimento Carolíngio ultrapassa a presente era.[10]

A METODOLOGIA DA "SABEDORIA" NO APRENDIZADO

Alcuíno de York (735-804 d.C.) é provavelmente o maior europeu do qual você nunca ouviu falar. Isso não por conta dos seus esforços em persuadir Carlos Magno a adotar uma missão mais branda entre os saxões. É porque ele foi o arquiteto das reformas educacionais que se espalharam por toda a Europa nos séculos que vieram depois dele. Muito instruído e um gênio administrativo, utilizava esses talentos interligados para estimular a formação de um sistema escolar que reformulou a Europa.[11] Pouco tempo depois da morte de Alcuíno, um cronista o descreveu como "o homem mais versado que se poderia achar".[12]

Alcuíno nasceu em York por volta de 735. Naqueles dias, York já obtivera reputação por sua educação. O cabeça da escola catedralícia de York à época era o talentoso Etelberto, mais tarde arcebispo de York. Ele insistia que seus alunos aprendessem mais que técnicas de leitura da Bíblia e calcular as datas do calendário eclesiástico (o foco de muitas escolas primitivas). E queria que eles aprendessem por amor ao aprendizado, e só então aplicar o que sabiam à compreensão das coisas de Deus. Alcuíno foi para a escola de York quando criança. Como filho de pais da pequena nobreza, esperava-se que ele recebesse a melhor educação disponível com o intuito de contribuir para a sociedade.

Ele se sobressaía nos estudos em relação a todos os outros, e desenvolveu um amor intenso pela fé cristã. As duas coisas seriam os pilares da sua longa carreira. Alcuíno tornou-se professor na mesma escola e foi escolhido para acompanhar Etelberto em viagens ao continente, até a longínqua Itália, coletando novos livros ou novos manuscritos de livros antigos, cristãos e clássicos. A biblioteca da Catedral de York tornou-se o orgulho do país, contendo obras teológicas e seculares. Mais tarde, quando seu mentor Etelberto assumiu o cargo de arcebispo em 766, Alcuíno tornou-se o diretor da Escola de York — talvez a escola mais prestigiosa do mundo —, com cerca de 30 anos de idade. Ele também foi ordenado diácono da igreja pouco tempo depois, um sinal de que pretendia colocar seu prodigioso talento intelectual a serviço de Cristo.

O maior europeu do qual você nunca ouviu falar

A Catedral de York adotou uma filosofia educacional conhecida pela máxima "teologia como sabedoria".[13] Não é tão assustador quanto parece. Trata-se de uma ideia que remonta aos tempos bíblicos. A teologia como sabedoria ensina que Deus criou o universo a partir de sua própria capacidade, ou sabedoria. Como consequência, o mundo funciona não de maneira fortuita, mas de acordo com princípios profundamente racionais, os quais, pela graça de Deus, a sabedoria humana treinada pode descobrir (pelo menos em parte). A primeira vez que essa ideia aparece é no Antigo Testamento, no livro de Provérbios, capítulo 8, séculos antes de Cristo. Na prática, essa perspectiva educacional significa que aprender a respeito do mundo de Deus é *em si mesmo* um ato de adoração, pois trata de procurar sinais da própria sabedoria divina impressos na criação. Aprender sobre os movimentos planetários, os animais, a lógica, e assim por diante, significa cumprir o antigo mandamento bíblico que diz: "Ame o Senhor, o seu Deus [...] de *todo o seu entendimento*" (Marcos 12:30, grifo nosso). Como resultado, a educação em York era bastante ampla, envolvendo gramática, lógica, matemática, música e muito mais.

A metodologia de York não era completamente nova, mas a retomada de uma abordagem ao aprendizado mais antigo, encontrada em toda parte na igreja primeva.

A EDUCAÇÃO NA IGREJA ANTIGA

Com frequência, os críticos afirmam que as igrejas antiga e medieval ignoraram o "conhecimento secular" e se dedicaram de forma exclusiva a aprender a respeito da Bíblia e especular acerca da teologia. Vez ou outra uma citação de um pai da igreja é tirada do contexto e apresentada como evidência disso. Um bom exemplo é Jerônimo (342-420 d.C.), um dos mestres cristãos mais influentes nos séculos 4 e 5. Jerônimo cresceu em meio à melhor educação romana pagã, apenas para rejeitar a literatura clássica por volta dos 30 anos (em 374 d.C.) depois de ter um sonho em que um anjo o acusa de preferir Cícero, o grande escritor latino, aos Evangelhos. "Tu és ciceroniano", o anjo crava, "não um cristão; pois onde está o teu tesouro, aí também estará teu coração".[14] Pelos quinze anos seguintes, Jerônimo recusou-se a ler autores pagãos. Em vez disso, ele se dedicou à tradução da Bíblia e a escrever comentários e ensaios cristãos. Durante esse período ele escreveu sua frase tão frequentemente citada (até mesmo por céticos): "Que comunhão tem a luz com as trevas? Que concórdia tem Cristo com Belial

OPRESSORES E SANTOS

[o Diabo]? O que tem Horácio em comum com o saltério? Virgílio com os Evangelhos e Cícero com o Apóstolo?".[15] Isso soa como uma rejeição teológica da instrução secular.

Contudo, Jerônimo retornou aos clássicos por volta de 389, até sua morte trinta anos depois, em 420. Nesse período mais maduro, de modo especial em suas cartas para homens e mulheres versados e para as autoridades eclesiásticas, ele muitas vezes embelezava suas instruções e seus conselhos com citações de Cícero, Horácio, Virgílio e outros escritores pagãos. Em um importante artigo sobre Jerônimo, publicado há alguns anos, Arthur Stanley Pease, da Universidade de Illinois, descreveu a postura de Jerônimo como se movendo ao longo de três fases: 1) A devoção romana estritamente conservadora aos clássicos da sua infância e juventude adulta; 2) A desilusão e a rebelião radicais contra os clássicos após seu famoso sonho; e, por último: 3) O "liberalismo verdadeiro e maduro" das suas três décadas finais, quando Jerônimo era capaz de explicar com naturalidade uma frase do Novo Testamento e ilustrá-la com uma frase do épico *Eneida*, de Virgílio.[16]

A metodologia da "teologia como sabedoria" relativa ao conhecimento foi a norma entre os teólogos cristãos no período seguinte ao Novo Testamento, seja no século 2 (Justino Mártir, Clemente de Alexandria), no século 3 (Tertuliano de Cartago, Orígenes de Alexandria), no século 4 (Gregório de Nazianzo, Basílio de Cesareia, Gregório de Nissa, Lactâncio de Nicomédia), no século 5 (Agostinho de Hipona, Jerônimo de Belém) ou no século 6 (Boécio e Cassiodoro de Roma). Uma rápida busca desses nomes no Google mostrará que todos eles valorizavam o ensino secular como uma janela — ainda que muitas vezes opaca — para a sabedoria de Deus impressa no mundo.

Não só os intelectuais mais famosos da igreja apreciavam a educação nos tempos antigos. Sabemos que pelo menos a partir do século 2, qualquer um que desejasse se tornar um discípulo — lembre-se, "discípulo" significa nada mais, nada menos, que aluno — deveria passar por um período de rigorosa instrução. Considerando que a igreja no período antigo era composta principalmente por pessoas das classes mais baixas, essa evidência é de fato surpreendente. Por volta do ano 200 em Roma, por exemplo, se você quisesse se tornar um membro batizado da igreja, deveria fazer um curso de *três anos* com um professor autorizado, uma vez por semana, fora do horário do culto semanal na igreja. Isso equivalia a, no mínimo, 144 horas de aulas (já contando quatro semanas de folga por ano) apenas para ser iniciado na fé. Exceções podiam ser abertas para pupilos que despontassem.[17]

O maior europeu do qual você nunca ouviu falar

Essa *catequese* (a palavra grega que quer dizer "instrução") também podia ser acelerada. No século 4, em Jerusalém, havia uma metodologia mais rápida e intensa de estudos catequéticos: três horas de lições por dia, seis dias por semana, durante as sete semanas que antecediam a Páscoa. Sobre isso, temos o testemunho ocular de uma mulher de linhagem nobre chamada Egéria, que visitou Jerusalém (saindo da Gália ou talvez até da Espanha) no século 4: "Todos eles são ensinados durante esses 40 dias, isto é, da primeira hora à terceira hora, pois a catequese corre por três horas. Tendo sido concedida a dispensa da catequese na terceira hora, o bispo é imediatamente conduzido dali com hinos até a Anastasis (ou seja, a Basílica do Santo Sepulcro) e a dispensa acontece na terceira hora; e assim eles são ensinados durante três horas por dia por sete semanas, porque na oitava semana, chamada a Grande Semana, não há tempo para serem ensinados".[18] No total, eram 126 horas de aula. E, lembre-se, isso era só para ser batizado.

Temos também boas evidências acerca do *conteúdo* que os alunos precisavam estudar. Nas primeiras cinco semanas, o foco do ensino era o texto bíblico, especialmente Gênesis, a lei do Antigo Testamento e, por fim, os evangelhos e epístolas do Novo Testamento. O material era muito "apologético", enfatizando os modos pelos quais a verdade de Deus supera as afirmações da filosofia e da religião pagãs, como do judaísmo. Nas sexta e sétima semanas, os estudantes eram introduzidos linha por linha ao *Credo Niceno*, um denso resumo de três parágrafos de Deus Pai como Criador, Deus Filho como Redentor e Deus Espírito Santo como o doador da vida da igreja.[19] Se eu citasse aqui algumas das lições catequéticas dessa época que chegaram até nós (as aulas do bispo Cirilo de Jerusalém), você ficaria espantado — como eu fiquei — com o nível de sofisticação literária e filosófica que os líderes da igreja exigiam dos seus ouvintes naqueles tempos.[20]

Os cristãos atuais podem criticar essas políticas eclesiásticas antigas: se as pessoas querem seguir Jesus, pode-se argumentar, deve ser permitido a elas se batizarem na hora, sem serem obrigadas a estudar devido à imposição de homens! Com certeza. Mas esse programa educacional antigo surgiu de dois fatores históricos importantes. Primeiro, os cristãos nesse período eram uma minoria cercada por uma cultura predominantemente pagã. Havia tanta coisa para desaprender quanto para aprender. Segundo, os cristãos descobriram do jeito mais difícil que se eles não tivessem raízes profundas no conteúdo da fé, não sobreviveriam às pressões da perseguição. Por mais que eu esteja feliz de não mais precisar convidar os que me

OPRESSORES E SANTOS

questionam a participar de um curso de 126 horas de aulas para entender a fé, sinto que os segmentos da igreja moderna perderam algo do rigor das suas contrapartes antigas.

Com isso em mente, deixe-me retornar a Alcuíno, nas distantes Inglaterra e Europa do século 8, e às suas tentativas de reviver o espírito do aprendizado na igreja e na sociedade.

ESTUDANDO COM ALCUÍNO

Alcuíno não era exatamente uma novidade na história da igreja, mas sua contribuição chegou em um momento crucial para a Europa. Depois das vitórias dos bárbaros sobre os romanos na Gália no século 6, a Europa vivenciou instabilidade civil por pelo menos um século, enquanto os merovíngios e, em seguida, os carolíngios buscavam o poder e se esforçavam para expandir e consolidar seus reinos. A educação formal característica dos romanos não desapareceu nesse período,[21] mas ela transformou-se em um luxo da elite, algo que se costuma esperar só de cortesãos, bispos e monges. A relativa estabilidade do longo reinado de Carlos Magno sobre a Europa no final do século 8 fornecia as condições perfeitas para a recuperação de um projeto educacional mais amplo.

Alcuíno chamou a atenção de Carlos Magno em uma de suas viagens da Inglaterra para a Europa. O rei sabia identificar um talento extraordinário quando se deparava com um. Em uma reunião em Parma (norte da Itália) em 781, Carlos Magno insistiu que Alcuíno integrasse sua corte e atuasse como conselheiro pessoal e um tipo de ministro da educação. Alcuíno consentiu. Poucos anos depois, ele se mudou para a corte, que se fixou em Aachen, na parte oeste da Alemanha. Dali, e mais tarde de um monastério em Tours, na França, Alcuíno comandou um grande programa educacional nos monastérios e nas catedrais da Europa.

As cartas e leis de Carlos Magno nesse período impunham exigências claras: "Considerando de nosso interesse que as condições de nossas igrejas devam sempre avançar em direção a coisas melhores", ele escreveu em 786, "nos esforçamos com zelo vigilante para reparar o empreendimento da educação, quase destruída pela indolência dos nossos pais, e convocar quem pudermos, mesmo que pelo nosso próprio exemplo, a dominar os estudos das artes liberais".[22] Carlos Magno de fato tentou liderar pelo exemplo, solicitando que Alcuíno e outros lhe ensinassem latim, grego e muitas outras matérias. Seu sucesso foi bastante limitado, de acordo com o próprio

O maior europeu do qual você nunca ouviu falar

cronista de Carlos Magno. O rei dormia com as tábuas e anotações sob seu travesseiro para praticar sua escrita a qualquer hora do dia, "mas seus esforços tardaram a começar e pouco alcançaram", a crônica reporta.[23]

A famosa legislação educacional de 789 do rei, conhecida como "Admoestações gerais" (*Admonitio generalis*), proclamava: "Que o clero se una e associe a si não só as crianças em condições servis, mas igualmente os filhos de homens livres. E que escolas nas quais os meninos possam aprender a ler sejam fundadas".[24] Foi uma lei divisora de águas para a história do Ocidente. Cerca de setenta escolas como estas foram ativas o suficiente nesse período para deixar um registro de suas atividades.[25] Algumas delas (incluindo as escolas de Fulda, Tours, St. Gallen, Auxerre, Liège, Metz, Laon, Salzburgo e Reims) tornaram-se famosas pela Europa, atraindo muitos alunos. Em alguns desses centros, "os estudantes correspondiam a uma quantidade entre 26% e 49% da população adulta", informa John Contreni, da Purdue University, nos EUA. Muitas crianças dessas escolas se tornariam proeminentes na igreja e na vida secular no século 9, incluindo Remígio de Auxerre (841-908 d.C.), um especialista em literatura grega e latina antiga e professor do imensamente influente reformador do século 10, Odão de Cluny (879-942 d.C.), que conheceremos no capítulo 17.[26]

A ênfase do Renascimento Carolíngio recaía com clareza sobre a educação de meninos. Mas as meninas não foram de todo excluídas. Uma carta de Incmaro (806-882 d.C.), o arcebispo de Reims, recomenda que as garotas não sejam ensinadas no mesmo lugar que os garotos, indicando que elas de fato recebiam educação.[27] E das mais de 200 cartas do próprio Alcuíno conservadas — muitas das quais endereçadas a mulheres —, fica claro seu interesse pessoal em ensinar meninas. A astronomia, em particular, tornou-se a sensação do momento entre as senhoras da corte carolíngia.[28] Com efeito, existem "muitas evidências para apoiar a noção de que a atividade literária era bastante difundida entre as mulheres da nobreza no Império Franco", escreve Steven Stofferahn em um ensaio sobre o tópico. Temos uma breve carta de uma menina anônima à sua professora, a "Mestra Felhin", pedindo permissão para virar a noite com outra menina da escola "lendo e cantando em honra do nosso Senhor".[29] Um catálogo da biblioteca da Catedral de Colônia do ano 833 registra livros emprestados a várias mulheres leigas da comunidade.[30] E há claras evidências de escribas mulheres em pelo menos nove cidades francas.[31]

O foco não era só as elites. Às vezes, as crianças pobres também frequentavam essas escolas. A própria lei de 789 — citada há pouco — menciona

OPRESSORES E SANTOS

"crianças em condições servis". E o biógrafo de Carlos Magno, Notker de St. Gallen (ele mesmo produto do sistema escolar de Alcuíno[32]), relata que o rei em pessoa ordenou que crianças pobres frequentassem as escolas e, ocasionalmente, até inspecionava seu progresso. O rei aparecia na escola para avaliar suas "letras e poemas" — um prospecto apavorante para os alunos. Em uma dessas inspeções, as crianças de classes mais baixas se saíram melhores que as nobres "em todas as dimensões da sabedoria, mais do que qualquer um poderia esperar". O rei repreendeu as crianças ricas por sua preguiça e por se interessarem só no prazer. Uma criança pobre do grupo tornou-se secretário e escrivão da corte.[33]

Alcuíno insistia nas sete "artes liberais". As três primeiras disciplinas formavam o *trivium*, ou o caminho tríplice: gramática (latim), lógica formal e retórica, ou o estudo das regras de persuasão. Depois de completar o *trivium*, os alunos podiam entrar no *quadrivium*, ou caminho quádruplo: aritmética, geometria, música e astronomia. Alcuíno gostava de citar uma passagem da Escritura para ilustrar como esses sete campos de estudo eram fundamentais para a vida sábia: "A sabedoria construiu sua casa; ergueu suas sete colunas" (Provérbios 9:1). "Ninguém", Alcuíno dizia, "chegará ao conhecimento perfeito a menos que seja elevado do estado atual por esses sete pilares ou degraus".[34]

Da mesma forma, Alcuíno exigia de seus alunos e companheiros acadêmicos a caligrafia da maior qualidade. Isso pode não parecer muito até você buscar no Google por "Carolingian Minuscule" e ver as imagens das letras belas e estranhamente reconhecíveis. O modelo de escrita que ele estabeleceu como padrão tornou-se a base da escrita à mão não cursiva moderna no Ocidente. É também a base para a fonte que estou usando agora, enquanto digito estas palavras no computador (Times New Roman).

As sete artes liberais promovidas por Alcuíno foram em essência as precursoras da erudição séria que Etelberto, Alcuíno, Teodulfo de Orleans, Paulo, o Diácono, e muitos outros esperavam de si mesmos e de todos os que virariam mestres e acadêmicos depois deles. Uma vez dominadas as artes liberais, os alunos podiam passar para os assuntos mais prementes: história, história natural (ciências físicas) e, é óbvio, teologia. Um manual para o clero datado daqueles dias indica que se esperava dos jovens aspirantes ao sacerdócio o domínio das sete artes liberais, como um pouco de filosofia, antes de embarcar na sua educação teológica e pastoral.[35] Outras matérias avançadas incluíam medicina e direito.[36] Certa vez, Alcuíno escreveu para Carlos Magno que nada é mais importante para a vida e para o

O maior europeu do qual você nunca ouviu falar

exercício da liderança "que a beleza da sabedoria, o louvor da instrução e as vantagens da erudição".[37]

Estudar gramática, lógica, retórica, matemática, música, astronomia e todo o resto era considerado um ato de devoção ao todo-sábio Deus. Era aprender acerca da "sabedoria" que o Criador havia imprimido no mundo. Para Alcuíno e seu círculo, e para todos aqueles que eles inspiraram, isso envolvia conhecer não só a Bíblia e os pais da igreja, como Agostinho, Gregório, o Grande, Jerônimo e Ambrósio, mas igualmente todos os autores gregos e romanos antigos (clássicos) nos quais eles porventura conseguissem colocar as mãos. Dos catálogos, das cartas e dos manuscritos de Alcuíno provenientes desse período conservados, nós sabemos que isso incluía Platão, Aristóteles, Galeno, Plínio, o Velho, Horácio, Cícero, Sêneca, Virgílio, Tito Lívio, Ovídio e cerca de 60 outros autores.[38] Sua amplitude de aprendizado é impressionante. Eu tenho um doutorado em História Antiga, concluído em uma universidade estatal muito bem equipada, mas confesso que nunca li todos os autores que esses mestres medievais absorviam. E com certeza não consigo citá-los na hora que eu quiser — como Alcuíno fazia sempre em seus poemas e cartas, de cor!

Pode ser que houvesse apenas de 300 a 500 títulos diferentes nas melhores bibliotecas carolíngias.[39] Mas temos evidências da cópia e produção de pelo menos 7 mil livros nas oficinas do século 9. Tendo em vista que nossas fontes do período são fragmentárias e aleatórias, o número real deve ter sido muito maior, talvez 50 mil livros.[40] A história da "Idade das Trevas" em que a igreja suprimiu o conhecimento é uma ficção elaborada nos tempos modernos, como explorarei no capítulo 19. A narrativa raramente é desmentida nos dias de hoje porque muito poucos de nós estudamos a Europa medieval. Por que deveríamos — não era a "Idade das Trevas"!?

A influência monumental de Alcuíno e dos outros eruditos da corte carolíngia é mais bem descrita por Rosamond McKitterick, professora de História Medieval na Universidade de Cambridge:

> Essa nova cultura vibrante do final do século 8 e do século 9 lançou as bases essenciais da cultura europeia daí em diante. É importante enfatizar, no entanto, que os francos eram herdeiros dos romanos. Eles se apropriaram das ideias e técnicas de arte e erudição romanas e cristãs. A igreja cristã forneceu o arcabouço espiritual e moral e as necessidades educacionais e litúrgicas específicas que os carolíngios se empenharam para atender. Apesar disso, os francos na era carolíngia também eram muito criativos: eles edificaram sobre o que herdaram e usaram isso com vigor para criar algo

distintamente carolíngio que se tornou o alicerce do desenvolvimento subsequente da cultura europeia medieval.⁴¹

As ambições de Alcuíno e do Renascimento Carolíngio receberam um ímpeto renovado nas diretrizes posteriores da igreja. O papa Gregório VII decretou em 1079 que toda catedral na cristandade deveria criar uma escola para a sua região. E os concílios eclesiásticos universais de 1179 e 1215 reiteraram a exigência, acrescentando o requerimento econômico de "que até os alunos sem um tostão furado poderiam ser ensinados".⁴² A tradição de educação avançada consolidada por Alcuíno — gramática, lógica, retórica, aritmética, geometria e astronomia, e *só então* história, ciência e teologia — determinou o padrão educacional na Europa, ainda que intermitente, pelos próximos mil anos. E o movimento de educação clássica nos EUA hoje ainda é modelado com base nessa estrutura. Por último, as primeiras "universidades" europeias no século 12, em Bolonha, Paris, Oxford e Cambridge, todas são devedoras das ambições educacionais da igreja medieval.⁴³ De fato, universidades como Oxford, cujo moto ainda é *Dominus illuminatio mea*, "o Senhor é minha luz", permanecem sendo um testemunho concreto de uma tradição educacional que encontra suas origens em Alcuíno e, antes dele, nos pais da igreja, e, antes deles, nos clássicos da Grécia e de Roma. Alcuíno, com seu patrono régio Carlos Magno, foi a verdadeira "virada" na cultura ocidental.

Uma coisa da qual a igreja medieval não pode ser acusada é de ter ignorado a vida da mente. Ouso dizer que um aluno sênior talentoso da Escola de Tours do ano 800 ganharia em uma aposta com um aluno atual de uma universidade anglófona em questões de gramática e sintaxe, fluência em uma segunda língua, as regras da lógica formal, retórica, poesia e até astronomia observacional (ou seja, calcular os movimentos dos corpos celestiais). E sua caligrafia seria absurdamente melhor!

Mas todo esse conhecimento não foi capaz de evitar que a igreja se tornasse vítima de sua própria estupidez ao longo desses mesmos séculos. Um elemento na narrativa da "Idade das Trevas" não pode ser negado: no afã de converter as culturas guerreiras da Europa pagã, a própria igreja transformou-se na maior opressora de todas. Essa é a lamentável história que preciso contar no próximo capítulo.

| CAPÍTULO 16 |

Cavaleiros de Cristo:

o prelúdio à "guerra santa" na marcha para 1100

Mas não é o mesmo a respeito dos cavaleiros de Jesus Cristo, pois combatem somente pelos interesses do seu Senhor, sem temor de incorrer em algum pecado pela morte dos seus inimigos nem em perigo nenhum pela sua própria.

— BERNARDO DE CLARAVAL

Uma das peculiaridades do cristianismo, desde as suas origens, é a relativa falta de símbolos culturais específicos que as pessoas sejam obrigadas a carregar para serem consideradas cristãs. A religião tem suas convicções teológicas e morais, é óbvio, como seu próprio texto sagrado, a Bíblia. Mas o cristianismo jamais teve uma língua sagrada que seus adeptos fossem encorajados a aprender; jamais teve leis dietéticas ou exigências de trajes; jamais se atrelou a épocas ou lugares particulares — a peregrinação a locais considerados santos sempre teve pouca importância no cristianismo comparada com outras tradições. Nunca houve carreiras específicas que os cristãos devessem evitar, à exceção de profissões imorais, e nem categorias — raciais, credais ou até morais — de pessoas com as quais os crentes não pudessem se associar ou compartilhar uma refeição. O próprio Cristo foi chamado de "amigo de publicanos e pecadores" (Lucas 7:33-34).

A igreja nunca teve também um perfil étnico distintivo. Ela começou entre os povos semíticos (judeus da Galileia e da Judeia), mas no espaço de

OPRESSORES E SANTOS

vinte anos se estabeleceu entre os indo-europeus na Ásia Menor, gregos e italianos. No espaço de 200 anos ela já se espalhara entre os árabes, os norte-africanos, os gauleses (franceses), os espanhóis e os celtas da Britânia. Mesmo hoje, um número mais ou menos igual de cristãos vivem na Europa (26%), na América Latina e Caribe (24%) e na África Subsaariana (24%).[1] E o maior grupo de cristãos professos nos EUA são mulheres negras.[2] Já no século 2, os cristãos corroboravam essa constatação nas suas interações com o mundo pagão. Um texto de 150 d.C. declara: "Nós vivemos em cidades gregas e bárbaras, conforme a sorte lançada de cada um, e seguimos os costumes locais nos modos de nos vestirmos e nos alimentarmos e em outros aspectos da vida".[3]

Tudo isso é uma força e uma fraqueza. Por um lado, isso fez do cristianismo uma fé facilmente disseminável. Ele se sente em casa tanto na África e na China quanto na França e nos EUA. Este é, sem dúvida, pelo menos em parte, o motivo pelo qual o cristianismo tornou-se a primeira — e, agora, a maior — "religião mundial" da história.[4] Por outro lado, a relativa falta de padrões sociais rígidos no cristianismo, combinada com seu zelo missionário, é uma das suas vulnerabilidades mais profundas. Os cristãos tendem a adotar normas locais e a acomodar a si mesmos ao contexto local. A capacidade e o desejo de *se encaixar* em uma cultura receptora os torna suscetíveis à tentação de sacrificar alguns dos seus próprios ideais no afã de fazer amigos e influenciar pessoas. (Não estou negando que os cristãos, algumas vezes, também universalizaram suas expressões locais de cristianismo e as impuseram colonialmente a cristãos em outras partes do mundo.)

O próprio Novo Testamento, ao mesmo tempo, celebra a flexibilidade social do cristianismo *e* alerta os cristãos quanto à tentação de se moldarem à sociedade local. "Tornei-me judeu para os judeus, a fim de ganhar os judeus", o apóstolo Paulo escreveu para os coríntios por volta de 55 d.C. "Para os que estão sem lei, tornei-me como sem lei (embora não esteja livre da lei de Deus, mas sim sob a lei de Cristo), a fim de ganhar os que não têm a lei. Para com os fracos tornei-me fraco, para ganhar os fracos. Tornei-me tudo para com todos, para de alguma forma salvar alguns" (1Coríntios 9:20-22). A menção de permanecer "sob a lei de Cristo" — uma referência ao ensino de Cristo, ou os versos da melodia original — é a parte dessa equação pela qual os cristãos, às vezes, passam batido. E Paulo adverte de forma explícita contra tal acomodação moral na sua carta às igrejas romanas cerca de um ano depois: "Não se amoldem ao padrão deste mundo, mas transformem-se pela renovação da sua mente" (Romanos 12:2). Essa é a teoria.

196

Cavaleiros de Cristo

Mas, falando com franqueza, essas advertências têm sido insuficientes para prevenir a igreja de "se amoldar ao padrão deste mundo" em uma miríade de formas. A flexibilidade cultural do cristianismo pode, a meu ver, deixá-lo vulnerável a modificações. Na busca por se acomodar a uma configuração local, ele pode comprometer a própria lógica moral. Algo parecido com isso aconteceu em larga escala na Idade Média. À medida que a igreja tentava ganhar as culturas guerreiras pagãs para a fé, na França, na Alemanha ou na Escandinávia, ela, de alguma maneira, conseguiu transformar Jesus no "chefe militar" supremo e sua igreja nos "cavaleiros de Cristo". Deixe-me contar essa história.

A CONVERSÃO DA IGREJA

Um dos temas principais dos capítulos 13 a 15 foi o modo como o Império Romano do Ocidente caiu e a igreja cristã sobreviveu e cresceu, convertendo gauleses, francos e saxões e fundando inúmeros monastérios, igrejas e escolas por toda a Europa. A igreja provou ser mais que apenas "romana". Sua liderança espiritual permaneceu em Roma, é claro, mas a igreja mais ampla era uma estranha força internacional e transcultural. Ela era politicamente ativa onde quer que estivesse — para o bem ou para o mal —, mas ela era também, de alguma forma, imune às fortunas passageiras de qualquer regime particular — romano, bárbaro, merovíngio ou carolíngio. O cristianismo era adotado muitas vezes como uma "religião estatal", mas ele não nascia e morria com nenhum Estado. Na verdade, durante a Idade Média, com frequência, Estados cristãos entravam em guerra uns com os outros — como fizeram séculos depois na Primeira e Segunda Guerras Mundiais —, mas eles não pensavam em combater a "religião" um do outro. Talvez não exista sinal mais claro da conversão da Europa que o fato de Estados cristãos europeus poderem travar guerras uns com os outros sem qualquer sensação de estarem exaltando a própria fé em detrimento da do outro!

O cristianismo foi bem-sucedido além das fronteiras do mundo romano, a partir do qual ele teve início. Mas esse sucesso foi uma faca de dois gumes, trazendo desafios e exigindo concessões. Como a conversão do imperador romano no começo do século 4 transformou inesperadamente a igreja em uma personagem ativa no jogo da riqueza e do poder de um império, a conversão da aristocracia guerreira da Gália, da Inglaterra e de parte da Alemanha provocou novas "negociações" com um modo de vida no mínimo tão antigo quanto Roma. A igreja converteu muitos, e ela mesma foi convertida no processo.

OPRESSORES E SANTOS

Clóvis, rei dos francos (466-511 d.C.), mencionado no capítulo 13, constitui um exemplo da negociação cristã com o poder. Ele se declarou cristão e foi batizado de forma pública por volta do ano 500. Mas seu cristianismo não parece ter envolvido, em nenhum sentido, o amor aos inimigos ou o "dar a outra face". Ele chegou ao poder após uma série de vitórias brutais contra redutos romanos na Gália e em outros lugares, e manteve esse poder por três décadas valendo-se de um expediente similar. É provável que a tradição cristã primitiva de ser perseguido por causa da fé, de ser um bom perdedor, jamais tenha passado por sua mente.

Nós temos cartas trocadas e preservadas entre Clóvis e bispos locais. Elas contam uma história muito interessante. Por exemplo, pouco antes do ano 500, o bispo Remígio de Reims escreveu para o rei rogando-lhe que cumprisse seu dever para com os pobres e marginalizados: "Que a justiça saia de sua boca. Não espere nada dos pobres e dos estrangeiros. Que sua corte seja aberta a todos, para que ninguém saia dela abatido. Liberte os cativos e livre-os do jugo da servidão com quaisquer propriedades paternais que possuir". Até aqui, tudo bem. Mas Remígio também agrada o rei com elogios às suas conquistas, apesar de Clóvis ter sido um comandante brutal: o rei é "o notável senhor, grandemente estimado por seus méritos". Remígio pede, então, que Clóvis mantenha perto de si os bispos cristãos: "Convoque conselheiros capazes de fazer crescer sua reputação. Sua generosidade deve ser pura e decente, e respeite seus bispos e sempre recorra aos conselhos deles; e se boa concórdia se achar entre vocês, a sua província prevalecerá".[5]

Essa correspondência é um misto desconcertante de pregação cristã sábia e bajulação. Aqui, vemos a igreja — na pessoa de um dos principais bispos nas fronteiras do cristianismo — *convertendo* e *sendo convertida* por uma aristocracia guerreira antiga. Eu não duvido das intenções espirituais do bispo Remígio. Mas também não posso ignorar sua avidez por amarrar seu cavalo, o cavalo da *igreja*, à cultura corrente daqueles dias.

Outra carta do mesmo período é, para mim, ainda mais aterradora nas suas possibilidades. O bispo Ávito de Vienne (sudeste da França) implora ao rei Clóvis que leve seu cristianismo recém-descoberto para as regiões que ele pretende conquistar. O documento termina de forma abrupta justo no trecho em que os detalhes dos planos militares de Clóvis seriam mencionados, mas fica claro que o bispo vê isso como uma grande oportunidade, orquestrada por Deus, para difundir o cristianismo com ainda mais profundidade na Europa pagã. Ele louva o rei por seu batismo recente, seus sucessos e sua "justiça" (Clóvis era mais conhecido por sua falta de misericórdia). Em seguida, ele muda o tom: "Há uma questão na qual enxergo possibilidades de melhora". Por intermédio das vitórias de Clóvis, "Deus torna o seu povo completamente dele [ou seja, os leva para um domínio cristão]". Portanto, "eu peço que estenda do bom depósito de seu coração a semente da fé para povos ainda mais remotos". O bispo Ávito deseja que campanhas missionárias sejam empreendidas para aqueles "ainda situados em um estado de ignorância natural", ele diz. "Não se envergonhe ou relute em enviar embaixadores no assunto e em acrescentar ao reino de Deus, que fez seu domínio se expandir sobremaneira."[6]

O bispo Ávito não recomenda uma "guerra santa" cristã como uma forma de evangelização. Ele apenas espera que "embaixadores" cristãos se juntem à expansão do império europeu de Clóvis. É uma forma precoce de imperialismo religioso. Aonde quer que os exércitos merovíngios fossem nos dois séculos seguintes, bispos, presbíteros e diáconos eram enviados juntos com eles, e novos monastérios e igrejas eram inaugurados. Uma metodologia semelhante foi adotada por Carlos Magno e outros no século 9, mas com maior sofisticação jurídica, militar e educacional, como vimos nos capítulos 14 e 15.

Isso tudo é muito diferente da política de persuasão e autossacrifício advogada pelo papa Gregório I, Agostinho da Cantuária, Elígio, Bonifácio, o bispo Daniel, Vilibaldo, Alcuíno e outras pessoas no mesmo período. Como ocorre com tanta frequência na história da igreja, as coisas não são uniformes. Justo quando os cristãos parecem estar no seu melhor, eles fazem alguma coisa surpreendentemente terrível. Justo quando eles parecem os maiores opressores, um reformador se levanta para conclamar a igreja a voltar às suas tradições básicas.[7]

Com o passar do tempo — mais ou menos no meio do caminho entre Jesus e hoje —, a Europa foi conquistada para Cristo, em parte por meio do "poder suave" e, em outra parte, por meio da "valentia". É difícil resistir à percepção de que, conforme a igreja convertia a aristocracia guerreira da Europa pagã — agora Europa cristã —, a própria igreja era atraída por uma cosmovisão mais militarista. A conversão da Europa envolveu uma negociação complexa de culturas que, no fim, acabou tornando a noção de "guerra santa" cristã inteiramente plausível. Quando o imperador bizantino Aleixo I apelou à cristandade ocidental nas décadas de 1080 e 1090 por ajuda para defender a cristandade oriental da marcha do islã, a igreja estava pronta para ser a "cavaleira de Cristo".

OPRESSORES E SANTOS

DA "GUERRA JUSTA" À "GUERRA SANTA"

O célebre medievalista Christopher Tyerman, da Universidade de Oxford, examinou as múltiplas influências que culminaram na plena adesão da igreja à ideia de "guerra santa". Entre os fatores principais, é claro, estão os eventos ocorridos na longínqua cidade de Bizâncio, quando os exércitos islâmicos bateram às portas de Constantinopla (mais sobre isso no capítulo 18). Ele nota também o desenvolvimento da teoria da "guerra justa" de Agostinho muito mais cedo, no século 5, e como isso foi transformado pelos pensadores medievais em uma teoria da "guerra santa".[8]

Um fator importante para essa aceitação crescente da violência por parte da igreja é muitas vezes negligenciado. Parte da negociação cultural entre o cristianismo e a Europa pagã foi a aprovação cada vez maior, pela igreja, da tradição guerreira que se encontrava no coração das sociedades franca e saxã (germânica). Os grupos tribais europeus tiravam seu sustento ou de invasões anuais a comunidades vizinhas, seguidas da distribuição dos espólios entre os seus, ou (para os menos poderosos) se submetendo por meio de tratados aos senhores de guerra dominantes. A pilhagem e o pagamento de tributos eram os principais meios pelos quais se alcançava coesão social e econômica. Era uma tradição europeia que existia há séculos.[9]

Esse é o contexto em que a igreja se encontra entre 500 e 900, em meio às suas idas e vindas tentando converter todos. No processo de evangelizar os chefes militares medievais, "a única opção da igreja era reconhecer seus valores", Tyerman explica. Os Clóvis do mundo precisavam ser bajulados a fim de serem persuadidos. Seus feitos deveriam ser endossados antes de serem reformados. E as realidades econômicas da tradição guerreira precisavam ser aceitas se a igreja quisesse pegar carona na máquina de guerra com a mensagem de salvação para todos. "Em um mundo como esse, as virtudes do guerreiro franco e do bom cristão coincidiram."[10]

Em pouquíssimo tempo, os bispos nessas regiões passaram a ser escolhidos dentre as elites guerreiras, como na Roma do século 5 eles eram escolhidos dentre a classe dos senadores. Eles apareciam como grandes homens da nobreza, bem equipados com seus próprios bandos de guerra privados.[11] Sabemos de um abade (líder de um monastério) chamado Ébolo de Saint-Germain (Paris), que foi aplaudido por sua proeza com a balista, uma besta maior que o normal. Durante o Cerco de Paris pelos vikings, em 885-886, ele defendeu a cidade com coragem. Um monge contemporâneo de nome Abão, uma testemunha ocular da batalha, nos conta empolgado

200

Cavaleiros de Cristo

que Ébolo "conseguiu perfurar sete homens com um único dardo; como uma galhofa, ele ordenou que alguns deles fossem levados para a cozinha" (em outras palavras, para serem comidos no jantar!). As palavras fazem parte de um poema e sua intenção é, obviamente, hiperbólica. Mas isso era algo único até então: um abade-guerreiro cristão elogiado como a figura do herói clássico.[12]

O sinal mais marcante desse processo medieval de militarização do cristianismo é um poema em saxão antigo datado do século 9 intitulado *Heliand*, ou "Salvador". É uma releitura dos relatos do evangelho acerca de Cristo no estilo de uma saga heroica pagã. O próprio Jesus é descrito como um cavaleiro, e seus apóstolos são sua companhia de guerra itinerante. Com um total de 5.983 linhas e composto no estilo épico germânico, o *Heliand* toma termos principais dos mitos saxões pré-cristãos e atribui a eles "novos sentidos para os propósitos da missão cristã", observa James Cathey em seu comentário sobre o poema.[13] Até o Sermão do Monte — geralmente associado a uma ética do amor — é transposto no *Heliand* para descrever as recompensas dadas ao guerreiro magnânimo. Eis como as frases de abertura do Sermão do Monte (Mateus 5:1-10) são parafraseadas no *Heliand*:

> Então se aproximaram do Cristo Salvador
> > os companheiros que ele, o Poderoso,
> > havia elegido para si dentre o povo.
> Os sábios homens estavam
> > satisfeitos e por sua própria vontade junto ao filho de Deus.
> > Ansiavam por suas palavras.
> Disse-lhes que neste mundo seriam bem-aventurados
> > os que fossem em seus corações
> > pobres em nome da humildade.
> Bem-aventurados são também os que almejam
> > julgar com retidão.
> Serão recompensados por seus atos de juízo
> > no reino do Senhor. Deste poderão bem fazer parte
> > os que aqui agem com justiça e não querem seduzir com enganos
> > aos que se apresentam a juízo.
> Bem-aventurados são também aqueles que possuem ternura
> > em seu coração.
> Com eles o Santo Senhor, o próprio Poderoso, será benevolente.

OPRESSORES E SANTOS

Também seriam bem-aventurados, digo,
os que agem com retidão
e que por ele suportam
o ódio e o insulto dos mais ricos.
Também a eles serão outorgadas as pradarias do reino de Deus.

— *Heliand* 16[14]

Palavras ditas pela primeira vez para inspirar misericórdia, paz e não retaliação são relatadas no *Heliand* como um tipo de discurso de guerra proferido pelo "Poderoso" líder ao listar as recompensas devidas aos seus bons "homens de guerra". O autor do *Heliand* está obviamente tentando modificar a ética guerreira pagã na direção da justiça, mas as modificações envolvem, em algum nível, uma acomodação à própria cultura guerreira. "Ao mediar entre a mensagem cristã e os valores germânicos", conclui Christopher Tyerman, "o próprio vocabulário do cristianismo adotou as imagens apropriadas disponíveis às elites guerreiras".[15] Nesse contexto, o discipulado cristão poderia, sem muito esforço, ser estendido para incluir a violência física real pela causa de Cristo. É só lembrar de Ébolo, o mestre na arte da balista. E já que os monastérios nesse período precisavam, às vezes, ser protegidos de saqueadores violentos e invasores pagãos, os monges ficavam felizes em descrever os nobres cavaleiros que os defendiam como "servos verdadeiros de Deus".[16]

Quando o papa Urbano II anunciou a Primeira Cruzada em novembro de 1095, o palco já estava montado, havia muito tempo, para uma resposta europeia em larga escala, a qual se apoiou na antiga tradição guerreira redirecionada para Cristo. Quando as multidões em Clermont responderam naquele dia "Deus assim deseja", elas não estavam — em sua mente — tomando um novo e inesperado rumo na vida cristã. Elas estavam expressando o cumprimento de séculos de fusão cultural entre a visão universalista do cristianismo e a tradição heroica da elite guerreira. O resultado foi a "guerra santa" cristã, a luta contra os inimigos de Deus com a plena garantia papal de que tal violência não só era permissível, mas *redentora* para o "cavaleiro de Cristo" sincero.

A "ARMADURA DE DEUS"

Em um clima como este, parecia inteiramente plausível a um monge realizado como Bernardo de Claraval (1090-1153 d.C.) escrever acerca da violência sagrada. Ele era mais conhecido naqueles dias por seus tratados sobre

Cavaleiros de Cristo

o amor a Deus. Mas na esteira da Primeira Cruzada, Bernardo redigiu seu famoso *In praise of the new knighthood* [Em louvor aos novos cavaleiros]. Aqui, ele assegura aos soldados da recém-criada Ordem dos Templários que lutar em uma cruzada não é o mesmo que batalhar por honras mundanas. Bernardo critica as formas tradicionais do ofício de cavaleiro, que almejavam riquezas e glória, e as contrasta com o cavaleiro de Cristo:

> Mas não é o mesmo a respeito dos cavaleiros de Jesus Cristo, pois combatem só pelos interesses do seu Senhor, sem temor de incorrer em algum pecado pela morte dos seus inimigos nem em perigo nenhum pela sua própria, porque a morte que se dá ou recebe por amor de Jesus Cristo, muito longe de ser criminosa, é digna de muita glória. [...] Certamente, quando mata a um malfeitor, não passa por um homicida, mas antes, se me é permitido falar assim, por alguém que mata o mal; pelo justo vingador de Jesus Cristo na pessoa dos pecadores e pelo legítimo defensor dos cristãos.[17]

Devo acrescentar que Bernardo — ou *são* Bernardo, como é conhecido na tradição católica — prossegue no texto exortando os cruzados a agirem com justiça, a se vestirem com modéstia e a buscar a paz e a frugalidade, e não a glória terrena. Em teoria, essa era uma forma significativamente moral de fazer guerra. Abusos tais como os vistos vez ou outra entre as forças especiais hoje — seja nas tropas australianas ou americanas — teriam sido condenados, em sentido literal. Ainda assim, a defesa da violência "santa" com veemência elaborada por Bernardo é inequívoca e (a meu ver) deprimente ao máximo.

Fico particularmente chocado pela maneira com que Bernardo de Claraval tomou as *metáforas* militares do Novo Testamento e as *materializou*. Na carta de Paulo aos efésios, o apóstolo do século I compara a vida cristã à "guerra" contra a tentação e a perseguição. A natureza simbólica do parágrafo não poderia ser mais clara:

> Por isso, vistam toda a armadura de Deus, para que possam resistir no dia mau e permanecer inabaláveis, depois de terem feito tudo. Assim, mantenham-se firmes, cingindo-se com o cinto da verdade, vestindo a couraça da justiça e tendo os pés calçados com a prontidão do evangelho da paz. Além disso, usem o escudo da fé, com o qual vocês poderão apagar todas as setas inflamadas do Maligno. Usem o capacete da salvação e a espada do Espírito, que é a palavra de Deus (Efésios 6:13-17).

OPRESSORES E SANTOS

A armadura de Deus é metafórica em Paulo. Ele até explica cada item: o cinto é a verdade, a couraça é a justiça, e assim por diante. Mas mil anos depois de Paulo, Bernardo alude a essa mesma imagem do Novo Testamento para endossar armadura e armamentos *concretos*. "Certamente que este soldado é intrépido e está defendido por todos os lados; o seu espírito acha-se armado com o capacete da fé, igual ao da couraça de ferro do seu corpo", escreve Bernardo. "Portanto, valorosos cavaleiros, marchem com segurança, derrotem com uma coragem intrépida os inimigos da cruz de Jesus Cristo", isto é, os muçulmanos na Terra Santa.[18]

Bernardo de Claraval fez uma manobra interpretativa extraordinária. Observei no capítulo 12 que até os judeus no período de Jesus criam que as "guerras santas" da Torá (o Antigo Testamento) não justificavam guerras santas expansionistas no seu tempo. Também vimos que os cristãos deram um passo além e alegorizaram as batalhas de Josué para serem figuras de guerras espirituais, como na metáfora de Paulo trazida antes. Mas um milênio depois de Jesus e Paulo, Bernardo recoloca a "guerra santa" do Antigo Testamento e vira a "guerra espiritual" de Paulo de cabeça para baixo e do avesso, em um esforço para encorajar os soldados a lutarem contra os muçulmanos no Oriente. Christopher Tyerman coloca isso muito bem: "O simples fato de existir uma ideologia de guerra santa cristã é uma mostra de pragmatismo, de sofisticação, alguns podem até dizer de raciocínio sofístico, e de pura engenhosidade intelectual".[19]

CRISTINA, "A ESPANTOSA"

Bernardo não era, de modo algum, o único líder carismático a argumentar espiritualmente em favor da guerra santa. Uma geração depois dele, por volta da Quarta Cruzada (1198-1204 d.C.) e da Quinta (1213-1229 d.C.), uma espantosa mulher ganhou proeminência por ser a boca de Deus, como muitos criam. Ela, de fato, passou a ser conhecida como Cristina, a Espantosa (1150-1224 d.C.). Nascida na Bélgica e órfã desde muito cedo, Cristina padecia de convulsões regulares, uma das quais quase a matou quanto contava pouco mais de 20 anos. Na sua experiência de quase-morte, ela disse ter tido um vislumbre dos horrores do inferno, e despertou convicta de que sua missão era salvar outros, tanto por meio da sua pregação quanto por meio do seu sofrimento. Ela cria que devia suportar o sofrimento dos outros no purgatório (algo que em caráter definitivo não seria considerado boa teologia hoje!). E ela de fato sofreu bastante. Algumas punições ela infligia a si mesma — autoflagelação, fome, longos períodos ao ar livre no frio congelante. As pessoas à sua volta pensavam que ela era insana ou possuída por demônios; elas a ridicularizavam e, algumas vezes, chegaram a acorrentá-la. Em uma ocasião, ela foi atacada por um bando de cachorros.

Cristina, porém, proclamava Cristo para todos que encontrava. Ela participava da eucaristia todos os domingos, visitava os moribundos e chorava em público por causa dos pecados da sociedade. Muitos começaram a vê-la como algum tipo de "oráculo". Dez anos depois da morte de Cristina em 1224, seu biógrafo, o monge erudito Tomás de Cantimpré, escreveu: "Pelo exemplo de vida e com muitas palavras, com lágrimas, lamentações e clamores infindos, ela ensinou mais e bradou mais alto acerca do louvor e da glória de Cristo que qualquer um que tenhamos conhecido".[20] Muito de *Life of Christina the Astonishing* [A vida de Cristina, a Espantosa] é desmerecido pelos historiadores contemporâneos como um disparate hagiográfico, mas o poder geral e assombroso da sua personalidade pública é plausível o suficiente. E seu aval absoluto às Cruzadas (razão pela qual a menciono neste ponto) é de todo crível. Em 1187, quando Saladino recapturou Jerusalém, Cristina se alegrou abertamente: "Eu exulto porque hoje, Cristo, o Senhor, se regozija com os anjos", ela proclamou. Por quê? "Saibam que hoje, a Terra Santa foi entregue nas mãos dos ímpios, e, por intermédio desse evento, grande ocasião para a salvação foi concedida [...] eles [os cruzados] serão convertidos do caminho da injustiça para o caminho da justiça, e homens derramarão seu sangue na Terra Santa, e eles, por sua vez, retribuirão a morte de Cristo com grande devoção."[21] Por mais bizarro que isso possa soar, Cristina apenas afirma a teologia cruzada da época: a remissão dos pecados por meio do combate sagrado. Ela via as Cruzadas como uma oportunidade para homens pecadores e condenados ao inferno obterem a salvação. Sua enorme reputação como porta-voz divina pode muito bem ter contribuído para o profundo fervor que sabemos estar associado ao movimento cruzado justamente nesse período (começo do século 13). Por pura coincidência — é verdade —, acabei escrevendo estes dois últimos parágrafos no dia reservado à memória de Cristina (24 de julho). Tire suas próprias conclusões.

No final do primeiro milênio, o cristianismo já havia tomado o Ocidente em uma extensão não alcançada nem mesmo pelo Império Romano. Ele sobreviveu à queda de Roma e ao colapso da Gália. Encontrou novos convertidos

OPRESSORES E SANTOS

e benfeitores. Ele ensinou o caminho de Cristo aos reis, e aprendeu novas maneiras de recomendar e adaptar sua mensagem. Mas alguns aspectos da igreja tornaram-se tão finamente sintonizados à cultura que a circundava que, no final, acabaram por se tornar indistinguíveis dela. Se, no século 6, ser cristão e ser romano eram a mesma coisa, no século 11, ser cristão e ser franco ou saxão eram a mesma coisa. A Europa e a igreja se viram *convertidas* uma à outra.

No entanto, seria uma distorção sugerir que essa era a história principal da igreja na Idade Média, como se a coisa mais importante que acontecesse no período fosse o trabalho de teólogos como Bernardo e carismáticos como Cristina impelindo os europeus a se tornarem "cavaleiros de Cristo". O fato é que muito da antiga obra da igreja ainda estava em operação. Muitos profetas genuínos surgiam e acusavam a igreja por sua hipocrisia.

| CAPÍTULO 17 |

Profetas e hipócritas:

monastérios, instituições de caridade e reformas medievais

Façam o que eles dizem, mas não o que fazem.
— BENTO DE NÚRSIA

Ainda fico maravilhado — se essa for a palavra certa — com o fato de que, mil anos depois de Jesus Cristo, a violência era considerada uma dimensão aceitável da devoção cristã. Mas seria errado imaginar que essa era a maior preocupação da igreja no período medieval. A maior preocupação era o cuidado comum que observamos nos tempos mais antigos: a evangelização seguida da implantação de igrejas, monastérios, hospitais, instituições de caridade e escolas. E nós conhecemos muitos indivíduos nesse período que aspiravam à integridade cristã, a ponto de podermos concluir também que, mesmo nos momentos mais sombrios da história da igreja, a chama de Cristo ainda brilhava, expondo as trevas e incitando reformas.

A tradição dos profetas denunciando hipócritas e chamando-os de volta ao caminho certo começa, é claro, nas Escrituras judaicas. Os profetas demandavam recorrentemente que Israel abandonasse o simulacro de *religião*, com suas orações, jejuns e cerimônias, e, em vez disso, buscasse a verdadeira espiritualidade. "O jejum que desejo não é este", o profeta Isaías pergunta em nome do Todo-poderoso: "soltar as correntes da injustiça,

OPRESSORES E SANTOS

desatar as cordas do jugo, pôr em liberdade os oprimidos e romper todo jugo?" (Isaías 58:6). Cristo disse muitas coisas semelhantes: "Ai de vocês, mestres da lei e fariseus, hipócritas! Vocês dão o dízimo da hortelã, do endro e do cominho, mas têm negligenciado os preceitos mais importantes da lei: a justiça, a misericórdia e a fidelidade" (Mateus 23:23); "Hipócrita, tire primeiro a viga do seu olho, e então você verá claramente para tirar o cisco do olho do seu irmão" (Mateus 7:5). O termo *hupokritēs*, "hipócrita", significa, no sentido mais básico, "ator". Ele aparece dezessete vezes nos Evangelhos (na boca de Jesus), quatro delas no Sermão do Monte. Na teoria, o cristianismo tem um mecanismo autocorretivo embutido na vida e no ensino de Cristo. A acusação secular moderna de que a igreja está cheia de hipócritas é um eco histórico do ensinamento original de Cristo.

Ao longo de todos os séculos seguintes, surgiram cristãos "profetas" que apontaram os aspectos ruins da igreja e a conclamaram a voltar aos seus fundamentos. Já mencionei o bispo Elígio (século 7), que doou suas riquezas para libertar escravos estrangeiros e ensinou seus convertidos a fazer o mesmo. Conhecemos Bonifácio (século 8), para quem a persuasão e o sofrimento eram as verdadeiras armas da missão cristã. E vimos também o incomparável Alcuíno (também no século 8), que não apenas liderou um renascimento europeu, mas usou também sua posição privilegiada como a "única pessoa capaz de contestar Carlos Magno"[1] e suplicar ao rei que lidasse de maneira gentil com os saxões. A vida de personagens medievais tais como esses dariam um livro inteiro. Darei a eles apenas um capítulo.

JERÔNIMO E OS CLÉRIGOS MULHERENGOS

Falei de Jerônimo de Belém (342-420 d.C.) no capítulo 15. Ele foi um grande erudito do final do século 4 e início do século 5 que percebeu que havia começado a amar *demais* a literatura clássica, em especial Cícero, e, assim, deixou de ler livros seculares por cerca de 15 anos. Muitos dos seus escritos buscam expor a indolência e o materialismo que se imiscuíram na igreja no final do século 4, conforme mais e mais elites abastadas saíam dos bastidores da igreja para o seu palco central.

Uma de suas cartas mais célebres — que está mais para um artigo — critica severamente os "presbíteros" (isto é, os clérigos) que se aproveitam da igreja para correr atrás de dinheiro e mulheres. Ela até assusta, pois foi escrita no ano 384 para sua amiga Eustóquia, uma jovem romana da nobreza que decidira se devotar à vida cristã contemplativa. Jerônimo recomenda a

Profetas e hipócritas

ela que fique atenta a membros do clero hipócritas, que "assumem uma fisionomia triste e fingem fazer longos jejuns, os quais se tornam fáceis por conta de seus banquetes noturnos secretos". Alguns do clero mais jovem eram os piores:

> Há outros [...] que buscam o ofício de presbítero ou diácono apenas para poderem visitar as mulheres livremente. Esses colegas não pensam em nada a não ser em como se vestir; eles devem exalar um bom cheiro, e seus sapatos devem se ajustar a seus pés sem quaisquer dobras. Seus cabelos são cacheados e ainda apresentam traços das pinças utilizadas; seus dedos refulgem com o brilho dos anéis; e se a rua pela qual estão passando está molhada, eles andam nas pontas dos dedos para que a água não respingue em seus pés. Quando você vir essa pequena nobreza, pense neles mais como noivas em potencial que como homens do clero.[2]

Em outras palavras: corra, querida Eustóquia, *corra*! O próprio Jerônimo estabeleceu um padrão muito diferente, e ele teve um impacto genuíno sobre a imagem das pessoas sobre como um presbítero verdadeiro deveria se comportar — gentil, douto, pastoral, espiritual e puro.

Todo século precisa de um Jerônimo, alguém que aponta o dedo para os excessos da igreja. Não demorou para que mais um desses se fizesse necessário. E ele apareceu bem na hora.

A REGRA HUMANITÁRIA DE BENTO

Talvez a figura religiosa mais influente do começo da Idade Média tenha sido o monge italiano Bento de Núrsia (480-550 d.C.). Educado em Roma, Bento desiludiu-se com a decadência que ele via à sua volta e se retirou para uma vida cristã contemplativa em Subiaco, cerca de 64 quilômetros ao leste de Roma. Muitos começaram a se juntar a ele, atraídos por sua disciplina pessoal e zelo reformador. Ele fundou alguns monastérios em pouquíssimo tempo e alcançou grande fama. Algumas autoridades eclesiásticas olhavam com suspeita seu chamado a uma versão mais simples do cristianismo, e se opunham publicamente a ele. Ele se mudou para o sul, a meio caminho entre Roma e Nápoles, e estabeleceu uma comunidade, a Abadia de Monte Cassino, no cume de uma colina a partir do qual se pode divisar a cidade de Cassino. Nesse período, a maior parte do sul da Itália ainda era pagã. Muitos foram convertidos pela pregação dele, e um grande número deles se

OPRESSORES E SANTOS

juntaram ao seu movimento. Antes da sua morte, na metade do século 6, ele já havia fundado 12 comunidades monásticas.

As diretrizes de Bento para a vida de um monge são conhecidas como a *Regra de São Bento*. Elas tiveram um impacto incalculável no cristianismo europeu, definindo o padrão para todas as ordens monásticas nos séculos posteriores. Como consequência, ele é conhecido como o "santo patrono de toda a Europa".[3] A "regra" de Bento proíbe explicitamente o acúmulo de posses — uma tentativa de prevenir a avareza na igreja. Ela exigia cinco horas por dia de trabalho produtivo, fosse no cultivo, na construção ou na manufatura, e determinava um mínimo de duas horas de leitura privada por dia (ah, que delícia!), muitos períodos de orações diárias e a execução regular de obras de caridade.

Na seção da *Regra* intitulada "Os instrumentos das boas obras", Bento oferece 72 descrições vigorosas da vida que se espera de um membro da sua comunidade. O contraste com as *Máximas délficas*, os 147 aforismos da moralidade grega antiga (discutidas no capítulo 7), não poderia ser maior. Na lista de Bento, nós encontramos, naturalmente, as virtudes teologais: "Amar a Deus", "Nunca desesperar da misericórdia de Deus", e assim por diante. Mas suas virtudes *humanitárias* saltam à nossa vista como tão diferentes das éticas grega e romana e, ao mesmo tempo, reconhecíveis com tanta facilidade por nós hoje: "socorrer os pobres", "vestir os nus", "sepultar os mortos", "ajudar os atribulados", "não abandonar a caridade", "amar os inimigos", "não retribuir o mal com o mal", "não amaldiçoar os que nos amaldiçoam", e muitas outras exatamente como essas.

Há também vários itens práticos nos 72 "instrumentos de boas obras": "não se apegar ao vinho" (os beneditinos cultivavam vinícolas), "não amar o falatório intenso", "fazer as pazes com o adversário antes que o Sol se ponha", e — referindo-se aos superiores eclesiásticos hipócritas — "façam o que eles dizem, mas não o que fazem".[4] Este era o princípio especial para Bento e os que o seguiam: os líderes da igreja nem sempre seguem o caminho de Cristo, mas os beneditinos *devem*, e eles devem também tentar conduzir outros de volta ao caminho correto por meio da persuasão e do exemplo. Isto é exatamente o que o próprio Bento fez, deixando um legado na Europa difícil de exagerar.

A *Regra de São Bento* continuou a chamar as pessoas de volta aos "instrumentos das boas obras" durante séculos. Milhares de monastérios (para homens e para mulheres) foram inaugurados por toda a França e a Alemanha nos quinhentos anos seguintes. Muitos deles foram modelados,

210

Profetas e hipócritas

mesmo que vagamente, de acordo com a visão de Bento para uma comunidade marcada pela oração, pelo estudo, pela produtividade e pela vida de caridade. Mais de 300 manuscritos medievais da *Regra* foram conservados. À exceção da Bíblia, poucos documentos sobrevivem em mais do que um punhado de manuscritos.

De vez em quando, os indivíduos participantes dessas comunidades monásticas percebiam que a cristandade havia se afastado dos seus ideais fundadores, e conclamavam todos de volta à fé. Com vocês, Odão de Cluny.

ODÃO, O REFORMADOR

Por muito tempo dos séculos 7 ao 9, a igreja experimentou amplo sucesso missionário e político. Mas as coisas acabaram ficando difíceis a partir da metade do século 9, quando ataques sarracenos na Itália (846 d.C.) e ataques vikings no coração da Europa (Paris, 885 d.C.) deixaram a cristandade com uma sensação de vulnerabilidade e muitas igrejas e monastérios em ruínas. Pior que esses fatores externos, porém, foi a degradação que a igreja trouxe sobre si mesma por sua crescente politização e secularização. Grandes abadias eram compradas e vendidas pelo lucro. A posição de bispo — que vinha com benefícios consideráveis nessa época — era muitas vezes vendida para quem dava o maior lance, ou dada como recompensa por explorações militares.[5] Em 909 d.C., alguns líderes se encontravam em profundo desespero por conta do estado da igreja. Eles convocaram um concílio em Reims, a nordeste de Paris, onde os bispos registraram seu lamento para a posteridade: "Todo homem faz o que lhe agrada, desprezando as leis de Deus e dos homens e as ordenanças da Igreja. Os poderosos oprimem os fracos, a terra está cheia de violência contra os pobres". Não se tratava de autojustiça julgadora. Os bispos prosseguem, confessando a própria culpa: "O rebanho de Deus perece por nossa causa. Isto aconteceu devido à nossa negligência e à nossa ignorância e a de nossos irmãos [isto é, monges e presbíteros]".[6] Onde quer que haja esse tipo de honestidade na igreja, há também esperança, e não demorou para a honestidade ser recompensada.

Pouco tempo depois do Concílio de Reims, surgiu um movimento extraordinário de reforma, encabeçado em grande parte por um homem chamado Odão (879-942 d.C.), o abade de Cluny, no sudeste da França. Na adolescência, Odão treinara para ser um combatente, um guerreiro na corte do duque Guilherme da Aquitânia. Após um súbito despertamento do seu dever perante Deus, ele abandonou sua função, aos 19 anos de idade, e partiu para uma vida religiosa. Ele estudou em Paris com o renomado

OPRESSORES E SANTOS

acadêmico Remígio de Auxerre (841-908 d.C.), um especialista em grego antigo e literatura latina e um exemplo brilhante do impacto duradouro do Renascimento Carolíngio do século passado. Remígio era beneditino e influenciou Odão profundamente.

Quando Odão tornou-se o abade do monastério de Cluny, em 927, ele rapidamente remodelou a vida ali, a qual ele acreditava ter se tornado negligente. Ele a transformou segundo a *Regra de São Bento*. Ele era um humanitário ativo, no estilo de Jesus Cristo, denunciando a violência e a avareza com muito prazer. Em uma de suas obras, intitulada *Life of St. Gerald of Aurillac* [A vida de são Geraldo de Aurillac], ele proveu um modelo de um soldado que só lutava para defender os fracos, que se recusava a derramar sangue e que buscava a humildade diante de todos. É enorme o abismo entre essa descrição e o monge, mestre na arte da balista, Ébolo de Paris, quarenta anos atrás. Em outra grande obra de Odão, *Collationes*, ou *Conferências*, ele critica com dureza os cristãos orgulhosos e ricos: "Assim, como são esses cristãos roubadores, ou qual deve ser a paga àqueles que abatem seus irmãos, pelos quais são ordenados a entregar a própria vida? Basta estudar os livros da Antiguidade para ver que os mais poderosos são sempre os piores. A nobreza mundana vem não da natureza, mas do orgulho e da ambição. Se julgássemos de acordo com a realidade, daríamos a honra não aos ricos pelas roupas finas que eles vestem, mas aos pobres que as confeccionam com as próprias mãos".[7]

Um contemporâneo de Odão, João de Salerno, escreveu a biografia do seu amado mestre na década de 950, dez ou quinze anos depois da morte de Odão. Ele oferece inúmeros retratos em primeira mão da personalidade e do comportamento desse reformador medieval. "Sempre que eu saía com ele", João de Salerno escreve, "ele se certificava de me perguntar se dispúnhamos de algo para os pobres". E quando encontrava os pobres, "ele dava a todos que lhe pedissem".[8] Algumas vezes, quando Odão suspeitava que uma pessoa era pobre, mas não estava disposta a pedir nada, ele tentava preservar a dignidade dela pedindo-lhe que cantasse uma canção para ele. Quando ela o fazia, ele pagava generosamente pela performance. "Eles merecem, dizia ele, uma remuneração justa."[9] Ele fazia o mesmo com fazendeiros pobres que vendiam as frutas mirradas nas ruas. Pedia que eles aumentassem o preço para ele, e só quando eles chegavam em um valor absurdo é que ele efetuava a compra: "E assim, Odão enriquecia aqueles homens sob o pretexto de estar pagando o preço justo."[10] Às vezes, Odão encontrava os modos mais descarados de se fazer entender para sua audiência e seus alunos:

Profetas e hipócritas

Os cegos e os coxos, Odão dizia, seriam os porteiros do céu. Portanto, ninguém deve expulsá-los de casa, para que no futuro eles não lhes fechassem as portas do céu. Logo, se um dos nossos servos, incapaz de tolerar a mendicância despudorada deles, lhes respondia com dureza ou lhes negava acesso até a porta de nossa tenda, Odão o repreendia de imediato com ameaças. Então, na presença do servo, ele costumava chamar o pedinte e dava ordens a ele, dizendo: "Quando este homem chegar aos portões do céu, retribua a ele do mesmo jeito". Ele dizia isso para assustar os servos, de modo que eles não agissem dessa forma novamente, e a lhes ensinar a amar a caridade.[11]

João de Salerno admite que as pessoas, algumas vezes, tiravam vantagem de Odão, que lhes permitia fazer isso. Um ladrão fugiu com seu casaco no meio de uma tempestade de neve.[12] Em outra ocasião, durante uma missão de paz em Roma para solucionar um cerco violento, alguém tentou atacar Odão só para lhe roubar a vasilha de água. As pessoas da cidade apareceram para salvá-lo, e Odão insistiu em dar um pouco de dinheiro ao homem, já que era óbvio que ele precisava. O incidente foi prontamente reportado ao governador local, Alberico, que prendeu o homem e ordenou que sua mão fosse decepada. Odão interveio e "implorou com vigor que isto não fosse feito, e dispensou o coitado são e salvo".[13]

Poderíamos ficar aqui contando inúmeras histórias acerca de Odão. O ponto principal, entretanto, é que seu modo de vida, e o tipo de vida que ele exigia no monastério de Cluny, rapidamente tornou-se o modelo da vida cristã disciplinada. Monges desiludidos com suas próprias comunidades corriam aos montes para Cluny para aprender com Odão. O resultado foi uma transformação na vida monástica por toda a Europa. A Odão foi dada autoridade para reformar centros em Romainmôtier (929 d.C.), Aurillac (930 d.C.), Fleury (930 d.C.), Sarlat (930 d.C.), Tulle (930 d.C.), Saint-Alyre de Clermont (933 d.C.), Saint-Pierre-le-Vif (938 d.C.), na Basílica de São Paulo Extramuros, em Roma (936 d.C.), na Basílica de Santo Elias, em Nepi (940 d.C.), Farfa (940 d.C.), na Igreja de Santa Maria em Aventino (940 d.C.), o monastério beneditino original em Monte Cassino (940 d.C.) e Saint-Julien de Tours (942 d.C.).[14] As reformas de Odão ajudaram a remodelar a liderança cristã, e como consequência o cristianismo na Europa por mais um século.

A PROFETISA HILDEGARDA

Dois séculos depois, continuamos vendo transformações periódicas na igreja inspiradas por indivíduos excepcionais. Um desses reformadores foi

Hildegarda de Bingen (1098-1179 d.C.). Hildegarda viveu como uma abadessa beneditina, a figura superior de uma comunidade de mulheres devotas que viviam pela *Regra de São Bento*. Ela nasceu em uma família nobre do oeste da Alemanha. Desde pequena ela foi reconhecida como uma "profetisa", algo mais próximo de uma pregadora inspirada que de uma pessoa que prevê o futuro.

Hildegarda era carismática, zelosa e erudita. "Ela alcançou um nível de instrução e expressão atingido por poucos naqueles dias, homens ou mulheres", afirma Andrea Dickens, da Arizona State University, no seu livro *The female mystic: great women thinkers of the Middle Ages* [As mulheres místicas: grandes pensadoras da Idade Média], "e seus escritos demonstram uma amplitude e originalidade não encontradas em muitos outros".[15] Ela escrevia sobre suas visões espirituais como uma mística, mas produziu também trabalhos filosóficos e médicos, e até publicou um comentário sobre a *Regra de São Bento*.

No cerne do projeto de Hildegarda estava a renovação. Indignada com o mundanismo de alguns dos seus superiores eclesiásticos, "sua obra direcionava-se à reforma da sua comunidade e da igreja, e sua agenda reformista rivalizava com a de muitos acadêmicos da sua época". Ela não era apenas a líder de sua própria comunidade de mulheres, "ela conduzia viagens de pregação, escrevia canções", Dickens observa, "e lutava pelos direitos de independência do seu monastério em relação aos monastérios masculinos".[16] Hildegarda dava conselhos a alguns dos membros mais poderosos do clero na Europa, alertando-os, por exemplo, quanto à heresia do catarismo (também conhecida como albigensianismo, mencionada no capítulo 2). Sabe-se também que ela se dirigiu diretamente ao clero em várias de suas campanhas de pregação, no ano 1160 na Francônia, Lorena, Suábia e Essen, e em 1163 na grande cidade de Colônia.[17]

CATARINA DE SIENA: CONSELHEIRA DO PAPA

Um espírito reformador similar pode ser visto dois séculos depois em Catarina de Siena (1347-1380 d.C.). Desde pequena, Catarina sentia ter sido chamada por Deus para aumentar a devoção a ele na igreja. Em uma visão bem cedo em sua vida, o próprio Cristo lhe aparecera, ela alegou, com a seguinte acusação a respeito do estado da sua igreja: "Nestes últimos dias, tem havido grande manifestação de orgulho, de modo especial no caso de homens que se imaginam doutos ou sábios, mas minha justiça não pode mais tolerá-los".[18] Era a missão de Catarina remediar a situação. Seus pais idealizaram outros planos para ela, e tentaram desesperadamente casá-la com alguém. Mas aos 17 anos ela contraiu varíola. Ela recusou tratamento, e isso a deixou "desfigurada, indesejável em sentido físico e, por conseguinte, impossibilitada de se casar", explica Andrea Dickens. Ela conseguiu o que queria, e se dedicou "ao cuidado com os doentes e os pobres e à conversão de pecadores".[19]

Logo reuniu uma grande multidão de seguidores, homens e mulheres, clérigos e leigos. Costumo pensar nela — e em Hildegarda — como uma versão religiosa medieval de Oprah Winfrey, apresentadora de programa de auditório, ou da ativista climática Greta Thunberg, mulheres com pouca autoridade estrutural na sociedade, mas cujos dons pessoais compelem as massas e chamam a atenção dos governantes. No caso de Catarina, as pessoas eram atraídas pela sua santidade pessoal e sabedoria espiritual. Podemos ter uma noção da sua personalidade pelas 383 cartas conservadas. Seus correspondentes incluem amigos, abadessas, prostitutas, papas, rainhas e várias autoridades locais. Certa vez, ela escreveu com intrepidez para o papa Gregório XI — o qual, como muitos naqueles tempos, estava vivendo em Avignon, no sul da França —, urgindo que ele retornasse ao centro espiritual de Roma. Ele acatou o conselho.[20] Ela também se envolveu na política local, agindo como mediadora entre facções adversárias em Siena, e tornando-se até uma conselheira em um conflito entre o Vaticano e a cidade de Florença.

A preocupação central de Catarina era que as pessoas vivessem em resposta ao sacrifício de Cristo em seu favor: "O pagamento pela dívida dos pecados humanos foi escrito em nada menos que na pele de um cordeiro, a pele do Cordeiro imaculado", ela escreveu. "Ele nos escreveu em si mesmo e, então, rasgou sua própria pele! Portanto, que nossa alma encontre força em saber que o pergaminho no qual nossa dívida estava escrita foi rasgado."[21] Na perspectiva de Catarina, o amor de Cristo por nós ao morrer em nosso lugar deve inspirar a devoção a ele e o amor uns aos outros. Qualquer que seja nossa opinião sobre essa teologia, ela é um bom exemplo de como a lógica moral original do cristianismo, a bela melodia, muitas vezes encontrava expressão concreta na vida repleta de sacrifícios de homens e mulheres, mesmo quando a própria igreja era mais conhecida por sua grande manifestação de orgulho.

FRANCISCO DE ASSIS: "FAZE-ME UM INSTRUMENTO DE TUA PAZ"

Do ponto de vista de qualquer um, Francisco de Assis (1181-1226 d.C.) é uma das figuras mais marcantes da Idade Média. Seu legado gerou diversas histórias esquisitas e maravilhosas — narrativas de milagres, estigmas, comunicação com animais e muito mais. Por trás de tudo isso, existe uma história autêntica para contar. O enredo central e indubitável da vida de Francisco é claro: ele nasceu em uma família de mercadores ricos na cidade de Assis, na região central da Itália. Depois de uma breve carreira como soldado em várias batalhas intermunicipais, ele foi acometido por algum tipo de esgotamento no começo da segunda década de sua vida, algo que tem sido comparado ao transtorno de estresse pós-traumático.[22] Seja como for, Francisco entrou em um período de profunda depressão que durou alguns anos.

A experiência de conversão de Francisco não é dramática, mas é estranha. No inverno de 1206, ele estava caminhando pelas florestas cobertas de neve, fora de Assis, quando topou com um pequeno grupo de leprosos. Os leprosários, ou abrigos para leprosos, já faziam parte da paisagem de regiões cristianizadas havia séculos, muitos dos quais na região de Francisco. Antes, ele desprezava os leprosos, zombando deles: "Ele olhava para suas casas apenas à distância de mais de três quilômetros, e tampava as narinas com as mãos", conta nossa fonte mais antiga a respeito da sua vida.[23] Dessa vez, contudo, inexplicavelmente, ele se sentiu compelido a conversar com eles, tocá-los e até se oferecer para lavar suas feridas. "O próprio Senhor me levou para o meio deles, e eu mostrei misericórdia para com eles. E ao deixá-los, o que me parecia amargo se tornara, para mim, doçura de corpo e alma."[24] A experiência foi transformadora.

Não foi apenas uma conversão *moral* da riqueza para a pobreza, ou da vida militar para a caridade. Para Francisco, foi uma revolução espiritual. "À medida que Francisco demonstrava misericórdia por aqueles marginalizados", escreve Augustine Thompson, da Universidade da Virgínia, "ele experimentou o dom da misericórdia do próprio Deus para consigo mesmo. [...] O assustado veterano sentiu que ele mesmo, pela graça de Deus e não pelo seu próprio poder, foi refeito em um homem diferente".[25] Aqui estão os versos da melodia original de Cristo mostrando toda sua força: "Sejam misericordiosos, assim como o Pai de vocês é misericordioso" (Lucas 6:36). Motivado pelo senso da misericórdia divina dispensada a ele, Francisco renunciou à riqueza e à violência e passou a buscar a vida de devoção dedicada aos pobres, doentes, não convertidos e aos milhares que se juntariam ao seu movimento.

A história do crescimento do movimento franciscano foge do escopo deste livro, mas é incrível. Basta dizer que quando Francisco morreu, em 1226,

Profetas e hipócritas

3 mil homens e mulheres já teriam abraçado formalmente seu estilo de vida. Uma coisa é estabelecer uma igreja desse tamanho no espaço de vinte anos — tenho muitos amigos nos EUA que conseguiram isso. Francisco, de alguma maneira, convenceu 3 mil pessoas a renunciarem a tudo e se dedicarem de forma exclusiva a uma vida de pobreza e serviço. Ele batizou seu movimento de os *Fratres Minores*, ou "Irmãos Menores" (as irmãs estavam inclusas desde o começo). Hoje nós os designamos Ordem Franciscana.[26]

Muito ainda poderia ser dito acerca das missões de pregação do próprio Francisco, dos missionários que ele enviou para as terras pagãs, dos seus projetos de caridade e das suas relações (algumas vezes tensas) com os bispos e com o papa Inocêncio III. Um evento na sua vida ilustra muito bem seu espírito aventureiro ou empreendedor, como seu zelo por fazer o bem no mundo. Ele tentou trazer a paz em meio à Quinta Cruzada.

O nome de Francisco costuma ser associado à "paz". A única coisa que muitas pessoas conhecem sobre ele é sua famosa Oração da Paz: "Faze-me um instrumento de tua paz. Onde há ódio, que eu leve teu amor. Faze-me um instrumento de tua paz. Onde há desespero, que eu leve a esperança", e assim por diante. Infelizmente, este é um dos mitos que acabaram sendo criados a respeito de Francisco. Embora seja chamada de a "Oração de São Francisco" por toda a internet, o poema ou oração não tem nada a ver com ele. É uma obra anônima, e ela apareceu pela primeira vez em francês em 1912.[27] Dito isso, Francisco de fato tentou ser um "instrumento de paz" em 1219, quando ele fez uma aparição nada ortodoxa no norte do Egito na linha de frente de uma cruzada.

Francisco não era um pacifista no sentido mais estrito. Ele teria aceitado o princípio da "guerra justa" de Agostinho: de forma trágica, a violência estatal é necessária para defender os fracos contra seus agressores. E sabemos que muitos líderes das Cruzadas acreditavam que seu projeto objetivava cessar a agressão muçulmana contra terras antes *cristãs*.[28] A "espada material", afirmou Jacques de Vitry (1180-1240 d.C.), um dos defensores mais importantes da Quinta Cruzada, "era a resposta da igreja à violência pagã e sarracena".[29] Apesar de provavelmente não ter sido pacifista, "Francisco pode ter sido inclinado ao pacifismo", argumenta Christopher Tyerman, da Universidade de Oxford. Sua esperança era triunfar sobre a ameaça do islã "por meio do evangelismo refletido [...] pela conversão, e não pela conquista".[30]

Francisco pregou para os cruzados no Egito. Ele declarou que a vontade de Deus era converter os muçulmanos, uma alternativa à guerra.

OPRESSORES E SANTOS

Os soldados cristãos caçoaram dele. "Para as tropas cruzadas grosseiras, ele virou uma piada", nota Augustine Thompson; "para os seus líderes, ele parecia uma ameaça inofensiva ao moral".[31] Francisco respondeu prevendo que os cruzados falhariam na campanha de tomar a fortaleza islâmica de Fariskur, pouco mais de 32 quilômetros ao longo do Rio Nilo a partir do Mar Mediterrâneo. Quer tenha sido um golpe de sorte ou qualquer outra coisa, ele provou estar correto em agosto de 1219.[32]

Como resultado da "profecia" bem-sucedida, Francisco recebeu permissão para atravessar até o território inimigo e pleitear com as forças islâmicas que se tornassem cristãs e fizessem a paz. A liderança cruzada lavou as mãos com relação a ele. Durante muitos dias, Francisco de Assis tentou converter o exército muçulmano. O sultão al-Malik al-Kamil recebeu Francisco cordialmente, em um primeiro momento. Ele foi colocado em meio a uma grande audiência, e Francisco apresentou seu argumento — com a ajuda dos tradutores — em favor do cristianismo. Os conselheiros religiosos do sultão ofereceram sua réplica, e Francisco foi convidado a receber o islã. Quando ficou claro que Francisco não pretendia se tornar muçulmano, e que, na verdade, ele estava resoluto em convertê-los, os conselheiros do sultão recomendaram que Francisco (junto com o colega monge que ele havia levado consigo) fosse executado por pregar contra o islã. Depois de ser "insultado e espancado" e de ter recebido "ameaças de tortura e morte", Francisco foi mandado embora pelo sultão — com sorte por ter escapado com vida.[33]

Podemos presumir que Francisco não tenha tido nenhum impacto espiritual sobre os muçulmanos, mas ele deixou, sim, uma impressão pessoal. Um dos conselheiros do sultão al-Kamil, o jurista islâmico Fakhr ad-Din al-Farisi, mandou registrar seu envolvimento no "caso do monge" na sua lápide.[34] Ao retornar ao acampamento cruzado, muitos clérigos ficaram tão impressionados com a convicção e bravura de Francisco, que imediatamente se aliaram ao seu movimento.[35] As pessoas continuaram a se alinhar em torno de Francisco ao longo dos sete anos seguintes, até sua morte perto de Assis no dia 3 de outubro de 1226. Seu movimento de renovação continuou a crescer por toda a Europa por séculos. Os franciscanos nem sempre viveram à altura dos ideais de Francisco. Graves disputas e cismas por causa de questões de liderança emergiram no movimento de tempos em tempos, e a indolência acabou entrando na Ordem conforme sua prosperidade material se tornou maior. Mas como o próprio cristianismo, os "Irmãos Menores" têm um mecanismo autocorretivo embutido, o qual muitas vezes produziu momentos de reforma e renovação.[36]

218

Profetas e hipócritas

HOSPITAIS, INSTITUIÇÕES DE CARIDADE E O NASCIMENTO DO BEM-ESTAR SOCIAL MODERNO

Bem à parte da obra reformadora de indivíduos notáveis como Bento, Odão, Hildegarda, Francisco e outros, a igreja medieval espalhada por toda a Europa continuou seu trabalho tradicional de estabelecer instituições de caridade e construir hospitais. Talvez eu canse os leitores neste ponto, porque muito do que ocorre na Europa nessa época é apenas uma repetição, ou extensão, das mesmas atividades que testemunhamos em todo o Mediterrâneo nos primeiros séculos. No próximo capítulo, descobriremos que o Império Bizantino fazia o mesmo, em uma escala enorme. Mesmo assim, uma vantagem de mostrar os serviços de caridade na Europa medieval tardia é que isso facilita a observação precisa de como essas antigas tradições *cristãs* se tornaram, gradualmente, nossas tradições *seculares* modernas.

Durante todo o período medieval, a obrigação de assistir os pobres recaiu sobre a igreja, de forma específica sobre os bispos, por serem os líderes eclesiásticos da região, presbíteros, por serem os líderes de paróquias individuais, e diáconos, que geralmente colocavam a mão na massa no trabalho com os desvalidos. Esse não era apenas um dever moral vago. Os bispos reconheceram sua importância consolidando-o na legislação. Eis uma das coisas mais esquisitas para nós hoje: as cortes eclesiásticas funcionaram em paralelo com as cortes seculares ao longo de grande parte da Idade Média. Isso tem suas raízes em uma lei de Constantino do século 4, que permitia aos bispos decidir certas disputas civis. Seja como for, o Concílio de Orléans, em 511, determinou que os bispos separassem um quarto da renda diocesana para a hospitalidade aos pobres e aos viajantes. Outra lei, dessa vez de Clermont de 535, declarou que qualquer oficial da igreja que fosse pego roubando dinheiro destinado aos pobres seria "excomungado".[37] Isso pode não soar grande coisa para nós, mas para um bispo, presbítero, diácono ou leigo medieval, a excomunhão era uma punição escandalosa, com o potencial de ameaçar a salvação eterna de uma pessoa. Concílios em Roma, em 853, e Quierzy (norte da França), em 858, continuaram reverberando a responsabilidade especial dos bispos pela manutenção dos hospitais em seus distritos.[38] Uma indicação da centralidade da igreja no bem-estar público pode ser vista no fato de que, no final do século 7, o bispo de Roma, o papa, tornou-se o responsável por garantir o abastecimento de água para a cidade e pela manutenção dos aquedutos.[39] Com certeza ocorreram abusos nesse sistema. Os bispos com más motivações poderiam se enriquecer de maneiras inimagináveis — sem dúvida, foi isso que levou à lei canônica

OPRESSORES E SANTOS

de 535 em Clermont, citada há pouco. Mas não existia uma cidade na cristandade ocidental que não estivesse ciente da obrigação dos líderes eclesiásticos de serem os principais defensores dos pobres.

A menção feita antes a hospitais abre um tópico de pesquisa bastante vasto. O primeiro hospital público do qual temos conhecimento, como vimos no capítulo 10, foi construído por Basílio, o Grande, por volta de 370 d.C. na longínqua Capadócia (na região central da Turquia). Mas a partir da instituição do cuidado de doentes e moribundos criada por Fabíola, perto de Roma, 20 anos depois, houve uma "cascata de hospitais" no Ocidente, para usar a expressão do medievalista James William Brodman no seu livro *Charity and religion in Medieval Europe* [Caridade e religião na Europa medieval].[40] Um antigo hospital cristão foi fundado em Arles, no sul da França, em 540, e outro em Clermont, cerca de 400 quilômetros ao norte, pouquíssimo tempo depois, com capacidade para 20 pacientes. Mais tarde no mesmo século, sabemos de seis outras instituições tais como estas na cidade de Le Mans (sudoeste da França), fundadas por três bispos sucessivos e um casal benfeitor rico.[41]

O mesmo aconteceu na Espanha. Temos uma breve biografia do mui quisto bispo Masona de Mérida (morto cerca de 605), escrita por um diácono anônimo da instituição de caridade poucas décadas depois da sua inauguração. Masona "construiu um *xenódoco* [hospital], enriquecendo-o com um grande patrimônio e encarregando ministros e médicos de servirem aos viajantes e aos doentes segundo a seguinte ordem: os médicos devem sair por toda a cidade sem cessar e, assim que acharem alguém que esteja doente, seja escravo ou livre, cristão ou judeu, eles devem carregá-lo em seus braços até o *xenódoco*, e, tendo preparado ali uma cama bem feita, deitar nela o doente e dar-lhe luz e uma comida agradável até que, com a ajuda de Deus, o paciente seja restaurado à sua condição anterior". É compreensível que o povo da cidade "queimasse de amor" a Masona, e "por meio da sua doce afeição ele atraía a mente de todos os judeus e pagãos para a graça de Cristo".[42] É provável que o prédio onde tudo isso ocorreu tenha recebido alguma identificação entre as ruínas da cidade.

Nos séculos seguintes, encontramos centros similares para os doentes em Ruão, Amiens, Reims (Rheims), Metz, Orleans, Nevers, Paris, Colônia, Augsburgo, Bremen, e instalações espalhadas por todo o Império Carolíngio.[43] No século 13, literalmente milhares de hospitais, leprosários e abrigos similares para os necessitados já existiam.[44]

De modo crescente ao longo de toda a Idade Média, as obras de caridade foram um dos principais elementos da reflexão teológica e jurídica dentro

Profetas e hipócritas

da igreja. O teólogo mais influente desse período (meus amigos católicos diriam o mais influente de *todos os tempos*) foi Tomás de Aquino (1225-1274 d.C.). Ele recebeu habilidades intelectuais muito acima da média e foi capaz de integrar a filosofia clássica com a teologia cristã em uma tradição conhecida como tomismo, que permanece um grande movimento filosófico até hoje.[45] Um dos seus talentos mais peculiares era o que nós chamaríamos memória fotográfica: "Ele jamais se esquecia de qualquer coisa que tivesse lido e entendido", relata uma das descrições mais antigas dele.[46] De qualquer forma, na sua imensa obra conhecida como a *Suma teológica*, ele dedica 123 páginas (na edição agora na minha prateleira) à análise da "caridade": caráter, motivação, limites, obrigações e benefícios. Da seção, dezoito páginas são usadas só para falar sobre "esmolas" (doações diretas aos pobres). À guisa de comparação, Aquino emprega só seis páginas para o tópico da "guerra".

Essa teologia refletia-se na lei eclesiástica da época. Nos séculos 11 e 12, havia uma vasta literatura jurídica — a lei canônica — que resumia as decisões judiciais dos séculos passados. A mais importante era o *Decretum*, compilada por volta do ano 1140 pelo monge-acadêmico italiano Graciano, e a *Glossa ordinaria*, composta por João, o Teutônico, em torno de 1216. Elas foram muito importantes para o desenvolvimento da tradição jurídica ocidental. As cortes eclesiásticas, como eu disse, podiam legalmente decidir uma gama de casos relacionados ao direito matrimonial e familiar, ao direito de propriedade e ao direito de herança e temas financeiros. Elas não dispunham de permissão para enviar pessoas à prisão, muito menos executá-las, mas podiam impor certas disciplinas espirituais (penitência), proibir a participação na santa comunhão/eucaristia e excomungar os transgressores. As pessoas levavam as cortes a sério.

O livro mais importante no que tange à relação entre a lei canônica e a caridade é *Medieval poor law* [O direito dos pobres na era medieval], do célebre historiador Brian Tierney, da Universidade de Cornell.[47] Seu exame detalhado da evidência me deixa (Tierney não fala isso) com a sensação de que muito da lei canônica desse período seria descrita hoje como "esquerdista". O engraçado é que eu postei algumas porções desse material nas redes sociais recentemente, e alguém me perguntou se eu estava me declarando socialista, ou mesmo comunista! Os juristas da igreja medieval insistiam que os pobres contavam com "direitos" genuínos — e eles os chamavam de *direitos*—,[48] não apenas aos recursos da igreja, mas também aos recursos dos cidadãos ricos. Em oposição a grande parte da opinião antiga (e um pouco da moderna), o ponto de partida do seu pensamento era que "a pobreza não era um tipo de crime".[49] Nem era sinal de falha moral, como preguiça ou falta de sabedoria. Era uma tragédia. Os juristas da igreja sabiam que, às vezes, as pessoas se aproveitavam do sistema, preferindo recorrer à caridade alheia a trabalhar duro. Nesses casos, era correto "negar esmolas a tais indivíduos quando fossem conhecidos".[50] Contudo, o sistema em si não deveria se apoiar sobre um tratamento cínico da questão dos pobres. Como João, o Teutônico, afirmou de maneira sucinta no século 13: "No caso de dúvida, é melhor fazer muito a não fazer nada".[51] Conforme Tierney observa, é quase como se os canonistas medievais estivessem tentando se distanciar das leis iluministas posteriores, como a Lei dos Pobres de 1834, na Inglaterra, a qual "presumia que se um homem fosse pobre, ele provavelmente seria um tolo indolente merecedor de punição".[52]

Em contraste, o *Decretum* e a *Glossa ordinaria* estão repletos de frases como: "Alimente os pobres. Se não os alimentar, você os mata"; "Nossas superfluidades pertencem aos pobres"; "O que quer que possua, e que vá além do suficiente para as suas necessidades, pertence aos outros"; "Um homem que mantém para si mesmo mais do que necessita é culpado de roubo".[53] Esses canonistas chegaram ao ponto de ensinar: "um homem em necessidade extrema que tomava da propriedade de outro não era culpado de nenhum crime. Ele não estava roubando o que pertencia a outro, mas só pegando o que lhe pertencia".[54] E João, o Teutônico, argumentava que uma pessoa pobre negligenciada pelo vizinho rico poderia apelar às cortes da igreja. Essas cortes receberam a permissão de compelir o transgressor abastado a ser mais generoso, sob pena de sanções eclesiásticas ou até excomunhão.[55] Para facilitar o recurso dos pobres à corte, a igreja zerava suas taxas para os incapazes de pagá-las. O papa Honório III (1216-1227 d.C.) chegou até a explicar que "os litigantes pobres demais para conseguir assistência legal para si devem ser supridos com assistência gratuita por parte da corte",[56] algo que felizmente ainda existe nas cortes seculares de hoje.

As leis da igreja que versavam sobre a caridade foram se tornando aos poucos leis *seculares*. Podemos ver isso acontecer em uma série de mudanças legislativas na Inglaterra do século 14 ao 16. Nesse período, os monarcas gradualmente cedem parte dos seus poderes. A *Magna carta* de 1215 foi a primeira que impôs certos limites à autoridade régia. Com isso, um Parlamento foi estabelecido, formado em primeiro lugar por nobres e bispos (1275 d.C.), e mais tarde também por plebeus (1327 d.C.), todos deliberando com o monarca. Nos dois séculos seguintes, vários Atos do Parlamento

Profetas e hipócritas

se reforçaram e, então, absorveram a lei canônica. Em 1391, uma lei de Ricardo II passou a exigir o que já era uma lei eclesiástica, a saber: "uma soma conveniente de dinheiro deve ser paga e distribuída todos os anos aos paroquianos pobres de tais igrejas, para auxiliar em sua vida e sustento para sempre; e para que, de igual modo, o vicário possa ficar bem e suficientemente suprido".[57] Eis o Estado se aliando à Igreja para garantir que os pobres recebam ajuda. "Os parlamentos no século 14 estavam bem cônscios de que um sistema de assistência pública aos pobres era necessário", escreve Brian Tierney, "mas eles não buscaram criá-lo por regulamentação própria porque presumiram que tal sistema já existia e estava definido de maneira adequada na lei canônica da igreja".[58]

Uma lei de Eduardo VI de 1552, que discorria sobre "a provisão e o socorro ao pobre", permitia a denúncia do avarento ao bispo local. O bispo deveria, diante disso, "procurar induzir e persuadi-lo com modos e meios caridosos",[59] sem incluir aí uma definição. Uma lei de Elizabeth I de 1563 ditava: "se as exortações do bispo não lograssem sucesso, uma contribuição compulsória poderia ser estimada e coletada sob pena de aprisionamento".[60] Esse mecanismo parece ter sido usado extensivamente durante o reinado de Elizabeth, mesmo depois de ela também ter baixado uma lei em 1572 determinando que os juízes de paz aferissem o número de desprovidos em uma paróquia e a quantia que os habitantes locais deviam pagar para suprir as necessidades deles.[61] Essa lei, e outra de 1598, são as precursoras da tradição inglesa — e, portanto, das tradições americanas, canadenses, australianas e neozelandesas — de redirecionar os impostos para os pobres da sociedade.[62] Os conservadores de hoje que veem esses impostos como "roubo" devem colocar a culpa na igreja. Os bispos medievais e juristas da igreja, é claro, teriam respondido que o verdadeiro ladrão é qualquer pessoa rica que não entrega parte do seu excedente para os pobres.

O Estado inglês absorveu a igreja no século 16. E, assim, "o sistema de autoridades duplas coiguais característico da Idade Média chegou ao fim".[63] Ao tomar conta da igreja, explica Tierney, "o Estado necessariamente tornou-se responsável pelo sistema de assistência pública aos pobres, que até então havia sido regulado pela lei canônica".[64] As igrejas de hoje continuam, com certa frequência, envolvidas de forma mais íntima com o trabalho de bem-estar público. Mas os principais responsáveis pela rede de seguridade social, no mundo anglófono e em outros lugares, em especial na Europa, são os governos, que o fazem com muito boa vontade. O que antes era uma vocação apenas cristã agora é partilhada por todos nós nas sociedades seculares.

É chocante o fato de que, precisamente no mesmo período em que os cristãos desenvolviam uma teoria da "guerra santa" e a testavam na prática contra os muçulmanos (e outros), eles também continuavam e refinavam suas tradições mais antigas de alimentar os famintos, fundar escolas, construir hospitais e formular leis em favor dos pobres que perduram até hoje. Essas tensões na história da igreja, às vezes, me dão dor de cabeça. Muitas pessoas cantavam com beleza a melodia original de Cristo. Muitas outras estavam terrivelmente fora do tom. Algumas vezes, as mesmas pessoas faziam ambos. Esta é a história da igreja no Ocidente nos seus primeiros mil anos — e hoje.

Mas agora é o momento de apertar o PAUSE na história ocidental — a história do desenvolvimento da cristandade de Roma à Britânia. Há outra história para contar com brevidade, e ela é, com muita frequência, negligenciada. No Oriente, o Império Romano não morreu com o colapso de Roma no século 5. A história da igreja nessa região — Grécia, Turquia, Síria, Palestina, Egito e Norte da África — é muito diferente. Ela não faz parte da nossa consciência ocidental, mas certamente merece um capítulo neste livro. E no final dessa história, quando a Europa avançou para confrontar a ascensão do islã, a Igreja do Ocidente e a Igreja do Oriente se juntaram de novo em um propósito comum (as Cruzadas) pela primeira vez em séculos.

| CAPÍTULO 18 |

O eterno Império do Oriente:

os esquecidos bizantinos do século 6 ao século 15

Proibimos o ensino de quaisquer matérias por aqueles que padecem da insanidade dos profanos pagãos.

— IMPERADOR JUSTINIANO

Nos capítulos 13 a 17, traçamos a história da igreja ocidental dos séculos 6 ao 11 e em diante a partir do colapso de Roma até a conversão da Europa e o início das Cruzadas. Quero rebobinar a fita e apertar o PLAY para a porção oriental do império, a partir da queda de Roma até as Cruzadas. A história é de todo diferente e, ainda assim, estranhamente parecida.

A afirmação de que Carlos Magno era o "imperador" de um novo (Sacro) "Império Romano" no Ocidente gerou algum estranhamento entre os bizantinos, no Oriente. Para eles, o Império Romano de fato nunca caiu. Eles ainda contavam com imperadores reais. O ideal antigo da *Roma aeterna*, "Roma eterna", ainda soava plenamente plausível.

JUSTINIANO, O GRANDE: ERUDITO, CONSTRUTOR E LEGISLADOR

No capítulo 13, mencionei o imperador oriental Justiniano (483-565 d.C.), que libertou a Itália e o Norte da África após as conquistas dos bárbaros no final do século 5. Seu regime deu estabilidade para o Vaticano continuar sua

OPRESSORES E SANTOS

obra rumo ao oeste na Gália e Inglaterra pagãs, como vimos. Justiniano era considerado um "segundo Constantino", não só por causa das suas importantes vitórias militares e seu reinado prolongado, mas principalmente por ser um firme apoiador da igreja cristã. Atribui-se a ele a transformação do Império Romano do Oriente em um regime cristianizado de modo integral — algo não alcançado por completo no Ocidente antes da queda do império ocidental. Enquanto Constantino favoreceu o cristianismo em um clima oficial de tolerância em relação às religiões antigas, Justiniano o fez com preconceito e severidade.

De Constantinopla, Justiniano governava sobre uma vasta região, desde a Itália até a Síria e da Palestina ao Egito — e algumas outras partes do Norte da África. Embora suas fronteiras nunca estivessem de todo seguras dos bárbaros ao norte ou dos persas a leste, ele conseguiu criar um império politicamente estável e economicamente padronizado durante seu reinado de quase quarenta anos (525-565 d.C.). Nesse período, era possível pegar um cheque no Egito e ter certeza de que conseguiria descontá-lo em Constantinopla. Essa foi uma proeza financeira que só seria repetida na China do século 13.[1] Moedas de ouro do seu período enquanto imperador foram descobertas na Suécia e em Pequim. Isso é impressionante. E navios bizantinos partindo de Alexandria, no norte do Egito, conseguiam navegar em longas expedições comerciais, até a Cornualha, no sul da Inglaterra, por exemplo.[2]

O império de Justiniano era cosmopolitano e letrado. Na sua corte, ouvia-se latim, grego e siríaco. Apesar de demonstrar com clareza seu menosprezo aos professores pagãos nos seus domínios, ele exigia dos cortesãos cristãos os maiores padrões de instrução secular clássica. Durante seu reinado, surgiu um dos maiores intelectuais do mundo romano tardio, João Filopono (490-570 d.C.), um nome citado hoje raras vezes fora dos campos obscuros da história bizantina e da história da ciência. Além de escrever tratados sobre temas cristãos, como a Trindade, Filopono produziu comentários detalhados das obras de Aristóteles e escreveu a primeira crítica madura ao conceito aristotélico do cosmo eterno. Sua explicação não era que isso estava escrito na Bíblia ("No princípio Deus criou os céus e a terra", Gênesis 1:1). Filopono elaborou seu argumento a favor do universo limitado pelo tempo, contingente — criado *ex nihilo* (a partir do nada) —, puramente a partir de bases filosóficas e lógicas. Seu trabalho concernente à física e à metafísica influenciou os pioneiros da ciência ocidental moderna, como Galileu Galilei.[3]

A tradição intelectual bizantina continuou nos séculos seguintes, nos quais "uma elite clássica sobreviveu", escreve Peter Brown. "A maioria

O eterno Império do Oriente

dos nossos melhores manuscritos dos clássicos [gregos] foi produzida na Constantinopla medieval. De fato, não fossem os cortesãos e bispos bizantinos nos séculos 9 e 10 em diante, não teríamos tomado conhecimento — exceto a partir de fragmentos em papiros — de Platão, Euclides, Sófocles e Tucídides. A cultura grega clássica que conhecemos hoje é a cultura grega que permaneceu atraindo o interesse das classes mais altas de Constantinopla ao longo da Idade Média."[4] Alcuíno e o Renascimento Carolíngio no Ocidente (séculos 8 e 9) preservaram muitas obras clássicas em latim (suas cópias de filósofos gregos como Platão eram quase exclusivamente traduções para o latim). Os bizantinos preservaram os trabalhos dos gregos na forma original.

A norma no Império Bizantino era estudar todos os textos seculares e cristãos disponíveis. A biblioteca de Constantinopla na época de Justiniano continha 120 mil livros.[5] Só para comparar, a famosa Biblioteca Bodleiana, da Universidade de Oxford, ultrapassou a marca de 120 mil obras apenas no século 18.[6] No livro *Byzantium: a very short introduction* [Bizâncio: uma bревíssima introdução], Peter Sarris apresenta o exemplo impactante de Fócio I (810-895 d.C.), o patriarca de Constantinopla, o equivalente oriental do papa católico. Fócio nos deixou algumas anotações das suas próprias recomendações de leitura em um documento conhecido como *Bibliotheca*. É um pouquinho parecido com o modo como meus amigos mais nerds hoje postam seus planos de leitura no Facebook. Fócio resume e resenha 380 livros que ele aconselha as pessoas a lerem. Algumas das inclusões têm somente quinhentas palavras, outras têm dez vezes mais. Como se espera do líder da Igreja Ortodoxa, 233 das obras recomendadas são cristãs, incluindo muitas de autores que conhecemos neste livro, tais como Eusébio, Atanásio, Basílio, o Grande, Gregório de Nissa e por aí vai. E 147 delas são trabalhos pagãos ou seculares, incluindo Heródoto, Arriano, Plutarco, Filóstrato etc. Ele faz observações frequentes quanto a discordâncias com um autor, seja pagão ou cristão. Não obstante, recomenda a leitura de cada um deles. Cerca de metade das obras que ele lista agora estão perdidas para nós, ou existem apenas em minúsculos fragmentos. Só por conta do trabalho de pessoas como Fócio, e os acadêmicos e clérigos que ele presidia, que tanta literatura grega antiga existe ainda hoje.[7]

A Europa Ocidental experimentou duas renascenças da erudição clássica, uma nos séculos 8 e 9 sob Carlos Magno, como vimos, e a outra no século 14 entre os humanistas italianos, como veremos no próximo capítulo. Mas esses intelectuais do império oriental não precisavam de

OPRESSORES E SANTOS

nenhuma renascença. Para os bizantinos, o passado grego clássico era uma parte vibrante do seu currículo contínuo.[8]

A construção também foi importante para os imperadores bizantinos, em especial para Justiniano. Ele empregou os lendários arquitetos e matemáticos Antêmio de Trales e Isidoro de Mileto para auxiliar no projeto e na construção de Santa Sofia, uma igreja que, à época, era o maior edifício do mundo e uma maravilha arquitetônica. Posteriormente, ela se tornou uma mesquita (1453 d.C.), depois um museu (1934 d.C.), até voltar a ser uma mesquita de novo em julho de 2020.[9] Muitas outras edificações desse período expressam a mesma sofisticação geométrica e detalhe artístico (por exemplo, a Igreja de Santa Irene), estabelecendo a "arquitetura bizantina" como uma categoria própria nos livros didáticos. O estilo incorpora todo o monumentalismo da Roma clássica, mas com uma complexidade matemática e estética maior, em especial na utilização de domos.[10]

Justiniano e sua esposa, Teodora, eram cultural e economicamente extravagantes. Teodora chegava a viajar com uma comitiva de 4 mil subordinados.[11] Eles eram cristãos zelosos, e ambos são considerados "santos" na Igreja Ortodoxa Oriental. O próprio Justiniano trabalhava e estudava com tanto rigor — muitas vezes até o amanhecer — que ele recebeu os apelidos de "aquele que não dorme" e o "imperador de muitos olhos".[12] Dizia-se que se os conspiradores quisessem matá-lo, eles não teriam problema em encontrá-lo toda noite na alcova do grande palácio, discutindo as complexidades da fé com teólogos e bispos.[13] Ainda que continuemos tentados a chamar o período ocidental que vai do século 6 ao século 14 de "Idade das Trevas", não há nenhuma justificativa para descrever esses séculos orientais como "trevosos".

Uma das primeiras medidas de Justiniano como imperador foi codificar o direito romano. Ele comissionou arquivistas e juristas para ordenar os decretos e as leis válidas de imperadores desde o século 2 até os seus dias. Ele queria padronizar e harmonizar o direito romano. Na minha prateleira, o *Código justiniano* chega a três grandes volumes, cada um com mais ou menos 800 páginas. O *Código* influenciou a lei canônica (lei eclesiástica) posterior e, por sua vez, influenciou o sistema legal ocidental mais amplo.

Uma das leis mais interessantes ratificadas no *Código justiniano* confirma as igrejas como "lugares de refúgio" para escravos fugidos, vítimas de vingança ou refugiados.[14] A ideia veio das Escrituras judaicas, como ocorre com tanta frequência. O livro de Josué fala de "cidades de refúgio" para as quais as pessoas podiam fugir caso fossem acusadas de assassinato e passíveis de se tornarem vítimas de vingança (Josué 20:1-6). Seja como for,

O eterno Império do Oriente

séculos mais tarde, Justiniano formalizou a prática, de modo que qualquer pessoa que corria perigo poderia ser protegida — pela força plena da lei romana — se conseguisse chegar às premissas de uma igreja. E esta é outra coisa surpreendente a respeito da legislação citada antes: as igrejas, com frequência, eram *campi*, não só prédio isolados na esquina. Em geral, elas incluíam salas de jantar, albergues, abrigos para os pobres, hospitais e até banhos públicos, além da igreja propriamente dita (designada "templo" na legislação). Lê-se na redação da lei de 23 de março de 431 d.C.:

> O espaço que se estende do templo, delimitado nos moldes descritos acima, às primeiras portas da igreja para além do terreno público, quer consista nas casas, jardins, pátios, banhos ou pórticos, protegerá os refugiados que nele entrarem da mesma maneira que o templo em si; e ninguém tocará com mãos sacrílegas neles.[15]

Essa lei do santuário esteve em voga durante séculos, no Oriente e no Ocidente. De fato, a *common law*[*] da Inglaterra manteve o status das igrejas como lugares de refúgio até 1623 para casos criminais e 1773 para casos civis.[16] Em um eco consciente dessa antiga prática, as igrejas nos Estados Unidos no começo da década de 1980 se juntaram a grupos ativistas salvadorenhos para fornecer alimento e abrigo para pessoas que fugiam da violência em El Salvador.[17] O famoso movimento das "cidades-santuário" se sucedeu a isso (1986), e, hoje, mais de 500 cidades nos EUA são consideradas santuários para aqueles que buscam asilo. Igrejas individuais continuam a prática até hoje. Apesar de a lei do santuário não ter mais efeito legal, as autoridades geralmente têm reservas quanto a invadir igrejas para procurar imigrantes ilegais.[18]

HOSPITAIS BIZANTINOS

A caridade foi um elemento importante na história dos bizantinos, em especial a caridade médica. No capítulo 10, exploramos a história do primeiro hospital público, criado por volta de 370 por Basílio, o Grande, na

---

[*] A *common law*, que pode ser traduzida como "direito comum", é uma tradição de direito que se desenvolveu principalmente em países anglófonos e cujo berço é a Inglaterra. Sua principal característica é julgar com base em decisões anteriores dos tribunais, e não em atos legislativos ou executivos, como ocorre na tradição romano-germânica. No Brasil, geralmente se faz referência a essa tradição na sua expressão original, em inglês. (N. do T.)

OPRESSORES E SANTOS

Capadócia. A ideia pegou rapidamente, e nos sermões e tratados do clero bizantino, a prática da medicina passou a ser tratada como o epítome do amor ao próximo. O raciocínio era simples: embora a igreja não pudesse curar os doentes de modo milagroso, como se afirma que Cristo fez nos Evangelhos, ela poderia seguir o exemplo do Senhor usando quaisquer recursos à mão — dinheiro, espaços, médicos e voluntários.[19]

Timothy Miller, professor de História na Universidade de Salisbury, em Maryland, escreveu sobre a história dos hospitais bizantinos desde a época de Basílio no século 4 até o ano de 1204. É uma relato extraordinário de caridade, profissionalismo e expansão. Uma dessas instalações foi fundada em Constantinopla pelo médico piedoso Sansão em algum momento antes de 400. O hospital foi destruído por um incêndio em 532, mas Justiniano prontamente o restaurou e "financiou uma equipe elaborada de médicos e cirurgiões".[20] O hospital aceitava até pacientes da classe média, não apenas os pobres.[21] Sabemos de pelo menos outras quatro instituições como essa que operavam na mesma cidade por volta do mesmo período: o Euboulos, o Santa Irene, o Kosmidion e o Christodotes Xenon. Justiniano se esforçou para profissionalizar essas organizações para que todos, pobres e ricos, pudessem ter acesso "ao maior escalão da profissão médica".[22] Desenvolvimentos similares ocorreram em outras cidades proeminentes sob o domínio de Justiniano, incluindo Antioquia, Jerusalém e Alexandria. No século 7 em Alexandria, foram fundados muitos hospitais, e até uma associação oficial de trabalhadores da saúde. A lei canônica oficial e a legislação imperial de Justiniano deixavam claro que era dever dos bispos locais sustentar as instalações e as equipes para o cuidado com os estrangeiros, os pobres e em especial os doentes "em todas as províncias do nosso Império".[23]

Os hospitais estavam se tornando, em um ritmo bastante acelerado, não apenas extensões da caridade da igreja, mas órgãos principais do governo — um prelúdio aos hospitais confessionais subsidiados pelo governo, comuns hoje em dia. "Os hospitais assumiram uma posição central na noção cristã de cidade", escreve Timothy Miller. Uma "verdadeira pólis [cidade] deveria ter primeiro sua igreja, mas logo em seguida o hospital, seguido por outras instituições filantrópicas. [...] Tanto o governo civil quanto a igreja oficial canalizavam recursos suficientes para se certificarem da manutenção de hospitais bem equipados", até pelo menos o século 13.[24] Um desses hospitais, o Pantokrator Xenon, em Constantinopla, contava com uma equipe em tempo integral de 19 médicos e 34 enfermeiros, como numerosos servidores e administradores.[25]

O eterno Império do Oriente

Os hospitais do Império Bizantino são um tributo adequado à fusão da intelectualidade clássica com a fé cristã. O conhecimento e a tecnologia dessas instalações médicas vieram da tradição grega pagã do médico Galeno (129-200 d.C.), entre outros. A inspiração para abrir as instituições para todos — ricos e pobres, sem distinção — veio de bispos como Basílio e imperadores como Justiniano, ambos cristãos, que enxergavam nesses serviços de caridade uma forma de seguir a vida e o ensino de Jesus Cristo. As palavras "Vá e faça o mesmo", tiradas da parábola do Bom Samaritano, para não dizer o autossacrifício da crucificação de Cristo, pairavam na mente desses cristãos antigos. Um testemunho encantador dessa integração entre a medicina grega antiga e a caridade cristã se encontra na descoberta de um manuscrito grego milenar do *Juramento de Hipócrates* no qual o texto desse juramento pagão antigo está escrito no formato de uma cruz.[26] Em ainda outro exemplo desse compartilhamento inter-religioso, esses hospitais bizantinos foram exportados ou absorvidos pelo mundo islâmico após as conquistas muçulmanas dos séculos 7 e 8.[27]

Mas em que pese toda sua paixão pelo caminho de Cristo — e talvez em parte por causa disso —, Justiniano foi menos "liberal" na postura a respeito da religião pagã. Embora ele e outros imperadores bizantinos celebrassem as dádivas da sabedoria grega secular, eles desprezavam as superstições do culto greco-romano. Justiniano foi tão zeloso nos seus esforços de marginalizar o paganismo quanto ele foi diligente no estabelecimento de instituições de caridade.

O FIM DO PAGANISMO

Justiniano e seus sucessores no Oriente usaram toda a força da lei para formar uma sociedade cristã, segundo acreditavam. Ele não só introduziu leis contra a blasfêmia e os jogos de azar — ambos os quais apareceram em leis posteriores no Ocidente —, mas efetivamente proibiu as religiões não cristãs. Pagãos e judeus foram proscritos, sujeitos à "perseguição oficial e ao batismo forçado — à 'integração' compulsória na sociedade cristã".[28] Uma lei bizantina declara:

> Os que ainda não foram julgados dignos do santo batismo devem se apresentar, quer vivam nesta cidade imperial ou nas províncias, e comparecer com suas esposas, filhos e toda sua casa às santíssimas igrejas para aprenderem a verdadeira fé cristã. [...] Se eles desprezam tais coisas, que fiquem sabendo

OPRESSORES E SANTOS

que não terão parte em nosso império nem lhes será permitido possuírem propriedades móveis ou imóveis.[29]

Outra lei emitida no mesmo período (529 d.C.) fechou a famosa Academia Filosófica de Atenas, que no passado havia sido a mais respeitada no mundo antigo. Imperadores cristãos anteriores não levantaram um dedo contra a academia. Na verdade, alguns dos pensadores cristãos mais famosos do século 4 passaram por ela como alunos (Gregório de Nazianzo, Basílio, o Grande, e possivelmente Gregório de Nissa), e um deles, Proerésio, o Armênio, era o cabeça da Escola quando as políticas do imperador Juliano o forçaram a renunciar em 361 d.C. A lei de Justiniano, cento e sessenta e oito anos depois, não se dirigia à educação clássica, como Catherine Nixey sugere de forma errônea em *A darkening age: the Christian destruction of the classical world* [Uma era de escuridão: a destruição cristã do mundo clássico].[30] Como Edward Watts demonstra no *Journal of Roman Studies*, Justiniano estava atacando certas práticas de adivinhação infiltradas na escola sob a liderança de um tal de Damáscio.[31] A medida não teve nada a ver com qualquer crítica à filosofia secular e foi vista naquele tempo como algo comum.[32] De qualquer maneira, como um indício esquisito de como toda essa história é ambígua, líderes e eruditos cristãos ainda estariam estudando Damáscio séculos depois. No século 9, o lendário patriarca de Constantinopla, Fócio I, mencionado mais cedo, considerava Damáscio um "incrédulo e ímpio", mas, mesmo assim, recomendava que as pessoas o lessem devida à sua prosa "concisa, clara e agradável".[33]

Mais significativa, na minha opinião, foi de longe uma lei de Justiniano expedida pouco tempo depois, que almejava acabar com a influência dos professores pagãos, os quais ele acreditava que poderiam infectar os alunos com as religiões pagãs. A lei expressa:

> Proibimos o ensino de quaisquer matérias por quem padece da insanidade dos profanos pagãos, a fim de que não finjam ensinar aos que lamentavelmente frequentam suas aulas, enquanto, na verdade, destroem a alma dos pupilos. Eles também não gozarão de um salário público.[34]

É importante esclarecer o que essa lei desprezível significa — e o que ela não significa. Não se trata de um ataque à instrução clássica em si, como Catherine Nixey garante aos seus leitores. Essa é uma interpretação impossível das evidências. A instrução clássica prosperou na corte de Justiniano e no Império Bizantino nos séculos posteriores, motivo pelo qual, como acabei de dizer, possuímos tantas boas cópias bizantinas de Platão, Tucídides e outras obras pagãs importantes. A lei de Justiniano é *religiosa*, não acadêmica. É um banimento direto dos "não cristãos" que pretendessem ensinar tópicos acadêmicos no mais alto nível. Essas funções passariam a ser ocupadas a partir daí somente por professores cristãos. A expulsão dos professores pagãos das academias por parte de Justiniano não foi um ataque à educação clássica, como a proibição de professores cristãos por parte do imperador Juliano, sete décadas antes. Ambos foram inspirados por pura intolerância religiosa, e não pela oposição à intelectualidade grega e romana.

Cerca de 200 anos depois de Constantino, o mundo mediterrâneo via a si mesmo não só como uma sociedade na qual o cristianismo era a religião dominante; agora, ele se considerava "uma sociedade totalmente cristã".[35] Os templos foram fechados muito tempo atrás. As leis específicas sobre os pagãos foram reescritas. Professores pagãos tiveram de se demitir. Bispos substituíram prefeitos como os maiorais das cidades. E, aqui no Oriente, todos eram obrigados a ser instruídos e batizados na fé cristã. Cultura, educação e instituições de caridade, tudo isso prosperou no Império Bizantino cristão, mas a liberdade religiosa, por infelicidade, desapareceu.

No prazo de uma ou duas gerações a partir de Justiniano, uma nova superpotência emergiu no Oriente, varrendo muitas províncias de Bizâncio e reduzindo o "Império Romano" a um Estado muito menor, que compreendia apenas a Turquia e a Grécia.

A ASCENSÃO DO ISLÃ

Muhammad ibn Abdullah, ou Maomé, nasceu em 570 d.C., apenas cinco anos depois da morte do imperador Justiniano. Quando Maomé morreu, em 632, ele era tido como um profeta e soberano de Meca a Medina e além.

O sucesso estrondoso do islã pegou todo mundo no Antigo Oriente Próximo de surpresa. Alguns anos depois da morte de Maomé, seus exércitos derrotaram o exército romano/bizantino oriental nas Colinas de Golã (636 d.C.), perto da fronteira atual entre Israel e a Síria. Eles se deslocaram para o sul, tomando Jerusalém e a Palestina, em 637, e todo o Egito, em 642. Marchando em direção ao Ocidente através do Norte da África, as forças islâmicas tomaram Cartago, em 698, e em seguida, as regiões dos visigodos na Espanha, em 711. Sem mencionar as incontáveis vitórias ainda mais no Oriente, para além da Pérsia (Irã) e na Ásia central. Em menos de um século,

OPRESSORES E SANTOS

o islã conseguiu conquistar uma quantidade de terras igual à do auge do Império Romano. "Nada semelhante a isso havia acontecido desde os dias de Alexandre, o Grande (morto em 323 a.C.)", escreve Peter Brown. "Foi a maior revolução política ocorrida na história do mundo antigo."[36]

O Império Bizantino conseguiu manter seu território muito reduzido na Grécia e na Turquia até meados do século 11, quando as forças islâmicas passaram a fazer pressão no interior da Turquia, ameaçando a própria capital Constantinopla. Isso levou o imperador Aleixo I Comneno, nas décadas de 1080 a 1090, a implorar a ajuda do papa e da cristandade ocidental. Disso resultaram as Cruzadas. A rica tradição bizantina de Constantinopla foi preservada ao longo de todo o período das Cruzadas (em sua maior parte), até cair sob o poder dos otomanos em 1453. Poucas sociedades na história mundial podem ostentar um governo imperial contínuo que durou mais de 1.500 anos.

O LEGADO DE BIZÂNCIO

O Império Romano do Oriente, Bizâncio ou Império Bizantino, é pouco discutido nos estudos ocidentais da história, mas ainda assim ele foi muito importante para a cultura do Oriente e do Ocidente. Para começar, ele deu ao mundo sua própria versão fechada do cristianismo, conhecida como ortodoxia. O termo "ortodoxia" provém das palavras gregas *orthos*, ou "correto", e *doxa*, ou "opinião". Após a inovação ariana, no século 4, que considerava Jesus a ponte entre a humanidade e a divindade, a "ortodoxia" passou a se referir à visão mais antiga — *correta* — de Cristo como plenamente divino, conforme articulada no *Credo Niceno*.

Nesse sentido, a Igreja Ocidental também era "ortodoxa". Mas a expressão usada de forma mais comum no Ocidente era "católica", que quer dizer "universal" (do grego *kata + holos*, ou "de acordo com o todo"). A Igreja Católica Romana era apenas a igreja universal com sede em Roma, que se disseminou principalmente em direção ao oeste. Mas a Igreja Oriental também era "católica" no sentido de ser parte da igreja universal, como a Igreja Ocidental também era "ortodoxa" no sentido de subscrever ao *Credo Niceno*.[37] Para complicar ainda mais as coisas, até as igrejas protestantes tradicionais posteriores podem ser descritas como "católicas" e "ortodoxas", pelo simples fato de a maioria delas — luteranos, anglicanos, presbiterianos e muitos outros — afirmarem o *Credo Niceno*. (A propósito, esta é a razão pela qual os protestantes preferem chamar os católicos de "católicos romanos",

O eterno Império do Oriente

para frisar o ponto de que os católicos não detêm o monopólio do termo "católico".) Seja como for, meu ponto é: a Igreja Ortodoxa — os ortodoxos gregos, os ortodoxos sírios, os ortodoxos russos, e assim por diante — é a forma oriental do cristianismo, agora espalhada por todo o mundo, com suas próprias orações, rituais e estruturas de liderança distintivas, mas ainda aderindo à mesma Bíblia e ao mesmo credo central.

O Império Bizantino também passou adiante, ao Oriente e Ocidente, uma herança muito mais secular — embora os próprios bizantinos não a considerassem "secular". Bizâncio deu ao Ocidente seu vasto repertório de literatura e educação grega clássica. Já falei das cópias de textos gregos clássicos preservadas pelos clérigos e eruditos bizantinos nos séculos 9 e 10. Como esse material chegou até o Ocidente? Por duas vias.

Da época da expansão islâmica aos territórios bizantinos (séculos 7 e 8) até a tomada de Constantinopla pela Quarta Cruzada (século 13), muitos cidadãos de Bizâncio fugiram para o oeste rumo à Itália e a outros lugares. Eles levaram consigo sua literatura e seu conhecimento, para a alegria dos intelectuais italianos no início do Renascimento (1300 d.C.).[38]

Menos compreendido é o caminho mais tortuoso pelo qual a educação bizantina chegou até o Ocidente. Isso ocorreu por cortesia dos intelectuais muçulmanos. Nos séculos 7 e 8, os professores cristãos gregos e sírios transmitiram suas tradições filosóficas acumuladas para os acadêmicos árabes durante o período da expansão islâmica.[39] As regiões antes cristãs da Síria e do Iraque foram fagocitadas pela sociedade islâmica. Como consequência, a educação grega experimentada do clero dessas regiões "alimentou os cortesãos de Harun al-Rashid [o quinto califa abássida] com traduções de Platão, Aristóteles e Galeno".[40] Clérigos-filósofos cristãos como Sérgio de Reshaina (morto por volta de 536 d.C.) e seu sucessor mais tardio *Ḥunayn ibn Isḥāq* (morto por volta de 873 d.C.) foram ambos educados nas tradições bizantinas de Alexandria. Eles traduziram essas tradições gregas para o siríaco. Essas versões siríacas de obras gregas foram, então, traduzidas para o árabe. Quando o islã tomou fisicamente o antigo território bizantino, em outras palavras, ele herdou também o rico depósito intelectual bizantino do conhecimento filosófico e médico. Como a *Brill Encyclopaedia of Islam* [Enciclopédia Brill do islã] observa, foi essa intelectualidade bizantina grega que "influenciou de modo profundo o desenvolvimento desses campos [filosofia e medicina] no mundo muçulmano".[41]

Com o tempo, Bagdá se tornaria uma nova Alexandria ou Atenas, ostentando alguns dos maiores eruditos do período. Esses homens traduziam,

OPRESSORES E SANTOS

ensinavam e expandiam as ideias de Platão, Aristóteles, Galeno e João Filopono. A renomada Escola de Bagdá dos séculos 9 e 10 era composta majoritariamente por cristãos de língua árabe da tradição intelectual alexandrina. Isso incluía o fundador da escola, Abu Bishr Matta (morto cerca de 940 d.C.) e seu famoso aluno e o mais prolífico tradutor de Aristóteles para o árabe, Yahya Adi (morto em 974 d.C.). O aluno mais famoso de Matta, porém, foi o respeitado acadêmico muçulmano al-Farabi (morto em 950 d.C.). Os muçulmanos designam al-Farabi o "segundo mestre" de filosofia, depois de Aristóteles.

O impacto de figuras como Sérgio de Reshaina, Matta e al-Farabi foi enorme. A erudição filosófica e médica islâmica vicejou na Idade Média de um jeito nunca visto na Europa ocidental (mesmo sob Carlos Magno) até as traduções árabes dos textos clássicos gregos serem levadas à Espanha, então sob o controle muçulmano, em algum momento antes do século 12. Na Espanha, o erudito muçulmano Averróis (1126-1198 d.C.) escreveu comentários extensos sobre Aristóteles em árabe, os quais foram então traduzidos para o hebraico por intelectuais judeus e para o latim por intelectuais cristãos. Depois disso, essas versões chegaram à Europa no século 13, onde foram estudadas pelo filósofo-teólogo italiano, muito influente, Tomás de Aquino (1225-1274 d.C.). Aquino, sozinho, deflagrou um avivamento do pensamento aristotélico por toda a Europa nas décadas imediatamente anteriores à alvorada do Renascimento no século 14.

A história é complicada, mas pode ser resumida com facilidade. Primeiro, os textos gregos clássicos foram preservados pelos acadêmicos bizantinos e entregues diretamente aos europeus quando os bizantinos se mudaram para o Ocidente. Segundo, os textos gregos clássicos também foram traduzidos para o siríaco por monges treinados em Bizâncio, cujos discípulos traduziram-nos para o árabe, até que os eruditos muçulmanos os levaram à Espanha, onde os cristãos os traduziram para o latim no século 13, que precedeu o Renascimento. Simples!

Assim, o Oriente muçulmano e o Ocidente cristão devem agradecer ao Império Bizantino pela preservação do melhor da vida intelectual da Grécia antiga. Nesse sentido, o Império Romano do Oriente realmente foi "eterno".

❖ ❖ ❖

Na inauguração da Primeira Cruzada, em 1095, as duas cristandades não podiam ser mais diferentes entre si. O Oriente havia preservado as tradições

O eterno Império do Oriente

culturais, jurídicas e intelectuais de mais de um milênio, transpondo o mundo greco-romano em uma verdadeira "sociedade cristã". Em contraste, a cristandade ocidental havia passado pelas rupturas avassaladoras da queda de Roma, da conquista dos bárbaros e da desintegração da Gália romana e, ainda assim, de alguma forma, conseguira exercer sua influência por meio de missões, monastérios e igrejas. As duas grandes igrejas se juntaram de novo na missão compartilhada das Cruzadas nos séculos 11 ao 13, mas o resultado foi tudo, menos feliz. Isso não formou o grande "Império Cristão" da Inglaterra à Pérsia, como alguns imaginavam que aconteceria. Essas "guerras santas" foram, em última análise, um fiasco militar, como já vimos.

Após a falha das Cruzadas, foi a vez da cidade de Constantinopla, a antiga Bizâncio, cair, agora sob a força dos muçulmanos otomanos, em 1453. A cultura bizantina quase desapareceu da face da terra, exceto nas suas expressões que podem ser vislumbradas nas ricas tradições da Igreja Ortodoxa por todo o mundo. O cristianismo ocidental esqueceu-se quase por completo do mundo islâmico depois das Cruzadas, voltando a atenção novamente para a construção de sua própria sociedade baseada no amálgama vago das tradições romanas antigas, da cultura guerreira germânica e da mensagem do homem de Nazaré.

Assim, com todo esse rebuliço no período medieval, quando a famigerada Idade das Trevas realmente existiu? É provável que a resposta seja: nunca. Este não é um exemplo de revisionismo histórico, como algumas vezes se alega por aí. Na verdade, tem ficado cada vez mais claro para os historiadores contemporâneos que a noção de um período de "trevas" entre a queda da Roma antiga e o nascimento do mundo moderno é, ela mesma, uma "revisão" e, na verdade, uma peça propagandística muito eficaz.

| CAPÍTULO 19 |

A invenção da "Idade das Trevas":

a suposta catástrofe do século 6 ao século 13

> *Seguiu-se a partir daí, como é bem sabido, um longo período de ignorância e crime, no qual até mesmo as mentes mais capazes foram imersas nas mais grosseiras superstições. Durante esse período, corretamente chamado de Idade das Trevas, o clero foi soberano.*
>
> — HENRY THOMAS BUCKLE, 1857

As críticas à igreja feitas por Richard Dawkins, Christopher Hitchens e muitos outros nos últimos anos fazem parte de uma tendência nos círculos céticos de "fazer uma curadoria" dos males da cristandade de um jeito que, muitas vezes, beira à propaganda barata. Mas essa postura não é nova. "Todas as épocas necessariamente reinterpretam — e reescrevem — o passado de acordo com seus próprios interesses, ideais e ilusões", observa o historiador-teólogo David Bentley Hart.[1] Tendemos a exagerar e enviesar as falhas antigas, Hart argumenta, para mostrar nosso próprio tempo e lugar como o ápice da humanidade e a culminação da história — e o que há de "bom" nela.

Neste breve capítulo, quero explorar uma das mais bem-sucedidas tentativas de reinterpretação do passado: a designação do período que vai do século 6 ao 13 de a "Idade das Trevas". Isso servirá como bom lembrete do poder do rumor e da propaganda para convencer uma cultura

JULGANDO NOSSOS ANCESTRAIS

O exagero e a seletividade podem acontecer em uma escala pequena, por exemplo, quando falamos que a década de 1950 era reprimida e conformista se comparada à "liberação" que veio nas décadas de 1960 e 1970, ou quando descrevemos a Inglaterra vitoriana do século 19 como rígida e puritana em comparação aos "Roaring Twenties".* Nossas impressões desses períodos podem se tornar bastante caricatas. Sem dúvida, isso nos ajuda a categorizar épocas históricas em padrões bem ordenados — o Período Clássico, a Idade das Trevas, o Mundo Moderno, o Mundo Digital e por aí vai. Também nos ajuda a nos sentirmos melhor em relação ao nosso próprio tempo e lugar particulares. Mas essa atitude quase sempre é uma forma ruim de fazer história, e nunca nos leva a uma avaliação justa das "mães" e dos "pais" de duas, dez ou cinquenta gerações atrás (o ano 500 d.C. foi quase exatamente cinquenta gerações atrás).

No mínimo, perceber nosso hábito de julgar o passado e exaltar o presente deveria nos fazer pensar em como nossos descendentes de dez gerações no futuro, na década de 2320, avaliarão nossa década de 2020. Refletir sobre isso me levou a uma regra pessoal divertida. Sempre que eu me deparo com algo enigmático ou objetável do passado, eu tento fazer o que faço quando viajo para uma cultura estrangeira, seja ela a China rural ou o interior da Austrália. Eu me forço a imaginar como seus costumes pouco conhecidos podem estar certos e meus costumes podem estar errados. Mesmo quando eu não consigo chegar a uma conclusão (apesar de várias vezes conseguir), o exercício mental em si geralmente me ajuda a ser menos crítico acerca de culturas alheias ou ancestrais distantes.

De qualquer forma, um desses tipos de narrativas exageradas e seletivas a respeito do passado veio à tona em uma escala industrial na Europa durante o Renascimento (séculos 14 a 15) e o Iluminismo (final do século 17

---

* Numa tradução livre, os "Afluentes Anos Vinte" ou "Loucos Anos Vinte". Refere-se ao desenvolvimento cultural, social e artístico acelerado que ocorreu na década de 1920 principalmente nas grandes cidades dos Estados Unidos, mas também em outros países. Essa expansão se deu com base no crescimento econômico sustentado nesses países, o qual se refletiu, dentre outras coisas, no altíssimo padrão de consumo das pessoas, como retratado com maestria na obra *O grande Gatsby*. (N. do T.)

OPRESSORES E SANTOS

e século 18). Foi nessa época que artistas, intelectuais e até o clero popularizaram a expressão "a Idade das Trevas" para descrever o período após o colapso do Império Romano do Ocidente, quando a igreja alcançou proeminência na Europa e parece ter inaugurado uma era de ignorância, superstição, estagnação cultural e brutalidade. Felizmente, porém, fomos todos resgatados dessa tragédia humana colossal por um *renascimento* — de onde vem a alcunha do movimento — da erudição clássica no século 14 e uma *iluminação* — a palavra já diz tudo — no século 18.

A história é elegante e artificial. Depois de alguns excelentes trabalhos investigativos históricos de acadêmicos europeus e americanos no começo do século 20, nós agora sabemos que o termo "idade das trevas" foi elaborado como uma peça de propaganda, desconectada de uma avaliação equilibrada dos séculos designados, mais educadamente, Idade Média. O contraste entre as trevas e a luz foi deliberado e eficiente. Mas foi também um exercício de autoelogio e difamação histórica.

OS "HUMANISTAS" DO RENASCIMENTO (1300-1500)

Em duas investigações muito persuasivas, Wallace Ferguson (em 1939) e Theodore Mommsen (em 1942) rastrearam a origem do uso que fazemos da linguagem de "trevas" para descrever o período que vai, grosso modo, de 500 a 1300. A primeira pessoa a empregar essa imagem foi um dos pais humanistas do Renascimento, o acadêmico-poeta italiano Francesco Petrarca (1304-1374 d.C.). Bem cedo, em 1341, ele havia expressado o desejo de escrever um relato abrangente das glórias da Roma antiga até os dias do último imperador ocidental, Flávio Rômulo Augusto (460-476 d.C.). Petrarca acreditava que os grandes homens da Antiguidade, em especial pessoas como Cícero, Virgílio e Sêneca, foram os verdadeiros antecessores intelectuais da sua *intelligentsia* italiana do século 14. Em uma carta de 1359, ele lamenta o fato de o grande estadista e erudito romano Cícero (106-43 a.C.) não poder olhar à frente dos séculos para os tempos do próprio Petrarca e ver "o fim das trevas (*tenebrae*) e da noite do erro" e "a alvorada da verdadeira luz".[2] Para Petrarca, a época logo após a queda de Roma foi "de trevas" não por ser desconhecida, mas por ter sido "inútil", afirma Mommsen, e "quanto mais cedo aquele período fosse apagado da memória do homem, melhor". Petrarca resolveu "enterrá-lo no esquecimento".[3]

É interessante que a referência de Petrarca à era de "trevas" não pretendia criticar a igreja ou a cristandade. Ele parece ter sido bastante devoto,

A invenção da "Idade das Trevas"

e contava com acesso direito ao papa (Urbano V). Certa vez, ele escreveu ao seu amigo Giovanni Colonna: "Devemos ler filosofia, poesia ou história de tal modo que o eco do Evangelho de Cristo, unicamente pelo qual nós somos sábios e felizes, possa ressoar para sempre em nosso coração". Cristo, ele disse, é "o firme fundamento do aprendizado sadio".[4]

Portanto, o que Petrarca realmente quis dizer com a era de "trevas"? Ele culpava os bárbaros. Os visigodos e ostrogodos saquearam Roma e dividiram a Gália. Dessa forma, deram fim ao progresso da instrução romana clássica — e era essa instrução que ele e seus colegas humanistas esperavam reviver. A luz de Cristo havia brilhado através de toda a era bárbara, Petrarca pensava, mas, agora, as gloriosas conquistas literárias da Roma antiga também precisavam brilhar em uma Itália renascida. "O pai do humanismo", escreve Mommsen, também foi "o pai do conceito ou postura que considera a Idade Média a 'Idade das Trevas'", embora o próprio Petrarca jamais tenha pensado em culpar a igreja pelas trevas.[5]

Na geração que sucedeu a Petrarca, eruditos italianos como o poeta Boccaccio, o arquiteto Villani e o artista Ghiberti passaram a contrastar cada vez mais sua própria época com a anterior, e a oposição trevas-luz ganhou ainda mais peso. A maioria desses humanistas também escrevia histórias dos seus campos, como a arte ou a arquitetura, nas quais eles tendiam a diminuir as contribuições da Idade Média e enfatizar suas próprias conquistas. Ao fazê-lo, eles criaram o "bicho-papão medieval", conforme a *Brill encyclopedia of the Middle Ages* [Enciclopédia Brill da Idade Média] coloca.[6] No seu clássico artigo "Humanist Views of the Renaissance" [Visões humanistas do Renascimento], publicado no *The American Historical Review*, Wallace Ferguson nota que os humanistas eram "unânimes em ignorar quase todo o desenvolvimento cultural e político fora da Itália, bem como as instituições e as contribuições culturais mais características da Idade Média". Em vez disso, tudo o que importava para eles era o pensamento de que "houve uma decadência da civilização antiga com o declínio de Roma e que essa decaída levou a um período de trevas barbáricas". Apenas os trabalhos literários e culturais dos seus dias eram merecedores da honra "renascentista".[7]

O ILUMINISMO (1650-1800 E ALÉM)

O termo "Idade das Trevas" atingiu o ápice na era do Iluminismo, durante os séculos 17 e 18: "O próprio nome desse período [luz] era uma declaração

OPRESSORES E SANTOS

de guerra aberta contra a era das 'trevas' e sua escala de valores", escreve Theodore Mommsen.[8] Pensadores como o filósofo escocês David Hume e o teórico político americano Thomas Paine se esbanjavam em estabelecer contrastes entre a ignorante era da igreja e a nova "Idade da Razão" (o título do famoso livro de Paine).

Podemos ver a mesma tendência na obra sobre a história que talvez seja a mais erudita já composta na língua inglesa durante o Iluminismo. O volumoso *The history of the decline and fall of the Roman Empire* [A história do declínio e da queda do Império Romano], de Edward Gibbon, foi publicado em seis volumes durante 1776-1789 (agora disponível em um único *e-book*!). Ninguém duvida da maestria incomparável de Gibbon em lidar com a evidência do mundo romano disponível a ele no século 18. Mas sua contribuição não se saiu bem no teste do tempo. Isso se deve em parte ao fato de ele mal conseguir conter seu desdém ao cristianismo e à igreja na sua obra. No capítulo 7, mencionei seu gracejo (reconhecidamente engraçado) sobre o pobre monge Telêmaco, cujo protesto e morte na arena romana em 404 d.C. culminou no fim dos esportes dos gladiadores: "A morte de Telêmaco foi mais útil para a humanidade que sua vida".[9] O estudo de Gibbon está repleto de comentários espirituosos às custas da igreja como esse. E ele não se esquivou de falar, no prefácio ao primeiro volume, das "trevas e confusão da Idade Média"[10], e, de novo, da "Idade das Trevas que se sucederam à trasladação do império".[11]

Não demorou muito até quase todo mundo estar usando a expressão "Idade das Trevas" para descrever a Idade Média. Na edição de 1911 (a 11ª edição) da sempre popular *Encyclopaedia Britannica* [Enciclopédia Britânica], na qual muitos alunos e famílias de todo o mundo anglófono confiam, a época que vai dos séculos 5 ao 10 é declarada "a Idade das Trevas", e somos informados de que "a Idade das Trevas foi uma realidade".[12] Essa edição da enciclopédia coincide, em linhas gerais, com os trabalhos de acadêmicos, como Ferguson e Mommsen, que estavam desvendando a invenção do conceito de "idade das trevas". Quando Mommsen publicou seu artigo sobre o tópico (em 1942), ele notou que a 14ª edição da *Britannica* não trazia mais a expressão. Os editores mudaram da água para o vinho. O verbete em questão na enciclopédia agora trazia: "O contraste, antes tão usual, entre as eras de trevas e as eras de luz não contém mais verdade que as fantasias idealistas que subjazem às tentativas de proceder a um avivamento medieval".[13] Mommsen acrescenta seu próprio comentário: "A expressão 'Idade das Trevas' nunca foi uma expressão primariamente científica, mas, antes, um

A invenção da "Idade das Trevas"

grito de guerra, uma denúncia da concepção do mundo medieval, da postura medieval diante da vida e da cultura da Idade Média".[14] Livros recentes como o de Catherine Nixey, *A darkening age: the Christian destruction of the classical world*[15], devem seu conteúdo mais a esse "grito de guerra" cético que à disciplina de história ensinada nas universidades hoje.

Até o título mais educado "Idade Média" faz alguns historiadores se encresparem, pois é uma espécie de esnobismo cronológico. No seu livro *Middle Ages: a very short introduction* [Idade Média: uma brevíssima introdução], Miri Rubin, professora de História Medieval na Universidade de Londres, explica que o termo "Idade Média" "sugere que este foi o período de um movimento arrastado, um intervalo entre duas outras épocas, estas sim importantes, que definem sua condição intermediária". De fato, "os que cunharam o termo Idade Média mantinham um tremendo senso de seu próprio valor e boa sorte como membros de uma era posterior". Era, em outras palavras, uma forma de autoelogio entre eruditos, artistas e até clérigos que "celebravam seus dias e suas cidades, e, acima de tudo, uns aos outros". Ela nos pede para relevar a qualidade descritiva das palavras "Idade Média" e "Renascimento" e utilizar essas expressões apenas "como um ponto de referência para as pessoas e os lugares em tempos diferentes".[16]

A REFORMA PROTESTANTE (1500-1700)

Existe um culpado final pela enorme popularidade do termo "Idade das Trevas": a igreja em si, ou parte dela. Os humanistas renascentistas e os livres-pensadores do Iluminismo foram auxiliados — nos anos intermediários entre eles — pelos reformadores protestantes dos séculos 16 e 17. Essa é a minha própria "tribo", e posso confirmar que essa atitude em relação à Idade Média ainda se encontra presente em sermões e livros contemporâneos sobre o período anterior ao protestantismo.

Os protestantes, liderados pelo acadêmico-monge católico Martinho Lutero (1483-1546 d.C.), rejeitaram certos "erros" católicos romanos, como a autoridade singular do papa e a prática de indulgências (contribuições terrenas para o perdão divino de uma pessoa). Ao se posicionarem contra essas coisas, os protestantes logo se juntaram aos humanistas renascentistas em descrever o período anterior a eles como uma era de ignorância e trevas espirituais. Após a queda de Roma no século 5 — ou talvez até antes —, a igreja se desviou, de acordo com muitos protestantes e, portanto, só o remanescente dos cristãos genuínos sobreviveu até a Reforma: "A verdadeira igreja",

OPRESSORES E SANTOS

disse Martinho Lutero, estava "escondida da vista do homem". Usando de modo muito eficiente a imagem bíblica das "trevas", ele descreveu a igreja em si — não o mundo incrédulo — estando perdida em trevas. Ele cita o evangelho de João (1:5): "A luz brilha nas trevas, e as trevas não a derrotaram", e, então, declara: "Não surpreende, portanto, que, nas coisas divinas, homens de talento extraordinário tenham estado cegos por tantos séculos. Nas coisas humanas, isso seria surpreendente. Nas coisas divinas, o espantoso é que haja um ou dois que não estão cegos, mas não surpreende que todos, sem exceção, estejam cegos".[17]

A mesma linguagem das "trevas" foi empregada em um livro que, na Inglaterra, na geração logo depois de Lutero, rivalizou com a Bíblia em termos de vendas. A obra de 1563 de John Foxe, *Actes and monuments of these latter and perillous dayes* [Os atos e tratados destes recentes e perigosos dias] (título geralmente encurtado para *O livro dos mártires*) detalha a perseguição de crentes verdadeiros pela "satânica" Igreja Católica. Por meio de um cálculo complexo (cujos detalhes não são importantes aqui), Foxe acreditava que o ano de 1360 foi "o tempo em que o Senhor, *depois de longas trevas*, começou a reformar sua igreja".[18] Tais trevas foram vencidas na Reforma do século 16.

A ideia de a igreja se desviar para as trevas era um paralelo exato à noção humanista de que a cultura e a educação pereceram por entre as trevas no mesmo período. Essa tornou-se a maneira padrão de pensar e falar a respeito da história da igreja entre os protestantes nas décadas e nos séculos que se seguiram, e algumas vezes ainda hoje. Ela encontra clara expressão nas obras do influente clérigo e intelectual puritano americano Cotton Mather (1663-1728 d.C.), o típico "homem de letras" dos séculos 17 e 18. Ao escrever no desfecho da Reforma, ele falou das "incríveis trevas [que] pairavam sobre as partes ocidentais da Europa 200 anos atrás: a erudição foi cabalmente engolida pela barbárie", até que, segundo ele, a educação bizantina retornou ao Ocidente no Renascimento. E isso "ocasionou o avivamento das letras ali, o qual preparou o mundo também para a reforma da religião e para os avanços da ciência daí em diante".[19] O papel dos protestantes, de Lutero a Mather, na promoção dessa difamação histórica é bem resumido pelo professor Francis Oakley, do Williams College, em Massachusetts, na sua introdução a *The Medieval experience* [A experiência medieval]:

> Assim, a própria ideia de uma era intermediária interposta entre o mundo da Antiguidade clássica e o despontar do mundo moderno foi, em última

A invenção da "Idade das Trevas"

instância, uma novidade humanista. O que ela perdeu em simplicidade ganhou em firmeza durante o período da Reforma, impulsionada pela descrição protestante dos mil anos que precederam o advento de Martinho Lutero como uma era de torpeza moral, superstição religiosa e credulidade incontida. Ainda mais claramente que seus predecessores humanistas, os reformadores viam sua própria época como um tempo de reavivamento e restauração, mas dessa vez não só das artes, da erudição e das "boas letras", mas também da fé cristã à sua pureza original.[20]

É algo bastante estranho de ponderar: uma ala da igreja ajudou e encorajou uma das peças narrativas mais enganadoras sobre o passado cristão já contadas. Suponho que os protestantes (como Cotton Mather) poderiam contar com a capacidade do seu público de fazer uma distinção histórica clara entre a Era Católica Romana e a Era da Reforma. Mas este não é mais o caso. As pessoas hoje amontoam todos os cristãos em um mesmo grande saco chamado "cristandade", o qual andou aos tropeços por aí até o Iluminismo nos dar à luz. Ao mirar a Igreja Católica da Idade Média, os protestantes não apenas contribuíram para uma falsidade; eles deram um tiro no próprio pé.

Poucos exemplos de narrativas seculares chegam ao nível de reduzir um milênio de cultura humana a um único termo: "Idade das Trevas". Entretanto, muitos relatos individuais de mau comportamento cristão sem dúvida contribuem para a nossa percepção moderna acerca do "que acontece quando você deixa esses malucos religiosos terem um pouquinho de poder!". Muitas das histórias contadas sobre a igreja histórica são meias-verdades e francamente ridículas. Mas, às vezes, a metade que não é verdade diz tanto a respeito dos medos e preconceitos modernos quanto à porção verdadeira nos conta a respeito do cristianismo. Um bom exemplo é a Inquisição, muitas vezes lançada como o epítome de tudo o que há de mais cruel no coração humano, em especial quando ele é enfeitiçado pela superstição. Esse clichê está *meio* correto.

| CAPÍTULO 20 |

A Inquisição:

os julgamentos de heresias
do século 12 ao século 16

*Quantos santos você acha que os lacaios da
Inquisição, sozinhos, queimaram e assassinaram
durante os últimos séculos?*
— MARTINHO LUTERO, 1525

Ninguém espera pela Inquisição espanhola!

Essas palavras denunciam minha idade. Elas vêm do sucesso de comédia *The Flying Circus* [O circo voador], de Monty Python, lançado em 1970 (eu assisti depois, não quando foi lançado!). O episódio 2 da segunda temporada se chama "The Spanish Inquisition" ["A Inquisição espanhola"], e ele satiriza a vida real, 350 anos depois da Inquisição espanhola (1480-1834 d.C.), transformando-a em uma piada humorística rememorada por uma geração inteira de britânicos e australianos. Na cena 2 do esquete, uma mulher idosa está sentada no sofá de uma sala de estar moderna com uma mulher mais nova, olhando algumas fotos antigas da família — "Aqui está o vovô. Aqui está o tio Ted", e assim por diante. Ela chega a uma última foto e exclama de forma despretensiosa: "Oh, e aqui está a Inquisição espanhola, escondendo-se atrás do depósito de carvão". "Oh", responde a moça, "eu não esperava pela Inquisição espanhola", quando, de repente, três cardeais inquisidores, encabeçados pelo amado ator inglês Michael Palin, irrompem pela porta ao clangor de um daqueles sons de filme de terror cafona. Palin anuncia em tom ameaçador: "Ninguém espera pela Inquisição espanhola!". E, subitamente, nós somos levados a uma história animada da Inquisição que dura

A Inquisição

30 segundos, cheia de imagens de enforcamentos e mesas de tortura. "Nos primeiros anos do século 16", explica a voz clássica de documentários britânicos, "para combater a ascensão da heterodoxia religiosa, o papa concedeu ao cardeal Jiménez da Espanha licença para se mover sem impedimentos ou obstáculos por toda a terra, em um reinado de violência, terror e tortura que daria um excelente filme. Essa foi a Inquisição espanhola". Então o esquete volta ao cenário moderno, onde a vovó é "torturada" com "a almofada" e "a poltrona confortável", enquanto os inquisidores exigem que ela "confesse!".

Com esse esquete clássico de Monty Python (que vale a pena buscar no Google se você nunca assistiu), nós alcançamos o ápice da crítica a essa prática da igreja medieval tardia. Quando algo deixa de ser ultrajante, desprezível e denunciado e passa a ser uma simples galhofa em rede nacional, sabemos que o processo de crítica cultural está completo. Um esquete de comédia como esse teria sido impossível nos séculos 18 e 19, quando a memória das inquisições eclesiásticas por toda a Europa ainda estava fresca e uma vasta literatura crítica — incluindo críticas filosóficas, histórias teológicas e até novelas góticas — havia se desenvolvido, condenando-o como o período mais sombrio da Idade das Trevas da igreja, um período em que, como um jornalista australiano que eu conheço afirma, "milhões" de mártires seculares foram mortos com crueldade.[1]

Ocorre que a história das Inquisições era desconhecida — mesmo para os especialistas — até os últimos cinquenta anos, quando os arquivos dos governos europeus e das instituições eclesiásticas pertinentes foram abertos para os pesquisadores. Um passo significativo nesse processo ocorreu quando o papa João Paulo II abriu os arquivos do Santo Ofício para os historiadores em 1998. E, pasmem, por felicidade ou não, a Inquisição era detalhista ao extremo nos seus relatórios: "Seus métodos meticulosamente investigativos", escreve o professor Edward Peters, da Universidade da Pensilvânia, um dos estudiosos da Inquisição mais influentes dos últimos quarenta anos, "produziram o maior e mais importante corpo de dados particulares de qualquer sociedade no início da Europa moderna".[2] O antigo sigilo em torno dos detalhes de procedimentos, casos e execuções significa que a "história" das Inquisições foi, em sua maior parte, deixada ao sabor dos relatos populares e das críticas filosóficas. E, de novo, fico envergonhado de dizer que o horror ou escárnio causados hoje pelo mero pensar nas Inquisições deve muito aos pregadores e panfletários da Reforma Protestante dos séculos 16 e 17, que sentiam um prazer retórico em enfatizar e amplificar os males da cristandade católica.

OPRESSORES E SANTOS

Deixe-me ser claro: as Inquisições, e em especial a Inquisição *espanhola*, foram, em certas ocasiões, tão horríveis e corruptas quanto os relatos mais exagerados sugerem. Elas *são* uma mancha na história da igreja, e o papa João Paulo II fez certo em pedir perdão publicamente por elas em uma cerimônia em 12 de março de 2000.[3] Ainda assim, em uma abordagem equilibrada à história da violência a partir da Idade Média até hoje, as Inquisições seriam ultrapassadas por outros eventos e ocorrências. Vou explicar o porquê.

HERESIA

A palavra "inquisição" hoje tem conotações completamente negativas. Se não gostamos de uma linha de questionamento, nós a descrevemos como uma "inquisição" — como no título de um artigo recente no *New York Times* sobre as supostas tendências iliberais em universidades liberais, "Essas inquisições nos *campi* devem acabar".[4] Mas a palavra original *inquisitio* significava apenas de uma investigação ou um inquérito, e referia-se na origem a uma série de investigações conduzidas pela Igreja Romana nos séculos 12 e 13 para descobrir e erradicar as "heresias".

Hoje, a palavra "heresia" é outro termo alvo de zombaria e má compreensão. Embora sua raiz signifique algo como "escolha", quando utilizada pela igreja, ela se refere a *escolher rejeitar* algum aspecto da crença cristã e promover alguma outra coisa como a verdade do cristianismo. Outras religiões, portanto, não são consideradas "heresias", uma vez que a palavra se refere apenas a afirmações "cristãs" falsas. Embora raras vezes usemos o termo em um contexto secular na atualidade, com certeza temos heresias, no sentido de escolhas que algumas pessoas fazem para rejeitar as verdades da igualdade e dos direitos humanos: pense no antissemitismo ou na supremacia branca. Essas coisas geram na sociedade comum o mesmo tipo de desaprovação e denúncia que a "heresia" gerava antigamente na sociedade cristã da Idade Média.

Nós também temos "doutrinas corretas" hoje. Os socialistas, por definição, sustentam que o Estado deve controlar a maioria dos meios de produção para o bem da sociedade. Os conservadores acreditam que o Estado deve se manter longe dos meios de produção e se concentrar, mais que tudo, em fazer boas leis e manter a paz. Os libertários dão um passo adiante e asseveram que, para além da lei e da ordem, o governo deve ter um papel muito pequeno na formação da sociedade. Pertencer a qualquer uma dessas tradições políticas ou filosóficas envolve afirmar essas doutrinas centrais. Felizmente, ninguém é interrogado ou prejudicado por rejeitar essas "verdades". A maioria de nós hoje opta apenas por envergonhar e "cancelar" nossos hereges.

Seria possível escrever um livro inteiro sobre os tipos de heresias que a igreja da Idade Média tentou erradicar. Havia as heresias clássicas, como o arianismo (descrito no capítulo 7), que negava a plena divindade de Jesus. Havia também heresias mais exóticas, como o catarismo ou albigensianismo (mencionado no capítulo 2).[5]

AS PRIMEIRAS INQUISIÇÕES

A primeira Inquisição foi anunciada pelo papa Lúcio II em 1184, mas foi só com o papa Gregório IX, cinquenta anos depois (1233 d.C.), que a ideia teve continuidade e uma equipe formal de inquisidores foi reunida, um esquadrão de teólogos de primeira classe provenientes de modo principal da Ordem Dominicana. Sua função era viajar para os bolsões heréticos da Europa (principalmente a França, no começo) e entrevistar supostos hereges, como os cátaros, e convencê-los a retornar para o aprisco. Por mais implausível que isso possa soar à luz do imaginário popular, a vasta maioria dessas inquirições nas cidades e vilas da Europa se engajavam só na *persuasio*, a simples persuasão, para trazer as pessoas de volta à doutrina correta. Até quando o papa decidiu adotar a antiga lei romana e autorizar a tortura em 1252, a evidência sugere que essa medida raras vezes era implementada. (Não me entenda mal: eu considero um único ato de tortura em nome de Cristo uma blasfêmia.)

A "persuasão" das Inquisições sem dúvida envolvia intimidação. O processo em uma cidade típica se dava de acordo com o seguinte: os inquisidores realizavam um sermão público sobre a heresia e a doutrina verdadeira; eles anunciavam um "período de graça" de 30 dias, durante os quais as pessoas podiam confessar seus devaneios ou trazer informações sobre os hereges conhecidos; a investigação formal em si envolvia interrogar testemunhas e réus; por último, os inquisidores anunciavam publicamente a absolvição ou confirmação da culpa. Os absolvidos precisavam realizar algum tipo de penitência, como um conjunto de orações, uma peregrinação, um confinamento temporário na prisão ou usar uma cruz especial por certo período (às vezes, durante toda a vida). Os que se recusavam com resolução a parar de advogar heresias eram declarados culpados e entregues às autoridades estatais para o sentenciamento. Nessa época, as autoridades do Estado enxergavam os hereges como traidores da boa ordem e os executavam com entusiasmo, em geral amarrando-os a um poste no chão e queimando-os vivos ("queimando na fogueira"). Embora a maioria dos casos

OPRESSORES E SANTOS

registrados resultasse em pouca ou nenhuma consequência, a ameaça de ser entregue às autoridades certamente tornava esse tipo de "persuasão" diferente de qualquer coisa que toleraríamos hoje.

A primeira Inquisição era controlada pelo Vaticano, mas não demorou muito até que fossem criadas inquisições eclesiásticas locais por bispos regionais e inquisições estatais controladas pelas autoridades governamentais nas suas próprias campanhas em favor da pureza doutrinária. Com frequência, na Idade Média, as autoridades estatais eram mais fanáticas e menos sutis quanto ao avanço do "reino de Cristo" que os oficiais da igreja (pense em Carlos Magno). Os governantes estatais consideravam a heresia um câncer para a coesão social que precisava ser implacavelmente extirpado. Já os inquisidores da igreja consideravam a si mesmos — pelo menos, é o que os documentos primários revelam — mestres enviados para curar os hereges doentes e suas comunidades. Por mais forçado que hoje isso possa soar aos ouvidos, o professor Thomas Madden, diretor do Centro de Estudos Medievais e Renascentistas da Universidade de Saint Louis, explica: "quando lemos o que as pessoas falavam sobre as Inquisições na Idade Média, a maior crítica é que elas eram lenientes, demoravam muito, preocupavam-se demais com as regras de análise das evidências e em serem meticulosas para garantir que todos fossem tratados de forma justa. E isso era uma causa de grande frustração para os governantes seculares".[6]

A Espanha era o lugar onde os inquisidores *nem sempre* eram acusados de leniência. A Inquisição espanhola é uma história por si só, o que explica o fato de quando as pessoas mencionam a "Inquisição", elas geralmente querem se referir à Inquisição espanhola, que durou trezentos e cinquenta anos (1478-1834 d.C.).

A INQUISIÇÃO ESPANHOLA

Em 1478, o rei da Espanha, Fernando V, pediu ao papa Sisto IV permissão especial para conduzir sua própria inquisição para lidar com o "problema" dos judeus convertidos ao cristianismo, conhecidos como *conversos*. Nos séculos que precederam o rei Fernando, a Espanha havia se tornado um amálgama único de judeus, cristãos e muçulmanos. Muitos judeus se tornaram cristãos, alguns por livre e espontânea vontade, outros por meio da bajulação, e outros ainda por meio da coerção. Nos tempos mais antigos, o papa Gregório I (final do século 6 e início do século 7) exigira que os judeus que vivessem em Estados cristãos fossem protegidos, que não fossem acossados e que "deviam ser trazidos à unidade da fé pela brandura e

A Inquisição

generosidade, pela admoestação e persuasão", ele escreveu. "Caso contrário, pessoas que podem ser alcançadas para a credulidade por meio da doçura da pregação e do temor do julgamento vindouro serão repelidas pelas ameaças da pressão."[7] Essa metodologia seria encerrada.

Nos séculos que se seguiram, muitas regiões europeias ignoraram a instrução do papa Gregório. O sucesso e o isolamento relativos das comunidades judaicas jogaram mais combustível no antissemitismo já presente e desembocaram em ações generalizadas contra os judeus na Europa nos séculos 13 e 14. Em 1209, a Inglaterra deportou todos os judeus de seus territórios. A França fez o mesmo em 1306. Na Espanha, vários motins explodiram no quente verão de 1391, culpando as classes privilegiadas e em especial os judeus pelas dificuldades econômicas. Centenas de judeus que residiam em Sevilha e Valência foram assassinados. Conforme muitas cartas de judeus dessa época mostram, diversos governadores e nobres das cidades tentaram proteger seus concidadãos judeus. Entretanto, seus esforços provaram-se fúteis, e muitos judeus foram forçados a "se tornarem cristãos", dali em diante conhecidos como *conversos*. Diversos teólogos e até oficiais régios declararam inválidas essas conversões e decretaram que os judeus poderiam retornar ao judaísmo se assim quisessem. Mas em muitos lugares — por exemplo, em Barcelona e Maiorca —, esses conversos sentiam-se mais seguros se suas famílias e eles permanecessem cristãos. Ainda que tivessem de suportar a desconfiança antissemita da comunidade mais ampla, pelo menos oficialmente eles estavam protegidos.[8]

Os descendentes dos *conversos* também eram denominados *conversos*. Eles formavam uma comunidade distintiva, não aceita de forma plena pela comunidade judaica nem pela comunidade cristã mais ampla. Não demorou para que surgissem rumores de que os cristãos judeus faziam parte de uma conspiração judaica maior para infectar todos os níveis da sociedade e do governo (o rei Fernando contava com judeus e conversos em sua corte) e, por fim, tomar toda a Espanha. Esse é o contexto no qual Fernando recebeu autorização do papa para investigar a real condição desses meio-cristãos potencialmente perigosos. O rei ficaria a cargo da Inquisição espanhola, respondendo ao papa como fosse apropriado. Incitado por um populacho paranoico, Fernando nomeou oficiais eclesiásticos locais para conduzir as investigações em seu nome de uma forma muito centralizada e cada vez mais expansiva. O próprio papa Sisto IV, que permitiu a muitos *conversos* e judeus viverem nas terras papais italianas, protestou em uma bula papal extraordinária de 1482 "que em Aragão, Valência, Maiorca e na Catalunha, a Inquisição tem sido movida, há algum tempo, não pelo zelo pela fé e pela

251

OPRESSORES E SANTOS

salvação das almas, mas pela concupiscência da riqueza". Ele afirma que muitos "foram jogados em prisões seculares, torturados e condenados como hereges relapsos, privados de seus bens e suas propriedades e entregues ao braço secular para serem executados, com a alma em risco, deixando um exemplo pernicioso e causando desgosto a muitos".[9]

Gostaria de poder dizer que isso acabou por aí. Mas, na verdade, foi apenas o começo. O rei Fernando — o homem mais poderoso da Europa — repreendeu o papa em uma carta um tanto ameaçadora, na qual conclui: "Se, por acaso, concessões [por parte do papa] foram feitas por meio da persuasão persistente e ardilosa dos ditos *conversos*, minha intenção é jamais as deixar surtir efeito. Cuide, portanto, para não permitir que isso continue e para revogar quaisquer concessões e confiar a nós a administração dessa questão".[10] O papa Sisto IV aquiesceu, concedendo, desse modo, a "bênção" do Vaticano para a Inquisição espanhola.

Um ponto de inflexão veio com a nomeação, por Fernando em 1483, de Tomás de Torquemada (1420-1498 d.C.) como inquisidor-geral. Torquemada com rapidez se pôs a investigar, prender, interrogar, torturar e matar muitos conversos espanhóis. Quaisquer histórias verdadeiras que tenhamos ouvido sobre os horrores da Inquisição provavelmente procederam desse terrível período. Durante as duas décadas seguintes, Torquemada e seus partidários não apenas convenceram o rei a expulsar todos os judeus da Espanha (1492), mas iniciaram um reinado de terror contra os *conversos*, buscando expô-los como cristãos hereges que guardavam a fé e aliança judaicas. Uma vez que confessar logo a culpa resultaria apenas em alguma atitude de penitência como punição, muitos ofereciam a si mesmos "para serem reconciliados". Mas muitos deles eram cristãos genuínos e mal podiam acreditar que sua própria igreja permitiria que fossem tratados dessa maneira. Uma mulher *conversa* de Cuenca lamentou, declarando: "Deus deve estar bastante desconcertado pelo fato de clérigos reverenciados fazerem essas coisas; eles são diabos e não estão agindo de forma justa"[11] — o que podemos concordar ser um grande eufemismo. Outro morador da mesma cidade declarou: "Eu prefiro ver todos os muçulmanos de Granada entrarem nesta cidade ao Santo Ofício da Inquisição".[12]

BRUXAS E PROTESTANTES

Depois que o "problema" dos *conversos* foi resolvido, a Inquisição espanhola permaneceu oficialmente ativa ampliando o seu escopo para incluir todo

A Inquisição

tipo de heresias, incluindo a bruxaria. A Inquisição era capaz de perpetrar muitas brutalidades quando o assunto era bruxas, supostas e confessas. Seis bruxas, por exemplo, foram queimadas vivas em Logronho no domingo do dia 7 de novembro de 1610. Mas a parte mais chocante da evidência é o ceticismo radical dos inquisidores em relação às alegações populares de bruxaria. Os registros mostram que os principais investigadores — como Francisco Vaca (1549 d.C.) e Alfonso Salazar (1611 d.C.) — insistiam que a maioria das acusações e confissões pessoais de feitiçaria eram de todo falsas ou consequência de doenças mentais e/ou histerias típicas de cidades pequenas. "Não encontrei a menor evidência a partir da qual se pode inferir que um único ato de bruxaria de fato tenha ocorrido", anotou Salazar no seu relatório em abril de 1611. "De fato, minhas suspeitas anteriores foram reforçadas por novas evidências obtidas na visitação: que só a evidência do acusado, sem provas externas, é insuficiente para justificar a prisão." Ademais, "no estado doentio da mentalidade pública, qualquer agitação do assunto é prejudicial e aumenta o mal. Deduzo, daí, a importância do silêncio. [...] Não existiam feiticeiras nem enfeitiçados até que se começou a falar e escrever sobre elas".[13]

A forma de a Inquisição espanhola lidar com a feitiçaria era mais ou menos esclarecida, pelo menos quando comparada aos milhares de julgamentos e execuções de bruxas — chegando talvez a incríveis 50 mil — realizados na Alemanha, na França e na Inglaterra durante os séculos 16 e 17.[14] Os julgamentos de bruxas com certeza receberam o apoio das igrejas. Contudo, "graças aos estudos dos arquivos desde a década de 1970", escreve Malcolm Gaskill, professor de História Moderna na Universidade de East Anglia, "está claro que a 'paranoia das bruxas' foi essencialmente um fenômeno jurídico secular".[15] A explicação é óbvia. A bruxaria era considerada uma ameaça pública, e até uma arma mortal. As autoridades seculares estavam incumbidas de proteger a população. Não é surpresa que os períodos de pico da caça às bruxas (anos 1620 a 1650) coincidem, grosso modo, com guerras, pragas e quebras de safra. O pânico público colocava a culpa na bruxaria; de acordo com nossos registros, 80% de seus praticantes eram mulheres.[16]

Além das bruxas, a Inquisição espanhola voltou sua atenção também para os protestantes, os quais, na segunda metade do século 16, estavam tentando entrar na Espanha. A Reforma Protestante, que começou na Alemanha no início do século 16, rejeitou a autoridade do papa e enfatizou que a salvação depende só da morte expiatória de Cristo pelos pecados, não das

OPRESSORES E SANTOS

obras pessoais de caridade ou das penitências e pagamentos prescritos pela igreja. É uma história grande demais para contar neste livro, e trataremos da Reforma mais uma vez no próximo capítulo; basta dizer que a Inquisição Espanhola investigou e executou protestantes como hereges em uma série de cerimônias públicas conhecidas como autos de fé ("atos de fé"), ocorridas em Valladolid em 21 de maio de 1559, quando 14 pessoas foram executadas, e de novo em 8 de outubro, quando 12 protestantes foram mortos. Um deles foi o nobre influente Carlos de Seso, que, ao perceber não haver escapatória para o seu terrível destino, afirmou suas convicções em palavras distintamente protestantes: "Só em Jesus Cristo coloco minha esperança, eu confio apenas nele e o adoro, e colocando minhas mãos indignas no seu lado sagrado passo pela virtude do seu sangue para o gozo das promessas que ele fez para os seus escolhidos".[17] Seso foi queimado vivo. A Inquisição foi muito eficaz em manter o protestantismo fora da Espanha, onde seus números permaneceram nada significativos.[18] Mesmo hoje, os protestantes somam apenas 1,7 milhão, ou 3,4% da população total do país de 49 milhões de habitantes.[19]

Depois que a "ameaça" protestante arrefeceu, no final do século 16 e início do século 17, a Inquisição espanhola ficou com muito menos coisas para fazer. De vez em quando ela lidava com uma heresia, mas a maior parte do seu trabalho se concentrou em coisas como a bigamia (20%), delitos por parte do clero (19%), blasfêmia (15%), superstição/magia (11%) e roubo de cavalos (2%).[20] Quase ninguém foi executado nesse período. A norma era um sermão moral de um inquisidor e uma exigência de diversos atos penitenciais. Uma mulher de Barcelona, em 1599, foi denunciada à Inquisição por prostituição. Os registros revelam que os inquisidores dispensaram o caso, instando com a mulher "que aprendesse o catecismo [que envolvia memorizar pelo menos o *Credo* e a *Oração do Senhor*, ou *Pai-nosso*] e comparecesse à Inquisição a cada duas semanas até que ela o tivesse feito".[21] Um pouco mais sério — mas ainda não punível com a morte — foi um caso em 1608. Um presbítero de uma paróquia em Valência foi julgado por tentar seduzir uma mulher de 29 anos.[22] Até ofensas egrégias como essa raramente levavam à pena capital.

Durante a maior parte de sua história — deixando de lado a horrorosa campanha conduzida por Torquemada —, a Inquisição espanhola foi famosa pela leniência. Ela era "muito aclamada como a corte mais bem dirigida e mais humana na Europa", observa o professor Madden, da Universidade de Saint Louis.[23] Existem até registros contemporâneos de prisioneiros em

A Inquisição

cadeias estatais regulares fazendo "afirmações heréticas" deliberadas, ou fingindo "ser judaizante" (ou seja, *converso*), só para serem transferidos para as prisões da Inquisição.[24] As próprias autoridades estatais algumas vezes faziam requerimentos para que os prisioneiros nas suas prisões superlotadas e esquálidas fossem transferidos para a prisão da Inquisição, a qual, de acordo com um desses registros, era "espaçosa, bem suprida com água, com esgotos bem distribuídos e planejados para servir os prisioneiros e com a separação e ventilação necessárias para uma boa saúde. Era uma prisão bem equipada para preservar a saúde dos prisioneiros".[25] Na sua monumental história da Inquisição espanhola em quatro volumes, o eminente historiador americano do século 20 Henry Charles Lea (que não era nenhum fã da Inquisição), depois de revisitar as evidências, cravou: "Ao todo, podemos concluir que as prisões secretas da Inquisição eram lugares de permanência menos intoleráveis que as cadeias episcopais e públicas. A política geral com respeito a elas era mais humana e esclarecida que a de outras jurisdições, na Espanha ou em outros lugares".[26]

Seja como for, a Inquisição espanhola oscilou em importância cultural e jurídica por todo o século seguinte mais ou menos, até ser abolida (1808 d.C.), restaurada (1814 d.C.) e, então, finalmente dissolvida em 1834.

O NÚMERO DE MORTOS PELA INQUISIÇÃO ESPANHOLA

Quantas pessoas foram executadas pela Inquisição espanhola ? É impossível calcular o número preciso. Apesar de os registros de algumas cidades estarem quase completos, a evidência de outras é fragmentada ou inexistente. Sabemos, por exemplo, que nos intensos anos iniciais da Inquisição, geridos por Tomás de Torquemada e seus sucessores imediatos (1480-1530 d.C.), algo em torno de mil execuções aconteceram nos tribunais de Castela, 130 em Saragoça, 225 em Valência e 34 em Barcelona. Extrapolando essas quantias para outras cidades — onde se sabe ter havido tribunais, mas para as quais não temos evidências conservadas —, pode-se *tentar* chegar ao número total de mortes. Após revisar as várias estimativas propostas na literatura acadêmica para os primeiros cinquenta anos angustiantes da Inquisição, Henry Kamen, um professor de história trabalhando atualmente com o Conselho Superior de Investigações Científicas em Barcelona, concluiu: "É improvável que mais de 2 mil pessoas tenham sido executadas sob a acusação de heresia pela Inquisição".[27]

OPRESSORES E SANTOS

Não me entenda mal: 2 mil seres humanos sendo executados em nome da verdade cristã significa 2 mil seres humanos acima do tolerável. E devemos acrescentar a essa quantidade as execuções que ocorreram nos três séculos restantes da Inquisição (até 1834 d.C.), menos sangrentos. Essas também podem ser calculadas graças aos registros escrupulosos dos inquisidores, agora prontamente disponíveis para os pesquisadores. Edward Peters, no seu célebre livro *Inquisition* [Inquisição], conclui que "a melhor estimativa [para os 300 anos depois de 1530] é que em torno de 3 mil sentenças de morte foram aplicadas na Espanha pelos vereditos inquisitoriais".[28] Espero não estar falando demais ao mencionar que, quando comecei a pesquisar sobre as Inquisições cerca de dez anos atrás, eu entrei em contato com o professor Peters para pedir alguns detalhes sobre esses números. Em um primeiro momento, ele presumiu que eu era um jornalista tentando *inflar* a contagem de mortos. E ele me xingou! (Poucos acadêmicos têm mais motivos para serem ranzinzas com jornalistas que os estudiosos da história medieval.) Expliquei que eu era um historiador — ainda que especializado em história antiga — e que queria fazer um trabalho decente de delinear tanto o melhor quanto o pior da história cristã. Ele foi, então, extremamente educado e solícito e confirmou que o número total de homens e mulheres executados ao longo dos trezentos e cinquenta anos da Inquisição espanhola foi cerca de 5 a 6 mil, a saber, 2 mil nos primeiros cinquenta anos, como informou Henry Kamen, e 3 mil nos trezentos anos restantes, como detalhado pelo próprio Peters.

Como cristão moderno — e ser humano — a matança injustificada de 6 mil homens e mulheres me deixa atônito (a despeito de ter acabado de escrever alguns milhares de palavras sobre o tópico). Mas existe uma razão para eu ter dito lá no começo que a Inquisição não entraria no top dez de qualquer relato equilibrado da brutalidade humana ao longo da história. A escala de crueldade encontrada nos escrupulosos documentos inquisitoriais é totalmente apequenada pelo que sabemos das "cortes seculares" do mesmo período, e de muito tempo depois. Essas "cortes" eclesiásticas foram criticadas pelo público geral como *lenientes demais*, como falei há pouco, pelo fato principal de as pessoas compararem as inquisições não à Austrália moderna, onde a pena de morte foi abolida em tempos mais recentes (em 1967), mas às suas próprias experiências com os sistemas de justiça mais amplos na Espanha e na Europa de forma mais geral, nos quais roubar um pedaço de pão podia levá-lo à forca.

A Inquisição executou, em média, dezoito pessoas por ano ao longo dos seus trezentos e cinquenta anos (muito mais nos seus primeiros

A Inquisição

cinquenta anos, muito menos nos 300 anos remanescentes). Repetindo, isso ainda *ultrapassa o limite* em 18 pessoas por ano. Meu ponto é: a Inquisição espanhola mal apareceria no radar de qualquer compilado histórico da violência humana. E mesmo assim ela assoma à mente moderna mais que a maioria dos outros exemplos de crueldade.

O REINADO DE TERROR

Compare a ficha da Inquisição com a taxa de mortalidade de um movimento secular de um período só um pouco posterior. O famoso bordão secular *liberté, égalité, fraternité* — liberdade, igualdade e fraternidade — resumia a Revolução Francesa (1789-1799 d.C.). Ele representava "o triunfo do Iluminismo", escreve William Doyle na sua *A very short introduction* [Uma brevíssima introdução] ao tema. "Bem literalmente, nada mais era sagrado. Todo o poder, toda a autoridade, todas as instituições agora eram provisionais, válidos só na medida em que conseguiam ser justificadas em termos de racionalidade e utilidade."[29] O documento fundamental da revolução, "*Déclaration des droits de l'homme et du citoyen*" [Declaração dos direitos do homem e do cidadão], é uma poderosa afirmação iluminista da liberdade individual e da democracia — ao menos para os que possuíam propriedades, os únicos que contavam com direito ao voto.

Em nome da liberdade e da racionalidade, a convenção governante (eleita para criar uma constituição depois da derrubada da monarquia) decidiu que muitos deveriam morrer. Deixando de lado as 200 mil pessoas mortas nas guerras civis e tumultos nas ruas, e os aproximadamente 10 mil que morreram na prisão esperando o julgamento, a convenção sancionou a execução de qualquer um que não apoiasse a causa revolucionária. A mera suspeita já era suficiente para prender. Durante o chamado Reinado de Terror, de setembro de 1793 a julho de 1794, "o governo prendeu dezenas de milhares de indivíduos ao menor pretexto e executou muitos deles depois um julgamento sem sentido", observa Thomas Kaiser, da Universidade do Arkansas. "A convenção forçou a disciplina revolucionária nas províncias, muitas vezes com grande brutalidade; a campanha de descristianização destruiu centenas de igrejas e outros sítios religiosos".[30] Nos eventos que culminaram no Terror, do outro lado do canal, em Londres, a primeira página do *The Times* reportou:

> As ruas de Paris, salpicadas com as carcaças das vítimas mutiladas, tornaram-se tão familiares à paisagem que as pessoas passam e pisam nelas sem

OPRESSORES E SANTOS

nenhuma consideração particular. As multidões matam seus semelhantes, sobre os quais não há nenhuma suspeita, com a mesma naturalidade que meninos malvados matam um gato ou um cachorro.[31]

"São estes 'os Direitos do Homem'?", o artigo no *The Times* pergunta. "É esta a LIBERDADE da Natureza Humana?" Algo em torno de 17 mil homens e mulheres foram "julgados" e mortos durante o Reinado de Terror, seja a tiros, por afogamento ou pela recém-inventada guilhotina.[32] O afogamento público de cerca de 2 mil homens e mulheres no Rio Loire, perto da cidade de Nantes, foi friamente apelidado pelos oficiais de "o banho nacional" e "os batismos da República".[33] De todo modo, a quantidade é difícil de acreditar. Em apenas *nove meses*, os novos revolucionários iluminados executaram *três vezes* o número de pessoas que a Inquisição espanhola matou em *mais de três séculos*.

Os que estavam no comando da Revolução — todos eles racionalistas iluministas — insistiam que seus atos eram "virtuosos" e que o resultado dessa política de terror seria uma "França virtuosa". O grande líder da revolução no Período do Terror, Maximilien de Robespierre, lançou o famoso argumento: "O Terror não é outra coisa senão justiça, imediata, severa, inflexível; é, portanto, uma emanação de virtude; não é tanto um princípio especial quanto uma consequência do princípio geral da democracia aplicado às necessidades mais urgentes do nosso país".[34] O Terror é um lembrete perturbador de que nem a religião nem o racionalismo nos protegem da propensão humana à crueldade.

Deixe-me ser claro. Meu ponto aqui *não* é que a liberdade secular é mais perigosa que o dogmatismo religioso. Também não estou recorrendo a uma falácia de desacreditar o argumento por meio de uma acusação de hipocrisia.[*] Quero apenas enfatizar um fenômeno histórico fascinante, um paradoxo: embora ninguém hoje proteste contra a "ferocidade da liberdade

---

[*] No original, *whataboutism*. A falácia do apelo à hipocrisia, ou *tu quoque* ("você também"), é um tipo de falácia informal que tenta refutar o argumento do adversário apontando as falhas deste em agir de forma consistente com suas próprias conclusões (hipocrisia), sem, de fato, lidar com o argumento. Já o *whataboutism* (sem equivalente em português) é uma variante dessa falácia que opera segundo a mesma lógica, mas de forma um pouco diferente. A expressão "*What about that...?*", em português, significa "E quanto a isso?". O *whataboutism*, portanto, relativiza o evento ou situação apontado pelo adversário valendo-se de outro evento ou situação. Ele não lida com o argumento em si, mas desvia a atenção para outra coisa a fim de "tentar escapar". No caso, Dickson está dizendo que não está tentando diminuir o perigo do dogmatismo religioso chamando a atenção para o racionalismo ou o secularismo. (N. do T.)

secular" ou a "malignidade dos franceses", muitos de nós (incluindo a mim mesmo) aprendemos a depreciar a brutalidade lendária da Inquisição, como se ela incorporasse tudo o que há de pior na humanidade e tudo o que há de errado com a religião. Como esse paradoxo se desenvolveu é uma história que vale a pena recontar. Até porque a minha própria turma — os cristãos protestantes — talvez seja uma das grandes culpadas por forjar a lenda da Inquisição.

A LENDA DA "INQUISIÇÃO"

Por conta da eficiência em manter a Reforma longe da Espanha, não surpreende que a Inquisição espanhola tenha se tornado um elemento importante no argumento protestante contra a Igreja Católica de forma mais geral. Já em 1521, Martinho Lutero declarou: "Ninguém derrama mais sangue cristão que o santíssimo padre, o papa. Atualmente, ele cuida da ovelha de Cristo com espadas, armas e fogo". O verdadeiro cristianismo, porém, é um caminho de paz, ele diz: "Isaías 2 e 11 retratam a igreja cristã como livre do derramamento de sangue".[35] E de novo, em 1525, Lutero levantou a questão em uma de suas obras mais famosas (*The bondage of the will* [A escravidão da vontade]): "Quantos santos você acha que os lacaios da Inquisição, sozinhos, queimaram e assassinaram durante os últimos séculos?".[36]

A pergunta de Lutero é retórica, mas não demorou muito para outros a preencherem com todo tipo de detalhes grotescos. Histórias tenebrosas de assassinatos inquisitoriais de santos tornaram-se presença marcante nos argumentos protestantes. Em 1563, John Foxe publicou seu *Actes and monuments of these latter and perillous dayes* [Os atos e tratados destes recentes e perigosos dias], narrando os males da igreja medieval, as sanguinárias Inquisições da Espanha e de outros lugares e a perseguição recente a protestantes na Inglaterra. Na seção 159, que descreve "a execrável Inquisição da Espanha", ele conta como vítimas inocentes, sem o devido processo legal, são condenadas "em trevas palpáveis, horrores infinitos, temores miseráveis, lutando contra as investidas da morte". Ele fala "das injúrias, ameaças, açoites e flagelos, ferros, torturas e seus instrumentos que eles têm de suportar".[37] A obra de Foxe foi um sucesso instantâneo. De fato, ela rivalizou com a Bíblia inglesa em termos de venda, e a rainha Elizabeth I (1533-1603 d.C.) providenciou que uma cópia do livro fosse colocada em todas as paróquias da Igreja da Inglaterra.[38]

Os *Actes and Monuments* foram acompanhados logo depois por outro livro de popularidade estrondosa por toda a Europa: *A discovery and plaine*

OPRESSORES E SANTOS

declaration of sundry subtill practices of the Holy Inquisition of Spain [Uma revelação e declaração simples de várias práticas sutis da Santa Inquisição da Espanha] (1567), escrito por um tal de Montanus (um pseudônimo). O autor alegava ser um protestante espanhol que escapara por um triz das garras da Inquisição. Montanus "enfatiza de maneira consistente as falsidades e trapaças das técnicas de interrogação, a variedade dos horrores nas suas câmaras de tortura", observa Edward Peters. "Tomando algumas das práticas mais extremas da inquisição como regra, Montanus retrata todas as vítimas da Inquisição como inocentes, todos os oficiais da Inquisição como venais e traiçoeiros e todas as etapas do seu procedimento como uma violação da lei natural e racional."[39] Esse livro foi reimpresso, citado e retraduzido nos dois séculos seguintes. Nos seus dias — e que dias longos! —, as obras de Foxe e Montanus eram mais famosas que qualquer livro hoje (com exceção óbvia da Bíblia). É difícil exagerar sua influência.

Na avaliação de muitos especialistas atuais, os protestantes dos séculos 16 e 17 contribuíram para a formação da imagem da Inquisição que muitos de nós temos em mente até hoje, da mesma forma exata como eles ajudaram, ao que parece, na consolidação do mito de uma "Idade das Trevas". Os pensadores iluministas do século seguinte, portanto, tiveram pouco trabalho em consolidar a imagem moderna do dogmatismo assassino da igreja e contrastar essa figura com o espírito de *tolerância* que caracterizou a nova idade da razão.

O interessante é que um dos pensadores mais importantes nessa crítica dirigida ao catolicismo medieval e na transição para o pluralismo iluminista foi outro protestante devoto, um calvinista francês, ou huguenote. Pierre Bayle (1647-1706 d.C.) era professor de filosofia em Roterdã. Ele conseguiu promover a antiga noção cristã de liberdade religiosa, encontrada no Édito de Milão e em outros lugares, em um jeito mais sofisticado para sua audiência cética. Conforme Edward Peters observa: "Bayle havia presenciado perseguições suficientes para adotar muitos dos argumentos religiosos e filosóficos dos seus predecessores e para reproduzi-los em uma linguagem que alcançou um público muito mais amplo".[40] Ele argumentou que "nenhuma pessoa ou grupo pode compelir a consciência do outro, não importa o quão convicto esteja da verdade de suas próprias afirmações". Para Bayle, "até as 'consciências errantes' devem ser consideradas sinceras e, por conseguinte, ser respeitadas".[41] Parte do seu projeto envolvia contrastar essa *tolerância* iluminada com a *brutalidade* da Igreja Católica e das suas Inquisições. Ele escreveu:

260

A Inquisição

A comunhão de Roma nunca permitiu que ninguém a contrariasse sem exterminar com ferro e fogo qualquer um que ousasse tomar tamanha liberdade. Ela empreendeu grandes esforços para estabelecer em todos os lugares o tribunal da Inquisição, o instrumento mais infernal e vergonhoso para a manutenção de sua autoridade já apresentado pelo espírito humano.[42]

O mesmo argumento logo foi retomado por pensadores iluministas ferozmente antirreligiosos na França, tais como o lendário François-Marie Arouet, mais conhecido pelo seu pseudônimo Voltaire (1694-1778 d.C.). Voltaire se referia com frequência à "Inquisição" nos seus escritos, considerando-a o epítome de tudo o que há de errado com a abominável religião. Ele foi um dos autores mais lidos do século 18 e uma das figuras principais na transição para o mundo secular. Ele pegou ideias que começaram como uma crítica protestante ao catolicismo medieval e as reformulou como ideias iluministas para todos: a religião resulta em inquisições, mas a razão resulta em liberdade e paz.[43] A forma como Voltaire construíu essas ideias influenciou de maneira profunda a tradição americana de liberdade, a qual também foi influenciada por uma noção de liberdade religiosa mais cristã advogada pelos primeiros pensadores americanos, como o fundador de Providence, em Rhode Island, Roger Williams (1603-1683 d.C.).[44]

O CASO GALILEU

Por último, o famoso caso Galileu também contribuiu para uma visão inflacionada da severidade e estupidez da Inquisição, como Edward Peters explicou em detalhes.[45] Galileu Galilei (1564-1642 d.C.) endossou a visão de Copérnico (1473-1543 d.C.) de que a Terra girava em torno do Sol, e não o contrário, como se acreditava nos círculos científicos e teológicos. Galileu foi imediatamente reprimido, torturado e banido pela Inquisição anticientífica na Itália por se atrever a desafiar a verdade da Escritura. O evento atesta o profundo conflito existente entre ciência e religião.

Pelo menos é a história que muitos de nós ouvimos hoje. De modo geral, essa releitura do caso Galileu deriva-se de duas grandes obras do século 19 sobre história da ciência: *History of the conflict between religion and science* [História do conflito entre religião e ciência] (1875), de John Draper, e *A history of the warfare of science with theology in Christendom* [Uma história da guerra entre a ciência e a teologia na cristandade] (1896), de Andrew White.[46] Seus títulos resumem toda a questão: a igreja se opõe à ciência. E a prova disso é Galileu. Mas os historiadores da ciência contemporâneos

OPRESSORES E SANTOS

geralmente rejeitam esse conto iluminista da nobre ciência contra a igreja dogmática. Por exemplo, ao escrever para o *Cambridge history of science* [História da ciência de Cambridge] — o incomparável compêndio em oito volumes da disciplina —, Rivka Feldhay, da Universidade de Tel Aviv, diz que toda a narrativa Draper-White "se baseia em uma apresentação seletiva e muito moralizada de alguns episódios". A história real da relação entre a ciência e a igreja nos séculos 16 e 17, ela explica, foi, na verdade, de "coexistência simbiótica".[47]

E quanto ao caso Galileu? É verdade que a Inquisição se opôs ao trabalho de Galileu e baniu seu livro *Diálogo sobre os dois máximos sistemas do mundo ptolomaico e copernicano*, publicado em 1632. Contudo, seus maiores apoiadores sempre foram, e continuaram sendo, membros do alto escalão da igreja. Pelo fato de as ideias de Galileu também serem disputadas por professores universitários proeminentes à época, a igreja sentiu-se à vontade para admoestá-lo por motivos teológicos. Se as visões de Galileu fossem demonstráveis no século 17, as coisas teriam sido muito diferentes. Um princípio básico desde Agostinho, no século 5, e Aquino, no século 13, era que, se um fato comprovado sobre o mundo contradissesse alguma coisa que a Bíblia aparentemente dizia, a igreja deveria buscar uma forma nova, e mais verdadeira, de ler a passagem relevante da Escritura.[48] Mas os argumentos de Galileu ainda não haviam atingido esse limiar, então a igreja bateu o pé. Também não foi de grande ajuda o fato de, no *Diálogo sobre os dois máximos sistemas do mundo ptolomaico e copernicano*, Galileu ter insultado seu ex-amigo e então papa, Urbano VIII, retratando-o como um simplório. Em 1633, a Inquisição condenou Galileu por "forte suspeita de heresia". Não houve tortura. E seu "encarceramento" se limitou a uma curta permanência na casa do arcebispo de Siena, Ascanio Piccolomini. Ele recebeu permissão para voltar para sua casa mais tarde, no mesmo ano, para viver em prisão domiciliar em sua própria vila, em Florença. Ele morreu dez anos depois.[49]

As ações da igreja contra Galileu foram, sem dúvida, erradas e injustas ao extremo. Mas a história tomou dimensões desproporcionais, jogando lenha na fogueira — de certa forma — da nossa indignação pelo dogmatismo detestável da Inquisição. Conforme Rivka Feldhay nota: "O julgamento de Galileu foi transformado de um evento histórico em um poderoso símbolo cultural, o qual se agigantou nas tratativas de Draper e White no século 19". No entanto, "no século 20, estudos do julgamento com base nos documentos inquisitoriais", ela acrescenta, "apontaram a importância das circunstâncias históricas e políticas específicas nas quais o julgamento se deu.

262

A Inquisição

Apesar de não chegarem a um consenso quanto às causas do julgamento, tais estudos efetivamente erodiram, ainda que não apagaram, a crença em um conflito inevitável entre ciência e religião que cresceu a partir do entendimento corrente no século 19 do julgamento de Galileu".[50] É interessante notar que o exame, no final do século 20, dos documentos do julgamento de Galileu não só levou os historiadores da ciência a questionar a interpretação "ciência *versus* religião" dos eventos, mas fez com que a própria igreja admitisse seu erro. Em 1992, o papa João Paulo II reconheceu de maneira pública que a Inquisição errou ao julgar Galileu da forma como ela o fez.[51] Antes tarde do que nunca.

Nada do que escrevi neste capítulo poderia desculpar ou minimizar a crueldade das Inquisições. Na época, elas não foram nada demais — "lenientes", até —, mas pelos valores de hoje, são corretamente consideradas deploráveis. E o papa fez certo em sentir a necessidade de pedir perdão.[52]

Mas há uma questão mais óbvia. As Inquisições assumem suas feições mais sombrias só contra o pano de fundo da vida e dos ensinamentos cristãos. Podemos discutir se é justo ou não avaliar as Inquisições pelos padrões da Espanha medieval, pelos valores da França revolucionária ou pelos ideais da nossa democracia secular. Mas é sem dúvida adequado julgar o uso da violência a serviço da verdade por parte da igreja a partir dos ensinos encontrados nos Evangelhos. E, por esses padrões, as Inquisições são condenáveis. Elas provavelmente não entrariam no top dez de qualquer lista imparcial dos feitos mais bárbaros da humanidade, como eu disse. Mas, colocadas ao lado das palavras "amem os seus inimigos; façam o bem aos que os odeiam; abençoem os que os amaldiçoam", as Inquisições são uma blasfêmia.

Nesse sentido, os protestantes não estavam errados em fulminar contra esse "instrumento mais infernal e vergonhoso" da autoridade eclesiástica, como Pierre Bayle coloca.[53] O problema é que eles deveriam ter reconhecido a si mesmos — toda a humanidade — na descrição. Os protestantes também mataram pessoas, como os católicos inquisitoriais e os revolucionários franceses. E no próximo capítulo quero voltar a atenção para um dos exemplos mais excêntricos, e, portanto, mais mal compreendidos, de protestantes matando católicos, católicos matando protestantes e protestantes e católicos juntando forças para matar outros católicos e protestantes. Estou falando da Guerra dos Trinta Anos, a maior das famigeradas Guerras de Religião.

| CAPÍTULO 21 |

As "Guerras de Religião" da Reforma:

mais batalhas sangrentas no século 17

Uma paz completa dentro da religião cristã em disputa será alcançada somente por intermédio de meios cristãos, amigáveis e pacíficos.

— PAZ DE AUGSBURGO, 1555

"A religião é a causa da maioria das guerras da história!" Essa foi a primeira afirmação do homem sentado à minha frente em um suntuoso almoço na casa de um amigo com vista para o encantador estuário Middle Harbour, de Sydney. A conversa começou, como costuma acontecer comigo, com o meu conhecido me perguntando o que eu faço da vida. Balbuciei alguma coisa sobre pesquisar história e religião (na época, eu acabara de lançar um livro sobre as cinco maiores religiões mundiais). Ele me explicou não dispor de muito tempo para a fé, e quando lhe perguntei o motivo, ele me disse em alto e bom som: "A religião é a causa da maioria das guerras da história!". Naturalmente, eu sondei um pouco: "Quais guerras?". Ele fez uma pausa, pensou por um momento, e respondeu: "Bom, tem as Cruzadas". Outra pausa. "E os conflitos na Irlanda do Norte, também!" Estes foram seus dois únicos exemplos. Acho que devo concordar com ele quanto às Cruzadas. Como vimos nos capítulos 1 e 2, não há como escapar da conclusão de que essas foram guerras religiosas de fato, guerras *cristãs*, e elas foram terríveis.

No capítulo seguinte, vou falar algo sobre a outra "guerra religiosa" mencionada pelo meu novo amigo — os conflitos na Irlanda do Norte —, mas por ora vale a pena notar apenas o quão comum é esta visão: a religião contribui de forma única para as guerras da história. A religião, nos é dito, pode incitar muitas paixões e "santificar" qualquer comportamento e, por isso, não surpreende que ela esteja por trás de tantos conflitos humanos. Como Richard Dawkins coloca: "As guerras religiosas são combatidas em nome da religião, e é terrível como elas são frequentes na história. Não consigo pensar em nenhuma guerra que tenha sido combatida em nome do ateísmo".[1]

Há outra série de batalhas devastadoras que meu novo amigo no almoço poderia ter mencionado. Elas superam as Cruzadas e os conflitos na Irlanda — *juntos* — em termos de brutalidade e consequências duradouras. Nos livros de história, elas são conhecidas como a Guerra dos Trinta Anos de 1618-1648, mas, às vezes, ela recebe o nome até de "As Guerras de Religião". Foi um período de intolerância e violência sem paralelos.

A Guerra dos Trinta Anos foi uma conflagração generalizada na Europa que se seguiu à Reforma do século 16, um movimento no qual uma quantidade imensa de cristãos na Alemanha, França, Dinamarca, Holanda e em outros lugares romperam com a Igreja Romana e estabeleceram sua própria visão do que significa seguir o caminho de Cristo. Foi uma das revoluções intelectuais mais tumultuadas da história, e ela desestabilizou profundamente as cidades-estados da Europa, desde a Itália até a Inglaterra. Deixe-me explicar de forma breve a Reforma e, em seguida, discutirei a "guerra de religião" que durou três décadas.

OS HUMANISTAS E MARTINHO LUTERO

Sempre existiu um espírito autorreformador no cristianismo. Ele tem suas raízes nas advertências do próprio Jesus contra a hipocrisia religiosa e no seu chamado à autoavaliação ("Tire primeiro a viga do seu olho"). Já mencionei alguns movimentos reformadores ao longo da Idade Média, mas houve muitos outros que mereceriam nossa atenção se este livro fosse uma "história da igreja" propriamente dita. A Reforma do século 16 é, sem dúvidas, a mais famosa de todas as reformas na história cristã, em parte porque ela resultou não tanto na renovação das instituições eclesiásticas, mas na fundação de igrejas inteiramente novas, as quais ainda chamavam a si

OPRESSORES E SANTOS

mesmas "católicas" (no sentido de serem ortodoxas), mas não estavam mais vinculadas a Roma e ao papa.

De certa maneira, a Reforma nasceu a partir do Renascimento italiano do século 14. Como vimos no capítulo 19, o Renascimento envolveu a redescoberta e a apreciação renovada dos textos clássicos da Grécia e Roma antigas. Ele inspirou uma espécie de movimento de "retorno às fontes" por toda a Europa nas décadas seguintes. Um dos maiores humanistas tardios foi o erudito holandês Erasmo de Roterdã (1466-1536 d.C.). Erasmo fez um excelente trabalho em — entre muitas outras coisas — reviver o interesse no texto grego original do Novo Testamento, em lugar da tradução latina, mais comum à época. Esse interesse renovado nas fontes primárias não apagou o respeito às tradições da igreja, construídas ao longo de séculos, mas inspirou um clima de crítica aos excessos da tradição que contradiziam os documentos originais do cristianismo. O crítico mais arrojado da época, ele mesmo um grande admirador de Erasmo, foi um monge agostiniano da Alemanha chamado Martinho Lutero (1483-1546 d.C.). Sua crítica pública à igreja tão amada rasgaria o cristianismo ocidental em dois (e mais tarde em três, quatro, cinco... levando ao número infindável de denominações protestantes que temos hoje) e transformaria a Europa no seu tempo de vida.

Os pontos disputados por Lutero — suas famosas *95 teses* — foram pregados nas portas de uma igreja em Wittenberg, nos moldes usuais dos debates daqueles tempos, no dia 31 de outubro de 1517. Embora esse evento seja tratado com frequência como o tiro inicial dramático da Reforma, Lutero e outros viam-no como um convite a discutir certas críticas à igreja. A principal girava em torno das indulgências, da prática da igreja medieval de prometer aos cristãos arrependidos a libertação das penalidades que lhes eram devidas por causa dos seus pecados temporais. A lógica era que esses pecados eram perdoados por Deus por conta da morte e ressurreição de Cristo, mas várias punições ou disciplinas ainda eram necessárias para purificar a pessoa e torná-la preparada para a vida eterna. As opções eram ou suportar essas punições depois, no purgatório — um lugar de contenção purificadora no após a morte —, ou fazer alguma coisa agora para receber uma indulgência. De forma crua e direta, um certificado de indulgência trazia o número de dias no purgatório dos quais uma pessoa fora remida por conta de seu ato sagrado ou doação financeira. Sem dúvida, a prática estava à mercê de abusos. E Martinho Lutero escreveu ao arcebispo de Mainz em 1517 reclamando da venda local de indulgências para financiar a construção de uma nova catedral:

266

As indulgências papais para a construção da catedral de São Pedro estão circulando sob seu distintíssimo nome. [...] Lamento pelas impressões de todo falsas que as pessoas têm alimentado em relação a elas; a saber, as almas infelizes creem que se comprarem cartas de indulgência estarão certas de sua salvação; novamente, que tão logo depositem suas contribuições na caixinha de dinheiro, as almas sairão voando do purgatório.[2]

O núcleo do argumento de Lutero é o sangue que corre pelas veias de todas as denominações protestantes de hoje. A morte e a ressurreição de Cristo são plenamente suficientes para remover a culpa e a punição devida aos pecadores. Nem as boas obras, nem as indulgências, *de modo especial*, poderiam, em absoluto, expiar nossos pecados. *Só* a graça de Cristo, *unicamente* por meio da nossa fé, garante a redenção.

A crítica de Lutero se espalhou com rapidez pela Alemanha, muito auxiliada pela invenção recente da prensa de tipos móveis na metade do século 15. A igreja tentou disciplinar esse monge-acadêmico desleal, mas Lutero tornou-se cada vez mais estridente nas acusações contra os erros da igreja. De acordo com ele, um dos principais erros era o ensinamento de que o pão e o vinho da missa — o corpo e o sangue de Cristo — eram *sacrificados de novo* pelo sacerdote em favor dos pecados das pessoas. Como o *Catecismo da Igreja Católica* apresenta, na missa, Cristo entrega à igreja "um sacrifício visível, em que fosse representado o sacrifício cruento que ia realizar uma vez por todas na cruz, perpetuando a sua memória até ao fim dos séculos e aplicando a sua eficácia salvífica à remissão dos pecados que nós cometemos cada dia".[3] Para Lutero, a morte de Cristo pelos pecados foi um único acontecimento no passado que obteve o perdão completo para todos os que têm fé. Cristo está verdadeiramente *presente* no pão e no vinho, Lutero dizia (algo do qual muitos reformadores posteriores duvidariam), mas a missa, ou a santa comunhão, não era, em sentido algum, uma reapresentação de Cristo pelos nossos pecados. Em vez disso, era o meio de Deus alimentar e nutrir os crentes em sua comunhão com o Salvador. Lutero também rejeitava cada vez mais a autoridade do papa, vendo-o apenas como um bispo local em Roma dentre muitos. Ele chegou a chamar o papa Leão X de o anticristo.[4]

As coisas ficaram insustentáveis em abril de 1521, quando uma espécie de assembleia judicial foi convocada na cidade de Worms, onde Lutero defendeu, sem sucesso, seus escritos recentes contra a acusação de heresia. O evento se estendeu por várias semanas na presença do Sacro Imperador

Romano-Germânico, Carlos V. (Lembre-se, o Sacro Império Romano-Germânico era a união dos Estados europeus fundada no ano 800, com Carlos Magno como seu primeiro imperador.) Era uma ocasião bastante delicada. Lutero se recusou a oferecer uma retratação. O "luteranismo" foi formalmente condenado. E a Reforma foi inaugurada de maneira formal.

A Reforma teve ramificações religiosas e políticas. Muitos dos príncipes governantes da Alemanha apoiaram as ideias de Lutero. Eles decidiram conceder-lhe proteção imediata das autoridades: papal e imperial. Isso permitiu que Lutero continuasse a publicar, pregar e organizar. Em questão de poucos anos, os escritos de Lutero tornaram-se disponíveis em todos os pontos da Europa continental e na Inglaterra. Sua rejeição da autoridade papal — e, por implicação, da jurisdição do Sacro Império Romano-Germânico — se encaixava perfeitamente com os interesses dos príncipes regionais. Região atrás de região, de modo especial na Alemanha, Dinamarca e Suécia, declarou-se apoiadora das reformas luteranas e, desse modo, em oposição espiritual ao Vaticano e em oposição política ao Sacro Império Romano-Germânico.

Eu mesmo sou um protestante muito convicto. Penso que a versão de Lutero da "salvação" é mais fiel ao Novo Testamento. Mas tenho vergonha de algumas das outras coisas que ele escreveu. Mencionei no prelúdio deste livro que não acho que os protestantes possam se eximir do mau comportamento da igreja na Idade Média só porque sua tradição particular não existia até o século 16. Parte da mesma intolerância e violência deu as caras logo que os protestantes vieram à luz. Vou dar só um exemplo, infame o suficiente.

O tratado de Lutero "On the Jews and their lies" [Sobre os judeus e suas mentiras], publicado em 1543,[5] foi exatamente o que o título sugere: uma bravata antijudaica. Ele começa com as palavras: "Eu havia decidido não mais escrever sobre ou contra os judeus. Mas uma vez que descobri que esse povo miserável e maldito não cessa de atrair para si até mesmo nós, isto é, os cristãos, publiquei este pequeno livro, para que eu possa ser contado entre os que se opuseram a tais atividades envenenadoras dos judeus". Daí em diante, só piora. Sua descrição impiedosa dos judeus como enganadores, odiosos e avarentos é uma forma de antissemitismo. Não é o antissemitismo racial da Alemanha no início do século 20, na qual a linhagem sanguínea dos judeus, e não sua religião, era o principal defeito. Ainda assim, os escritos de Lutero não falharam em promover um profundo preconceito contra a comunidade judaica. Considere a seguinte caricatura:

Portanto, querido cristão, esteja alerta e não duvide de que, junto com o diabo, você não tem um inimigo mais cruel, maldoso e violento que o verdadeiro judeu que busca avidamente ser judeu. [...] É por isso que os livros de história os acusam com tanta frequência de contaminar os poços, sequestrar e perfurar crianças. [...] Eles, é claro, negam isso. Seja verdade ou não, eu sei que não lhes falta a vontade completa, plena e disposta de fazer tais coisas.[6]

Depois de um argumento bíblico formidável em favor de considerar Jesus o Messias judeu prometido e Senhor do mundo, Lutero encerra com sete recomendações práticas vergonhosas:

Primeiro, queimem suas sinagogas e escolas. [...] Segundo, aconselho que suas casas também sejam derrubadas e destruídas. [...] Terceiro, aconselho que todos os seus livros de orações e escritos talmúdicos, nos quais tanta idolatria, mentiras, maldições e blasfêmias são ensinadas, sejam tomados deles. [...] Quarto, aconselho que seus rabinos sejam proibidos de ensinar, sob pena da perda da própria vida e da vida dos membros. [...] Quinto, aconselho que sejam completamente abolidos os salvo-condutos nas estradas para os judeus. Pois eles não têm nada a fazer nas regiões interiores do país, já que não são senhores, oficiais, comerciantes ou algo parecido. Que eles fiquem em casa. [...] Sexto, aconselho que se lhes proíba a usura e que todo o dinheiro e tesouro de prata e ouro sejam tomados deles e colocados em segurança. [...] Sétimo, recomendo colocar um malho, um machado, uma enxada, uma pá, uma roca ou um fuso nas mãos dos judeus e judias jovens e fortes e que se permita que eles obtenham seu pão com o suor do seu rosto.[7]

Nem sei o que dizer, exceto que — para quaisquer leitores judeus — sinto muito que você tenha lido isso. O fato de alguém tão cativado por um senso do amor de Deus em Jesus Cristo — o ensinamento central de Lutero — conseguir, tão descaradamente, advogar a intolerância contra outros seres humanos é, acredito eu, o enigma que jaz no cerne deste livro. Hoje, sou grato porque alguns líderes protestantes do período — Melâncton, Osiandro e Bullinger — criticaram Lutero por seu tratado.[8] Mas nada pode remover a mancha que isso deixa na memória de Lutero e na de muitos que ecoaram seus sentimentos nos séculos que vieram depois.

OS CALVINISTAS

Um movimento reformador semelhante, inspirado por Lutero, foi encabeçado pelo erudito e teólogo Ulrico Zuínglio (1484-1531 d.C.) em Zurique,
na Suíça. E em Genebra, também na Suíça, alguns anos depois, um advo-
gado e teólogo francês de nome João Calvino (1509-1564 d.C.) estabeleceu
uma rigorosa extensão e modificação das ideias da Reforma. Por causa
do seu conhecimento jurídico, Calvino foi capaz de incorporar seu sistema em um modelo de governo quase teocrático em Genebra a partir
de 1541. Muitos apoiadores da Reforma fugiam das terras ainda católicas
da Inglaterra, Escócia e França e se refugiavam em Genebra. Lá, sua intenção era construir uma nova sociedade, baseada no melhor da erudição
humanista, da teologia reformada de Calvino e em uma agenda legislativa
mais "cristianizada".

Como Lutero e Calvino diferem entre si? Lutero, como vimos, era inflexível quanto ao fato de as "boas obras" não serem capazes de salvar uma
pessoa. Só Cristo pode salvar. Mas seu argumento deixou o lugar das "boas
obras" na vida do crente um tanto vago. Qual é o sentido de fazer o bem
se Cristo já nos salvara de todos os pecados? Lutero sem dúvida insistia
que os cristãos deveriam realizar boas obras, mas a lógica sobre a realização
dessa obras não estava clara. Calvino reinstaurou a "boa vida" no centro da
experiência cristã. Ele concordava com Lutero sobre as obras humanas não
serem capazes de salvar ninguém, mas argumentou que nossas obras são a
evidência de que realmente experimentamos a graça de Deus. As boas obras
não são a base da salvação, mas os sinais dela.[9]

Muito mais pode e deve ser dito a respeito da Reforma Protestante. Mas
aqui estou interessado principalmente na guerra, ou série de guerras enor-
mes que eclodiram após a Reforma. A história comum que ouvimos nos
relatos populares dos eventos é que os protestantes e os católicos começaram a lutar entre si de imediato para impor a própria marca do cristianismo
por toda a Europa, culminando na conflagração mais mortal que o mundo já
vivera até então, a Guerra dos Trinta Anos (1618-1648)[10] que varreu do mapa
algo em torno de 15% da população alemã. E, de acordo com alguns relatos,
a religião era a responsável direta por isso. Na sua obra *Cosmopolis: the hidden agenda of modernity* [Cosmópolis: a agenda oculta da modernidade], o
filósofo britânico Stephen Toulmin escreve: "Houve muitos que mataram e
queimaram em nome de doutrinas teológicas para as quais ninguém conseguia apresentar razões conclusivas para aceitar. O debate intelectual entre

os reformadores protestantes e seus oponentes da Contrarreforma entrara em colapso, e não havia alternativas senão a espada e a tocha".[11]

A Guerra dos Trinta Anos com certeza foi a "tragédia da Europa", o título do livro insuperável de Peter Wilson acerca do tópico.[12] De fato, em pesquisas sociais realizadas na década de 1960, os alemães ainda colocavam o conflito de 1618-1648 como o "maior desastre" já enfrentaram, muito além das duas Guerras Mundiais recentes![13] Mas será que ela foi uma guerra religiosa, como geralmente se afirma?

A PAZ DE AUGSBURGO, 1555

A data de início do conflito (1618 d.C.) é a nossa primeira pista para a maioria dos especialistas atuais não considerarem a Guerra dos Trinta Anos um conflito entre católicos e protestantes por conta das respectivas religiões. A Reforma se consolidou na Europa no intervalo de quatro décadas a partir das famosas 95 teses de Lutero, de 1517. Apesar de o processo ter sido doloroso, e várias revoltas e conflitos interestatais terem ocorrido no período inicial, no dia 25 de setembro de 1555, mais de sessenta anos antes da deflagração da guerra, o Sacro Império Romano-Germânico, católico, garantiu a liberdade de religião para os príncipes alemães individuais e suas terras, na extraordinária declaração conhecida como a "Paz de Augsburgo", a qual, em parte, afirmava: "Nós [o Sacro Império Romano-Germânico e os príncipes alemães] não entraremos em guerra por quaisquer territórios do império por conta da Confissão de Augsburgo [ou seja, do luteranismo] e da doutrina, religião e fé da mesma. [...] Do mesmo modo, nós, por decreto ou por qualquer outra via, não os importunaremos ou denegriremos, mas os deixaremos gozar de sua religião de maneira quieta e pacífica. [...] Ademais, uma paz completa dentro da religião cristã em disputa será alcançada somente por intermédio de meios cristãos, amigáveis e pacíficos".[14]

A Reforma provocara tumultos por toda a Europa, por isso a necessidade de uma "paz". Mas até a Paz de Augsburgo não dizia respeito principalmente à religião. Os aspectos religiosos do acordo tomam apenas oito dos 141 parágrafos do documento. A maior parte dele concerne a questões de defesa, justiça, polícia e política monetária.[15] Seja como for, a Paz de 1555 "tornou-se um sucesso notável", escreve Peter Wilson. "Ela garantiu para o império 63 anos de liberdade de grandes conflitos, o período mais longo de paz na história alemã moderna, superado só em 2008 pela ausência de hostilidades desde 1945."[16]

JANELA AFORA

Depois de mais de 60 anos de paz, havia muito mais que a religião nas mentes dos governantes da Europa, na medida em que cada um buscava negociar sua posição dentro ou ao lado do Sacro Império Romano-Germânico. Insatisfeitos com suas posições no equilíbrio político do império, os dissidentes protestantes da Boêmia jogaram três oficiais católicos para fora de uma reunião de negociação que acontecia no Palácio Hradčany, em Praga, no dia 23 de maio de 1618. Eles literalmente lançaram esses oficiais católicos para fora da janela do castelo — o evento ficou até conhecido como a "Defenestração de Praga" nos livros de história. Os oficiais sobreviveram, observa Peter Wilson, da Universidade de Oxford, mas este foi "um ato deliberado e provocativo"[17] e o estopim não oficial da guerra.[18]

Os rebeldes protestantes em Praga foram controlados em 1620 pelo reverenciado líder militar do Sacro Império Romano-Germânico, João t'Serclaes, conde de Tilly. O general Tilly, como é muitas vezes chamado, fez mais do que só restaurar as alianças apropriadas na região. Ele capturou mais territórios protestantes, como a cidade de Heidelberg em 1622, onde tentou reestabelecer a religião católica. Em um estágio posterior, Tilly seria responsável por uma das maiores atrocidades da era. Ele saqueou a cidade protestante de Magdeburgo, na Alemanha, resultando em 20 mil mortes em uma população total de apenas 25 mil.

Até aqui, isso tudo pode soar como uma "guerra de religião" clássica. Com o passar dos anos, porém, ficou claro que esse era, na verdade, um conflito pelas terras e pela influência contínua do Sacro Império Romano-Germânico na Alemanha e em outros lugares. Isso se torna óbvio quando os suecos entram na guerra, em 1630, liderados pelo seu grande monarca militar, o rei Gustavo II Adolfo (1594-1632 d.C.). Preocupado com o poder cada vez maior do Sacro Império Romano-Germânico nas regiões bálticas (atual Polônia), ele desembarcou com seu exército na Pomerânia em 1630 e assumiu o controle. A declaração oficial de guerra deixa claro que a motivação do rei Gustavo era principalmente comercial e política, não religiosa (embora ele mesmo fosse luterano).[19] Além do mais, sua jogada contra a região foi apoiada, e até intermediada, pelo cardeal Richelieu (1585-1642 d.C.), um teólogo católico e um dos principais estadistas políticos da França.[20] Por que um cardeal católico apoiaria um rei luterano contra territórios católicos no Báltico? A resposta fornece um princípio para compreender a natureza desses conflitos. A própria França, embora uma nação

As *"Guerras de Religião" da Reforma*

fiel ao catolicismo, suspeitava das ambições da família no poder do Sacro Império Romano-Germânico, a família Habsburgo. As lealdades religiosas da França com certeza estavam com o papa em Roma, mas seu compromisso político era com fronteiras territoriais bem definidas. Com o apoio francês, o rei Gustavo acabou por derrotar o general Tilly e as forças da Liga Católica em Breitenfeld, perto de Leipzig, em 1631.

UMA GUERRA DE RELIGIÃO?

No estágio final e mais violento da guerra (1635-1648 d.C.), a França se aliou em caráter definitivo à Suécia nas campanhas militares, escancarando a mentira da proeminência da motivação religiosa dessas guerras. Essas eram guerras entre cidades-estados europeias tentando assegurar seus interesses e terras em face do monolítico Sacro Império Romano-Germânico Habsburgo. A religião desempenhou um papel — como em tudo o que acontecia nesse período —, mas esse conflito "não era primariamente uma guerra religiosa", escreve Peter Wilson:

> A maioria dos observadores daqueles tempos falavam de tropas imperiais, bávaras, suecas ou boêmias, e não de católicas ou protestantes, designações anacrônicas usadas por conveniência a partir do século 19 para simplificar as explicações. A guerra foi religiosa apenas na medida em que a fé guiava toda a política pública e o comportamento privado no início do período moderno.[21]

Wilson aponta, além disso, que mais ou menos 20% dos casamentos nesse período eram interconfessionais, ou seja, católicos se casavam com protestantes. Soldados católicos frequentemente combatiam em exércitos dominados por protestantes, e vice-versa. E as mensagens que as pessoas recebiam nos púlpitos espalhados pela Europa eram muito críticas das guerras. "Não há um chamado a pegar em armas", Wilson observa. "Pelo contrário, era-lhes dito que este era o seu pecado, e que eles precisavam ser obedientes e piedosos para que Deus, mais tarde, trouxesse um fim à guerra."[22]

Antes de Deus "trazer um fim à guerra", a Guerra dos Trinta Anos impôs um castigo pesado sobre os cidadãos da Europa. Estimativas do número de mortos variam, mas provavelmente podemos aceitar os dados médios apresentados por Wilson, os quais indicam que cerca de 5 a 8 milhões de pessoas, ou mais ou menos 15% da população, perderam a vida entre 1618 e

OPRESSORES E SANTOS

1648 como resultado do conflito, transformando-o "no conflito mais destrutivo da história europeia".[23] A devastação foi experimentada de maneiras diferentes em diferentes lugares e momentos. As localidades próximas de Praga, por exemplo, perderam pelo menos 50% da população, bem mais que a média, ao passo que as cidades de Gorizia e Gradisca, no território austríaco, amargaram bem menos de 15% em perdas. Uma proporção significativa das perdas resultou de doenças. As movimentações de tropas e os serviços hospitalares limitados em tempos de guerra possibilitavam que as epidemias fizessem seu pior trabalho, correspondendo a pelo menos metade da soma total de mortos de 5 a 8 milhões. Algo similar ocorreu na Primeira Guerra Mundial, quando cerca de 20 milhões de pessoas morreram devido a um surto de influenza conhecido como a Gripe Espanhola.

O que pesou na guerra de 1618-1648 foi sua extensão. Apesar de a Primeira (1914-1918 d.C.) e a Segunda (1939-1945 d.C.) Guerras Mundiais terem tido taxas de mortalidade *per capita* anuais na Europa muito superiores, ela foram mais breves e, desse modo, causaram a morte de cerca de 6% da população europeia (27 milhões de mortes e 34 milhões de mortes, respectivamente).[24]

A despeito dos horrores, extensão sem precedentes e amplitude geográfica da Guerra dos Trinta Anos, essa foi uma guerra travada de modo convencional. O propósito não era exterminar o oponente (com exceção da Batalha de Magdeburgo, mencionada há pouco), mas forçá-lo a aceitar a paz em termos convenientes. Todos os lados podiam ter continuado a brigar. Havia recursos e combatentes suficientes para continuar por muito tempo. Mas no final da década de 1640, as partes interessadas já haviam progredido o suficiente em assegurar suas próprias terras e controle político. A sensação era que as hostilidades podiam se encerrar.

A PAZ DE WESTFÁLIA, 1648

Em 24 de outubro de 1648, os grupos em guerra assinaram a assim chamada Paz de Westfália, acompanhada por uma salva de setenta tiros. Ela detalhava novos compromissos territoriais, os quais são considerados por alguns cientistas políticos atuais "como o nascimento da ordem internacional moderna baseada em Estados soberanos", escreve Peter Wilson.[25] Mais de 40 mil cópias da Paz foram impressas para serem distribuídas para um público grato ao longo dos meses seguintes.[26]

A Paz de Westfália também reiterou e estendeu os princípios de tolerância religiosa encontrados na Paz de Augsburgo, de 1555. Três confissões passaram a ser formalmente reconhecidas: a católica, a luterana e a calvinista. Outras minorias (o protestantismo agora estava se fragmentando em muitas "denominações") não receberam reconhecimento formal, mas elas não podiam ser perseguidas. Esses compromissos teóricos, combinados com considerações mais pragmáticas, tais como a necessidade de repovoar territórios, levaram à aceitação crescente da diversidade religiosa em todas as terras alemãs e para além delas. Não foi um processo de "secularização". Tudo nesse período — na guerra ou na paz — ainda se assentava em termos bastante religiosos. Todos eram cristãos de linhas e compromissos divergentes alcançando uma percepção coletiva de que as cidades-estados chegaram para ficar, que as igrejas católicas e as protestantes não se dissolveriam e que o Sacro Império Romano-Germânico poderia continuar a prosperar em uma nova Europa. Essa última convicção acabou se provando falsa. Embora o Sacro Império Romano-Germânico fosse forte em 1648, ele entraria em declínio a partir daí, e Napoleão I o aboliria em 1806.

No século 19 "os mitos sobre essa guerra foram construídos", observa Ulinka Rublack, professora de História Europeia Moderna na Universidade de Cambridge. Seguindo à risca o hábito iluminista de marginalizar a religião, os intelectuais começaram a enxergar a Guerra dos Trinta Anos como um conflito religioso, e não como um conflito que envolvia religião. Contudo, o consenso acadêmico da última geração é muito diferente. "Nós agora pensamos que a Guerra dos Trinta Anos não foi motivada por divisões religiosas", nota a professora Rublack, "mas principalmente um conflito sobre a natureza do governo nas terras alemãs e o balanço de poder na Europa".[27] Peter Wilson, da Universidade de Oxford, concorda: "Os diversos exércitos apareciam não como protestantes ou católicos, mas como suecos, boêmios, bávaros ou imperialistas".[28]

Não quero sugerir com nada disso que as discordâncias religiosas não tiveram nenhum papel na luta. Como David Bentley Hart escreve: "Católicos e protestantes com muita frequência odiavam uns aos outros com sinceridade e selvageria". E a paixão religiosa é uma ferramenta eficaz nas mãos dos governantes. "Todavia", Hart acrescenta, "existe algo inerentemente absurdo em continuar falando, de forma persistente, dessas guerras dos Habsburgos, guerras nacionalistas e guerras de sucessão como 'guerras de religião'".[29] Algo semelhante pode ser dito acerca dos conflitos na Irlanda do Norte.

| CAPÍTULO 22 |

"Os Problemas":

lutas confessionais do século 18 até 1998

Faço um apelo a vocês e o meu discurso torna-se apaixonado. Peço-lhes de joelhos que se afastem dos caminhos da violência e regressem aos caminhos da paz.
— PAPA JOÃO PAULO II, DROGHEDA, 29 de setembro de 1979

Para o inimitável jornalista e ateu Christopher Hitchens, como para o meu amigo no almoço no Porto de Sydney mencionado no começo do capítulo anterior, o período dos conflitos na Irlanda do Norte (1968-1998 d.C.) proporciona forte evidência de que a religião envenena tudo. "Em Belfast, vi ruas inteiras incendiadas por ações de guerra entre diferentes seitas da cristandade", Hitchens escreve no início do seu livro *Deus não é grande*. Ele diz ter entrevistado "pessoas cujos parentes e amigos foram sequestrados e mortos, ou torturados, por esquadrões da morte de religiosos rivais, muitas vezes sem nenhuma outra razão que não a pertencer a outra denominação religiosa".[1]

Quando eu era criança na longínqua Austrália na época dos conflitos, estes sempre me pareceram tanto prolíficos quanto completamente religiosos: protestantes matando católicos por serem católicos, e vice-versa. O motivo para o conflito ter assumido uma proporção tão grande na minha cabeça era em parte a cobertura frequente pela mídia de bombardeios terroristas e sequestros, e em parte porque minha banda favorita na época — a maior banda do mundo no começo da década de 1990 — era o

"Os Problemas"

U2, da Irlanda. Eles viajavam pelo mundo cantando seu sucesso musical *Sunday Bloody Sunday* ["Domingo, sangrento domingo"], que era todo sobre o massacre de treze católicos desarmados que protestavam em Bogside, na Irlanda do Norte.

Minhas impressões sobre o conflito eram tão fortes que consigo me recordar de forma vívida de onde estava — no corredor de um supermercado — quando recebi uma ligação de um membro do clero da Irlanda do Norte me convidando para realizar uma série de palestras públicas em Belfast. Fico envergonhado de dizer que meu primeiro pensamento foi: *de jeito nenhum!* Eu o sondei educadamente: "Mas como andam as coisas por aí hoje em dia?". Ele riu, lembrou-me do "Good Friday Agreement" [Acordo da Sexta-feira Santa], ratificado dois anos antes (1998 d.C.) e, como não podia deixar de ser, cerca de um ano depois, minha família e eu passamos algumas semanas incríveis na Irlanda do Norte e na República da Irlanda. Durante meu tempo lá, conheci muitas pessoas fascinantes — católicas e protestantes — que passaram pelo pior momento dos conflitos, incluindo um cavalheiro, ex-policial, que perdera um olho, um osso do rosto e uma parte da testa em uma tentativa de assassinato na década de 1980. Para minha surpresa, nenhuma das pessoas com as quais eu conversei sentia que os conflitos, que duraram trinta anos, ocorreram *por causa da* religião.

AS *PLANTATIONS* E AS SEMENTES DO CONFLITO

As raízes do conflito na Irlanda do Norte estão em acontecimentos bem anteriores à Reforma Protestante — na verdade, no século 12, quando a coroa inglesa buscava asseverar todo dia seu senhorio sobre os rebeldes chefes tribais gaélicos do outro lado do mar da Irlanda. Essas tensões atingiram o ápice no "Act of Kingly Title" [Ato da Coroa da Irlanda] de 1542, quando Henrique VIII proclamou seu reinado direto sobre a Irlanda, estipulando que o país seria, a partir de então, "unido e integrado à coroa imperial do reino da Inglaterra".[2] O ato não teve efeito real até as décadas posteriores à morte de Henrique. Um fator importante na dominação inglesa era uma tática conhecida como *plantation*, a emigração deliberada de cidadãos ingleses e escoceses para a região do Ulster, na Irlanda, basicamente onde hoje é a Irlanda do Norte. Isso foi usado com grande eficácia em 1606 e de novo em 1608. A coroa dava a esses "colonizadores" estrangeiros grandes faixas de terra no Ulster e os estimulava a criar e construir uma sociedade baseada no direito inglês, no cultivo sedentário e no comércio, e na fé protestante,

OPRESSORES E SANTOS

então predominante por ter se tornado a religião oficial da Inglaterra apenas alguns anos antes, no reinado de Elizabeth I (1558-1603 d.C.). "A *plantation* foi um sucesso considerável", escreve Marc Mulholland na sua introdução à Irlanda do Norte publicada pela editora da Universidade de Oxford, "com os colonizadores provando serem industriosos e determinados".[3] Isso deixou os irlandeses nativos do Ulster, todos católicos, ressentidos com o número e o poder crescentes dos recém-chegados e afluentes ingleses e escoceses (protestantes) na sua antiga terra.

A rebelião era, provavelmente, inevitável. Relatos de massacres de colonizadores ingleses por irlandeses levaram a recriminações brutais por parte dos exércitos ingleses no final da década de 1640 sob o comando do general e estadista inglês Oliver Cromwell (1599-1658 d.C.). Uma série de leis punitivas também foram emitidas contra a maioria católica nativa no Ulster, e grandes propriedades foram confiscadas. As tensões permaneciam fervilhando logo abaixo da superfície, com frequência explodindo em atos de violência de ambos os lados. Enquanto isso, as duas populações cresciam. Belfast tornou-se na maior parte protestante no século seguinte às *plantations*, mas, no século 19, a comunidade católica da cidade subiu de 4 mil residentes para 100 mil — quase um terço da população.[4] As desigualdades econômicas exacerbaram os problemas. Devido à discriminação nos empregos, a maioria dos católicos integrava os grupos de baixa renda, e apesar de constituírem um terço da população de Belfast, eles formavam só 5% da mão de obra capacitada, a qual, naqueles tempos, concentrava-se nos famosos estaleiros (o Titanic foi construído ali mais tarde).

O AUTOGOVERNO E A PARTILHA

Tudo isso constitui o pano de fundo da questão principal da política irlandesa no período: os nacionalistas católicos passaram a exigir cada vez mais que a Inglaterra lhes concedesse o autogoverno, ao passo que os unionistas protestantes, receosos de perder a influência no país, insistiam na continuidade da união entre Inglaterra e Irlanda sob a coroa inglesa (motivo pelo qual são também designados "lealistas"). No início do século 20, conforme o parlamento inglês contemplava a possibilidade de conceder o autogoverno à Irlanda, os unionistas do Ulster (lealistas protestantes) começaram a se armar até os cotovelos! Podemos captar um pouco do que eles pensavam em uma declaração ousada assinada por 250 mil lealistas em setembro de 1912:

> Estando convencidos em nossa consciência de que o Autogoverno seria desastroso para o bem-estar material do Ulster [...] doravante juramos [...] permanecer unidos na defesa, para nós mesmos e para os nossos filhos, de nossa estimada posição de cidadania igualitária no Reino Unido, e em utilizar todos os meios necessários para tanto.[5]

A maior concessão foi a Partição. Em 1920, o Parlamento Britânico concedeu o autogoverno a várias partes do sul da Irlanda, mas excluiu a maioria dos condados do Ulster, no norte. Isso criou a República da Irlanda, no sul, e o novo estado chamado Irlanda do Norte. Os católicos na recém-criada Irlanda do Norte ficaram em uma posição vulnerável, separados dos vizinhos majoritariamente católicos na República da Irlanda. Logo, eles se viram em um impasse constrangedor com a população protestante predominante no Ulster. O resultado foi a revolta civil. Nos poucos anos que se seguiram à Partição de 1920, foram mortos 257 católicos, 157 protestantes e 37 membros das forças de segurança. Muito mais católicos (11 mil) ficaram sem emprego, e mais de 4.500 lojas e estabelecimentos pertencentes a católicos foram roubados ou destruídos.[6]

A "INSURREIÇÃO" E A PAZ

O século 20 testemunhou a instauração e o crescimento de grupos paramilitares mortais na Irlanda. Havia o Irish Republican Army [Exército Republicano Irlandês] (IRA, na sigla em inglês), descrito de modo geral como o braço militar do partido político nacionalista católico *Sinn Féin* (Nós Mesmos). Do outro lado se encontrava a Ulster Volunteer Force [Força Voluntária do Ulster] e a Ulster Defence Association [Associação de Defesa do Ulster], mais ampla, junto com vários outros grupos protestantes menores. Enquanto a força política dos lealistas protestantes começava a diminuir na década de 1960, os grupos paramilitares entravam cada vez mais no jogo. Os lealistas sempre contaram com uma vantagem populacional na região, a qual se traduzia na obtenção da maioria de assentos no parlamento da Irlanda do Norte (conhecido como Stormont). Outro fator que pesava para isso era que os cidadãos mais pobres não contribuintes, muitos deles católicos, eram excluídos da votação nas eleições locais (afinal, o conceito de "uma pessoa, um voto" era relativamente novo). No entanto, à medida que o antigo bloco político protestante começava a diminuir, e aumentavam os protestos violentos demandando direitos iguais, o barril de pólvora que era o Ulster explodiu.

OPRESSORES E SANTOS

Em janeiro de 1969, os protestos católicos nacionalistas degeneraram em violência aberta, com numerosos relatos confirmados de brutalidade policial. Isso levou a mais rebeliões. Não demorou para que os lealistas protestantes passassem a alvejar edifícios católicos com explosivos e a quebrar vitrines em ruas católicas, forçando a população local a fugir para distritos mais seguros. Em agosto daquele ano, foi iniciado um cerco em Bogside, um bairro católico na cidade de Derry. Os residentes montaram uma forte defesa, chegando a arremessar coquetéis molotov contra os policiais e grupos voluntários protestantes do alto de seus apartamentos. O Exército Britânico foi chamado. Protestos e motins eclodiram em vários subúrbios católicos, em Belfast e em outros lugares, para mostrar apoio aos residentes de Bogside, sitiados no norte. Um relatório militar posterior deixa claro que esses eventos foram interpretados pelos oficiais britânicos como uma "insurreição armada" por parte dos separatistas católicos. As forças britânicas usaram metralhadoras Browning instaladas em carros blindados. Muitas pessoas foram mortas. Os unionistas protestantes começaram a incendiar casas em áreas católicas. Os conflitos começaram oficialmente.[7]

Os detalhes da violência do tipo "toma lá dá cá" nos trinta anos seguintes, de agosto de 1968 a abril de 1998, provavelmente não nos interessam aqui, a não ser para sublinhar a capacidade humana de odiar. Basta dizer que os vandalismos, os sequestros, as lutas armadas, os assassinatos e os atentados terroristas, combinados com a brutalidade ocasional das forças britânicas, como aconteceu no massacre do Domingo Sangrento de 30 de janeiro, marcaram esta que foi a era mais violenta da história irlandesa moderna. Como manda o costume irlandês, o período todo foi apelidado de maneira eufemística "os Problemas".*

Depois de muitas tentativas de cessar-fogo e de "pazes" falsas, o caminho para o fim das hostilidades foi finalmente encontrado no Belfast Agreement [Acordo de Belfast], aceito por todos os partidos no dia 10 de abril de 1998, que calhou de cair em uma Sexta-feira Santa, motivo pelo qual o compromisso é mais conhecido como "The Good Friday Agreement" ["O Acordo da Sexta-feira Santa"]. Segundo o Acordo de 35 páginas — que pode ser baixado

---

* No original, *the Troubles*. Essa é a forma corriqueira de se referir aos conflitos norte-irlandeses na língua inglesa, sendo também a forma empregada pelo autor ao longo de todo este capítulo. (N. do T.)

no site do governo do Reino Unido —,[8] o poder seria compartilhado de forma justa entre os distritos católicos e protestantes do Ulster. Qualquer lei nova só passaria se houvesse acordo bipartidário ou a maioria de 60%. Os ministros eram a autoridade executiva em seus departamentos — supervisionados por subcomitês —, mas não eram obrigados a concordar uns com os outros no gabinete. Os subcomitês que supervisionavam os departamentos deveriam representar com fidelidade o poder eleitoral relativo dos vários partidos. O acordo estipulava ainda que os prisioneiros dos grupos paramilitares de ambos os lados fossem libertados em dois anos. No âmbito cultural, o acordo declara a importância "da língua irlandesa, dos *scots* do Ulster e das línguas das diversas comunidades étnicas, todas as quais são parte da riqueza cultural da ilha da Irlanda".[9] A legislação trabalhista também seria reformada, pondo fim à discriminação.[10]

O custo humano dos conflitos de trinta anos tem sido bem documentado. O IRA foi responsável por cerca de 1.800 mortes, incluindo a de quinhentos soldados britânicos. Os militares britânicos em si foram responsáveis por quase trezentas mortes. Os paramilitares protestantes mataram cerca de mil pessoas, incluindo mais de setecentos civis católicos alvejados. Vários outros grupos menores em ambos os lados foram responsáveis pelas mortes restantes. O número final de mortos dos conflitos foi pouco mais de 3.600 pessoas, com outras 40 mil pessoas feridas, incluindo o homem que conheci em Belfast que perdeu grande parte do seu rosto.[11] O Acordo da Sexta-feira Santa reconheceu explicitamente esse preço humano e se comprometeu a trabalhar pela paz para honrar os que perderam a vida: "Reconhecemos que as vítimas têm direito a serem lembradas e a contribuírem para uma sociedade transformada. A conquista de uma sociedade pacífica e justa seria o verdadeiro memorial às vítimas da violência".[12]

"CRUELDADE INSPIRADA PELA RELIGIÃO"?

Christopher Hitchens incluiu os conflitos na Irlanda do Norte na sua famosa lista de "crueldades inspiradas pela religião" que ele testemunhara em sua longa carreira de jornalista. Para ele, esses eventos evidenciam a capacidade quase infinita da religião de levar o caos a indivíduos e nações. Mas esse é um argumento que não guarda nenhuma proporção com os fatos. Mesmo aceitando que os conflitos tenham sido "inspirados pela religião", duvido que obtenham uma menção em qualquer história da crueldade nos últimos quinhentos anos, ou mesmo nos últimos cem anos.

OPRESSORES E SANTOS

Com o mais profundo respeito e afeto aos meus amigos na Irlanda do Norte, 3.600 mortes ao longo do período de trinta anos dificilmente fundamenta a tese de que a religião envenena tudo. Naturalmente, um assassinato em nome de Cristo já é uma blasfêmia, mas a escala de perdas nos conflitos na Irlanda do Norte é uma fração minúscula das perdas calculadas em conflitos ocorridos no mesmo período (1968-1998 d.C.). Pense na Guerra do Vietnã, na Guerra dos Seis Dias, na Guerra Afegã-Soviética, na Primeira Guerra do Golfo, nas Guerras da ex-Iugoslávia e no Genocídio em Ruanda. E para nãos esquecermos de um exemplo histórico anterior, o Terror da Revolução Francesa executou, em nove meses, quase cinco vezes a quantidade de pessoas que os conflitos na Irlanda do Norte mataram em trinta anos. O Terror matou mais pessoas que os conflitos e a Inquisição espanhola juntos.

De qualquer maneira, os conflitos na Irlanda do Norte não podem ser considerados "inspirados" pela religião. A religião sem dúvida lançou as bases para o conflito. As disputas amarguradas da Reforma foram impostas sobre os irlandeses por *plantations* sucessivas no século 17. A identidade irlandesa (católica) foi, desse modo, colocada em oposição à identidade inglesa e escocesa (protestante). Todavia, após mais de três séculos, as disputas por conta da religião em si não ocupavam mais o lugar central na mente de ninguém. As palavras "católico" e "protestante" agora marcavam comunidades distintas, vivendo em áreas separadas, com pouquíssimas interações significativas entre si (casamentos mistos, por exemplo, eram raros). A identidade religiosa se transformara na identidade política: católico significava "nacionalista ou separatista irlandês"; protestante significava "lealista ou unionista britânico".

É fascinante passear por Belfast, o que pode ser feito de forma livre hoje, e olhar os diversos murais dos tempos dos conflitos, conservados até hoje. Quase nenhum deles contém imagens ou linguagens religiosas. Eles são tribais e políticos, nada teológicos. É ainda mais surpreendente ler o Acordo da Sexta-feira Santa e notar como se dá pouca atenção a qualquer coisa religiosa. O tópico é evitado. A palavra "religião" aparece duas vezes, e "religioso", só uma vez no texto com 35 páginas de extensão — todas as vezes em conexão com o princípio de "liberdade" política e espiritual. As palavras "católico", "protestante", "igreja", e assim por diante, não aparecem nenhuma vez. Em vez disso, muitas referências são feitas aos "nacionalistas" e "unionistas" irlandeses. É um documento esmagadoramente político, judicial e cultural, não um ajustamento religioso.

282

"Os Problemas"

Umas das coisas que os cidadãos de Belfast gostam de enfatizar é que o papa João Paulo II visitou a Irlanda durante as hostilidades e implorou que todos parassem com a violência e seguissem o caminho do amor. Um terço da população irlandesa apareceu para vê-lo! O discurso do papa na cidade de Drogheda, pouco mais de 48 quilômetros ao sul de Belfast, no dia 29 de setembro de 1979, foi muito precioso — vale a leitura, mesmo que você não goste muito de religião. Depois de fazer referência a são Patrício, o fundador do cristianismo na Irlanda no século 5, João Paulo II agradeceu aos líderes eclesiásticos católicos e protestantes por terem-no convidado gentilmente a visitar aquela venerável região. Ele, então, confrontou o proverbial elefante na sala, mencionando os "sofrimentos" dos anos recentes e insistiu que "os acontecimentos trágicos da Irlanda do Norte não têm origem no fato de alguém pertencer a igrejas e a confissões diferentes; que não se trata nesse caso — apesar do que se repete tantas vezes diante da opinião mundial — de uma guerra de religião, de um conflito entre católicos e protestantes". Pelo contrário, ele diz, a mensagem compartilhada por todas as igrejas é o amor de Cristo:

> Quero agora dirigir-me a todos os homens e a todas as mulheres que se deixaram prender na cadeia da violência. Faço um apelo a vocês, e o meu discurso torna-se apaixonado. Peço-lhes de joelhos que se afastem dos caminhos da violência e regressem aos caminhos da paz. [...] Em nome de Deus, suplico: voltem a Cristo, que morreu para os homens conseguirem viver no perdão e na paz. Ele os espera, desejando que cada um de vocês volte a ele, de maneira que lhes possa dizer, um por um: os seus pecados estão perdoados; vá em paz.[13]

A visita do papa à Irlanda foi em 1979. Ainda demoraria duas décadas até os partidos em guerra assinarem a paz duradoura. Duvido que o papa tenha exercido alguma influência importante, ou, na verdade, qualquer influência, no resultado dos conflitos, a despeito de um documentário de 2018 sugerir o contrário.[14]

Contudo, houve um clérigo que de fato exerceu um papel na mediação da paz. O rosto do padre Alec Reid foi estampado em jornais de todo o mundo quando ele foi fotografado ajoelhado sobre o corpo ensanguentando e seminu de um soldado britânico assassinado, ministrando a ele os sacramentos finais. De acordo com a BBC, o soldado foi torturado e baleado em plena luz do dia depois de entrar com o carro no caminho de um funeral republicano.

A foto foi publicada em todos os lugares, mas o que ninguém sabia na época era que o padre Reid estava carregando consigo naquele dia um envelope contendo documentos secretos que delineavam uma potencial saída para a paz. O padre Reid estava atuando como intermediário para reunir as partes conflitantes e convencer o IRA a "renunciar à violência em favor da negociação".[15] Suas ações levaram ao Acordo de Belfast, e Reid esteve presente para testemunhar a destituição do arsenal do IRA — assistindo aos membros do grupo entregando suas armas para serem destruídas. Em um artigo publicado no *New York Times*, afirmou-se que o então primeiro-ministro irlandês Charles Haughey considerava o padre Reid "a pessoa mais importante no processo de paz inteiro, abaixo de ninguém".[16]

As palavras do papa — e as atitudes do padre Reid — destacam a importância de não concluir de modo precipitado que um conflito permeado de linguagem superficialmente religiosa — "católicos" e "protestantes" — tenha ligação com a religião em si.

Entretanto, existem outros males no mesmo período que não podem ser explicados com tanta facilidade. Eles ameaçam fazer todas as explicações — *todo o bem* — da história cristã ruir sob o peso da evidência da perversão, crueldade e acobertamento da igreja. E essa história também começa na Irlanda.

| CAPÍTULO 23 |

Responsabilização moral:

o abuso infantil na igreja moderna

Seria melhor que ela fosse lançada no mar com uma pedra de moinho amarrada no pescoço, do que levar um desses pequeninos a pecar.

— JESUS DE NAZARÉ

Justo quando os conflitos na Irlanda do Norte encontravam uma resolução pacífica, chegaram novas notícias do noroeste da Irlanda que chocaram o mundo e levaram à maior responsabilização moral para a igreja em mil anos, ou talvez em todos os tempos.

O condado de Donegal é um cenário implausível para revelações tão dramáticas. "Foi nesse improvável canto do país", escreveu Kimiko de Freytas-Tamura na sua reportagem no *New York Times*, "onde, em meio a colinas onduladas cobertas de urzes selvagens, castelos e bucólicas vilas de pescadores, padre predadores aterrorizaram crianças impunemente durante décadas".[1] A população de Donegal é de apenas 160 mil pessoas, mas o condado carrega a pior ficha de abuso por parte da igreja já exposta. O primeiro sinal desse horror apareceu em 1998, mesmo ano em que o Acordo da Sexta-feira Santa foi assinado. O detetive semiaposentado Martin Ridge já vira o bastante nos bombardeios e derramamento de sangue das últimas décadas, mas o que ele encontrou nessa maravilhosa parte do mundo foi "pior que o IRA", ele disse. Um padre, de nome Greene, foi até o detetive

Ridge para acusar um homem local de chantageá-lo sob "falsas" alegações (segundo Greene) de abuso sexual. Os inquéritos de Ridge, porém, revelaram que Greene, na verdade, abusou do garoto.

As investigações de Martin Ridge descobriram mais alegações de má conduta, e em 1998 ele prendeu o padre Greene. De repente, outras testemunhas vindas de toda parte de Donegal se apresentaram. No final, Greene foi mandado para a prisão por estuprar e molestar 26 meninos entre 1965 e 1982. Como um lembrete trágico das consequências desses crimes, oito vítimas de abuso clerical estão enterradas no cemitério de Gortahork, em Donegal, todas elas cometeram suicídio.[2]

Alguns leitores podem preferir guardar este livro e, quem sabe, conversar com um amigo de confiança antes de seguir em frente com a leitura. Tendo amigos preciosos abusados pelo clero, tenho conhecimento do trauma que essas discussões podem gerar.

UMA CRISE GLOBAL, UMA TRAGÉDIA ÍNTIMA

O caso de Donegal foi a primeira investigação generalizada de abuso sexual de crianças pelo clero levada a público. Ele resultou no documentário de 1999 "States of Fear" [Estados de medo], que revelou a extensão dos casos de pedofilia perpetrados por padres nas escolas e instituições irlandesas administradas por ordens religiosas. Depois do documentário, o governo criou o Residential Institutions Redress Board [Conselho de Reparação de Instituições Residenciais], o qual, daí em diante, já indenizou mais de 140 mil vítimas.[3] Tragicamente, a Irlanda tem a maior taxa de abuso pelo clero do mundo, um fato que pode estar conectado com o sistema educacional pouco incomum do país, onde "90% das escolas primárias estão sob os cuidados da igreja".[4]

Somados ao mal dos abusos em si, com frequência eles eram seguidos de sigilo e acobertamentos. Mas esses segredos foram trazidos à tona não só na Irlanda, mas — em pouco tempo — no mundo inteiro.

As famosas investigações Spotlight, do *Boston Globe*, ocorridas entre 2001 e 2003, descobriram que, "sob um extraordinário manto de segredo", a Arquidiocese de Boston, nos dez anos anteriores às publicações, havia jogado para baixo dos tapetes alegações de molestamento de crianças levantadas contra pelo menos setenta padres. Algumas vezes, eles realocavam pedófilos conhecidos em outras paróquias ou ministérios paralelos em hospitais ou prisões. Alguns desses padres foram reincidentes.[5] No final de

Responsabilização moral

2002, o *Boston Globe* informou que o papa havia aceitado a renúncia do cardeal Bernard Law, o homem que conduzia a diocese — e, portanto, os acobertamentos — desde 1984.[6] Foi uma vitória gigantesca para a justiça e para o jornalismo, e um sinal de esperança para muitas vítimas.

As reportagens do *Boston Globe* desencadearam uma chuva de outras investigações em todos os Estados Unidos e no mundo. O maior estudo sobre o abuso de menores por padres católicos nos EUA foi conduzido pela John Jay College of Criminal Justice [Faculdade John Jay de Justiça Criminal] em 2004, encomendado pela United States Conference of Catholic Bishops [Conferência de Bispos Católicos dos Estados Unidos]. Eles descobriram que 4,3% dos clérigos católicos foram acusados de abuso.[7] A evidência de uma pesquisa mais ampla, que veremos em seguida, sugere que esse número seja ainda maior.

Antes de mergulharmos a fundo nos achados extraordinários do maior estudo mundial sobre o abuso sexual infantil institucional, vale a pena fazer uma pausa para confrontar a magnitude do problema do abuso sexual de crianças de maneira mais ampla. Uma meta-análise abrangente de 217 publicações envolvendo 331 amostras independentes de quase 10 milhões de participantes foi lançada no periódico científico *Child Maltreatment* [Maus-tratos infantis], uma publicação da The American Professional Society on the Abuse of Children [Sociedade Profissional Americana sobre Abusos Infantis]. A meta-análise concluiu que a prevalência global de abuso sexual infantil, ou CSA (sigla em inglês para *child sexual abuse*), de meninas é de 19,7% no limite superior e 16,4% no limite inferior, e de meninos é de 8,8% no limite superior e 6,6% no limite inferior. Como os autores do estudo notam na frase conclusiva: "Até as estimativas mais conservadoras são alarmantes, demonstrando que o abuso sexual infantil é um fenômeno global que afeta a vida de milhões de crianças".[8] A outra conclusão desafiadora de uma gama de pesquisas é que a maioria das vítimas de abuso sexual infantil foi molestada por amigos (55%) ou família (34%), e por não *estranhos* (14%).[9] Essa é tanto uma crise global quanto uma tragédia íntima.

O MAIOR ESTUDO MUNDIAL SOBRE O ABUSO SEXUAL INFANTIL

O abuso sexual infantil ocorre não só em ambientes privados, mas também em contextos institucionais, onde crianças são confiadas aos cuidados de

OPRESSORES E SANTOS

adultos responsáveis, seja em igrejas, clubes, escolas, orfanatos ou centros de justiça juvenil. O estudo mais extenso e detalhado sobre o abuso sexual infantil institucional vem da Austrália. Em 2012, o governo federal anunciou uma Royal Commission into Institutional Responses to Child Sexual Abuse [Comissão Real para Respostas Institucionais ao Abuso Sexual Infantil]: uma "Comissão Real" é a mais alta forma de inquérito investigativo e legal sobre assuntos de importância pública na Austrália.[10] Depois de cinco anos de investigação, 42.041 chamadas atendidas, 25.964 cartas e e-mails recebidos e 8.013 entrevistas particulares concedidas, o Relatório Final de dezessete volumes, publicado em 2017, entregou ao mundo o conhecimento mais claro da natureza e extensão do abuso sexual infantil institucional. A Comissão também propôs 189 recomendações detalhadas para proteger as crianças nas instituições. O volume 16 do relatório diz respeito às instituições religiosas e tem mais de 2.500 páginas.[11]

A Comissão Real patrocinou uma pesquisa detalhada que descobriu que *no mínimo* 5% de todo o abuso sexual infantil ocorre em ambientes institucionais, seja em igrejas, escolas, orfanatos e lugares semelhantes.[12] O número verdadeiro provavelmente é maior, conforme a Comissão observa, devido a atrasos nas notificações e à subnotificação em contextos institucionais.[13] Ainda assim, mesmo que só 5% das instâncias de abuso sexual infantil ocorram em instituições, a Comissão estima que isso significa que pelo menos 69 mil pessoas na Austrália neste momento — e milhões ao redor do globo — foram molestadas quando crianças em uma instituição. A escala da dor está chegando de maneira gradual à atenção do público mais amplo.

A Comissão Real descobriu que 41,6% dos sobreviventes de abuso sexual infantil institucional foram molestados em "serviços de atenção fora do lar" (orfanatos, lares adotivos), 31,8% dos sobreviventes de abuso sexual infantil institucional foram molestados em "escolas"[14] e 14,5% dos sobreviventes de abuso sexual infantil institucional foram molestados no que a Comissão categoriza como "atividades religiosas", isto é, igrejas, escolas dominicais e grupos de jovens. Essa proporção (14,5%) é, grosso modo, equivalente à soma das proporções em centros de "detenção juvenil" (8%) e "clubes de esportes e recreação" (5,9%).[15] Mas a quantidade real é mais complicada e mais perturbadora. Muitos programas de atenção fora do lar e escolas são geridos por organizações religiosas. Esses também devem ser acrescentados à discussão do que constitui uma instituição religiosa. A Comissão Real calculou que 58,6% dos sobreviventes de abuso sexual infantil institucional foram molestados em uma das 1.691 diferentes instituições *religiosas* listadas. Em outras palavras, órgãos religiosos são responsáveis pela maior parte dos abusos sexuais infantis ocorridos em instituições.

A Comissão também descobriu algumas coisas sobre os criminosos. Quase todos eles (95,3%) são homens adultos. Mais da metade (52,9%) dos molestadores em instituições religiosas estavam no ministério religioso, ou seja, eram padres, pastores ou algo equivalente. Outros abusadores em instituições religiosas incluem professores escolares (23,2%), cuidadores (13%) e uma variedade de outras figuras de autoridade, como diretores de internatos, cuidadores de crianças para adoção, voluntários e outros.

UM PROBLEMA NÃO SÓ DOS CATÓLICOS

Esse não é um problema apenas dos católicos. Os primeiros relatórios mais rigorosos vindos da Irlanda e de Boston se concentraram exclusivamente na Igreja Católica. Com certeza, eles deixaram uma má impressão generalizada pelo mundo. A Comissão Real da Austrália conseguiu ajustar as coisas em um quadro mais amplo.

Dos sobreviventes abusados em instituições religiosas (igrejas, escolas, orfanatos etc.): 61,8% foram abusados em instituições católicas; 14,7% foram abusados em instituições anglicanas ou episcopais; 7,3% foram abusados em instituições do Exército de Salvação; e o restante foi abusado em várias instituições presbiterianas, da Igreja Unida, batistas, pentecostais, judaicas e outras. Mas esses montantes deixam uma impressão um tanto quanto enviesada. A Igreja Católica também é, de longe, a maior denominação na Austrália, com 22,6% dos australianos identificando a si mesmos como "católicos". O grupo de "anglicanos" é o segundo maior, com 13,3%.[16] A Igreja Católica é também o maior fornecedor de educação independente, com 19,5% dos estudantes australianos sob sua tutela.[17] E a Igreja Católica é o maior fornecedor de bem-estar social não governamental no país.[18]

Nada disso serve para diminuir a escala dos males perpetrados por padres, professores e voluntários católicos. Espero que todos os leitores vítimas de abuso por católicos entendam meu ponto. Minha intenção em apresentar tudo isso é ajudar meus companheiros cristãos não católicos e ir devagar. A Igreja Católica provê mais serviços institucionais — escolas, cuidados adotivos, orfanatos e igrejas — que qualquer outra agência não governamental. Não é surpresa que suas taxas de abuso sexual infantil sejam maiores que as de outras denominações. O fato de a Igreja Católica

OPRESSORES E SANTOS

ser responsável por 61,8% das vítimas de abuso sexual infantil em algum tipo de instituição religiosa "não é necessariamente um exagero na representação", observa o professor Patrick Parkinson, reitor da School of Law [Faculdade de Direito] da Universidade de Queensland e um dos principais especialistas da Austrália em proteção à criança, "uma vez que uma proporção substancial de todas as escolas e lares confessionais para crianças nos sessenta anos que se seguiram à Segunda Guerra Mundial foram dirigidos por entidades católicas".[19] Com certeza não existe base para a presunção protestante que eu sentia no início da década de 2000.

Existe um aspecto das conclusões da Comissão Real que vai preocupar os católicos. Um número perturbador de padres na Igreja Católica Australiana é supostamente composto por pedófilos. Mencionei mais cedo que o maior estudo sobre o abuso de menores por padres católicos nos EUA foi conduzido pela John Jay College of Criminal Justice em 2004. Eles descobriram que 4,3% do clero católico já havia sido acusado de abuso sexual infantil.[20] A evidência da Comissão Real australiana, no entanto, sugere que o número — pelo menos para a Austrália — é maior. Baseada em sessenta anos de dados coletados, a conclusão da Comissão é confrontadora: "supõe-se que 7% sejam criminosos."[21]

Suponho que alguém possa responder que isso quer dizer que 93% dos padres católicos são, provavelmente, servos genuínos do seu povo (e de Deus). Com certeza eu concordo que seria injusto — como acontece algumas vezes onde eu moro — olhar para os padres católicos de modo geral com suspeita. Mesmo assim, os 7% são maiores que a parcela estimada de pedófilos na população geral — entre 1% e 5%, dependendo da pesquisa.[22] E é maior que a proporção de membros do clero que se supõem ser pedófilos na próxima grande denominação da lista (menos de 1%).[23]

Um último elemento importante nas conclusões da Comissão Real australiana: foram detectadas mudanças nas práticas eclesiásticas a partir da década de 1990. "Dos sobreviventes que falaram conosco, em sessões privativas, acerca do abuso sexual infantil em instituições religiosas", a Comissão reporta, "90% nos informaram de abusos ocorridos antes de 1990 e 5,8% nos informaram de abusos ocorridos a partir de 1990. Alguns sobreviventes não revelaram a data do abuso". O relatório tem o cuidado de notar que "seria um erro considerar o abuso sexual infantil em instituições religiosas algo do passado; como algo com o que não precisamos mais nos preocupar".[24] Além do mais, os atrasos nas denúncias significam que a informação coletada pela Comissão é, provavelmente, uma

Responsabilização moral

sub-representação do número real de vítimas de abusos mais recentes. "Entretanto, também seria errado dizer que nada mudou", o relatório ressalta.[25] A atenção à questão do abuso sexual infantil tem aumentado desde 1990. Novos protocolos elaborados para proteger as crianças foram implementados nas instituições governamentais na década de 1980, e estes entraram, de maneira gradual e parcial, em algumas instituições religiosas na década de 1990. Isso surtiu efeitos reais na possibilidade de um molestador abusar de uma criança sem ser detectado. Dito isso, a impressionante quantidade de 58 das 189 recomendações detalhadas da Comissão ao governo relacionam-se de modo específico às instituições religiosas.[26] Ainda há muito trabalho a ser feito.

"CUIDADO PARA NÃO DESPREZAREM UM SÓ DESTES PEQUENINOS!"

O envolvimento generalizado das igrejas em serviços de caridade — escolas, hospitais, orfanatos, cuidados adotivos, como suas atividades religiosas — explica em parte a alta incidência de abuso sexual infantil institucional de forma específica em instituições religiosas (58,6%). Pode haver outros fatores contribuintes para isso. A Comissão Real australiana menciona, de maneira controversa, o celibato compulsório. "Baseados em pesquisas", o Relatório Final afirma, "concluímos existir um risco elevado de abuso sexual infantil onde o clero masculino compulsoriamente celibatário tem acesso privilegiado a crianças." O celibato, eles observam, "implica em isolamento emocional, solidão, depressão e doenças mentais. [...] [O celibato compulsório] também pode ter contribuído com várias formas de disfunções psicossexuais, incluindo a imaturidade psicossexual, que impõe um risco contínuo à segurança das crianças".[27] Isso é questionado por oficiais da igreja e por alguns psicólogos acadêmicos.[28]

Existe outro fator — não relacionado ao celibato — quase tão perverso a ponto de ser difícil de encarar.. Patrick Parkinson, já mencionado, observou que a super-representação de organizações religiosas em serviços de caridade significa que "a igreja é, portanto, uma comunidade com alta probabilidade de atrair pessoas com forte interesse sexual por crianças".[29] Ele indica uma pesquisa de Joe Sullivan e Anthony Beech, do Departamento de Psicologia da Universidade de Birmingham, no Reino Unido. O estudo de "criminosos profissionais" conhecidos descobriu que 15% "disseram escolher sua profissão apenas para abusar sexualmente de crianças", e outros

OPRESSORES E SANTOS

41,5% "disseram que o abuso fazia parte de suas motivações para escolher um emprego".[30] Em outras palavras, é possível que uma porção do clero pedófilo de qualquer denominação tenha de fato *escolhido* o ministério com o objetivo de molestar crianças. É algo terrível de ponderar.[31]

Quaisquer que sejam os fatores conducentes ao abuso sexual infantil na igreja, o colunista do *New York Times* e notório católico Ross Douthat com certeza está certo ao comentar sobre as revelações recentes: "Nenhum ateu ou anticlericalista, nenhum Voltaire, Ingersoll ou Twain poderia ter inventado uma história tão perfeitamente calculada para descreditar a mensagem do evangelho. [...] Nenhum inimigo da fé poderia ter semeado tanta confusão e desalento entre os fiéis".[32] Trata-se de um desastre que a igreja trouxe sobre si mesma. É um mal pelo qual só a igreja é culpada. Ela consiste em uma responsabilidade moral igual à das Cruzadas e da Inquisição — se não maior.

É quase desnecessário mostrar os pontos em que o abuso sexual infantil contradiz a mensagem e a missão de Jesus Cristo. Seus ensinos sobre a ética sexual por si sós seriam suficientes para condenar qualquer contato erótico dessa espécie, quanto mais o que ele pregou a respeito do abuso de poder: "Vocês sabem que aqueles que são considerados governantes das nações as dominam, e as pessoas importantes exercem poder sobre elas. Não será assim entre vocês. Pelo contrário, quem quiser tornar-se importante entre vocês deverá ser servo" (Marcos 10:42-43). Em diversas ocasiões, Cristo se pronunciou de modo específico contra os maus-tratos infantis: "Cuidado para não desprezarem um só destes pequeninos! Pois eu lhes digo que os anjos deles nos céus estão sempre vendo a face de meu Pai celeste" (Mateus 18:10). O que quer que pensemos sobre a referência a "anjos", o argumento de Jesus é que as crianças têm um representante diante do trono do Juiz supremo. Em outro lugar, ele disse: "Seria melhor que ela fosse lançada no mar com uma pedra de moinho amarrada no pescoço, do que levar um desses pequeninos a pecar" (Lucas 17:2). A expressão "levar a pecar" é fascinante. Ela corresponde a *skandalizō* no grego original. O termo "escandalizar" procede daí. Em sua raiz se encontra a ideia de "apanhar em uma armadilha" ou "fazer tropeçar". Sou incapaz de pensar em uma cilada mais prejudicial que o abuso sexual infantil. As igrejas deveriam ser lugares não só de autocontrole sexual, mas de cuidado especial com os vulneráveis. O abuso de crianças é um escândalo incomensurável. As sepulturas do cemitério Gortahork [em Donegal] são um lembrete silencioso disso. Seus "anjos" veem continuamente a face de Deus.

Responsabilização moral

Para todos os leitores que são sobreviventes, ou que têm pessoas próximas e amadas que são sobreviventes, eu só posso fechar este capítulo dizendo, do fundo do meu coração, e como ministro de uma igreja convencional (uma igreja que de alguma forma eu ainda amo): *eu sinto muito.*

| CAPÍTULO 24 |

Capital social:

a obra ordinária da igreja contemporânea

Os americanos que observam a religião são mais cívicos e, em alguns aspectos, apenas "mais legais".

— ROBERT PUTNAM,
Universidade de Harvard

No capítulo anterior, mencionei várias vezes a super-representação das igrejas nas instituições de caridade modernas. É importante que eu valide essa afirmação. Imagino que muitos dos meus leitores aceitarão com alegria o papel histórico do cristianismo na criação de hospitais, no acolhimento de bebês abandonados, na alimentação dos famintos e em tentar, do seu modo limitado, libertar escravos. Mas essas coisas são, agora, atividades seculares. Não há nada "cristão" nelas de maneira particular. Pelo contrário, alguns leitores podem até estar cientes de pesquisas recentes sugerindo que as pessoas religiosas são menos altruístas que a contraparte secular. A verdade, como em tantos outros assuntos, é mista, e provavelmente incomodará do mesmo modo crentes e céticos.

"A CRIAÇÃO RELIGIOSA ESTÁ ASSOCIADA A MENOS ALTRUÍSMO"

Alguns estudos destacam a falta de caridade entre os cristãos contemporâneos. Em 2015, a Universidade de Chicago anunciou as conclusões de um estudo internacional conduzido pelo seu Departamento de Psicologia, que

Capital social

indicou — citando seu título: "a criação religiosa está associada a menos altruísmo".[1] Os resultados foram publicados no prestigioso periódico científico *Current Biology* [Biologia Corrente][2] e receberam a atenção da mídia mundial durante meses. A manchete no *Daily Beast* foi particularmente petulante: "Estudo diz: crianças religiosas são idiotas".[3]

A equipe de pesquisadores, liderados pelo professor Jean Decety, da Universidade de Chicago, distribuiu adesivos para grupos de crianças de cinco a doze anos e, então, avaliou o quão prontamente elas os dividiam com as crianças que receberam menos adesivos. Em seguida, mostravam para as crianças animações curtas de pessoas sendo más umas com as outras e perguntavam a elas o que sentiam e o que deveria ser feito com os opressores. Para resumir, as crianças provenientes de lares religiosos, de maneira principal cristãos e muçulmanos, "são bem menos propensas que crianças de lares não religiosos a compartilhar seus adesivos", e esta "relação negativa entre religiosidade e altruísmo fica cada vez mais forte com o aumento da idade; crianças que tiveram experiências mais prolongadas com a religião em casa são as menos propensas a compartilhar". As crianças religiosas também apresentaram maior propensão a exigir punições severas para os opressores nos desenhos. A religião não é apenas menos caridosa; ela é mais punitiva. A conclusão do professor Decety foi pesada: "A religião influencia negativamente o altruísmo das crianças".[4]

É fácil entender por que esse estudo atraiu tantos holofotes ao redor do mundo. Eu também o li. Pedi uma segunda opinião para um amigo psicólogo. Parecia que Decety havia demonstrado o que nenhum estudo anterior revelara: o espírito caridoso é menos proeminente nos lares religiosos.

Tomei o estudo com pesar e comecei a incluir suas conclusões em várias palestras sobre o melhor e o pior do comportamento cristão. Eu costumava brincar: "se algum dia você precisar de mais adesivos, não peça aos cristãos!". Na maior parte das vezes, porém, eu só oferecia um *mea culpa*: a religião pode fazer nossas crianças focarem o que *é* meu e nos meus direitos em detrimento do bem dos outros. Ciência é ciência: os cristãos não praticam o que pregam.

Em doze meses, o famoso estudo de Chicago caiu em descrédito. Ele acabou se tornando um dos casos felizmente raros de dados ruins, verificação ruim e análise ruim. Ignorei tudo isso com alegria, e, durante meses, continuei oferecendo o *mea culpa* em todo o mundo. Um espectador de uma das minhas palestras me puxou de canto um dia e perguntou: "Não foi esse estudo que acabou sendo desmentido?". Bom, ele com certeza acabou

OPRESSORES E SANTOS

se mostrando errado. E se você visitar o site do anúncio da Universidade de Chicago hoje, verá que o estudo foi alvo de uma retratação, e agora há apenas um *link* acanhado para a notícia original. A versão on-line do artigo acadêmico no *Current Biology* (para aqueles que têm acesso via biblioteca da universidade) traz a palavra "RETRATADO" em letras vermelhas gigantes atravessando todas as páginas. É um mérito da academia o fato de erros factuais como esses, quando descobertos, serem, em geral, reconhecidos de imediato. O mesmo não pode ser dito em relação à cobertura midiática.

Não conheço nenhuma pesquisa que fundamente a conclusão de que pessoas religiosas, ou cristãos em particular, são menos altruístas no sentido de não compartilharem o que têm com os que passam necessidades. Como veremos, estudos mostram, de forma esmagadora, o oposto — razão pela qual, suponho, o estudo de Chicago parecia tão promissor. Não obstante, há um aspecto da argumentação do professor Decety que de fato parece bastante apoiado pela evidência: algumas formas de religião tendem a aumentar o que os psicólogos denominam "punitividade". O espírito severo e julgador pelo qual os cristãos são muitas vezes conhecidos tem, sim, algum apoio científico.

Martin Seligman é professor de psicologia na Universidade da Pensilvânia e um dos líderes do movimento da psicologia positiva nos últimos trinta anos. A ideia principal da psicologia positiva é aplicação do conhecimento psicológico para melhorar a saúde mental das pessoas, não apenas para remediar condições mentais não saudáveis. Seligman foi coeditor de um importante texto publicado em 2004 pela Oxford University Press explorando as *Character strengths and virtues* [Virtudes e forças do caráter].[5] Trata-se de um exame bastante amplo das pesquisas publicadas até então sobre o desenvolvimento humano em áreas como a criatividade (capítulo 4), a capacidade de ser uma pessoa de mente aberta (capítulo 6), a inteligência social (capítulo 15), a gratidão (capítulo 24), o humor (capítulo 26) e muito mais. O objetivo de Seligman é descobrir quais fatores facilitam e quais atrapalham a formação da excelência humana.

Seligman e seus colegas encontraram uma gama de pesquisas publicadas — nenhuma delas retratadas! — que sugerem ser a religiosidade (em especial o cristianismo) causa de aumento do preconceito e da severidade. Uma delas foi um estudo de Allport e Ross apontando que quem apresenta alta "religiosidade extrínseca" tende a ser "preconceituoso em particular com afro-americanos e judeus". Esses indivíduos também são "mais desconfiados e têm maior probabilidade de perceber o mundo e seus

Capital social

habitantes como ameaçadores".[6] Seligman chama atenção para o trabalho de Leiber e Woodrick, que identificaram uma associação entre "literalidade bíblica" e "punitividade corretiva".[7] Em outras palavras, quanto mais os textos bíblicos são lidos de modo estritamente literal, maior a probabilidade de uma pessoa ser um defensor da lei e da ordem autoritário. A referência feita antes à "religiosidade extrínseca" é importante. De acordo com a definição de Seligman, ela é usada na literatura para se referir aos que "usam a religião ou a afiliação religiosa para fins particulares em contraste com a internalização e vivência prática das crenças religiosas".[8] Isso é fascinante, e sugere que quanto mais a crença pessoal se resumir a um distintivo social e político, em vez de ser uma coisa do coração, mais cruéis serão as atitudes para com os outros.[9] Nisso eu consigo acreditar.

Isso pode fazer coro com pesquisas sobre violência doméstica, um flagelo dentro e fora da igreja. Existem alguns dados indicativos de que os homens que frequentam de forma esporádica igrejas conservadoras podem ser mais propensos a cometer violência contra as parceiras. O raciocínio é que os modelos "patriarcais" de vida familiar ensinados nessas igrejas podem dar a homens violentos o aval superficial necessário para tratar a esposa com brutalidade.[10] É fácil ver como ensinamentos tradicionais acerca da "santidade do casamento" e da "liderança masculina" podem ser usados por abusadores para prender a esposa em um relacionamento nocivo, à revelia dos mandamentos bíblicos explícitos que condenam o abuso conjugal.[11] Apesar de pesquisas recentes demonstrarem que casais "altamente religiosos" apresentam "os maiores níveis de qualidade no relacionamento",[12] mais pesquisas são necessárias antes de confirmar que o envolvimento religioso intrínseco e frequente, de alguma maneira, "protege" em específico contra o abuso doméstico. No meu país, meus colegas e eu temos insistido com instituições cristãs, em particular as evangélicas conservadoras, que comissionem um estudo em larga escala sobre a violência doméstica em nossas igrejas e as respostas do clero a isso.[13]

De muitas maneiras, então, o cristianismo "extrínseco" — isto é, o cristianismo social ou político — pode ser ruim para todos nós! Antes não ter crença alguma que uma crença superficial.

CRISTIANISMO E SAÚDE MENTAL

O cristianismo extrínseco pode ser ruim para todos, mas a evidência sugere que uma versão internalizada da fé beneficia o indivíduo e a sociedade descrente. "Um conjunto robusto de pesquisas", afirma Seligman em *Character Strengths and Virtues* [Qualidades e virtudes de caráter], "demonstrou um elo positivo entre religiosidade, envolvimento religioso pessoal e bem-estar psicológico e físico". Seligman, que não é religioso, analisa brevemente quinze estudos distintos que destacam essa conclusão. Por exemplo, "o apoio eclesiástico e ministerial", ele diz, parece "desempenhar papel crucial nos esforços das pessoas para lidar com a adversidade".[14]

Mais surpreendente até que essa revisão de pesquisas feita por Seligman é o *Oxford handbook of religion and health* [Manual Oxford de religião e saúde], publicado em 2012, que provê uma meta-análise ampla de todos os estudos já publicados sobre a associação entre envolvimento religioso e saúde médica e mental. Receio que seja uma análise bem "ocidental", concentrada de modo principal nas pesquisas feitas em países onde o cristianismo é a religião principal (até onde essa religião é praticada): Reino Unido, EUA, Europa, Canadá, Austrália etc. Independentemente disso, as conclusões são extraordinárias:

Bem-estar: 78% de mais de 300 estudos relatam uma associação positiva entre religiosidade e bem-estar.

Otimismo: 81% de 32 estudos relatam uma associação positiva entre religiosidade e otimismo.

Sentido e propósito: 93% de 45 estudos relatam uma associação positiva entre religiosidade e um senso particular de propósito e sentido.

Apoio social: 82% de 74 estudos relatam uma associação positiva entre religiosidade e um senso particular de apoio social.

Depressão: 61% de 413 estudos relatam taxas menores ou recuperação mais rápida da depressão em indivíduos religiosos.

Suicídio: 75% de 141 estudos relatam que a religiosidade está associada a menos ideações suicidas, menos tentativas de suicídio ou menos suicídios cometidos.

Capital social (participação na comunidade): 79% de 14 estudos relatam uma associação positiva entre religiosidade e capital social.[15]

Uma revisão e síntese de literatura mais recente (2017) feita pelo diretor da School of Public Health [Escola de Saúde Pública] de Harvard, o professor Tyler VanderWeele, confirmou e reforçou a conclusão de que a participação religiosa está positivamente associada a um leque mais amplo de bons resultados na saúde física e mental, incluindo até mortalidade mais baixa.[16]

Capital social

CRISTIANISMO E CAPITAL SOCIAL

A última categoria mencionada na lista anterior, "capital social", tem sido o foco de muitas pesquisas nos últimos vinte anos. A conclusão é: talvez a religião não envenene tudo. Martin Seligman é cético quanto ao poder da religião extrínseca de promover o caráter e a virtude, como eu disse. Mas ele acredita haver outra questão:

> A religiosidade (mensurada em termos de participação religiosa e projeção religiosa) está associada a níveis menores de conflitos maritais, a uma percepção maior de apoio conjugal, a uma paternidade mais consistente e a relacionamentos menos conflituosos e mais solidários entre adolescentes e seus pais [aqui ele cita os estudos]. [...] A religiosidade, particularmente o envolvimento na igreja, também tem sido identificada como um preditor robusto de altruísmo, voluntariedade e filantropia [aqui ele cita os estudos].[17]

A afirmação de que as igrejas são as provedoras principais de capital social foi colocada à prova na famosíssima série de estudos realizados por Robert Putnam, professor de Política Pública na John F. Kennedy School of Government da Universidade de Harvard. Seus primeiros trabalhos, nas décadas de 1970 e 1980, compararam a sociedade italiana com a sociedade americana, e foram centrais no surgimento do interesse acadêmico pelo conceito de capital social, definido por Putnam como as "teias sociais e as normas de reciprocidade e confiabilidade surgidas a partir delas".[18]

No livro *American grace: how religion divides and unites us* [Graça americana: como a religião nos divide e nos une],[19] Putnam (com o coautor David Campbell) detalha a diversidade e até as divisões existentes na sociedade americana, em especial quando o assunto é religião, moralidade e política. Particularmente, ele traça a ligação entre religião e partidarismo político ao longo das últimas quatro décadas. Nenhuma surpresa até aqui. No entanto, surpreendente para muitos, incluindo o próprio Putnam, foi a evidência de que a religião também é um dos fatores principais que explicam a tolerância, a voluntariedade e a filantropia americanas.

Putnam e sua equipe de pesquisadores realizaram entrevistas completas com 3 mil americanos representativos. As entrevistas foram, na verdade, conduzidas duas vezes, com um ano de intervalo, para assegurar a robustez dos dados. Uma gama de temas foi explorada: participação religiosa, envolvimento em clubes sociais e instituições de caridade, filantropia, política

OPRESSORES E SANTOS

e redes de relacionamentos pessoais, como a informação demográfica de sempre que os cientistas precisam para controlar os fatores externos. Os resultados confirmaram duas coisas que parecem estar em tensão. Primeira, os americanos religiosos tendem a sustentar pontos de vista mais "julgadores" que as contrapartes seculares. Eles são "menos tolerantes com divergências que os americanos seculares, uma deficiência cívica importante", Putnam fala.[20] Duvido que muitos leitores fiquem surpresos com isso. Contudo, a despeito da sua intolerância com outros pontos de vista, os americanos religiosos tendem a ser de modo concreto mais filantrópicos e voltados para a comunidade: "os americanos religiosos são, de fato, vizinhos mais generosos e cidadãos mais conscientes que suas contrapartes seculares", Putnam continua. "A religião impulsiona o voluntariado como um todo tão substancial que, além de suas taxas maiores de voluntariedade religiosa, aqueles que frequentam igrejas com regularidade também são mais propensos a se voluntariarem em causas seculares."[21]

Uma das afirmações mais curiosas de Putnam é que "a teologia não é a melhor explicação para o que chamaremos de 'vantagem religiosa' na boa cidadania e na boa vizinhança".[22] Em outras palavras, não são as crenças que proporcionam o efeito principal; é a conectividade social das comunidades religiosas. Por fim, ele aponta que essa vantagem em exercer a boa vizinhança também existe entre os ateus envolvidos na vida da igreja. É uma descoberta intrigante. No entanto, pode acontecer de fato que as crenças de uma comunidade não exerçam nenhum impacto significativo nas atividades da comunidade? Por que não encontramos esse mesmo grau de voluntariedade e filantropia em, digamos, clubes esportivos ou na companhia de teatro local? É óbvio que as convicções de uma comunidade religiosa exercem algum impacto na "vantagem religiosa", certo? A teologia faz uma comunidade religiosa aspirar a certos ideais compartilhados. Faz sentido que essa "elevação" seja experimentada por ateus que talvez frequentem a igreja, como acontece com os cristãos. Uma pessoa não precisa crer que o ser humano foi feito à "imagem de Deus" para gostar de servir ao lado dos que realmente creem nisso.

Esses foram alguns questionamentos que recentemente tive a oportunidade de colocar diante de um dos discípulos mais conhecidos de Robert Putnam. O dr. Andrew Leigh é o principal pesquisador e defensor da noção de capital social na Austrália. Ele obteve seu doutorado sob a orientação de Putnam em Harvard antes de retornar para trabalhar por um tempo como acadêmico na Australian National University [Universidade Nacional

Capital social

Australiana]. Agora, ele é membro do parlamento federal (mais ou menos o equivalente a um senador) pelo Partido Trabalhista (mais ou menos o equivalente ao Partido Democrata nos EUA). Ele é um ateu. Só digo isso porque ele também o diz com bastante frequência. De fato, no livro sobre o capital social na Austrália, ele introduz seu capítulo sobre religião com uma série de advertências para que seus leitores não pensem que sua visão bastante positiva acerca da religião venha de uma convicção pessoal. Faz alguns anos que admiro seu trabalho, e tive a oportunidade de entrevistá-lo para o meu *podcast*. Eu o questionei sobre seu ateísmo e perguntei por que ele acredita que as igrejas têm essa "vantagem" social. Seguindo os passos de Putnam, ele foi claro: "Se um ateu frequentasse uma igreja todas as semanas, é provável que ele recebesse todos os benefícios comunitários advindos da participação na igreja. Não está na teologia; está na comunidade". Ele gentilmente me deixou pressioná-lo um pouco, na linha das perguntas que levantei agora há pouco, e ele foi agradável ao extremo a todo momento.[23]

Seja como for, os resultados da pesquisa de Andrew Leigh são tão claros quanto os de Putnam, Seligman e outros. Seu livro é intitulado *Disconnected* [Desconectados]. Ele lamenta a declínio considerável dos laços sociais na sociedade australiana ao longo dos últimos quarenta anos. Porém, a vida eclesiástica é um dos lugares que ainda brilham em toda essa história. "Entre os frequentadores de igrejas (os participantes de pelo menos um culto religioso no mês anterior), 25% também participaram de um serviço na comunidade ou de uma associação civil ao longo do mesmo período", Leigh aponta. Como isso se compara ao restante da comunidade em geral? "Em contraste", ele diz, "entre os que não frequentam igrejas, só 12% participaram de uma comunidade ou associação civil".[24] Os números são estonteantes. Isso quer dizer que mais que o *dobro* de frequentadores de igreja em relação a não frequentadores terão prestado algum serviço voluntário civil nas últimas semanas. Leigh enfatiza rapidamente — como Putnam — que isso conta também para o voluntariado *secular* por parte de frequentadores de igreja. Esses números não se referem apenas ao rol de pessoas que se dispõem a fazer uma faxina na igreja. Essas conclusões batem com as do relatório *Deloitte Access Economics* de 2018, que conclui: "Controladas por uma série de fatores observáveis que podem afetar a propensão das pessoas a doar ou se voluntariar, descobrimos que pessoas religiosas são mais propensas a serem doadoras e voluntárias que pessoas não religiosas".[25]

As igrejas também fundaram uma miríade de grandes instituições de caridade, ao longo da história e na atualidade. A *Business Review Weekly*

OPRESSORES E SANTOS

[*Semanário de Revisão de Negócios*] calculou, certa vez, as duzentas maiores organizações de caridade por renda na Austrália: "Das cinquenta primeiras, 39 têm afiliação religiosa oficial, quase todas procedentes de denominações cristãs diversas", escreve o dr. Stephen Judd, ele mesmo o executivo--chefe de uma grande grupo de caridade voltada para o cuidado de idosos. E "várias das onze restantes já tiveram afiliação religiosa".[26] É algo muito comum. Muitas das nossas instituições de caridade atuais foram iniciadas por líderes ou denominações eclesiásticas cristãs, mesmo que agora elas sejam seculares. Não sinto um pingo de inveja disso. Trata-se de um dos lembretes mais belos de que a melodia original de Cristo pode ser ouvida bem além das paredes da igreja.

Uma dimensão da relação entre cristianismo e serviço civil que eu jamais teria adivinhado é a das doações de sangue. Andrew Leigh apresenta pesquisas nos EUA e na Europa que indicam ser as taxas de doação de sangue mais altas entre frequentadores de igreja que entre a população geral. O estudo feito nos EUA descobriu que "os que vão à igreja pelo menos uma vez por semana têm uma probabilidade de 17% de doar sangue, comparada à de 10% para outros".[27] Leigh acredita que isso é muito importante, e aproveita a oportunidade para desafiar os australianos não conhecidos pela frequência à igreja: "Um a cada três de nós precisará de sangue em algum momento da vida, mas só uma a cada trinta pessoas doa sangue. É bem possível que se a taxa de frequência à igreja fosse maior, a Cruz Vermelha atingiria as metas com mais facilidade".[28]

Somada a essa "vantagem religiosa" encontra-se uma característica que a igreja carrega desde o berço. A despeito das suas afirmações morais e doutrinárias estridentes, as igrejas sempre foram amplas em sentido socioeconômico. "Os frequentadores de igreja tem maior probabilidade de estabelecer amizades com pessoas de diferentes classes sociais", Andrew Leigh nota. "Os que frequentam igrejas com regularidade são mais propensos a dizer que podem listar, dentre os seus amigos, um dono de negócio, um trabalhador manual ou um beneficiário de assistência social. Poucas outras instituições americanas ou australianas são tão eficazes em fomentar a 'ponte' desse capital social entre ricos e pobres."[29] Isso é algo que vimos no capítulo 9 em relação à igreja de Roma no século 4. Peter Brown acredita que um fator importante na atratividade exercida pelo cristianismo sobre muitas pessoas na Antiguidade era como ela provia o que ele designou o "pulmão urbano social e moral". As igrejas eram ao mesmo tempo "lugares de tolerância moral zero", ele disse, "e locais de perdão". De acordo com

Brown, "isso implicava a quebra de barreiras, vividamente concretizada, em um ritmo cotidiano, pela quebra das barreiras sociais por meio do envolvimento com os pobres".[30]

É fascinante ver de novo a menção à "intolerância cristã" nesse contexto. Seja nos estudos da história antiga de Peter Brown e outros, seja nos estudos sociológicos contemporâneos de Putnam e Seligman, a igreja em geral apresenta uma estranha combinação de estreiteza moral *e* abertura social, de espírito julgador *e* caridade. Talvez essas duas coisas caminhem juntas — no cristianismo, pelo menos. Um estudo clássico do cristianismo primitivo enfatizou esse ponto de forma precisa. Wayne Meeks, um historiador social da Universidade de Yale, detalhou o que ele chamou de "limites" estritos e "portões" escancarados dos primeiros cristãos: e *os dois* eram necessários para estabelecer os laços profundos da igreja ao mesmo tempo em que ela se mantinha aberta a recém-chegados.[31] Crer que Jesus Cristo é o único Salvador do mundo talvez leva a certa impaciência intelectual para com visões contrárias — isso, às vezes, se mostra em pesquisas e na vida real, assumindo a forma da intolerância. Isso deve ocorrer especiamente quando o cristianismo é "extrínseco". Já a crença intransigente em Cristo implica de forma lógica abraçar o ensino de Cristo acerca do "amor aos inimigos". Crer que Jesus "morreu pelos pecadores" restringe bem as coisas, mas também implica naturalmente que o amor sacrificial é o que move a realidade. A tolerância zero desse tipo — quase *fundamentalista* acerca do amor de Cristo — pode ser boa para o mundo. Considero que a história revela, com frequência, ser esse o caso.

Andrew Leigh coloca isso de maneira muito mais sóbria, é claro: "As igrejas encorajam seus membros a se tornarem mais envolvidos em atividades voluntárias e fornecem uma estrutura para o ativismo cívico que poderia, em outras circunstâncias, não ser aproveitada. Parece provável que a participação religiosa produz um benefício social positivo, até para quem não frequenta igrejas".[32]

Nada do que escrevi neste capítulo tem a intenção de "contrabalancear" o capítulo anterior, muito menos virar o jogo a favor da igreja. Minha própria teologia pode até aceitar que os cristãos sejam pessoas piores que o público geral — uma "liga de culpados" apenas melhor do que ela seria sem a fé cristã. O abuso sexual infantil permanece um mal profundo por si só.

OPRESSORES E SANTOS

Nada pode torná-lo mais "razoável". Não estou argumentando que deveríamos pegar leve com a cristandade porque ela faz algumas coisas realmente boas. Sugiro que a degradação de padres pedófilos e os acobertamentos vergonhosos de uma hierarquia eclesiástica, de alguma forma, não impediram milhões de humildes frequentadores de igreja de realizar um bem coletivo extraordinário. Não são os membros do clero ou acadêmicos como eu que colocam a mão na massa da filantropia generosa e do voluntariado na comunidade — isto é certeza! São os cristãos comuns que exercem esse impacto. São eles que, apesar de tudo — apesar de *tudo* —, ainda conseguem ouvir a bela melodia e, com discrição, seguem cantarolando.

| CAPÍTULO 25 |

A viga em nossos olhos:

a hipocrisia século a século

Não julguem, para que vocês não sejam julgados.
Pois da mesma forma que julgarem, vocês serão julgados; e a
medida que usarem, também será usada para medir vocês.

— JESUS DE NAZARÉ

Muitos de nós crescemos acreditando que a sociedade está, em sua maior parte, melhorando. Um importante defensor dessa perspectiva é o professor de psicologia de Harvard e ateu declarado Steven Pinker. Um dos seus livros mais recentes captura de maneira perfeita esse sentimento: *O novo iluminismo: em defesa da razão, da ciência e do humanismo.*[1] O livro foi muito celebrado por quem pensa na história em termos evolutivos. A humanidade progrediu ao longo das eras, desde o caos bruto da Idade das Pedras, passando pela "Idade das Trevas", até chegar ao florescimento ético do Iluminismo, e agora à gloriosa Idade Digital. O grande Charles Darwin (1809-1882 d.C.) promoveu, ele mesmo, esse pensamento, de acordo com um de seus biógrafos recentes, A. N. Wilson, descreve em detalhes (nem todos elogiosos[2]). Darwin aparentemente acreditava que a jornada evolutiva de "selvagem" para "o cavalheiro inglês" era tão ética quanto biológica. Ele escreveu em seu livro *A origem do homem*:

A natureza moral do homem alcançou o maior padrão já visto até agora, em parte por meio do avanço dos seus poderes de raciocínio e,

OPRESSORES E SANTOS

consequentemente, de uma opinião pública justa, mas em especial pelo fato de suas simpatias estarem se tornando mais afetuosas e difundidas de forma ampla pela ação dos hábitos.[3]

Steven Pinker buscou dar um suporte empírico a essa ideia de Darwin, ao expor as inúmeras melhorias concretas na sociedade desde o Iluminismo. Sua obra não foi recebida com elogios por todos. Alguns apontaram problemas nos fatos e nos números apresentados por Pinker. Outros notaram seu viés ideológico. Ele constantemente diminui os males perpetrados pelo lado "iluminado" da equação (o Terror francês, por exemplo), e ele evita mencionar os inúmeros bens sociais que chegaram até nós a partir de fontes antigas e religiosas (a explosão de serviços de caridade e hospitais nos séculos 4 e 5, por exemplo).[4]

Isso depende também de como medimos a moralidade. Se incluirmos coisas como o número de mortos nas guerras do século 20, ou nossa demanda insaciável pela exploração irrestrita de mão de obra barata em economias emergentes, ou o tráfico de milhões de meninas para a exploração sexual, então a noção de progresso não me parece muito progressiva (me perdoem o trocadilho). Essas coisas são exacerbadas com o avanço tecnológico — elas são mais mortais, mais desiguais e mais disponíveis. Não gostaria de inverter o argumento de Pinker e sugerir que as coisas estão, de maneira geral, ficando piores. Só sou um pouco mais democrático quando o assunto é avaliar o coração humano. Estou com Aleksander Solzhenitsyn na famosa frase extraída de *Arquipélago Gulag*: "A linha que divide o bem e o mal cruza o coração de cada ser humano".[5] Eu acrescentaria: cruza toda *era* humana.

Tenho dito que os cristãos não deveriam ter problemas em reconhecer a "viga" nos próprios olhos, ao admitir que a igreja fez parte do preconceito, do ódio e da violência da história humana. A questão importante, porém, não é: a igreja participou em tudo o que é lamentável na história humana? A resposta é óbvia. Uma pergunta mais interessante é: o cristianismo tem contribuído de forma singular para o mal? Ou uma pergunta ainda mais reveladora: qual tem sido a contribuição singular do cristianismo para a história?

"É NECESSÁRIA A RELIGIÃO PARA PESSOAS BOAS FAZEREM O MAL"

Alguns argumentam que a contribuição especial do cristianismo para a história tem sido sua violência e intolerância — as Cruzadas, as Inquisições,

A viga em nossos olhos

o apoio à escravidão etc. Em um discurso intitulado "Um universo de um designer?", o físico ganhador do Prêmio Nobel Steven Weinberg declarou: "Com ou sem religião, pessoas boas podem se comportar bem e pessoas más podem fazer o mal; mas é necessária a religião para pessoas boas fazerem o mal".[6] A afirmação é citada com bastante frequência em círculos céticos e endossada de forma vibrante por Richard Dawkins.[7] É possível até achar camisetas para comprar com a citação impressa na frente (procure no Google: "Good people doing evil takes religion, Slim Fit T-Shirt").

O contexto da citação de Weinberg é interessante. Ele fala sobre a escravidão americana. Argumenta que a pregação bíblica em favor da escravidão fez com que as "pessoas boas" do Sul se sentissem confortáveis em perpetuar essa prática desumanizadora. Ele menciona o relato de Mark Twain, que "descreveu sua mãe como uma pessoa genuinamente boa", Weinberg diz, "mas que não duvidava da legitimidade da escravidão, porque durante os anos de sua vida no Missouri do pré-guerra ela jamais ouviu um sermão contrário à escravidão, apenas incontáveis sermões anunciado a escravidão como a vontade de Deus".[8] A Bíblia faz pessoas *boas* realizarem coisas *más*.

Esse argumento tem dificuldades. Para começar, embora seja verdade que os cristãos tenham demorado muito em erradicar a escravidão, todos os movimentos antiescravagistas que conhecemos — nos séculos 2, 5, 7 ou 18 — foram fortemente mantidos por cristãos. E os principais argumentos contra a escravidão não eram econômicos, políticos ou científicos, mas teológicos. No capítulo 10 eu citei o célebre estudioso da escravidão David Brion Davis: "A hostilidade popular à escravidão, que emergiu quase ao mesmo tempo na Inglaterra e em partes dos Estados Unidos, bebeu da tradição da lei natural e de um senso renovado da imagem de Deus no homem".[9] Mesmo a tradição da "lei natural" mencionada por Davis aqui é semirreligiosa. Ele não se refere à filosofia da lei natural dos gregos antigos — é famoso o argumento de Aristóteles de que a Natureza intencionou uma classe escrava.[10] Também não é uma referência às ciências naturais do século 19, as quais podem ser — e *foram* — usadas para demonstrar a "inaptidão dos negros para a civilização".[11] Os argumentos da lei natural dos abolicionistas dos séculos 18 e 19 eram apenas uma versão dessacralizada da doutrina cristã da "imagem de Deus", o conceito de que todos os seres humanos são iguais por terem sido "dotados por seu Criador com certos direitos inalienáveis".

Existe um problema mais óbvio com a frase "é necessária a religião para pessoas boas fazerem o mal". Como podemos explicar os heróis humanistas

OPRESSORES E SANTOS

daquela época que, mesmo não tendo qualquer religião formal, também possuíam escravos? Pense em Thomas Jefferson (1743-1826 d.C.), o terceiro presidente dos Estados Unidos e um livre pensador clássico do Iluminismo. Ele era abertamente não cristão. Jefferson também era um escravagista prolífico que adquiriu mais de seiscentos escravos durante toda a sua vida.[12] Sem dúvida, é óbvio que "pessoas boas" (presumindo a validade dessa categoria) são bem capazes de fazer o mal sem a influência da religião.

Não quero levar meu argumento mais adiante, apenas afirmar a dificuldade de sustentar a frase espirituosa de Weinberg. Nenhum cristão conhecedor da história negará a participação de outros cristãos no que há de pior na história humana. Mas o cristianismo não contribui de forma especial para o mal. Egito, Grécia, Roma, Gália, Saxônia e Inglaterra, todas essas nações não precisaram da igreja para aprenderem a ser violentas. Todas essas sociedades estavam se saindo muito bem no fronte de guerra — e no fronte da escravidão — antes da cristandade. Em todas as partes do mundo, em todos os séculos, houve divisões e conflitos sangrentos por causa de terras, honra, recursos e vingança, e de ideologias.

A VIOLÊNCIA NÃO RELIGIOSA

Não quero ser mal-educado, mas podemos dizer também que o ódio e a violência da igreja são reduzidos frente ao ódio e a violência de causas não religiosas ao longo de toda a história. O Terror de 1793-1794 é um exemplo tão interessante não por resultar em tantas mortes injustas, mas porque essas mortes foram justificadas pela lógica *totalmente secular*. As decapitações, os fuzilamentos e os afogamentos foram declarados racionais e até virtuosos pela *intelligentsia* francesa que enxergava a si mesma como "iluminada", liberta da ignorância da monarquia e dos dogmas da igreja.

Pense nas maiores guerras da história. A Primeira Guerra Mundial (1914-1918 d.C.) resultou em 15 a 20 milhões de mortes em apenas quatro anos e meio.[13] Ninguém o considera um conflito religioso. A Segunda Guerra Mundial (1939-1945 d.C.) levou à morte de cerca de 50 milhões de pessoas em seis anos.[14] Mais uma vez, nenhum historiador atual sugere que a religião tenha exercido o menor papel nas motivações da guerra. É verdade que as forças alemãs e aliadas oravam ao mesmo Deus pedindo segurança, vitória e, por fim, paz. Mas isso não faz com que essas guerras sejam consideradas "religiosas", não mais do que o simples fato de ambos os lados estarem imersos na modernidade nos possibilita chamá-las guerras "iluministas".[15]

A viga em nossos olhos

As tentativas ocasionais de sugerir que o extermínio de milhões de judeus por Adolf Hitler foi motivado por alguma forma de cristianismo se defrontam com a impossível tarefa de explicar o ódio nazista ao cristianismo ortodoxo, tão bem documentado.[16]

E ainda nem paramos para contemplar o derramamento de sangue de caráter *irreligioso* da história moderna. Josef Stalin (1878-1953 d.C.) foi responsável pela morte de 15 a 20 milhões de pessoas na União Soviética[17] — mais mortes *semanais* que a Inquisição Espanhola conseguiu durante seus *três séculos e meio* de existência. Um membro do Comitê Central durante a época de Stalin descreveu a conduta esperada dos oficiais do partido: "Jogue o seu humanitarismo burguês pela janela e aja como um bolchevique digno do camarada Stalin. [...] Não tenha medo de tomar medidas extremas. [...] É melhor fazer demais do que não fazer o suficiente".[18] E assim eles fizeram.

O verdadeiro sucessor ideológico de Stalin — no seu ateísmo juramentado e comunismo aplicado — foi Mao Tsé-Tung (1893-1976 d.C.), na China. Suas tentativas de forçar uma revolução industrial, apelidada de o "Grande Salto Adiante", infligiram fome severa e calculada sobre o povo. Sua Revolução Cultural, feita para expurgar a China dos capitalistas e tradicionalistas, demonstrou precisamente a rejeição da baboseira humanitária propugnada por Stalin. Um dos muitos motos de Mao era: "A misericórdia para com o inimigo é crueldade para com o povo",[19] uma afirmação que carrega o tom da política revolucionária de Robespierre em Paris quase dois séculos antes: o terror é virtude. "Essa combinação de pensamento em larga escala e falta de restrições morais", escreve Jonathan Glover em seu arrepiante livro *Humanity: a moral history of the twentieth century* [Humanidade: uma história moral do século 20], "fez Mao objetivar a reconstrução total da vida na China".[20] O resultado da "reconstrução total" de Mao custou entre 10 e 50 milhões de mortes.[21]

O terceiro regime ateu é o Khmer Vermelho, no Camboja, liderado por Pol Pot (1925-1998 d.C.), que foi educado na Suíça. Um dos motes do seu reino de terror diz tudo: "Um ou dois milhões de jovens são suficientes para criar o novo Camboja".[22] Ele não foi tão cruel quanto esse adágio parecia implicar. Estima-se que ele matou só 2 milhões em uma população total de 8 milhões.[23] Como Jonathan Glover escreve: "Os regimes de Stalin e Mao mataram, cada um, muito mais pessoas, mas matar cerca de um quarto da população parece a culminação do stalinismo. [...] O projeto central compartilhado pelos três regimes foi o redesenho total da sociedade de forma não restrita por sentimentos humanos ou moralidade".[24]

Não seria justo creditar essas catástrofes humanas sem precedentes ao ateísmo em si. Richard Dawkins sem dúvida está correto ao dizer: "Não consigo pensar em nenhuma guerra que tenha sido combatida em nome do ateísmo. Como poderia? [...] Por que alguém iria à guerra em nome da ausência de fé?".[25] Justo. Ninguém foi à guerra ou massacrou milhões em nome do ateísmo. Eu duvido que alguém tenha feito qualquer coisa, boa ou ruim, em nome do ateísmo. Mas esse não é o ponto. A questão mais interessante é: o ateísmo de Stalin, Mao e Pol Pot — sua "ausência de fé" em uma autoridade moral superior — contribuiu para o sentimento deles relativo à permissibilidade do assassinato de milhões em busca da nova sociedade? Não existe uma ligação necessária entre o ateísmo e a imoralidade, mas também é verdade que o ateísmo *permite* racionalmente um Stalin de uma maneira que não acontece com a religião. Até o inquisidor mais rígido jamais imaginou ter *permissão* para matar uma pessoa inocente.

O CERNE DO PROBLEMA

Não sugiro que o fato de os ateus serem responsáveis por mais derramamento de sangue que os cristãos faça a igreja, de alguma maneira, parecer boazinha! Esse tipo de argumento matemático seria perverso. Em certo sentido, a crueldade cristã é moralmente *pior* que a crueldade ateia, por consistir em uma traição das convicções de Cristo.

Meu argumento é mais simples e, espero, incontroversos. Digo que o problema real não é religioso nem irreligioso; o problema consiste no *coração humano* que abraça paixões equivocadas: poder, terras, direitos, honra, riquezas ou (sim) religião. Utilizo de novo as palavras de Cristo citadas antes neste livro:

> Não julguem, para que vocês não sejam julgados. Pois da mesma forma que julgarem, vocês serão julgados; e a medida que usarem, também será usada para medir vocês. Por que você repara no cisco que está no olho do seu irmão e não se dá conta da viga que está em seu próprio olho? Como você pode dizer ao seu irmão: "Deixe-me tirar o cisco do seu olho", quando há uma viga no seu? (Mateus 7:1-4)

Cristo direcionou essas palavras originalmente para os seus seguidores, para os que aceitavam seu ensino sobre o amor, a misericórdia e todo o resto. *Eles* detinham o potencial de serem "hipócritas"; eles sofriam a tentação de

A viga em nossos olhos

dar uma de "juiz"; portanto, eles deveriam se concentrar na "viga" nos próprios olhos. Grande parte do conteúdo deste livro foi dedicada ao tipo de autocrítica cristã demandada por Jesus. Contudo, espero não exagerar no julgamento ao sugerir que *todos* nós somos tentados a perceber a "viga" no olho do outro e ignorar o "cisco" no próprio olho.

Condenar a igreja tornou-se uma arte entre os céticos contemporâneos. A sociedade secular não é tão boa em reconhecer a própria participação no ódio e na violência comuns à nossa humanidade. Criticamos corretamente a imoralidade das Inquisições, mas fazemos vista grossa ao "terror virtuoso" do Iluminismo. Consideramos os conflitos na Irlanda do Norte o epítome do poder que a religião tem de nos dividir, mas falhamos em perceber o que esses eventos de fato nos revelam sobre o tribalismo que espreita em todos nós.

A Bíblia, é claro, diz que *todos* nós "erramos o alvo" (o significado estrito da palavra "pecado"): "Não há distinção", diz o apóstolo Paulo na sua carta para as primeiras igrejas de Roma, "pois todos pecaram e estão destituídos da glória de Deus" (Romanos 3:22-23).* Isso se aplica aos não religiosos e aos religiosos. Não conseguimos viver à altura dos nossos padrões, quanto menos dos padrões do Todo-poderoso. Acho que posso me expressar assim: existe uma "viga no olho" de todos nós.

O conhecido intelectual britânico e comentador marxista Terry Eagleton escreveu sobre a atração que sente pelo conceito bíblico de "queda" da humanidade, de "pecado original" e de "mal real". Consoante a isso, ele é bastante contundente quanto ao que denomina otimismo "ingênuo" de muitas conversas ateístas contemporâneas acerca do "progresso" da humanidade. Ele fala da "crença incrivelmente complacente de que todos estamos nos tornando mais gentis e mais civilizados".[26] O professor Eagleton não aceita a visão cristã das coisas, mas acerta em um ponto cristão fundamental. Ao reconhecer o mal em todos nós — seja nas Cruzadas cristãs, no Terror iluminista ou na cumplicidade da pornografia moderna com o tráfico humano[27] —, entenderemos um pouco mais o próprio eu caído e julgaremos um pouco menos os outros. A tentação da nossa era é exaltar nosso tempo e lugar particulares como o contexto em que a pureza e a conquista humanas se encontram em uma crescente. E isso necessariamente envolve

---

* Na versão utilizada pelo autor, a *New Revised Standard Edition*, a expressão traduzida por "estão destituídos" é *fall short*, que significa, literalmente, "errar o alvo". No original: *For there is no distinction, since all have sinned and fall short of the glory of God.* (N. do T.)

OPRESSORES E SANTOS

falar mal do passado. Mencionamos em parte a "Idade das Trevas" para nos convencermos de que vivemos na luz. É uma forma de isentar a nós mesmos da culpa da humanidade.

A mesma tendência de desculpar a si mesmo pôde ser vista nos esforços para desfigurar e destruir vários monumentos ocidentais na segunda metade de 2020. Pessoalmente, eu não vejo nenhum problema em remover estátuas de pessoas cuja principal contribuição foi má. Muitos de nós ficamos felizes com a remoção da estátua de Stalin de Gori, na Geórgia, em junho de 2010, ou da estátua de Saddam Hussein de Bagdá em abril de 2003. Mas as deformações e remoções recentes parecem mais complicadas. Elas envolvem figuras cujas *principais* contribuições foram dignas de louvor, mas cuja vida foi, apesar disso, marcada pelos pecados e pontos cegos dos seus próprios dias. A estátua de George Washington foi derrubada por pessoas que protestavam em Portland, no Oregon, em junho de 2020, como o Thomas Jefferson de bronze sentado na Jefferson High School. A lógica é: porque esses homens tiveram escravos, eles não merecem reconhecimento de qualquer bem que tenham conquistado.

Longe de mim dizer aos americanos como devem tratar seus memoriais públicos. A única coisa que estou pensando é a existência de um quê de justiça própria na tendência a condenar as pessoas do passado. Isso pressupõe que uma grande personagem não pode ser também falha ao extremo. Pressupõe também que nós mesmos não temos parte nenhuma nos males presentes — condenáveis pelas gerações seguintes. Não tenho tanta certeza disso. Quando a relação entre a "pornografia normal" e o tráfico humano for exposta por completo, será que as gerações futuras não nos criticarão com severidade por pegarmos leve com a pornografia nas últimas três décadas? Quando novos sistemas de erradicação da pobreza forem desenvolvidos, nossos descendentes não zombarão de nós por querermos viver como reis e rainhas — literalmente em melhores condições que a maioria dos reis e rainhas da história — enquanto centenas de milhões passam fome? Tudo isso não passa de especulação. Como posso saber quais são os nossos males atuais? Eles estão no meu ponto cego! Sugiro apenas que quanto mais entendermos a humanidade, mais dispostos estaremos para reconhecer a viga em nossos olhos.

A bela melodia
— uma coda

Qual é a contribuição singular do cristianismo para a história? Acho que a resposta foi apresentada no capítulo 3 e apareceu esporadicamente em vários capítulos seguintes. Jesus pegou a doutrina judaica da *imago Dei* e a ética judaica do amor e intensificou e universalizou as duas.

Se todos os seres humanos comportam a imagem de Deus — como uma criança carrega a imagem e o amor de um pai —, então todos os homens, todas as mulheres e as crianças são igual e inestimavelmente preciosos, não importando seus talentos ou utilidade. Todos os judeus acreditavam nisso, como acreditam hoje. Mas Jesus enviou seus discípulos ao mundo para pregar isso até mesmo entre os gentios. Jesus também pegou o mandamento "ame o próximo" e insistiu que isso significa também "amem os seus inimigos; façam o bem aos que os odeiam". E a ideia foi reforçada de maneira especial por sua morte, interpretada desde o começo como uma morte em favor de pecadores. "Foi assim que Deus manifestou o seu amor entre nós", escreveu o apóstolo João em uma passagem que eu citei no capítulo 3: "enviou o seu Filho Unigênito ao mundo, para que pudéssemos viver por meio dele. Nisto consiste o amor: não em que nós tenhamos amado a Deus, mas em que ele nos amou e enviou seu Filho como propiciação pelos nossos pecados. Amados, visto que Deus assim nos amou, nós também devemos amar-nos uns aos outros" (1João 4:9-11). Isto é o que eu chamei de a lógica moral central do cristianismo: o amor de Deus a nós precisa dar vida ao nosso amor a todos.

Nem preciso repetir que os cristãos não seguiram essa lógica moral, nem de perto, com a consistência esperada. Eles também não foram diligentes o suficiente para reconhecer a "viga" nos próprios olhos, como seu Mestre exigiu. Apesar de tudo, a lógica moral originária do cristianismo de fato

OPRESSORES E SANTOS

marcou sua presença em cada século da história registrada. Mesmo quando a igreja se encontrava no estado mais cruel, reformadores apareciam de todos os cantos para chamar todos à prestação de contas. Eles redirecionavam as pessoas ao caminho de Cristo. Muitos cristãos comuns ouviram esse chamado e redobraram os esforços de pregar em novas terras, criar instituições de caridade, construir hospitais e educar as massas. Pode-se comprovar que o nosso mundo foi transformado por isso.

Jesus Cristo escreveu uma bela composição. Os cristãos não a executaram bem de maneira consistente. Algumas vezes, eles saíram completamente do tom. Mas o problema do cristão odioso não é o cristianismo, e sim o quanto ele se afastou deste. Albert Einstein fez uma afirmação muito boa quando pediram, em 1915, sua opinião a respeito da Grande Guerra. Ele escreveu três páginas de críticas sutis ao nacionalismo, e, então, fechou-a com as seguintes palavras: "Mas por que tantas palavras, se eu posso dizê-lo em uma única frase, e, na verdade, em uma frase ainda mais apropriada para mim enquanto judeu: honrem seu mestre, Jesus Cristo, não apenas com palavras e canções, mas, antes, ainda mais por meio de suas atitudes".[1] Einstein propôs o *cristianismo na prática* como o antídoto contra o cristianismo odioso, nacionalista e violento. Seu ponto é o ponto fulcral deste livro. A melodia de Cristo permanece bela — ouso dizer, única. E quando os cristãos a executam, eles deixam uma marca indelével no mundo.

Eu não sugeriria, nem por um segundo sequer, que alguém precisa crer em Cristo para buscar a ética de Cristo. No capítulo anterior, discuti a obra de Andrew Leigh. Ele é um ateu declarado, mas fica também feliz em declarar que, *eticamente*, é cristão. "Eu me casei em uma igreja, mas agora sou um ateu", ele diz. "Embora eu não acredite em Deus, meus valores são radicados de maneira profunda nas tradições cristãs. Acho difícil considerar sobre o altruísmo sem refletir a respeito do Bom Samaritano, ou pensar sobre a reciprocidade sem o moto 'Faça aos outros'."[2] Com naturalidade, acho que o Bom Samaritano e o "Faça aos outros" fazem mais sentido quando se crê que o próprio Criador é assim. Mas dá para entender por que um ateu que rejeita a parte sobre Deus ainda consegue achar a ética bonita.

Essa parece uma tendência agradável entre os melhores intelectuais seculares. Eles superaram o jogo de soma zero, a necessidade de negar os bons aspectos do cristianismo. Um exemplo bem recente — que talvez ainda esteja acontecendo — é o do conhecido historiador britânico Tom Holland. Autor de vários *best-sellers* sobre Roma, Pérsia e a ascensão do islã. Alguns anos atrás, ele chegou à conclusão de que a ética humanitária que

A bela melodia — uma coda

abraçou durante a maior parte da vida adulta não poderia provir da Grécia ou de Roma, e com certeza estava presente na cultura ocidental séculos antes do Renascimento ou do Iluminismo. As ideias de *amor* e *igualdade* para todos, ele passou a acreditar, só podiam ter vindo de "Jerusalém" — isto é, da cultura judaico-cristã que se alastrou em direção ao Ocidente depois de Jesus Cristo. Holland expressou de modo cabal essa descoberta no livro *Domínio: O cristianismo e a criação da mentalidade ocidental*, publicado em 2019. De fato, trata-se de uma história muito mais favorável ao cristianismo do que a que eu mesmo apresentei.[3] Holland não teve uma experiência na "estrada de Damasco". Ele não é cristão. Apenas percebeu que — como muitos ateus e agnósticos ocidentais — ele é *eticamente cristão*. Em um artigo controverso anunciando a mudança no seu modo de pensar, ele explicou:

> Hoje, apesar de a crença em Deus estar se esvaindo em todo o Ocidente, os países que no passado foram coletivamente conhecidos como cristandade continuam a carregar o selo da revolução bimilenar que o cristianismo representou. De modo geral, essa é a razão principal pela qual a maioria de nós, que vivemos em sociedades pós-cristãs, ainda tomamos por certo ser mais nobre sofrer do que infligir sofrimento. É o motivo pelo qual presumimos de modo geral que toda vida humana tem valor igual. Na minha moral e ética, aprendi a aceitar que não sou nenhum pouco grego ou romano, mas completa e orgulhosamente cristão.[4]

Holland não é, nem de longe, o único "não crente" que atribui ao cristianismo a noção ocidental de valor humano intrínseco; Raimond Gaita e Samuel Moyn são outros dois que fazem o mesmo e foram citados neste livro. Ouso dizer que fora dos círculos restritos do ateísmo militante é comum reconhecer esse ponto.

Em *A brief history of thought* [Uma breve história do pensamento], o ateu, professor de filosofia na Universidade Sorbonne e ex-Ministro da Educação francês Luc Ferry lamenta que em seu período de estudos em uma universidade francesa, na década de 1960, "era possível ir bem nas provas e até tornar-se professor de filosofia sabendo quase nada sobre o judaísmo, o islã ou o cristianismo". Isso agora soa para ele algo "absurdo". Ferry é resoluto em dizer que "o cristianismo introduziu a noção de que a humanidade era fundamentalmente idêntica, que os homens eram iguais em dignidade — uma ideia sem precedentes naquela época, mas à qual nosso mundo deve toda a sua herança democrática". Talvez ainda mais

OPRESSORES E SANTOS

surpreendente, considerando-se que ele tem orgulho de ser francês, Ferry acredita que "a Revolução Francesa — e, em certa medida, a *Declaração dos Direitos do Homem*, de 1789 — [mas *não* o Terror] deve ao cristianismo parte essencial da sua mensagem igualitária".[5] Estou corado. Mas, no aspecto histórico, parece-me correto.

A violência é parte universal da história humana. A ordem de amar os inimigos, não. A divisão é a norma. A dignidade humana inerente, não. Exércitos, ganância e a política do poder são constantes na história. Hospitais, escolas e caridade para todos, não. Opressores são comuns. Santos, não.

Notas

MELHORES SEM RELIGIÃO — UM PRELÚDIO

[1] Kully Kaur-Ballagan et al., "Global study shows half think that religion does more harm than good", *Ipsos*, Oct. 2017, disponível em: https://www.ipsos.com/en/global-study-shows-half-think-religion-does-more-harm-good. Acesso em: 19 jan. 2023.

[2] "Veracity index 2015 — All professions overview", *Ipsos*, disponível em: https://www.ipsos.com/sites/default/files/migrations/en-uk/files/Assets/Docs/Polls/ipsos-mori-veracity-index-2015-charts.pdf. Acesso em: 19 jan. 2023.

[3] Sarah Kimmorley, "Ranked: Australia's 20 most trusted professions", *Business Insider Australia*, May 2015, disponível em: https://www.businessinsider.com.au/ranked-australias-20-most-trusted-professions-2015-5. Acesso em: 19 jan. 2023.

[4] "Scores of priests involved in sex abuse cases", *Boston Globe*, May 2012. Disponível em: https://www.bostonglobe.com/news/special-reports/2002/01/31/scores-priests-involved-sex-abuse-cases/kmRm7JtqBdEZ8UFoucRi6L/story.html. Acesso em: 17 jan. 2023.

[5] Christopher Hitchens, *God is not great*: how religion poisons everything (New York: Twelve, 2007), p. 6, 13 [edição em português: *Deus não é grande*: como a religião envenena tudo. Trad. George Schlesinger. 2 ed. (São Paulo: Globo Livros, 2016)].

[6] Disponível em: https://www.publicchristianity.org/fortheloveofgod/. Acesso em: 19 jan. 2023.

CAPÍTULO 1

[1] Christopher Tyerman, *God's war*: a new history of the Crusades (London: Penguin, 2007), p. 157 [edição em português: *A guerra de Deus*: uma nova história das Cruzadas, 2 vols (Rio de Janeiro: Imago, 2010)].

[2] Carta de Raimundo de Aguilers, em *The crusaders*: a reader, ed. S. J. Allen (Toronto: University of Toronto Press, 2010), p. 73-8.

[3] Christopher Tyerman, *The Crusades*: a very short introduction (Oxford: Oxford University Press, 2005), p. 2-3.

[4] Carta de Raimundo de Aguilers, *The Crusades*: a reader, p. 73-8.

[5] Citado em Tyerman, *God's war*, p. 67.

[6] Citado em Tyerman, *God's war*, p. 67.

CAPÍTULO 2

[1] Tyerman, *God's war*, p. 79.

[2] Sobre os pogroms contra os judeus, chamados "o primeiro Holocausto", veja Jonathan Riley-Smith, *A history of the Crusades*, 2 ed. (New Haven: Yale University Press,

OPRESSORES E SANTOS

2005), p. 23-5 [edição em português: *As cruzadas*: uma história (Campinas: Ecclesiae, 2019)]; Tyerman, *God's war*, p. 55-9.

[3] Tyerman, *God's war*, p. 80.

[4] Tyerman, *God's war*, p. 156.

[5] Carta do ano 1100 dos anciãos caraítas de Asquelom (moderna Ashkelon, na costa de Israel), em S. D. Goitein, "Contemporary Letters on the capture of Jerusalem by the crusaders", *Journal of Jewish Studies* 3 (1952). A tradução inglesa da carta aparece nas p. 171-5. Para uma discussão de outras evidências do lado judeu do conflito, veja S. D. Goitein, "Geniza sources for the Crusader Period: a survey", em *Outremer*: Studies in the history of the Crusading Kingdom of Jerusalem, orgs. B. Z. Kedar et al. (Izhak Ben-Zvi Institute, 1982).

[6] Para um relato detalhado da Primeira Cruzada e dos reinos *Outremer*, ou Estados Cruzados, veja Tyerman, *God's war*, p. 27-240.

[7] Carta de Bernardo de Claraval, em Allen, *The crusaders:* a reader, p. 134-8.

[8] Para um relato detalhado da Segunda Cruzada, veja Tyerman, *God's war*, p. 243-338.

[9] Imad Ad-Din sobre a Batalha de Hatim, em Allen, *The crusaders:* a reader, p. 157-8.

[10] Citado em Tyerman, *God's war*, p. 372.

[11] Carta de Saladino ao imame Nassir Del-din-illa Aboul Abbas Ahmed, em Allen, *The Crusaders:* a reader, p. 162-3.

[12] Para um relato detalhado da Terceira Cruzada, veja Tyerman, *God's war*, p. 341-474.

[13] Para um relato detalhado da Quarta Cruzada, veja Tyerman, *God's war*, p. 477-560.

[14] Para uma análise do evento e das fontes, veja J. M. Powell, "St. Francis of Assisi's way of peace", *Medieval Encounters* 13 (2007): 271-80. Para uma biografia de Francisco, veja Augustine Thompson, *Francis of Assisi:* a new biography (Ithaca: Cornell University Press, 2012).

[15] Para um relato detalhado da Quinta Cruzada, veja Tyerman, *God's war*, p. 606-49.

[16] Tyerman, *God's war*, p. 732-5.

[17] Para um relato detalhado da Cruzada Albigense, veja Tyerman, *God's war*, p. 565-605.

[18] A edição de 13 de março de 2000 do *New York Times* prestou o serviço muito útil de selecionar excertos traduzidos da memorável homilia do papa João Paulo II:, disponível em: https://archive.nytimes.com/www.nytimes.com/library/world/global/031300pope-apology-text.html. Acesso em: 20 fev. 2023.

[19] Tyerman, *God's war*, p. 638-9.

[20] Tyerman, *God's war*, p. 902-3.

[21] Sobre a perspectiva de Lutero acerca das Cruzadas e da guerra em geral, veja Martinho Lutero, "An argument in defence of all the articles of Dr. Martin Luther wrongly condemned in the Roman bull: the thirty-fourth article", em *Works of Martin Luther*, trad. C. M. Jacobs (Philadelphia: Holman, 1930), 3:105-6. Veja também Thomas F. Madden, *A new concise history of the Crusades* (Lanhan, MD: Rowman & Littlefield, 2006), p. 210; e Kenneth M. Setton, "Lutheranism and the Turkish Peril", *Balkan Studies* 3 (1962): 133-68.

[22] Para uma discussão da teoria de Lutero e de como ela se desenrolou nos séculos que se seguiram, veja John R. Stephenson, "The Two Governments and the Two Kingdoms in Luther's Thought", *Scottish Journal of Theology* 34 (1981).

[23] Tyerman, *God's war*, p. 916.

[24] Adam Rasgon, "In Jerusalem, Ramadan restrictions last seen during the Crusades return", *New York Times*, May 15, 2020, disponível em: https://www.nytimes.com/2020/05/15/world/middleeast/ramadan-coronavirus-al-aqsa.html. Acesso em: 20 fev. 2023.

Notas

25 Riley-Smith, *A history of the Crusades*, p. 306.

26 Citado por Riley-Smith, *A history of the Crusades*, p. 305.

27 Riley-Smith, *A history of the Crusades*, p. 305.

28 Tyerman, *The Crusades*, p. 55.

29 "Was Obama right about the Crusades and Islamic extremism?" *Washington Post*, Feb. 6, 2015, disponível em: https://www.washingtonpost.com/national/religion/was-obama-right-about-the-crusades-and-islamic-extremism-analysis/2015/02/06/3670628a-ae46-11e4-8876 -460b1144cbc1_story.html. Acesso em: 20 fev. 2023. E "Critics seize on Obama's ISIS remarks at Prayer Breakfast", *New York Times*, Feb. 5, 2015, disponível em: https://www.nytimes.com/2015/02/06/us/politics/obama-national-prayer-breakfast-terrorism-islam.html. Acesso em: 20 fev. 2023.

CAPÍTULO 3

1 Disponível em: https://www.publicchristianity.org/how-to-judge-the-church/. Acesso em: 21 fev. 2023.

2 Entrevista com Einstein, *Saturday Evening Post*, Oct. 26, 1929, p. 117.

3 Ofereço uma breve descrição das fontes e métodos para estudar Jesus em *The Christ files*: how historians know what they know about Jesus (Grand Rapids: Zondervan, 2010). Para um exame um pouco maior do que sabemos da vida de Jesus, veja meu *A doubter's guide to Jesus*: an introduction to the man from Nazareth for believers and skeptics alike (Grand Rapids: Zondervan, 2018).

4 Richard Dawkins, *The God delusion* (London: Transworld, 2016), 283 [edição em português: *Deus, um delírio* (São Paulo: Companhia das Letras, 2007)].

5 Uma importante obra sobre as fontes e temas da moralidade popular no período romano é Teresa Morgan, *Popular morality in the early Roman Empire* (Cambridge: Cambridge University Press, 2007).

6 Veja meu *Humilitas*: lost key to life, love, and leadership (Grand Rapids: Zondervan, 2011). Sobre a humildade no mundo greco-romano em contraste com o surgimento da virtude nos textos cristãos primitivos, capítulos 5 e 6.

7 Mishná Avot 1:12, em Jacob Neusner, *The Mishnah:* a new translation (New Haven: Yale University Press, 1988), p. 674.

8 Talmude Babilônico, *Shabat* 31a, trad. Philip S. Alexander, "Jesus and the golden rule", em *Hillel and Jesus:* comparative studies of two major religious leaders, ed. James H. Charlesworth e Loren L. Johns (Philadelphia: Fortress, 1997), p. 363-88.

9 David Flusser, *Jesus the sage from Galilee*: rediscovering Jesus' genius (Grand Rapids: Eerdmans, 2007), p. 65.

10 Flusser, *Jesus the sage*, p. 61.

11 O "Original Rough Draft" da Declaração de Independência dos EUA pode ser lido no site da Biblioteca do Congresso, disponível em: https://www.loc.gov/exhibits/declara/ruffdrft.html. Acesso em: 27 jan. 2023.

12 A Declaração Universal dos Direitos Humanos da ONU se encontra disponível on-line em: https://www.unicef.org/brazil/declaracao-universal-dos-direitos-humanos. Acesso em: 27 jan. 2023.

13 Samuel Moyn, *Christian human rights*: intellectual history of the Modern Age (Philadelphia: University of Pennsylvania Press, 2015). É importante deixar claro que a tese de Moyn não é uma explicação laudatória de como o cristianismo veio ao nosso socorro e nos deu os direitos humanos. Ele argumenta que católicos e protestantes conservadores na

Europa de antes da guerra estavam empregando a linguagem dos "direitos" para impor na Europa e em outros lugares uma agenda moral e familiar conservadora. No documentário *For the love of God*, ele afirma que Jesus e a igreja provavelmente promoveram, sim, a noção de igualdade humana na história ocidental, mas também que a igreja, com frequência, foi um empecilho à implementação dessa ideia.

14 "Rights and wrongs", episódio 2, *For the love of God*: how the Church is better and worse than you ever imagined, *Centre for Public Christianity*, 2018, disponível em: https://www.publicchristianity.org/episode-2-rights-wrongs/. Acesso em: 27 jan. 2023.

15 Também em "Rights and wrongs".

16 Houve várias tentativas na história da igreja de distinguir as palavras "imagem" (*tselem*) e "semelhança" (*demut*) em Gênesis 1:26. A erudição bíblica hoje é amplamente consensual quanto a não existir qualquer distinção significativa entre os termos. Veja Ferguson, "Image of God", em *New dictionary of theology* (Downers Grove: InterVarsity, 1988), p. 328.

17 Gordon J. Wenham, *Genesis 1-15*. Word Biblical Commentary, 1 (Waco: Word, 1987), p. 33.

18 Wolfhart Pannenberg, *Systematic theology* (Grand Rapids: Eerdmans, 1994), 2:203; Ferguson, "Image of God", p. 329; Wenham, *Genesis* 1-15, p. 30-1.

19 Jonathan Sacks, *Morality*: restoring the common good in divided times (London: Hodder & Stoughton, 2020), p. 119-20.

20 Lucas 3:38 chama Adão, o primeiro ser humano, de "filho de Deus". Paulo descreve toda a humanidade como a "descendência" de Deus em Atos 17:28-29. Embora "descendência" seja um termo apropriado para a relação de criatura da humanidade com Deus, "filho/filha" são termos mais adequados para a humanidade redimida, especialmente porque carregam a noção de herança futura. Veja Romanos 8:14-17.

21 Gênesis 9 pressupõe que a humanidade reteve a *imago Dei*, mesmo depois da Queda em Gênesis 3. Veja Ferguson, "Image of God", p. 328-9. Veja também Henri Blocher, *In the beginning*: the opening chapters of Genesis (Downers Grove: InterVarsity Press, 1984), p. 94.

22 *Letter of Hilarion, Oxyrhynchus Papyri* (ed. B. P. Grenfell e A. S. Hunt), 4:744. Os leitores podem ver a carta em si on-line, junto com a tradução acima e algumas discussões, disponível em: http://www.papyri.info/apis/toronto.apis.17/. Acesso em: 23 fev. 2023.

23 J. R. Sallares, "Infanticide", *Oxford classical dictionary*, p. 757; Josef Wisehöfer, "Child Exposure", *Brill's New Pauly*, ed. Hubert Cancik et al. (2006), doi: e613990, disponível em: https://referenceworks.brillonline.com/browse/brill-s-new-pauly. Acesso em: 23 jan. 2023.

24 Aristóteles, *Politics* 7.14.10 (Rackham, Loeb classical library 264), p. 623 [edição em português: *Política* (São Paulo: Madamu, 2021)]. Aristóteles acrescenta que ter muitos filhos também pode ser uma boa razão para descartar uma criança.

25 Filo de Alexandria (25 a.C.-50 d.C.), *Special Laws*, 3.9-11, lamenta que "muitas nações" consideram a prática de expor os infantes um "lugar comum".

26 Tertuliano (160-225 d.C.) condenou abertamente a prática: *Apology* 9; *To the Nations* 1.15. O ministério da igreja de recolher bebês encontrados e criá-los como seus próprios filhos é detalhado por Gerhard Uhlhorn, *Christian charity in the ancient Church* (1888; reimpr., Eugene, OR: Wipf & Stock, 2009), p. 385-7.

27 Para uma excelente introdução a esse modo de pensar da filosofia grega antiga, veja a obra de Luc Ferry, *A brief history of Thought*: a philosophical guide to living (Edinburgh: Canongate, 2010), p. 55-92.

Notas

[28] Matar um infante tornou-se uma forma de homicídio na lei do imperador cristão Valentiniano I em 374 d.C.: *Theodosian code*, 9.14.1, ratificado também no posterior *Codex of Justinian*, 8.51.2. Veja Judith Evans Grubbs, "Church, state, and children: Christian and imperial attitudes toward infant exposure in Late Antiquity", em *The Power of religion in Late Antiquity*, orgs. Andrew Cain e Noel Lenski (London: Routledge, 2009), p. 119-31.

[29] Raimond Gaita, *Thinking about love and truth and justice* (London: Routledge, 2002), p. 23-4.

CAPÍTULO 4

[1] D. A. Carson, *Jesus' Sermon on the Mount and his confrontation with the world* (Toronto: Global Christian, 2001), p. 18.

[2] Francis Spufford, *Unapologetic*: why, despite everything, Christianity can still make surprising emotional sense (London: Faber & Faber), p. 27.

[3] Spufford, *Unapologetic*, p. 35-6.

[4] Spufford, *Unapologetic*, p. 43.

[5] John P. Meier, *A marginal Jew*: rethinking the historical Jesus (New York: Doubleday, 1991), 1:278-85 [edição em português: *Um judeu marginal*: repensando o Jesus histórico (Rio de Janeiro: Imago)].

[6] Spufford, *Unapologetic*, p. 47.

CAPÍTULO 5

[1] Judith Ireland, "Religious Discrimination Bill gives Australians 'right to be a bigot'", *Sydney Morning Herald*, Jan. 2020, disponível em: https://www.smh.com.au/politics/federal/religious-discrimination-bill-gives-australians-right-to-be-a-bigot-20200129-p53vq4.html. Acesso em: 21 fev. 2023.

[2] "Persecution of Christians review: Foreign Secretary's speech following the final report", governo do Reino Unido, Jul. 2019, disponível em: https://www.gov.uk/government/speeches/persecution-of-christians-review-foreign-secretarys-speech-following-the-final-report. Acesso em: 21 fev. 2023.

[3] Wang Yi, "My Declaration of Faithful Disobedience", Dec. 2018, https://www.chinapartnership.org/blog/2018/12/my-declaration-of-faithful-disobedience/.

[4] Veja Eckhard Schnabel, *Early Christian mission*, vol. 2: Paul and the Early Church (Downers Grove: IVP Academic, 2004); James D. G. Dunn, *Beginning from Jerusalem*: Christianity in the making, vol. 2 (Grand Rapids: Eerdmans, 2008).

[5] John P. Dickson, *Mission-Commitment in ancient Judaism and in the Pauline communities*: the shape, extent and background of early Christian mission, Wissenschaftliche Untersuchungen zum Neuen Testament 2/159 (Tübingen: Mohr Siebeck, 2003). Veja também W. V. Harris, org., *The spread of Christianity in the first four centuries*: essays in explanation (Leiden: Brill, 2005); Larry Hurtado, *Destroyer of the gods*: early Christian distinctiveness in the Roman world (Waco: Baylor University Press, 2016). Hurtado é bastante prestativo em delinear o que muitos no mundo romano viam como distinto — negativo e positivo — na fé cristã.

[6] Cláudio (41-54 d.C.) baniu os líderes judeus de Roma em 49 d.C. porque eles "constantemente causavam perturbações na instigação de Chrestus" (Suetonius, *Claudius* 25.4). Entende-se que "Chrestus" seja uma forma latina equivocada de grafar "Cristo". Sobre as

origens do cristianismo em Roma, veja Peter Lampe, *From Paul to Valentinus*: Christians at Rome in the first two centuries (Philadelphia: Fortress, 2003), p. 11-6.

[7] Candida Moss, *The myth of persecution*: how early Christians invented a story of martyrdom (New York: HarperCollins, 2013).

[8] Para uma resenha crítica, veja N. Clayton Croy, resenha de Candida Moss, *The myth of persecution*: how early Christians invented a story of martyrdom, *Review of Biblical Literature* (10/13/2013), disponível em: https://www.sblcentral.org/home/bookDetails/9158. Acesso em: 22 fev. 2023.

[9] Tacitus, *Annals* 15.44 (Jackson, Loeb classical library 322).

[10] Sobre a datação dos documentos do Novo Testamento, o mais antigo sendo de 50 d.C., e o último, de mais ou menos 90 d.C., veja meu livro *Is Jesus history?* (London: The Good Book Company, 2019).

[11] Minhas reflexões sobre o incidente enquanto caminhava pelo Circo de Nero foram capturadas em vídeo em "War and peace", episódio 1, *For the love of God*, disponível em: https://www.publicchristianity.org/episode-1-war-peace/. Acesso em: 21 fev. 2023.

[12] Para uma excelente exposição de Plínio e sua situação na Bitínia e Ponto, veja Robert Louis Wilken, *The Christians as the Romans saw them* (New Haven: Yale University Press, 2003), p. 1-30.

[13] Pliny, *Letters* 10.96 (Radice, Loeb classical library 59), p. 285-91.

[14] Wilken, *The Christians as the Romans saw them*, p. 15.

[15] No Novo Testamento, há uma discussão de três capítulos sobre o problema das carnes impuras. Veja 1Coríntios 8—10.

[16] Tertuliano (160-225 d.C.) reporta que os pagãos na sua região (Cartago) reclamavam que as receitas estavam caindo nos templos por causa de tantas pessoas se tornando cristãs: Tertuliano, *Apology*, 42.

[17] Pliny, *Letters* 10.96 (Radice, Loeb classical library 59), p. 285-91.

[18] Pliny, *Letters* 10.96 (Radice, Loeb classical library 59), p. 285-91.

[19] Pliny, *Letters* 10.96 (Radice, Loeb classical library 59), p. 285-91.

[20] Pliny, *Letters* 10.96 (Radice, Loeb classical library 59), p. 285-91.

[21] Pliny, *Letters* 10.96 (Radice, Loeb classical library 59), p. 285-91.

[22] Pliny, *Letters* 10.97 (Radice, Loeb classical library 59), p. 291-3.

[23] Wilken, *The Christians as the Romans saw them*, p. 29-30.

[24] "Cavalheiro romano" é o título do capítulo de Wilken sobre Plínio em *The Christians as the Romans saw them*.

[25] Para uma introdução a Inácio e suas cartas, e para aos textos em si traduzidos para o inglês, veja Michael Holmes, *The Apostolic Fathers*: Greek texts and English translations (Grand Rapids: Baker Academic, 2007), p. 166-271.

[26] Um ponto observado por William R. Schoedel neste comentário sobre as sete cartas: *Ignatius of Antioch* (Philadelphia: Fortress, 1985), p. 24.

[27] Ignatius, *Ephesians*, 10.1-3 (Holmes, *Apostolic Fathers*, p. 191-2).

[28] Tertuliano menciona (*To Scapula*, 5, em S. Thelwall, *The Ante-Nicene Fathers*, vol. 3: Latin Christianity [New York: Cosimo Classics, 2007], p. 105-8) um protesto pacífico não violento anterior, feito por cristãos, quando Árrio Antonino governou a província da Ásia (Turquia) cerca de trinta anos antes.

[29] Tertuliano, *To Scapula*, 5 (Thelwall, The Ante-Nicene Fathers).

[30] Tertuliano, *To Scapula*, 1-2 (Thelwall, The Ante-Nicene Fathers).

[31] Veja "Decius", *Oxford dictionary of the Christian church*, p. 460.

[32] Tertuliano argumenta exatamente isso para Escápula (Tertuliano, *To Scapula*, 5).

Notas

[33] Para muito da minha discussão sobre Porfírio, estou seguindo Wilken, *The Christians as the Romans saw them*, p. 126-63. Veja também o seu "Pagan criticism of Christianity: Greek religion and Christian faith", em *Early Christian literature and the classical intellectual tradition*, org. W. R. Schoedel e R. L. Wilken (Paris: Editions Beauchesne, 1979), p. 117-34. Também, Elizabeth DePalma Digeser, "Lactantius, Porphyry, and the debate over religious toleration", *Journal of Roman Studies* 88 (1998), p. 129-46.

[34] Essas citações do *Philosophy from oracles* de Porfírio nos são conhecidas por meio das citações e respostas de Agostinho, *The city of God* 1919.23. Tradução de William Babcock, Augustine, Saint. *The city of God: Books 11-22 (l/7), The works of Saint Augustine*: a translation for the 21st century (Hyde Park: New City, 2013) [edição em português: *A cidade de Deus* (Rio de Janeiro: Vozes, 2012)]. Veja também Digeser, "Lactantius", p. 135.

[35] Digeser, "Lactantius", p. 145; Wilken, "Pagan criticism of Christianity", p. 130-1.

[36] Para uma discussão sobre isso e sobre outras passagens de Porfírio, veja Digeser, "Lactantius", p. 129-46.

[37] Sobre os argumentos combinados de Porfírio e Hiérocles, veja Digeser, "Lactantius", p. 129-46.

[38] Atas de Munácio Félix, em *Proceedings before Zenophilus*, trad. Mark Edwards em *Optatus*: against the Donatists, translated texts for historians 27 (Liverpool: Liverpool University Press, 1997), p. 153-6.

[39] Raymond Peter Davis, "Diocletian", *Oxford classical dictionary*, 471-72. Veja também "Early Christian persecutions", *Oxford dictionary of the Christian church*, p. 1257-9.

[40] Quanto à questão de se Lactâncio estava deliberadamente respondendo a Porfírio, veja Digeser, "Lactantius", p. 129-46.

[41] Lactâncio, *Divine institutes* 6.10.1-8, em *Lactantius, Divine institutes*, translated texts for historians 40, trad. Anthony Bowen e Peter Garnsey (Liverpool: Liverpool University Press, 2003), p. 349-50.

[42] Lactâncio, *Divine institutes* 6.18.9-11 (Bowen and Garnsey, *Lactantius, Divine institutes*).

CAPÍTULO 6

[1] David Von Drehle, "The Church Is tempted by power and obsessed with sex", *The Washington Post*, Aug. 2018, disponível em: https://www.washingtonpost.com/opinions/the-church-is-tempted-by-power-and-obsessed-with-sex/2018/08/17/14467d3c-a24b-11e8-8e87-c869fe70a721_story.html. Acesso em: 21 fev. 2023.

[2] Eusébio, *Life of Constantine* 33 (E. C. Richardson, *The Nicene and Post-Nicene Fathers* [Massachusetts: Hendrickson, 2004]).

[3] Eusébio, *Life of Constantine* 1.29 (Richardson, *The Nicene and Post-Nicene Fathers*).

[4] Lactâncio, *On the death of the persecutors* 44, em *Lactantius, the minor works*: The Fathers of the Church, trad. Mary Francis McDonald (Washington: The Catholic University of America Press, 1965), 54:197-98.

[5] Eusébio, *Life of Constantine* 1.28 (Richardson, *The Nicene and Post-Nicene Fathers*).

[6] A. H. M. Jones, *Constantine and the conversion of Europe* (Toronto: University of Toronto Press, 2003), p. 85-6.

[7] Eusébio, *Life of Constantine* 1.30-31 (Richardson, *The Nicene and Post-Nicene Fathers*).

[8] Eusébio, *Life of Constantine* 4.47 (Richardson, *The Nicene and Post-Nicene Fathers*).

OPRESSORES E SANTOS

[9] O Édito de Milão foi preservado em Lactâncio, *The death of the persecutors* 48 (McDonald, *Lactantius, the minor works*). Outra versão do édito pode ser encontrada em Eusébio, *Ecclesiastical history* 10.5 [edição em português: *História eclesiástica*, 26 ed. (Rio de Janeiro: CPAD, 1999)]. Sobre os detalhes do édito, suas fontes, significado e importância, veja Milton Anastos, "The Edict of Milan (313): a defence of its traditional authorship and designation", *Revue des études byzantines* 25 (1967), p. 13-41.

[10] Tertuliano, *To Scapula*, 2 (Thelwall, *The Ante-Nicene Fathers*).

[11] Robert Louis Wilken argumenta que Lactâncio foi uma influência direta no Édito de Milão. Wilken, *Liberty in the things of God*: the Christian origins of religious freedom (New Haven: Yale University Press, 2019), p. 22-3.

[12] Lactâncio, *Divine institutes* 5.19.6-30 (Bowen and Garnsey, *Lactantius, Divine institutes*).

[13] Digeser, "Lactantius", p. 129-46.

[14] Veja a excelente discussão da justificativa teológica de Lactâncio para a liberdade religiosa em Bowen e Garnsey, *Lactantius, Divine institutes* p. 46-8.

[15] Libânio, *Oration to Emperor Theodosius* 30.29 (Norman, Loeb classical library 452, p. 127).

[16] Jones, *Constantine and the conversion of Europe*, p. 83-7.

[17] *Theodosian code* 9.16.3, em *The Theodosian code*: a translation with commentary, glossary, and bibliography, trad. Clyde Phar (New Jersey: Lawbook Exchange, 2012). A posição de Constantino pode ser entendida como um recrudescimento legal de uma visão tradicional romana — não simplesmente cristã. Veja H. S. Versnel, "Magic", *Oxford classical dictionary*, p. 908-10.

[18] A lei específica encontra-se em *The Theodosian code* 16.2.5. Para os detalhes das leis de Constantino concernentes à religião pagã, veja John Curran, "The legal atanding of the ancient cults in Rome", em *Pagan city and Christian capital* (Oxford: Oxford University Press, 2000), p. 161-217.

[19] Eusébio de fato afirma que o imperador promulgou leis cuja "intenção era restringir as abominações idólatras". Eusébio, *Life of Constantine* 2.44 (Richardson, *The Nicene and Post-Nicene Fathers*). Para o argumento de que Constantino baniu o paganismo e (para todos os efeitos) tornou o cristianismo a religião oficial do império, veja Timothy D. Barnes, *Constantine and Eusebius* (Cambridge: Harvard University Press, 1981), p. 210. Acerca desse ponto, porém, veja a resenha do livro de Barnes por H. A. Drake no *American Journal of Philology*, 103:4 (1982), p. 462-66.

[20] Eusébio, *Life of Constantine* 2.56-60 (Richardson, *The Nicene and Post-Nicene Fathers*). Para uma discussão meticulosa, veja John Curran, "The legal atanding of the ancient cults in Rome", p. 176-8.

[21] Sobre a breve perseguição ordenada por Licínio, veja Jones, *Constantine and the conversion of Europe*, p. 110-2.

[22] "First Amendment", disponível em: https://constitution.congress.gov/constitution/amendment-1/. Acesso em: 21 fev. 2023.

[23] O memorial e arquivo de Jefferson no site da Monticello tenta explicar as influências por trás das suas visões sobre liberdade religiosa em termos do Iluminismo e dos batistas do condado de Buckingham, disponível em: https://www.monticello.org/site/research-and-collections/thomas-jefferson-and-religious-freedom. Acesso em: 21 fev. 2023.

[24] Tertuliano, *To Scapula*, 2 (Thelwall, *The Ante-Nicene Fathers*).

[25] Wilken, *Liberty in the things of God*, p. 190.

[26] Raymond Peter Davis, "Constantine l", *Oxford classical dictionary*, p. 379.

Notas

CAPÍTULO 7

[1] Eusébio, *Ecclesiastical history* 10.5.10-11 (Oulton, Loeb classical library 252). Uma ordem parecida para o Norte da África pode ser encontrada em 10.5.17.

[2] Eusébio, *Ecclesiastical history* 10.5.11. Veja também Anastos, "The Edict of Milan", 37.

[3] Jerusalém sucumbiu à ruína e à desonra desde que o imperador Adriano (117-138 d.C.) esmagou a segunda grande revolta dos judeus em 135 d.C. e renomeou a Cidade Santa para Élia Capitolina ("Élia" refere-se ao nome de família de Adriano; "Capitolina" refere-se ao deus Júpiter, em homenagem a quem Adriano construiu um templo na cidade).

[4] Dan Bahat, "Does the Holy Sepulchre Church mark the burial of Jesus?" em *Archaeology in the world of Herod, Jesus, and Paul*, orgs. H. Shanks e D. P. Cole (Washington: Biblical Archaeology Society, 1990), p. 260. O relatório arqueológico de três volumes sobre o Sepulcro (em italiano): *V. Corbo, Il Santo Sepolcro di Gerusalemme*: aspetti archeologici dalle origini al periodo crociato, 3 vols., Studium Biblicum Franciscanum 29 (Jerusalém: Franciscan Printing Press, 1981-82).

[5] Michael H. Crawford, "Population, Roman", *Oxford classical dictionary*, p. 1223; H. A. Drake, "Models of Christian expansion", em *The spread of Christianity in the first four centuries*: essays in explanation, org. W. V. Harris, Columbia studies in the classical tradition 27 (Leiden: Brill, 2005); Rodney Stark, *The rise of Christianity* (New York: HarperCollins, 1997), p. 3-27.

[6] *Theodosian code* 1.27.1. Também, Timothy D. Barnes, *Constantine*: dynasty, religion and power in the later Roman Empire, Blackwell Ancient Lives (Oxford: Blackwell, 2014), p. 134.

[7] Edwin A. Judge, "The early Christians as a scholastic community" em *The first Christians in the Roman world*: Augustan and New Testament essays, org. James R. Harrison, Wissenschaftliche Untersuchungen zum Neuen Testament 229 (Tübigen: Mohr Siebeck, 2008), p. 526-552. No mesmo volume, veja Judge, "Did the churches compete with cult-groups?", p. 597-618.

[8] A carta de Constantino foi preservada em Eusébio, *Life of Constantine* 4.36. Sobre a seleção dos quatro evangelhos do Novo Testamento, veja Martin Hengel, *The four Gospels and the one Gospel of Jesus Christ* (Norcross: Trinity International, 2000). Sobre a questão mais ampla do desenvolvimento do cânon, veja Bruce M. Metzger, *The canon of the New Testament*: its origin, development and significance (Oxford: Oxford University Press, 1997).

[9] John Dickson, "Old papers", disponível em: https://undeceptions.com/podcast/old--papers. Acesso em: 22 fev. 2023.

[10] Eusébio, *Life of Constantine* 2.56 (Richardson, *The Nicene and Post-Nicene Fathers*).

[11] Dan Brown, *The Da Vinci code* (London: Transworld, 2003) [edição em português: *O código Da Vinci* (São Paulo: Editora Arqueiro, 2004)].

[12] Por exemplo, Filipenses 2:10-11 pega a afirmação sobre Deus presente em Isaías 45:23 e a aplica a Jesus.

[13] Colossenses 1:15-20.

[14] João 1:1.

[15] Veja "Arius", *Oxford dictionary of the Christian church*, p. 104.

[16] Cinquenta anos depois, o grande erudito bíblico São Jerônimo escreveu: "O mundo inteiro gemeu e ficou estupefato ao se ver ariano", Jerônimo, *Dialogue against the Luciferians* 19, em *The Nicene and Post-Nicene Fathers*, trad. Henry Wallace (New York: Cosimo, 2007), 6:329. Veja "Arianism", *Oxford dictionary of the Christian church*, p. 99-100.

[17] "O principal interesse de Constantino", o *Oxford dictionary of the Christian church* explica, "era assegurar a unidade, e não dar qualquer veredito teológico predeterminado". Veja "Nicaea, First Council of (325)", *Oxford dictionary of the Christian church*, p. 1144; Barnes, Constantine and Eusebius, p. 225.

[18] As fontes originais são *Theodosian code* 2.8.1; Eusébio, *The Oration of Constantine* 9.10; Eusébio, *Life of Constantine* 4.18. Existe um debate sobre o quão longe a proibição de trabalhar foi e até onde Constantino foi influenciado por seu cristianismo em formular essa lei.

[19] Sozomen, *Ecclesiastical history* 1.8.13.

[20] *Theodosian code* 9.40.2 (Phar, *The Theodosian code*).

[21] *Theodosian code* 15.12.1 (Phar, *The Theodosian code*).

[22] Sobre o surgimento e a importância dos monastérios e dos monges, veja Peter R. L. Brown, *The world of Late Antiquity* (New York: Norton, 1971), p. 96-112.

[23] Theodoret, *Ecclesiastical history* 5.26, em *The Nicene and Post-Nicene Fathers*, trad. Blomfield Jackson (New York: Cosimo, 2007).

[24] Edward Gibbon, *History of the decline and fall of the Roman Empire* (New York: Random House, 1995), edição em e-book da Modern Library, capítulo 30, posição 22844 [edição em português: *Declínio e queda do Império Romano* (São Paulo: Companhia de Bolso, 2005)].

[25] Sobre a questão das leis familiares nesse período, veja Geoffrey Nathan, *The family in Late Antiquity*: the rise of Christianity and the endurance of tradition (London: Routledge, 2000).

[26] *Theodosian code* 8.16.1 (Phar, *The Theodosian code*). Veja também Barnes, *Constantine*, p. 136-7.

[27] *Theodosian code* 3.16.1 (Phar, *The Theodosian code*). Veja também Barnes, *Constantine*, p. 137-8.

[28] *Theodosian code* 11.27.1-2 (Phar, *The Theodosian code*).

[29] Veja Nathan, *The family in Late Antiquity*, p. 66. Eusébio, *Life of Constantine* 4.28.

[30] Eusébio, *Life of Constantine* 4.27 (Richardson, *The Nicene and Post-Nicene Fathers*). Veja também *Theodosian code* 16.9.1-2.

[31] *Theodosian code* 16.2.4 (Phar, *The Theodosian code*).

[32] Eusébio, *Ecclesiastical history* 10.7.2 (Oulton, Loeb classical library 265).

[33] Para saber mais, veja Peter Brown, *Through the eye of a needle*: wealth, the fall of Rome, and the making of Christianity in the West, 350–550 AD (Princeton: Princeton University Press, 2012), p. 31-52; também T. G. Elliott, "The tax exemptions granted to clerics by Constantine and Constantius ll", *Phoenix* 32.4 (1978), p. 326-36.

[34] Por exemplo, *Theodosian code* 16.2.3.

[35] *Theodosian code* 16.2.3 (Phar, *The Theodosian code*).

[36] *Theodosian code* 16.2.17 (Phar, *The Theodosian code*).

[37] Brown, *Eye of a needle*, p. 44.

[38] *Theodosian code* 16.2.6 (Phar, *The Theodosian code*).

[39] Líderes cristãos, tais como Agostinho (354-430 d.C.), até notaram como alguns indivíduos pagãos faziam os cristãos ficarem com vergonha no que tange ao cuidado com o pobre. Veja Brown, *Eye of a needle*, p. 61.

[40] Para o texto grego do *Delphic canon* [Cânon Délfico] e sua tradução, veja Edwin A. Judge, "Ancient beginnings of the Modern World", em *Ancient history in a modern University*, org. T. W. Hillard et al. (Grand Rapids: Eerdmans, 1998), p. 473-5.

[41] Plotino, *On providence* 1.13 (Armstrong, Loeb classical library 442), p. 81-3.

Notas

[42] Platão, *Laws* 11.936 b-c (Bury, Loeb classical library 192), p. 465 [edição em português: *As leis*, trad. Edson Bini (São Paulo: Edipro, 2021)].

[43] Brown, *Eye of a needle*, p. 70.

[44] Brown, *Eye of a needle*, p. 62. Veja também Arthur Robinson Hands, *Charities and social aid in Greece and Rome* (Ithaca: Cornell University Press, 1968), p. 26-61.

[45] Um excelente exemplo de crítica cristã ao evergetismo pode ser encontrado em Lactâncio, *Divine institutes* 6.11.13-19.

[46] Morgan, *Popular morality*.

[47] Teresa Morgan com John Dickson, "Moral Classics", *Undeceptions*, temporada 1, episódio 4, Sept. 23, 2019. Disponível em: https://undeceptions.com/podcast/moral-classics. Acesso em: 30 jan. 2023.

[48] Por exemplo, Deuteronômio 15:4-11; Isaías 58:5-10.

[49] Deuteronômio 24:19-21. Sobre essa passagem, veja Christopher J. H. Wright, *Deuteronomy*, NIBC (Peabody: Hendrickson, 1996), p. 261.

[50] Juliano, "To Arsacius, high-priest of Galatia", *Letter* 22.430C (Wright, Loeb classical library 157), p. 71. Sobre as origens judaicas da caridade cristã, veja Brown, *Eye of a needle*, p. 79-83.

[51] A parábola, por vezes, tem sido interpretada como uma alegoria acerca da vida eterna. No entanto, a última frase, "vá e faça o mesmo", torna a alegoria a forma menos natural de ler o que se encaixa diretamente nas numerosas instruções de Jesus para cuidar do pobre (veja esp. Lucas 11:41; 12:33; 14:21; 18:22; 19:8).

[52] A fome em si foi reportada por textos bíblicos e não bíblicos (Atos 11:27-28; Josefo, *Jewish Antiquities* 20.101). O programa de Paulo de alívio da pobreza é conhecido simplesmente como a "coleta" (1Coríntios 16:1-4; 2Coríntios 8-9; veja também Romanos 15:25-27).

[53] Justino Mártir, *First Apology*, 67, trad. Alexander Roberts et al., em *The Ante-Nicene Fathers* (New York: Cosimo Classics, 2007), 1:186 [edição em português: *I e II Apologias – Diálogo com Trifão* (São Paulo: Paulus, 1995) (Patrística, vol. 3)].

[54] Shepherd of Hermas 50:7-9 (Holmes, *Apostolic Fathers*, p. 442-685).

[55] Registrado em Eusébio, *Ecclesiastical history* 6.43.11 (Oulton, Loeb classical library 265), p. 119.

[56] Brown, *Eye of a needle*, p. 43.

[57] Cipriano, *On Mortality*, 14, trad. Ernest Wallis em *The Ante-Nicene Fathers* (New York: Cosimo Classics, 2007), 5:472.

[58] Kyle Harper, "Solving the mystery of an ancient Roman plague", *The Atlantic*, Nov. 1, 2017, disponível em: https://www.theatlantic.com/science/archive/2017/11/solving-the-mystery-of-an-ancient-roman-plague/543528/. Acesso em: 4 fev. 2023.

[59] Epístola de Dionísio, em Eusébio, *Ecclesiastical history* 7.22.10 (Oulton, Loeb classical library 265).

[60] Epístola de Dionísio, em Eusébio, *Ecclesiastical history* 7.22.7-9 (Oulton, Loeb classical library 265). Os arcaísmos do original em inglês foram ajustados consultando o texto grego.

[61] Atas de Munácio Félix, em "Proceedings before Zenophilus", em *Optatus*: against the Donatists, trad. Mark Edwards, p. 154-5. Existem bases bíblicas diretas por trás da doação de roupas para as pessoas: Mateus 25:36; Tiago 2:14-16.

[62] Brown, *Eye of a needle*, p. 530.

[63] Stephen Judd et al., *Driven by purpose*: charities that make a difference (Sydney: HammondCare Media, 2014), p. 55.

[64] Jones, *Constantine and the conversion of Europe*, p. 197-8.

CAPÍTULO 8

[1] Juliano, "To Porphyrius", *Letter* 38.411c (Wright, Loeb classical library 157), p. 123.

[2] Juliano, "Hymn to the mother of the gods", *Oration* 5 (Wright, Loeb classical library 13), p. 436.

[3] Rowland B. E. Smith, "Julian", *Oxford classical dictionary*, p. 800.

[4] Juliano, "To Atarbius", *Letter* 37.376c-d (Wright, Loeb classical library 157), p. 123.

[5] Sócrates Escolástico, *Ecclesiastical history* 3.2-3, em *The Nicene and Post-Nicene Fathers*, trad. A. C. Zenos (New York: Cosimo, 2007), 2:79.

[6] Amiano Marcelino (330-400 d.C.), *History* 22.11.5-10 (Rolfe, Loeb classical library 315), p. 259-63.

[7] Sócrates Escolástico, *Ecclesiastical history* 3.3 (Zenos, *The Nicene and Post-Nicene Fathers*).

[8] Amiano Marcelino, History 22.13.1-3 (Rolfe, Loeb classical library 315).

[9] Juliano, "To Hecebolius", *Letter* 40.424c (Wright, Loeb classical library 157), p. 127.

[10] *Theodosian code*, 13.3.5 (Phar, *The Theodosian code*).

[11] Juliano, *Letter* 36.422b-424d (Wright, Loeb classical library 157), p. 117-23.

[12] Veja a introdução às obras de Juliano na edição da Loeb Classical Libray (p. vii-lxiii).

[13] "Armenia", *Oxford dictionary of the Christian church*, p. 106.

[14] Juliano, *Fragment of a Letter to a priest* 305b-d (Wright, Loeb classical library 29), p. 337-9.

[15] Veja também Wilmer Cave Wright, *The works of the Emperor Julian*, vol. 2, Loeb classical library 29 (Massachusetts: Harvard University Press, 1913), p. 295.

[16] Juliano, *Misopogon* ("O odiador de barbas") 363a (Wright, Loeb classical library 29), p. 491.

[17] Juliano, "To Arsacius, High-priest of Galatia", *Letter* 22.429c-431b (Wright, Loeb classical library 157), p. 67-73.

[18] Para a documentação e discussão, veja Wilken, "Christianity as a Burial Society", em *The Christians as the Romans saw them*, p. 31-47.

[19] John Bodel, "From Columbaria to catacombs: collective burial in Pagan and Christian Rome", em *Commemorating the dead*: texts and artifacts in context. Studies of Roman, Jewish, and Christian burials, orgs. Laurie Brink e Deborah Green (Berlin: De Gruyter, 2008), p. 177-242.

[20] Lactâncio, *Divine institutes*, 6.12.25-31 (Bowen e Garnsey, *Lactantius, Divine institutes*).

[21] Juliano, "To Arsacius, High-priest of Galatia", *Letter* 22.429C-431B (Wright, Loeb classical library 157), p. 67-73.

[22] Teodoreto, *Ecclesiastical history*, 3.20 (Jackson, *The Nicene and Post-Nicene Fathers*).

[23] R. S. O. Tomlin., "Valentinian I", *Oxford classical dictionary*, p. 1576.

CAPÍTULO 9

[1] Plínio, *Letters* 10.96.9 (Radice, Loeb classical library 59), grifo nosso.

[2] Minúcio Félix, *Octavius* 8, trad. Robert Ernest Wallis em *The Ante-Nicene Fathers* (New York: Cosimo Classics, 2007), 4:177.

[3] *Inscriptiones christianae urbis Rome septimo saeculo antiquiores*, ed. A. Ferrua (Rome: Pontificio Istituto di Archeologia Cristiana, 1971), no. 13655, 5:133, em Brown, *Eye of a needle*, p. 37.

[4] Brown, *Eye of a needle*, p. 45.

Notas

⁵ Os cânones desse concílio foram traduzidos e analisados em H. Hess, *The Early development of canon law and the Council of Serdica* (Oxford: Oxford University Press, 2002), p. 221 (para esse particular, veja o cânone 13).

⁶ Brown, *Eye of a needle*, p. 87.

⁷ Brown, *Eye of a needle*, p. 47-9.

⁸ Sobre Ambrósio e seu impacto, veja Brown, *Eye of a needle*, p. 120-47.

⁹ Veja a série *The Fathers of the Church*, publicada pela Catholic University of America de 2001-2020; também "Doctors of the Church", *Oxford dictionary of the Christian church*, 494. O número de "doutores" oficiais subiu para cerca de trinta, incluindo Teresa de Ávila, Catarina de Siena e outros.

¹⁰ Brown, *Eye of a needle*, p. 123.

¹¹ Tradução para o inglês de John Chandler em *Twenty-four hymns of the Western Church: the Latin text, with a verse rendering of each hymn, a brief introduction, commentary, and appendices*, ed. Howard Henry Blakeney (London: Partridge, 1930), p. 6-7.

¹² Ambrósio, *Epistle 74.10* em *Ambrose of Milan: Political Letters and Speeches*, ed. e trad. J. H. W. G. Liebeschuetz (Liverpool: University of Liverpool Press, 2005), p. 101.

¹³ Ambrósio, *Epistle 74.15* (Liebeschuetz, Ambrose of Milan).

¹⁴ Ambrósio, *Epistle 74.12* (Liebeschuetz, Ambrose of Milan).

¹⁵ O evento é recontado por diversas fontes, incluindo Sozomen, *Ecclesiastical history*, 7.25. Temos também a carta do próprio Ambrósio para o imperador, Extra Collection, *Epistle 11.12-13* (Liebeschuetz, Ambrose of Milan, 267).

¹⁶ Brown, *Eye of a needle*, p. 128.

¹⁷ Ambrose, *Epistle 73.16* (Liebeschuetz, Ambrose of Milan, 86).

¹⁸ Sobre esse incidente, veja John Curran, "The legal standing of the ancient cults", p. 205-8.

¹⁹ Brown, *Eye of a needle*, p. 45.

²⁰ Brown, *Eye of a needle*, p. 527-8.

²¹ Brown, *Eye of a needle*, p. 122.

²² Ambrose, *Epistle 73.24* (Liebeschuetz, Ambrose of Milan, 89).

CAPÍTULO 10

¹ Brown, *Eye of a needle*, p. 46-7.

² Basílio de Cesareia, *Letter 197*, "To Ambrose, bishop of Milan", trad. Agnes Clare Way em *Saint Basil. Letters*, vol. 2 (186–368): *The Fathers of the Church*: a new translation, 28 (Washington: Catholic University of America Press, 1955), p. 42-5.

³ Gregório de Nazianzo, *Oration 14*, "On love for the poor", trad. Martha Vinson em *St. Gregory of Nazianzus*: select *Orations* (Washington: Catholic University of America Press, 2017), p. 39-42.

⁴ Para uma discussão completa, veja Gary B. Ferngren, *Medicine and health care in early Christianity* (Baltimore: Johns Hopkins University Press, 2009), p. 113-39.

⁵ Basílio, o Grande, *Homily 6* on "I will pull down my barns" (Luke 12:18). A tradução é minha, baseada no texto grego publicado em *Patrologia Graeca* 31, 277A, ed. Jacques-Paul Migne. 162 volumes, p. 1857-66.

⁶ Tomás de Aquino, *Summa theologiae*, IIa-IIae. 32.5. Uma ideia similar se encontra em *João Calvino, Institutes of the Christian religion*, Livro 2, 8.45. É um tema que explorei extensivamente no capítulo 11 do meu *Doubter's guide to the Ten Commandments*.

OPRESSORES E SANTOS

[7] Gregório de Nazianzo, "Funeral *Oration* on Basil the Great", trad. Leo P. McCauley et al., em *St. Gregory Nazianzen and Saint Ambrose*: funeral *Orations*. *The Fathers of the Church*: a new translation, 22 (Washington: Catholic University of America Press, 1953), p. 80-1.

[8] Ferngren, *Medicine and health care in Early Christianity*, p. 129. Veja também Timothy S. Miller, *The birth of the hospital in the Byzantine empire* (Baltimore: Johns Hopkins University Press, 1997).

[9] Jerônimo, "On the death of Fabiola", *Letter* 77.6 (Wright, Loeb classical library 262), 323. As duas cartas de Jerônimo para Fabíola são a 64 e a 78.

[10] Veja James William Brodman, *Charity and religion in Medieval Europe* (Washington: Catholic University of America Press, 2009). O capítulo 11 recebe o título de "Uma cascata de hospitais" (45-88) e conta a história dos hospitais italianos, franceses e alemães do período de 400 a 1000 d.C.

[11] Sobre a vida de Macrina, veja Lynn H. Cohick e Amy Brown Hughes, *Christian women in the Patristic world*: their influence, authority, and legacy in the second through fifth centuries (Grand Rapids: Baker Academic, 2017), p. 157-88. Para uma tradução do relato de Gregório sobre a vida de Macrina, veja Anna M. Silvas, *Macrina the Younger*: philosopher of God (Turnhout: Brepols, 2008), p. 109-48.

[12] Gregório de Nissa, *Life of Macrina*, 26.30. Veja Judith Evans Grubbs, "Church, State, and children: Christian and imperial attitudes toward infant exposure in Late Antiquity", em *The power of religion in Late Antiquity*, orgs. Andrew Cain e Noel Lenski (New York: Routledge, 2009), p. 128-9.

[13] *Life of Macrina*, 26.30 (Silvas, *Macrina the Younger*).

[14] Cohick e Hughes, *Christian women in the Patristic world*, p. 158.

[15] Para as lições catequéticas de Gregório, veja a tradução em *The Ante-Nicene Fathers* (New York: Cosimo Classics, 2007), 5:471-512 [edição em português: *Gregório de Nissa*: a criação do homem – a alma e a ressurreição – a grande catequese (São Paulo: Paulus, 2011) (Patrística, 29)]. Veja também Juliette J. Day, "Catechesis", *Brill encyclopedia of early Christianity online*, orgs. David G. Hunter et al. (2018), disponível em: https://referenceworks.brillonline.com/browse/brill-encyclopedia-of-early-christianity-online. Acesso em: 22 fev. 2023.

[16] Veja, por exemplo, Anthony Meredith, "Gregory of Nyssa", em *The Cambridge history of philosophy in Late Antiquity*, (Cambridge: Cambridge University Press, 2011), 1:471-81. O site do Colóquio Internacional sobre Gregório de Nissa (International Colloquium on Gregory of Nyssa, em inglês) é https://www.gregoryofnyssa.org/en/.

[17] Williams em "Rights and wrongs", episódio 2, *For the love of God*.

[18] David Brion Davis, *In the image of God*: religion, moral values, and our heritage of slavery (New Haven: Yale University Press, 2001), p. 198.

[19] *Letter*, "Frederick Douglass to William Lloyd Garrison" (9 November 1842), em *The Frederick Douglass Papers*. Series 3: Correspondence. Volume 1. (New Haven: Yale University Press, 2009), p. 1-8.

[20] Um exemplo clássico dessa argumentação pode ser encontrado no famoso discurso de Douglass, "What to the slave is the Fourth of July?" (An address delivered in Rochester, New York, 5 July 1852), em Frederick Douglass, *The speeches of Frederick Douglass*: a critical edition (New Haven: Yale University Press, 2018), p. 55-92. Veja também sua "Lecture on slavery, No. 1" (delivered in Corinthian Hall, Rochester, on Sunday evening, December 1, 1850), em *Frederick Douglass*: selected speeches and writings, ed. Philip S. Foner (New York: Lawrence Hill, 2000), p. 164-170.

Notas

[21] Sobre a interpretação de 1Coríntios 7:21-23, veja J. Albert Harril, *The manumission of slaves in early Christianity*, Hermeneutische Untersuchungen zur Theologie 32 (Tübingen: Mohr Siebeck, 1995), p. 68-128.

[22] 1Clemente 55:2.

[23] Nossa evidência mais antiga de fundos eclesiásticos levantados para a libertação de escravos se encontra em Inácio (115 d.C.), *To Polycarp* 4.3. Sobre o "depósito comum" da igreja para a manumissão, veja J. Albert Harril, *The manumission of slaves in early Christianity*, p. 129-92.

[24] *Theodosian code* 4.7.1 (Phar, *The Theodosian code*). Chris De Wet, "Slave/Slavery", *Brill encyclopedia of early Christianity online*, disponível em: https://referenceworks. brillonline.com/browse/brill-encyclopedia-of-early-christianity-online. Acesso em: 22 fev. 2023. Publicado on-line pela primeira vez em 2018.

[25] Williams em "Rights and wrongs", episódio 2, *For the love of God*.

[26] Gregório de Nissa, *Homily* 4, *On Ecclesiastes* (Eccl. 2:7), 5.334.4-5.338.22, trad. Stuart George e Rachel Moriarty em Gregory of Nyssa, *Homilies on Ecclesiastes*. An English version with supporting studies. Proceedings of the Seventh International Colloquium on Gregory of Nyssa, (St. Andrews, 5-10 September 1990), ed. Stuart G. Hall (Berlin: de Gruyter, 1993), p. 73-5, grifo nosso.

CAPÍTULO 11

[1] Robyn Whittaker, "Trump's photo op with church and Bible was offensive, but not new", *The Conversation*, 5 jun. 2020, disponível em: https://theconversation.com/trumps-photo-op-with-church-and-bible-was-offensive-but-not-new-140053. Acesso em: 22 fev. 2023.

[2] Brown, *Eye of a needle*, p. 45.

[3] Brown, *Eye of a needle*, p. 45.

[4] Amiano Marcelino (330-400 d.C.), *History* 22.11.4 (Rolfe, Loeb classical library 315), p. 259.

[5] Brown, *The world of Late Antiquity*, p. 110.

[6] Brown, *The world of Late Antiquity*, p. 103.

[7] Rufino 11.23-24, em *The Church history of Rufinus of Aquileia*: books 10 and 11, trad. Philip R. Amidon (Oxford: Oxford University Press, 1997). Os eventos também são recontados em Sozomen, *Ecclesiastical history*, 7.15.

[8] Philip R. Amidon, *The Church history of Rufinus*, p. 103.

[9] Disponível em: https://www.nytimes.com/2020/06/15/arts/design/fallen-statues-what-next.html. Acesso em: 4 fev. 2023.

[10] Sozomen, *Ecclesiastical history*, 7.15, em *The Nicene and Post-Nicene Fathers*, vol. 2, trad. Chester D. Hartranft (New York: Cosimo, 2007), 2:385. Para uma tentativa acadêmica de alinhar de forma coerente os detalhes dos eventos, veja Amidon, *The Church history of Rufinus of Aquileia*, p. 103-6; e Ramsay MacMullen, *Christianizing the Roman Empire* (New Haven: Yale University Press, 1984), p. 99-101.

[11] Veja MacMullen, *Christianizing*, p. 99.

[12] Brown, *The world of Late Antiquity*, p. 110.

[13] Catherine Nixey, *The darkening age*: the Christian destruction of the classical world (London: Pan Macmillan, 2017). Para um exame excelente de como Hipátia tem sido "lembrada" em obras modernas, veja Edward J. Watts, *Hypatia*: The life and legend of an ancient philosopher (Oxford: Oxford University Press, 2017), p. 135-47.

14 Watts, *Hypatia*, p. 113.

15 Sócrates, *Ecclesiastical history*, 7.14.

16 Watts, *Hypatia*, p. 115.

17 Sócrates, *Ecclesiastical history*, 7.14 (Zenos, *The Nicene and Post-Nicene Fathers*, vol. 2).

18 Watts, *Hypatia*, p. 117.

19 Sócrates, *Ecclesiastical history*, 7.15 (Zenos, *The Nicene and Post-Nicene Fathers*, vol. 2).

20 Além de Sócrates Escolástico, citado antes, temos outro escritor cristão contemporâneo chamado Filostórgio (368-439 d.C.) que igualmente elogia Hipátia (*Philostorgius, Church history*, 8.9. trad. Philip R. Amidon [Society of Biblical Literature, 2007], 117). Há também uma fonte pagã de um século à frente, Damáscio, *Life of Isidore*, 106ª. Damáscio não é tão favorável a Hipátia como essas fontes cristãs o são.

21 Watts, *Hypatia*, p. 46.

22 Pierre (Limours) Hadot, "Hypatia", *Brill's New Pauly*, doi: e519580, disponível em: https://referenceworks.brillonline.com/browse/brill-s-new-pauly. Acesso em: 6 fev. 2022.

23 Watts, *Hypatia*, p. 154.

24 Podemos ver a ambivalência em relação aos templos pagãos em, por exemplo, *Theodosian code*, 16.10.8.

25 Curran, "The legal standing of the ancient cults", p. 208.

26 A evidência de alguma tolerância do paganismo no começo do reinado de Teodósio está detalhada em Curran, "The legal standing of the ancient cults", p. 209-12.

27 *Theodosian code*, 16.10.11 (Phar, *The Theodosian code*).

28 Curran, "The legal standing of the ancient cults", p. 216.

CAPÍTULO 12

1 Para um breve panorama com uma bibliografia muito útil, veja "War, Christian Attitude to", *Oxford dictionary of the Christian church*, p. 1719-20.

2 Veja o resumo on-line bastante útil "Military Law", Jewish Virtual Library, disponível em: https://www.jewishvirtuallibrary.org/military-law. Acesso em: 6 fev. 2023.

3 Sobre o desenvolvimento da leitura alegórica na igreja primitiva, veja Robert Louis Wilken, *The spirit of early Christian thought*: seeking the face of God (New Haven: Yale University Press, 2003), p. 69-77. Sobre o problema teológico ou bíblico da violência no Antigo Testamento, veja o capítulo 5 do meu *A doubter's guide to the Bible*: inside history's bestseller for believers and skeptics (Grand Rapids: Zondervan, 2015). Veja também John Walton e J. Harvey Walton, *The lost world of the Israelite conquest* (Downers Grove: IVP Academic, 2017); William J. Webb e Gordon K. Oeste, *Bloody, brutal, and barbaric*: wrestling with troubling war texts (Downers Grove: IVP Academic, 2019).

4 Tertuliano, *Apology*, 42.

5 Para os detalhes da escavação e das inscrições, veja Yottam Tepper e Leah Di Segni, *A Christian prayer hall of the third century CE at Kefar Othnay* (*Legio*): excavations at the Megiddo prison 2005 (Jerusalem: Israel Antiquities Authority, 2006).

6 Hipólito, *Apostolic traditions*, 17-19 em *The treatise on the apostolic tradition of St Hippolytus of Rome*, ed. e trad. Gregory Dix, relançado com correções por Henry Chadwick (London: SPCK, 1968).

7 Lactâncio, *Divine institutes*, 6.20.16 (Bowen and Garnsey, *Lactantius, Divine institutes*).

8 Cânone 12, Concílio de Niceia, *The Nicene and Post-Nicene Fathers*, vol. 2, ed. Philip Schaff (Grand Rapids: Christian Classics Ethereal Library, 2009), 14:84.

Notas

⁹ Agostinho, *Confissões* 8.3, trad. Almiro Pisetta (São Paulo: Mundo Cristão, 2017), p. 148.

¹⁰ Agostinho, *Confissões* 8.27-30, p. 166-8.

¹¹ Agostinho, *Confissões* 8.29, p. 168.

¹² Agostinho, *Confissões* 1.1, p. 13.

¹³ Veja Hermigild Dressler, et al. (eds.), *Saint Augustine. Letters (6 volumes). The Fathers of the Church*: a new translation (Washington: Catholic University of America Press, 1956-1989).

¹⁴ "Callistus", *Oxford dictionary of the Christian church*, 265. Seu nome também é escrito algumas vezes como Calixtus.

¹⁵ Agostinho, *Letter* 10*, "To Alypius", trad. Robert B. Eno, *St. Augustine. Letters* 1*-29*. *The Fathers of the Church*: a new translation, 81 (Washington: Catholic University of America Press, 1989), p. 74-80. (O asterisco indica cartas recém-descobertas). Para um panorama da carta e sua importância, veja Henry Chadwick, "New letters of St. Augustine", *Journal of Theological Studies* 34 (1983), p. 432-43.

¹⁶ Agostinho, *Letter* 10*, "To Alypius" (Eno, *St. Augustine. Letters* 1*-29*).

¹⁷ Agostinho, *Letter* 10*, "To Alypius" (Eno, *St. Augustine. Letters* 1*-29*).

¹⁸ Pelágio, *To Demetrias*, 1, trad. Brinley Roderick Rees, Pelagius: life and *Letters* (Suffolk: Boydell, 1991), p. 69.

¹⁹ Henry Chadwick, *Augustine:* A very short introduction (Oxford: Oxford University Press, 1986), p. 112-3. Veja também Wolin S. Sheldon, *Politics and vision*: continuity and innovation in Western political thought (Princeton: Princeton University Press, 2004), p. 117.

²⁰ Agostinho, *To Boniface*, carta 189.4, em *The works of Saint Augustine:* A translation for the 21st century. *Letters* 156-210, volume Il/3, trad. Roland Teske (New City, 2004), p. 259-62.

²¹ Agostinho, *To Boniface*, carta 189.4 (Teske, *The works of Saint Augustine*).

²² Agostinho, *To Boniface*, carta 220.7 (Teske, *The works of Saint Augustine*), p. 72-8.

²³ Veja *The City of God* 4.14-17; 15.4.

²⁴ Chadwick, *Augustine*, p. 111-2.

²⁵ Chadwick, *Augustine*, p. 111-2.

²⁶ Agostinho, *A cidade de Deus* 19.7.

CAPÍTULO 13

¹ Brown, *The world of Late Antiquity*, p. 122.

² Peter J. Heather, "Theoderic", *Oxford classical dictionary*, p. 1499.

³ Brown, *The world of Late Antiquity*, p. 125.

⁴ Brown, *The world of Late Antiquity*, p. 135.

⁵ "Sidonius Apollinaris", *Oxford dictionary of the Christian church*, p. 1498.

⁶ *Sidonius, vol. 1, poems, Letters, Books 1-2* (Anderson, Loeb classical library 296). *Sidonius, vol. 2, letters, books 3-9* (Anderson, Loeb classical library 420).

⁷ Sobre essa dinâmica entre bispos e seu clero nos séculos 5 e 6, veja Brown, *Eye of a needle*, p. 481-502. Para uma visão geral excelente da vida e das obras de Sidônio, veja *Sidonius, vol. 1, poems, letters* (Anderson, Loeb classical library 296), p. xxxii-lxvii.

⁸ Brown, *The world of Late Antiquity*, p. 126.

⁹ Para uma história autorizada da conversão da Europa, região por região, veja *The Cambridge history of Christianity*, vol. 3: Early Medieval Christianities: c. 600–c. 1100, org. Thomas F. X. Noble et al. (Cambridge: Cambridge University Press, 2014).

OPRESSORES E SANTOS

[10] Knut Schäferdiek, "Germanic and Celtic Christianities", em *The Cambridge history of Christianity*, vol. 2: Constantine to c. 600, orgs. Augustine Casiday et al. (Cambridge: Cambridge University Press, 2007), p. 63.

[11] Para uma história dos merovíngios, veja Ian Wood, *The Merovingian kingdoms*: 450-751 (London: Routledge, 2014), p. 41-9, para uma discussão da conversão de Clóvis. Para as fontes primárias do período, veja Alexander Callander Murray, ed., *Roman to Merovingian Gaul*: a reader (Toronto: University of Toronto Press, 2008).

[12] Veja Schäferdiek, "Germanic and Celtic Christianities", p. 59-63.

[13] Dado, *Vita Eligii* 1.10. Publicado no original em latim em *Patrologia Latina*, ed. J. P. Migne (Paris, 1844-64), 87:479-594. A tradução acima para o inglês é de Jo Ann McNamara, no *Medieval sourcebook da Universidade de Fordham*, disponível em: https://sourcebooks.fordham.edu/basis/eligius.asp. Acesso em: 23 fev. 2023.

[14] Dado, *Vita Eligii* 1.12 (McNamara, *Medieval Sourcebook*).

[15] Dado, *Vita Eligii* 1.10 (McNamara, *Medieval Sourcebook*).

[16] Dado, *Vita Eligii* 2.3 (McNamara, *Medieval Sourcebook*).

[17] Dado, *Vita Eligii* 2.8 (McNamara, *Medieval Sourcebook*).

[18] Dado, *Vita Eligii* 2.38 (McNamara, *Medieval Sourcebook*).

[19] "Boniface", *Oxford dictionary of the Christian church*, p. 123-4.

[20] Daniel para Bonifácio 15.23, em *The Letters of Saint Boniface*: translated with an introduction, ed. Ephraim Emerton (New York: Norton, 1976), p. 48-50.

[21] Gregório II para Bonifácio 16.24 (Emerton, *The Letters of Saint Boniface*, 50-52).

[22] Wood, *Merovingian kingdoms*, p. 251.

[23] George W. Robinson, trad., *Willibald*: the life of Saint Boniface (Cambridge: Harvard University Press, 2013), p. 84.

[24] Veja Ephraim Emerton, trad., *The Letters of Saint Boniface*: translated with an introduction (New York: Norton, 1976).

[25] Para uma história de Carlos Magno e seu impacto no futuro da Europa, veja Rosamond McKitterick, *Charlemagne*: The formation of a European identity (Cambridge: Cambridge University Press, 2013).

CAPÍTULO 14

[1] A evidência documental para essa política geral de guerras estatais seguidas de missões cristãs é encontrada na *Letter* 39, "Letter of Bishop Avitus of Vienne to Clovis Regarding the king's baptism", em Murray, *Roman to Merovingian Gaul*, p. 261-3.

[2] McKitterick, *Charlemagne*, p. 308.

[3] Para uma narrativa confiável da interação do cristianismo com a Europa pagã e da conversão desta no início da Idade Média, veja Ian N. Wood, "The Northern frontier: Christianity face to face with Paganism", em *The Cambridge history of Christianity*, 3:230-46; no mesmo volume, veja também Abrams, "Germanic Christianities", (107-29).

[4] McKitterick, *Charlemagne*, p. 105-6.

[5] Eginardo, *Life of Charlemagne*, 8, trad. Barbara H. Rosewein, ed., em *Reading the Middle Ages*: sources from Europe, Byzantium, and the Islamic world (Toronto: University of Toronto Press, 2014), p. 139.

[6] Eginardo, *Life of Charlemagne*, 8 (Rosewein, Reading the Middle Ages).

[7] *Capitulatio de partibus Saxoniae* 8, trad. Dana Carleton Munro, ed., em *Translations and reprints from the original sources of European history*, Vol. 5: Laws of Charles the Great (Philadelphia: King, 1900), p. 2.

Notas

[8] Para um exemplo desse último argumento, veja Yitzhak Hen, "Charlemagne's jihad", em *Religious Franks*: religion and power in the Frankish kingdoms: studies in honour of Mayke de Jong, orgs. Rob Meens, et al. (Manchester: Manchester University Press, 2016), p. 33-51.

[9] Robert Flierman, "Religious Saxons: Paganism, infidelity and Biblical punishment in the Capitulatio de partibus Saxonia,", em Meens, *Religious Franks*, p. 184.

[10] Hen, "Charlemagne's jihad", p. 33-51.

[11] Hen, "Charlemagne's jihad", p. 47.

[12] Lactâncio, *The death of the persecutors* 48 (McDonald, *Lactantius, the minor works*).

[13] Agostinho, *Against the Letters of Petilian the Donatist*, 2.184, em *The Nicene and Post-Nicene Fathers*, vol. 1, St. *Augustine:* the writings against the Manichaeans, and against the Donatists, trad. J. R. King e rev. por Chester D. Hartranft (New York: Cosimo, 2007), 4:572. Veja também "Donatism", *Oxford dictionary of the Christian church*, p. 499-500.

[14] Carta a Melito, *Bede's Ecclesiastical history* 2.30 (King, Loeb classical library 246), 161-65.

[15] Jinty Nelson, "Alcuin's Letter to Meginfrid", em *Penser la paysannerie médiévale, un défi impossible?*, eds. Alain Dierkens, et al. (Paris: Sorbonne University Press, 2017), p. 122.

[16] Nelson, "Alcuin's Letter", p. 120.

[17] Nelson, "Alcuin's Letter", p. 120.

[18] Nelson, "Alcuin's Letter", p. 120.

[19] Veja Melvyn Bragg, "Alcuin", entrevista com Mary Garrison, Joanna Story, e Andy Orchard, *In our time*, BBC, 30 jan. 2020, disponível em: https://www.bbc.co.uk/programmes/m000dqy8. Acesso em:23 fev.2 023.

[20] Hen, "Charlemagne's jihad", p. 43.

[21] Esta é a famosa Epistle 110 de Alcuíno, citada em Hen, "Charlemagne's jihad", p. 43.

[22] Graciano, *Decretum*, Distinctio 45, cânone 3, trad. Robert Chazan, *Church, State, and the Jew in the Middle Ages* (West Orange, NJ: Behrmam House, 1980), p. 20.

[23] Tomás de Aquino, *Summa theologiae*, IIa-IIae, 10.8 em *Summa theologiae Secunda Secundae*, 1-91, trad. Laurence Shapcote (Lander: The Aquinas Institute for the Study of Sacred Doctrine, 2012), p. 104 [edição em português: *Suma teológica*, 5 vols. (Campinas: Ecclesiae, 2018)]. Veja também o capítulo 2 de *Liberty in the things of God*, de Robert Louis Wilken.

CAPÍTULO 15

[1] Stephen Greenblatt, *The swerve*: how the world became modern (New York: Norton, 2011) [edição em português: *A virada*: o nascimento do mundo moderno (São Paulo: Companhia das Letras, 2012)].

[2] Greenblatt, *The swerve*, p. 43.

[3] Greenblatt, The *swerve*, p. 36.

[4] Greenblatt, *The swerve*, p. 50.

[5] Greenblatt, *The swerve*, p. 7.

[6] Resenhas críticas representativas incluem: Charles Kay Smith em *Kritikon Litterarum* 41 (2014), 112-34; Aaron W. Godfrey em *Forum italicum*: a journal of Italian studies 46 (2012): 203-4; John Monfasani em *Reviews in history* 1283, disponível em: https://reviews.history.ac.uk/review/1283. Acesso em: 23 fev. 2023; Morgan Meis em *N+1 Magazine*, disponível em: https://nplusonemag.com/online-only/book-review/swerving/. Acesso em: 23 fev. 2023; e uma resenha cruel, mas não imprecisa, de Jim Hench, "Why Stephen Greenblatt is

OPRESSORES E SANTOS

wrong — and why it matters" em *The Los Angeles Review of Books*, Dec. 1, 2012, disponível em: https://lareviewofbooks.org/article/why-stephen-greenblatt-is-wrong-and-why-it-matters/. Acesso em: 23 fev. 2023.

[7] Brian Tierney, *Western Europe in the Middle Ages*: 300-1475, 6 ed. (New York: McGraw-Hill, 1992), p. 143-4.

[8] Citado a partir da discussão acerca de Alcuíno entre os historiadores Mary Garrison, Joanna Story e Andy Orchard, professor de Anglo-saxão na Universidade de Oxford, em Bragg, "Alcuin".

[9] Veja Rosamond McKitterick, "The Carolingian Renaissance of culture and learning", em *Charlemagne*, p. 151-66. Veja também John J. Contreni, "The Carolingian Renaissance: education and literary culture", em *The new Cambridge Medieval History*, vol. 2: c.700-900, org. Rosamond McKitterick (Cambridge: Cambridge University Press, 2008), p. 709-57.

[10] Foram preservadas 3.200 páginas de poesia carolíngia; John J. Contreni, "The Carolingian Renaissance", p. 753. Um estudo da poesia de trinta poetas diferentes desse período pode ser encontrado em Peter Godman, *Poetry of the Carolingian Renaissance* (London: Duckworth, 1985).

[11] Eleanor Shipley Duckett, *Alcuin, friend of Charlemagne*: his world and his work (New York: Macmillan, 1951), p. 109.

[12] Eginardo, *Life of Charles the Great* (Vita Karoli Magni), p. 25, em "The library of Alcuin's York", trad. Mary Garrison, em *The Cambridge history of the book in Britain*, ed. R. Gameson (Cambridge: Cambridge University Press, 2011), p. 634. Para uma tradução moderna, veja David Ganz, *Einhard and Notker the Stammerer*: two lives of Charlemagne (London: Penguin, 2008).

[13] Veja a discussão sobre esse ponto em Bragg, "Alcuin".

[14] Jerônimo, "To Eustochium", *Letter* 22.30 (Wright, Loeb classical library 262), p. 127.

[15] Jerônimo, "To Eustochium", *Letter* 22.29 (Wright, Loeb classical library 262), p. 125.

[16] Arthur Stanley Pease, "The attitude of Jerome towards Pagan literature" em *Transactions and proceedings of the American Philological Association* 50 (1919), p. 150-67.

[17] A regra é trazida claramente em Hipólito, *Apostolic traditions*, 16-17.

[18] "The pilgrimage of Egeria", 46, trad. George E. Gingras, *Egeria*: diary of a pilgrimage (Westminster: Newman, 1970), p. 124. Para os detalhes sobre Egéria, veja Cohick e Hughes, *Christian women in the Patristic world*, p. 127-56.

[19] *The pilgrimage of Egeria*, p. 46.

[20] Sobre a vida e o ensino de Cirilo, incluindo traduções de suas aulas, veja Edward Yarnold, *Cyril of Jerusalem* (London: Routledge, 2000). Sobre o fenômeno da *catechesis* de forma mais geral na igreja primitiva, veja M. E. Nelson, "Catechesis and baptism in the early Christian church", *In die Skriflig* 20 (1996), p. 443-56.

[21] Rosamond McKitterick, *The Carolingians and the written word* (Cambridge: Cambridge University Press, 1989), p. 212.

[22] Carta de Carlos Magno aos leitores públicos (nas igrejas) de 786, citada em McKitterick, *Charlemagne*, p. 315.

[23] Eginardo, *Life of Charles the Great* (Vita Karoli Magni), p. 25 (Ganz, *Einhard and Notker*, 36).

[24] Extraído da *Admonitio generalis* de 789, citado em McKitterick, *Charlemagne*, p. 316.

[25] Contreni, "The Carolingian Renaissance", p. 721.

[26] McKitterick, "The Carolingian Renaissance of culture and learning", p. 157.

Notas

[27] Incmaro, *Collectio de ecclesiis et capellis*, MGH Fontes XIV, C.100. Citado em Contreni, "The Carolingian Renaissance", p. 717. Também Tierney, *Western Europe in the Middle Ages*: 300-1475, p. 141.

[28] Rolph Barlow, *The Letters of Alcuin* (New York: Forest, 1909), p. 91.

[29] Steven A. Stofferahn, "Changing views of Carolingian women's literary culture: the evidence from Essen", *Early Medieval Europe* 8.1 (1999): 70, 72. Sobre a educação de mulheres nesse período, veja McKitterick, *The Carolingians and the written word*, p. 226. Veja também Contreni, "The Carolingian Renaissance", p. 715-20.

[30] McKitterick, *The Carolingians and the written word*, p. 192.

[31] Contreni, "The Carolingian Renaissance", p. 719.

[32] Notker, *The deeds of Charlemagne*, 1.8.

[33] Notker, *The deeds of Charlemagne*, 1.3-4 (Ganz, *Einhard and Notker*). Veja também McKitterick, *The Carolingians and the written word*, p. 222.

[34] Citado em Duckett, *Alcuin*, p. 111.

[35] Contreni, "The Carolingian Renaissance", p. 728-32.

[36] Contreni, "The Carolingian Renaissance", p. 747-51.

[37] Charles W. Colby, ed., *Selections from the sources of English history* (London: Longmans, Green, 1899), p. 17-9.

[38] Sobre isso, veja McKitterick, "The Carolingian Renaissance", p. 160-1; Garrison, "The library of Alcuin's York", p. 633-64.

[39] McKitterick, *The Carolingians and the written word*, p. 179.

[40] McKitterick, *The Carolingians and the written word*, p. 163.

[41] McKitterick, "The Carolingian Renaissance of culture and learning", p. 153-4.

[42] Rainer A. Müller, "Cathedral schools", *Brill's encyclopedia of the Middle Ages*, orgs. Gert Melville e Martial Staub (2016), disponível em: https://referenceworks.brillonline. com/browse/brill-s-encyclopaedia-of-the-middle-ages. Acesso em: 9 fev. 2022.

[43] Rainer A. Müller, *Geschichte der Universität*. Von der mittelalterlichen Universitas zur deutschen Hochschule (Munich: Callwey, 1990); Rainer A. Müller, "Universities", *Brill's encyclopedia of the Middle Ages*, disponível em: https://referenceworks.brillonline. com/browse/brill-s-encyclopaedia-of-the-middle-ages. Acesso em: 10 fev. 2023.

CAPÍTULO 16

[1] Pew Research Centre. "The global religious landscape", 2012, https://www.pewforum. org/2012/12/18/global-religious-landscape-exec/.

[2] Pew Research Centre. "Racial and ethnic composition among Christians (US)", 2015, disponível em: https://www.pewforum.org/religious-landscape-study/christians/ christian/racial-and-ethnic-composition/. Acesso em: 9 fev. 2023. Tomei conhecimento desses estudos em Rebecca McLaughlin, *Confronting Christianity*: 12 hard questions for the world's largest religion (Wheaton: Crossway, 2019), p. 36-48.

[3] *Epistle to Diognetus* 5.4-6 [edição em português: *Padres apologistas*: Carta a Diogneto - Aristides de Atenas - Taciano, o Sírio - Atenágoras de Atenas - Teófilo de Antioquia - Hérmias, o Filósofo (São Paulo: Paulus, 1997) (Patrística, 2)]. Veja Holmes, *Apostolic Fathers*, p. 686-719.

[4] De acordo com o World Religion Database [Banco de dados de religiões mundiais] da Universidade de Boston (2020), o cristianismo tem 2,5 bilhões de adeptos, ou 32% da população mundial, espalhados entre 234 países. O islamismo não está muito atrás, com

OPRESSORES E SANTOS

1,9 bilhão de adeptos, ou 24% da população mundial, espalhados entre 218 países. Veja https://worldreligiondatabase.org.

5 *Letter* 38, "Letter of bishop Remigius of Rheims to Clovis", em Murray, *Roman to Merovingian Gaul*, p. 260.

6 *Letter* 39, "Letter of bishop Avitus of Vienne to Clovis regarding the king's baptism", em Roman to Merovingian Gaul, p. 261-3.

7 Brown, *Eye of a needle*, p. 505.

8 Tyerman, *God's war*, p. 34.

9 Tyerman, *God's war*, p. 35-6.

10 Tyerman, *God's war*, p. 37.

11 Tyerman, *God's war*, p. 36.

12 Abão de St-Germain, "The Viking Siege of Paris: Odo and Ebolus". O texto em latim e a tradução para o inglês aparecem em Godman, *Poetry of the Carolingian Renaissance*, p. 312-3.

13 James E. Cathey, ed., *Heliand*: text and commentary (Morgantown: West Virginia University Press, 2002), p. 135

14 *Heliand* 16 (Cathey, *Heliand*). [A tradução reproduzida aqui é parte do Projeto Heliand, um projeto acadêmico que tem por objetivo fazer uma tradução comentada e uma análise crítica do Heliand direto do saxão antigo para o português. Esse trecho já traduzido foi gentilmente cedido pelos professores Elton O. S. Medeiros e Vinícius César Dreger de Araújo, que encabeçam o projeto. Para mais informações sobre o Projeto Heliand e sobre o Projeto Caedmon, em cujo âmbito aquele se encontra, visite: https://projetocaedmon.wordpress.com/outros-projetos-traducoes/projeto-heliand/ (N. do T.).]

15 Tyerman, *God's war*, p. 39.

16 Veja Tyerman, *God's war*, p. 40-2.

17 Bernardo de Claraval, *In praise of the new knighthood*, 3 (Allen, *The Crusades*: a reader, 197). [A tradução para o português do trecho citado, assim como do título do opúsculo, foi extraída da tradução de Vitor Manuel Adrião, parágrafo III.4, disponível em: https://lusophia.wordpress.com/2019/09/24/do-louvor-da-nova-milicia-e-dos-soldados-do-templo-por-sao-bernardo-de-claraval-1130/. Acesso em: 13 fev. 2023 (N. do T.).]

18 A citação e tradução são de Tyerman, *God's war*, p. 28. [Na tradução para o português supracitada, o trecho encontra-se no parágrafo I.1 (N. do T.).]

19 Tyerman, *God's war*, p. 28

20 The life of Christina of St-Trond by Thomas of Cantimpré, §56, em *Medieval saints*: a reader, ed. Mary-Ann Stouck (Peterborough: Broadview, 1999), p. 452.

21 *The life of Christina* §33-34 (Stouck, Medieval saints, p. 445-6).

CAPÍTULO 17

1 Veja Bragg, "Alcuin".

2 Jerônimo, "To Eustochium", *Letter* 22.28 (Wright, Loeb classical library 262).

3 "Benedict, St.", *Oxford dictionary of the Christian church*, p. 182-3.

4 A tradução completa da Regra para o inglês pode ser encontrada em Project Gutenberg, disponível em: http://www.gutenberg.org/files/50040/50040-h/50040-h.html#chapter-1-nl-on-the-kinds-of-monks. Acesso em: 23 fev. [Uma tradução para o português brasileiro pode ser encontrada em https://www.movimentopax.org.br/saoBento/Regra%20de%20Sao%20Bento.pdf (N. do T.).]

Notas

[5] Christopher Dawson, *Religion and the rise of Western culture* (New York: Doubleday, 1991), p. 120-1 [edição em português: *Criação do Ocidente*: a religião e a civilização medieval. Trad. Maurício G. Righi (São Paulo: É Realizações, 2016)].

[6] Decisões do Concílio de Reims (909 d.C.), citado em Dawson, *Religion and the rise of Western culture*, p. 121.

[7] Odão de Cluny, *Collationes*, III, 26-30 (Dawson, *Religion and the rise of Western culture*, p. 123).

[8] *Life of St. Odo of Cluny by John of Salerno*, §4 em St. Odo of Cluny: being the Life of St. Odo of Cluny by John of Salerno, and the life of St. Gerald of Aurillac by St. Odo, Gerard Sitwell, trad. e ed. (New York: Sheed & Ward, 1958), p. 44.

[9] *Life of St. Odo of Cluny by John of Salerno*, §5, 46 (Sitwell, *St. Odo of Cluny*).

[10] *Life of St. Odo of Cluny by John of Salerno*, §7, 50 (Sitwell, *St. Odo of Cluny*).

[11] *Life of St. Odo of Cluny by John of Salerno*, §7, 47 (Sitwell, *St. Odo of Cluny*).

[12] *Life of St. Odo of Cluny by John of Salerno*, §8, 51-52 (Sitwell, *St. Odo of Cluny*).

[13] *Life of St. Odo of Cluny by John of Salerno*, §9, 52-53 (Sitwell, *St. Odo of Cluny*).

[14] Veja o excelente resumo de sua vida e contribuição preparado por Barbara H. Rosenwein, "Saint Odo of Cluny", Encyclopedia Britannica, disponível em: https://www.britannica.com/biography/Saint-Odo-of-Cluny. Acesso em: 16 fev. 2022.

[15] Andrea Janelle Dickens, *The female mystic*: great women thinkers of the Middle Ages (London: Tauris, 2009), p. 26.

[16] Dickens, *The female mystic*, p. 26.

[17] Dickens, *The female mystic*, p. 30-1.

[18] Catarina de Siena, *Dialogue*, 1.26, citado em Dickens, *The female mystic*, p. 151.

[19] "Catherine, St., of Siena", *Oxford dictionary of the Christian church*, p. 304-5.

[20] Dickens, *The female mystic*, p. 152.

[21] Catarina de Siena, *Letter* T69, citado em Dickens, *The female mystic*, p. 155-6.

[22] Thompson, Francis of Assisi, p. 177.

[23] *Life of St. Francis by Thomas of Celano*, "How Francis lived in the world before his conversion", §17, citado em Stouck, *Medieval saints*, p. 479.

[24] Citado em Thompson, *Francis of Assisi*, p. 16.

[25] Thompson, *Francis of Assisi*, p. 17.

[26] Thompson, *Francis of Assisi*, p. 88.

[27] Thompson, *Francis of Assisi*, p. ix.

[28] Veja Benjamin, Z. Kedar, *Crusade and mission*: European approaches toward the Muslims (Princeton: Princeton University Press, 1984), p. 126-31.

[29] Kedar, *Crusade and mission*, p. 129.

[30] Tyerman, *God's war*, p. 638.

[31] Thompson, *Francis of Assisi*, p. 67.

[32] Tyerman, *God's war*, p. 630.

[33] Para uma análise do evento e das fontes, veja Powell, "St. Francis of Assisi's way of peace", p. 271-80. Para uma biografia de Francisco acadêmica, mas acessível, veja Thompson, *Francis of Assisi*.

[34] Thompson, *Francis of Assisi*, p. 69.

[35] Thompson, *Francis of Assisi*, p. 69-70.

[36] "Franciscan Order", *Oxford dictionary of the Christian church*, p. 634-5.

[37] Brodman, *Charity and religion in Medieval Europe*, p. 48.

[38] Brodman, *Charity and religion in Medieval Europe*, p. 49.

[39] Frances J. Niederer, "Early Medieval charity", *Church History* 21 (1952): 289.

OPRESSORES E SANTOS

[40] Brodman, *Charity and religion in Medieval Europe*, capítulo 11, "A Cascade of Hospitals" (p. 45-88).

[41] Brodman, *Charity and religion in Medieval Europe*, p. 50-6.

[42] *Lives of the fathers of Merida*, §5.3, em A. T. Fear, *Lives of the Visigothic fathers, translated texts for historians*, 26 (Liverpool: Liverpool University Press, 2001), p. 73-5. Para a data do texto, veja a introdução, p. xxx-xxxi.

[43] Brodman, *Charity and religion in Medieval Europe*, p. 50-6.

[44] Brodman, *Charity and religion in Medieval Europe*, p. 85.

[45] Para uma breve descrição da vida e pensamento de Aquino, veja Fergus Kerr, *Thomas Aquinas*: a very short introduction (Oxford: Oxford University Press, 2009). Uma introdução mais avançada é Denys Turner, *Thomas Aquinas*: a portrait (New Haven: Yale University Press, 2013). Veja também Edward Feser, *Aquinas*: a beginner's guide (London: Oneworld, 2009).

[46] Life of St. *Thomas Aquinas* by Bernard Gui (1261-1331), §32, em *Life of Saint Thomas Aquinas*: biographical documents, ed. Kenelm Foster (Baltimore: Helicon, 1959), p. 51.

[47] Brian Tierney, *Medieval poor law*: a sketch of canonical theory and its application in England (Berkeley: University of California Press, 1959). Veja também Charles J. Reid, "The canonistic contribution to the Western rights tradition: an historical inquiry", *Boston College Law Review*, 33:37 (1995), p. 37-92.

[48] Veja Reid, "The Canonistic Contribution".

[49] Tierney, *Medieval poor law*, p. 12.

[50] Tierney, *Medieval poor law*, p. 62.

[51] Citado em Tierney, *Medieval poor law*, p. 62.

[52] Tierney, *Medieval poor law*, p. 48.

[53] Todos citados em Tierney, *Medieval poor law*, p. 37-8.

[54] Tierney, *Medieval poor law*, p. 38.

[55] Tierney, *Medieval poor law*, p. 38.

[56] Tierney, *Medieval poor law*, p. 13-4.

[57] Estatuto 15, Ricardo II, 1391, Cap. VI, "Provisões para os pobres", citado em Tierney, *Medieval poor law*, p. 129.

[58] Tierney, *Medieval poor law*, p. 129.

[59] Estatutos 5 e 6, Eduardo VI, 1552, "A provisão e o socorro do pobre", em J. R. Tanner, *Tudor constitutional documents*: AD 1485-1603 (London: Chivers, 1971), p. 471. Sobre isso, veja Tierney, *Medieval poor law*, p. 127.

[60] Estatuto 5, Elizabeth I, 1563, Cap. 3, em Tanner, *Tudor constitutional documents*, p. 471-2. Veja também Tierney, *Medieval poor law*, p. 127.

[61] Estatuto 14, Elizabeth I, 1572, Cap. 5, "Ato dos pobres", em Tanner, *Tudor constitutional documents*, p. 471-2. Sobre isso, veja Tierney, *Medieval poor law*, p. 131.

[62] Elizabeth I, "Ato de socorro ao pobre de 1598." Para o texto da lei na íntegra, veja Tanner, Tudor constitutional documents, p. 488-94.

[63] Tierney, *Medieval poor law*, p. 131.

[64] Tierney, *Medieval poor law*, p. 131. Veja também Tierney, *Medieval poor law*, p. 132.

CAPÍTULO 18

[1] Brown, *The world of Late Antiquity*, p. 145.

[2] Brown, *The world of Late Antiquity*, p. 156.

Notas

[3] Miira Tuominen, "Late Antiquity: science in the philosophical schools", em *The Cambridge history of science*, vol. 1: ancient science (Cambridge: Cambridge University Press, 2018), p. 278-92.

[4] Brown, *The world of Late Antiquity*, p. 177.

[5] Peter Sarris, *Byzantium*: a very short introduction (Oxford: Oxford University Press, 2015), p. 102.

[6] Veja a história da Bodleiana, https://www.bodleian.ox.ac.uk/bodley/about-us/history.

[7] Sarris, *Byzantium*, p. 102. O sumário de livros de Fócio é conhecido como a Bibliotheca e pode ser acessado on-line, disponível em: http://www.tertullian.org/Fathers/photius_01toc.htm. Acesso em: 23 fev. 2023.

[8] Brown, *The world of Late Antiquity*, p. 177.

[9] Orla Guerin, "Hagia Sophia: Turkey turns iconic Istanbul museum into mosque", *BBC*, 10 jul. 2020, disponível em: https://www.bbc.com/news/world-europe-53366307. Acesso em: 23 fev. 2023.

[10] Veja "Byzantine architecture", em *The Oxford dictionary of architecture*, ed. James Stevens Curl e Susan Wilson (Oxford: Oxford University Press, 2015), p. 134-6.

[11] Brown, *The world of Late Antiquity*, p. 152.

[12] Brown, *The world of Late Antiquity*, p. 155.

[13] Brown, *The world of Late Antiquity*, p. 147.

[14] Justiniano ratificou e expandiu as leis mais antigas constantes no *Theodosian code* 9.44.1-2.

[15] *Código Justiniano*, 1.12.1-2, em *The codex of Justinian*, vol. 1, Bruce W. Frier, ed., trad. Fred H. Blume (Cambridge: Cambridge University Press, 2016).

[16] Veja "Sanctuary", em *A dictionary of British history*, 3ª ed., ed. John Cannon e Robert Crowcroft (Oxford: Oxford University Press, 2009), p. 574.

[17] Hector Perla e Susan Bibler Coutin, "Legacies and origins of the 1980s US-Central American Sanctuary Movement", em *Refuge* 26.1 (2009), p. 7-19.

[18] Talal Ansari, "Some churches offer refuge from deportation with 'sacred resisting'", *The Wall Street Journal*, Aug. 4, 2019, disponível em: https://www.wsj.com/articles/some--churches-offer-refuge-from-deportation-with-sacred-resisting-11564927200. Acesso em: 23 fev. 2023.

[19] Miller, *The birth of the hospital in the Byzantine empire*, p. 89.

[20] Miller, *The birth of the hospital in the Byzantine empire*, p. 91.

[21] Miller, *The birth of the hospital in the Byzantine empire*, p. 90-1.

[22] Miller, *The birth of the hospital in the Byzantine empire*, p. 92.

[23] Para as leis da igreja, veja os Cânones Arábicos de Niceia, cânone 70. As leis de Justiniano podem ser encontradas na sua publicação *Novellae Constitutiones*, ou Novas Constituições, nº 120, 131. Veja a discussão em Miller, *The birth of the hospital in the Byzantine empire*, p. 100-3.

[24] Miller, *The birth of the hospital in the Byzantine empire*, p. 117.

[25] Miller, *The birth of the hospital in the Byzantine empire*, p. 110-7.

[26] O manuscrito faz parte da Biblioteca do Vaticano hoje. Peregrine Horden, "Sickness and healing", em Thomas F. X. Noble et al., *The Cambridge history of Christianity*, 3:420-21.

[27] Horden, "Sickness and healing", p. 431.

[28] Brown, *The world of Late Antiquity*, p. 174.

[29] *Código Justiniano*, 1.11.10.1 (Blume, *The Codex of Justinian*).

OPRESSORES E SANTOS

[30] Catherine Nixey, *The darkening age*: the Christian destruction of the classical world (London: Pan Macmillan, 2017), p. 231-47.

[31] Edward Watts, "Justinian, Malalas, and the End of Athenian Philosophical Teaching in A.D. 529", *The Journal of Roman Studies* 94 (2004): 169.

[32] Watts, "Justinian", p. 168. A fonte primária é Malalas, *Chronical* 18.47. Para uma tradução da crônica para o inglês, veja *The Chronicle of John Malalas*. Byzantina Australiensia, vol. 4 (Leiden: Brill, 1986).

[33] Fócio, *Bibliotheca*, p. 130.

[34] *Código Justiniano*, 1.11.10.2 (Blume, *The Codex of Justinian*).

[35] Brown, *The world of Late Antiquity*, p. 174.

[36] Peter Brown, *The rise of Western Christendom*: triumph and diversity, A.D. 200-1000, 2ª ed. (Oxford: Blackwell, 2007), p. 296.

[37] Existe uma diferença muito técnica entre o Credo Niceno conforme afirmado pela lgreja Ortodoxa e o Credo Niceno conforme afirmado pelos católicos e protestantes. Na terceira estrofe do credo, os ortodoxos declaram que o Espírito Santo "procede do Pai", enquanto os católicos e protestantes dizem "procede do Pai e do Filho".

[38] Sarris, Byzantium, p. 94-102. Veja também David Bentley Hart, *Atheist delusions*: the Christian revolution and its fashionable enemies (New Haven: Yale University Press, 2009), p. 34.

[39] Para entender essa história complicada, veja Brown, *The world of Late Antiquity*, p. 194-203.

[40] Brown, *The world of Late Antiquity*, p. 202.

[41] Peter Adamson, Oliver Overwien e Gotthard Strohmaier, "Alexandria, School of", *Encyclopaedia of Islam*, vol. 3, orgs. Kate Fleet et al., disponível em: https://referenceworks. brillonline.com/browse/encyclopaedia-of-islam-3. Acesso em: 18 fev. 2023.

CAPÍTULO 19

[1] Hart, *Atheist delusions*, p. 31.

[2] Theodore E. Mommsen, "Petrarch's conception of the 'Dark Ages'", *Speculum* 17 (abr. 1942): 227.

[3] Mommsen, "Petrarch", p. 234.

[4] Citado em Mommsen, "Petrarch", p. 231-2.

[5] Mommsen, "Petrarch", p. 242.

[6] Martial Staub, "Humanism and the reception of Antiquity", *Brill Encyclopedia of the Middle Ages*, https://referenceworks.brillonline.com/browse/brill-s-encyclopaedia -of-the-middle-ages.

[7] Wallace K. Ferguson, "Humanist views of the Renaissance", *The American Historical Review* 45 (out. 1939): 28.

[8] Mommsen, "Petrarch", p. 227.

[9] Gibbon, *History of the decline and fall of the Roman Empire*, capítulo 30.

[10] Isso aparece no "Prefácio do autor" ao volume 1 de *Decline and fall* de Gibbon.

[11] Gibbon, *Decline and fall*, capítulo 13. A mesma perspectiva "culta" foi expressa em outro livro influente do século seguinte: Henry Thomas Buckley, *History of civilization in England*, vol. 1 (London: Robson, Levey, and Franklyn, 1857; reimpr., Cambridge: Cambridge University Press, 2011), p. 558.

[12] Citado em Mommsen, "Petrarch", p. 226.

[13] Mommsen, "Petrarch", p. 226.

342

Notas

[14] Mommsen, "Petrarch", p. 227.

[15] Catherine Nixey, *The darkening age*: the Christian destruction of the classical world (London: Pan Macmillan, 2017).

[16] Miri Rubin, *The Middle Ages*: a very short introduction (Oxford: Oxford University Press, 2014), p. 4-6.

[17] Esta foi parte da resposta de Lutero a uma questão levantada pelo respeitado erudito humanista Desidério Erasmo (1469-1536 d.C.). Veja o livro de Lutero *On the bondage of the will*, especialmente a seção referenciada como WA 649-661 na edição Weimar das *Obras de Lutero*, que pode ser encontrada traduzida para o inglês em Ernest Gordon Rupp, ed., *Luther and Erasmus*: free will and salvation (Louisville: Westminster John Knox, 1969), p. 154-66.

[18] George Townsend, ed., *The acts and monuments of John Foxe*, vol. 2 (London: Seeley, 1843), p. 727.

[19] Citado por Francis Oakley, *The Medieval experience*: foundations of Western singularity (Toronto: University of Toronto Press, 2005), p. 4.

[20] Oakley, *The Medieval experience*, 1. Veja também Richard E. Sullivan, "What were *The Middle Ages*", *The centennial review of arts and science* 2 (1958), p. 171. Veja também Hart, *Atheist delusions*, p. 33-4.

CAPÍTULO 20

[1] É estranho e comum as pessoas falarem de "milhões" de mortos pelas Inquisições, como Thomas Madden aponta. Disponível em: http://www.nationalreview.com/article/211193/real-inquisition-thomas-f-madden. Acesso em: 23 fev. 2023. A contagem dos "milhões" provavelmente foi superestimada multiplicando-se por mil o número real de mortos.

[2] Edward Peters, *Inquisition* (Berkeley: University of California Press, 1989), p. 87.

[3] "Pope apologises for Church sins", *BBC News*, Mar. 2000, disponível em: http://news.bbc.co.uk/2/hi/europe/674246.stm. Acesso em: 23 fev. 2023.

[4] Disponível em: https://www.nytimes.com/2017/06/03/opinion/sunday/bruni-campus-inquisitions-evergreen-state.html?searchResultPosition=6. Acesso em: 7 fev. 2023.

[5] Veja "Cathari", *Oxford dictionary of the Christian church*, p. 301.

[6] Thomas F. Madden, "Crafting the myth of the Inquisition", Lecture 12, *Heaven or heresy*: a history of the Inquisition in modern scholar series (Prince Frederick: Recorded Books, 2008).

[7] Citado em R. A. Markus, "Gregory the Great and a papal missionary strategy" (p. 29-38), em *Studies in Church history*, vol. 6: The mission of the Church and the propagation of the faith (Cambridge: Ecclesiastical history Society, 1970), p. 30.

[8] Sobre a origem dos conversos, veja Henry Kamen, *The Spanish Inquisition* (New Haven: Yale University Press, 1997), p. 8-11.

[9] Citado em Kamen, *The Spanish Inquisition*, p. 49.

[10] Citado em Kamen, *The Spanish Inquisition*, p. 50.

[11] Citado em Kamen, *The Spanish Inquisition*, p. 58.

[12] Citado em Kamen, *The Spanish Inquisition*, p. 58.

[13] Citado em Kamen, *The Spanish Inquisition*, p. 274.

[14] Malcolm Gaskill, *Witchcraft*: a very short introduction (Oxford: Oxford University Press, 2010), p. 76.

[15] Gaskill, *Witchcraft*, p. 71.

[16] Gaskill, *Witchcraft*, p. 30. Os julgamentos de bruxas mais famosos no imaginário moderno são os de Salém em 1692, que ganharam fama em *The crucible* (1953), de Arthur Miller. Entre fevereiro e outubro de 1692, vinte pessoas, a maioria mulheres, foram executadas por feitiçaria (dezenove enforcadas e uma esmagada até a morte). A paranoia acabou tão rápido quanto começou. A igreja e figuras políticas colocaram um fim a ela e se desculparam pelo episódio vergonhoso.

[17] Citado em Kamen, *The Spanish Inquisition*, p. 274.

[18] Sobre a eficácia da Inquisição espanhola em erradicar o protestantismo da Espanha, veja Kamen, *The Spanish Inquisition*, p. 83-102; também Peters, *Inquisition*, p. 86-90.

[19] Estatísticas confiáveis para o número de protestantes na Espanha são notoriamente difíceis de encontrar. Aqui, estou me baseando no Departamento de Estado dos Estados Unidos, "Spain 2018 International Religious Freedom Report", p. 2.

[20] Estas são as porcentagens dos casos ocorridos na Catalunha, que representam pouco mais da metade dos casos tratados pela Inquisição nesse período. Veja Kamen, *The Spanish Inquisition*, p. 257-60.

[21] Kamen, *The Spanish Inquisition*, p. 266.

[22] Kamen, *The Spanish Inquisition*, p. 267.

[23] Veja Thomas Madden, "The real Inquisition", *National Review*, 18 jun. 2004, disponível em: https://www.nationalreview.com/2004/06/real-Inquisition-thomas-f-madden/. Acesso em: 16 fev. 2023.

[24] Kamen, *The Spanish Inquisition*, p. 235.

[25] Citado em Kamen, *The Spanish Inquisition*, p. 235.

[26] Henry Charles Lea, *A history of the Inquisition of Spain*, vol. 2 (New York: Macmillan, 1906), p. 534. Lea foi acusado de ser anticatólico e até antiespanhol.

[27] Kamen, *The Spanish Inquisition*, p. 59-62.

[28] Peters, *Inquisition*, p. 87.

[29] William Doyle, *The French Revolution*: a very short introduction (Oxford: Oxford University Press, 2001), p. 80.

[30] Thomas Kaiser, "Reign of terror", em *Oxford encyclopedia of the modern world*, org. Peter N. Stearns (Oxford: Oxford University Press, 2008).

[31] *The Times*, Sept. 10, 1972.

[32] A contagem de mortos é descrita e explicada no artigo "Reign of terror" na *Encyclopaedia Britannica*, disponível em: https://www.britannica.com/place/France/The-Reign-of-Terror. Acesso em: 18 fev. 2023.

[33] Jonathan Glover, *Humanity*: a moral history of the twentieth century (New York: Random House, 2001), p. 413.

[34] Maximilien Robespierre, "On the moral and political principles of domestic policy", Internet History Sourcebooks Project. History Department of Fordham University, New York, https://sourcebooks.fordham.edu/mod/robespierre-terror.asp. Veja também o debate entre Mike Broers, Rebecca Spang e Tim Blanning no programa da BBC *In our time*, com Melvin Bragg (um dos meus podcasts favoritos), "The French Revolution's Reign of terror", *In our time*, BBC, May 26, 2005, disponível em: https://www.bbc.co.uk/programmes/p003k9cf. Acesso em: 23 fev. 2023.

[35] Martinho Lutero, "Defence and explanation of all the articles" (1521), 1.34, em *The works of Martin Luther*, vol. 32: Career of the reformer, trad. Charles M. Jacobs, rev. George W. Forell (Charlottesville: Intelex, 2013), p. 88-9.

[36] Lutero, *On the bondage of the will*, WA, p. 649-661 na edição Weimar das *Obras de Lutero*; tradução para o inglês em Rupp, *Luther and Erasmus*, p. 154-66.

Notas

[37] George Townsend, ed., *The acts and monuments of John Foxe*, vol. 4 (London: Seeley, 1846), p. 452.

[38] Madden, "Crafting the myth of the Inquisition".

[39] Peters, *Inquisition*, p. 134.

[40] Peters, *Inquisition*, p. 170-1.

[41] Peters, *Inquisition*, p. 172.

[42] Citado em Peters, *Inquisition*, p. 171.

[43] Peters, *Inquisition*, p. 122-88.

[44] Veja, John M. Barry, *Roger Williams and the creation of the American soul*: church, state, and the birth of liberty (London: Penguin, 2012); Wilken, *Liberty in the things of God*, p. 144-54.

[45] Peters, *Inquisition*, p. 242-54.

[46] John W. Draper, *History of the conflict between religion and science* (New York: Appleton, 1875); Andrew D. White, *A history of the warfare of science with theology in Christendom* (New York: Appleton, 1896).

[47] Rivka Feldhay, "Religion", em *The Cambridge history of science*, vol. 3: Early modern science (Cambridge: Cambridge University Press, 2006), p. 727.

[48] Agostinho, *The literal meaning of Genesis*, 1.19; Aquino, *Summa theologiae*, 1a, 68, 1.

[49] Peters, *Inquisition*, p. 249.

[50] Rivka Feldhay, "Religion", p. 746-7.

[51] "Vatican admits Galileo was right", *New Scientist*, Nov. 7, 1992, disponível em: https://www.newscientist.com/article/mg13618460-600-vatican-admits-galileo-was-right/. Acesso em: 23 fev. 2023.

[52] Discurso papal em um Simpósio Internacional sobre a Inquisição (§4), em 31 out. 1998, disponível em: http://www.vatican.va/content/john-paul-ii/en/speeches/1998/october/documents/hf_jp-ii_spe_19981031_simposio.html. Acesso em: 23 fev. 2023.

[53] Citado em Peters, *Inquisition*, p. 171.

CAPÍTULO 21

[1] Richard Dawkins, *Deus, um delírio* (São Paulo: Companhia das Letras, 2007), p. 358.

[2] Martinho Lutero, "Letter to the archbishop of Mainz, 1517", em *The works of Martin Luther*, vol. 1, ed. e trad. Adolph Spaeth et al. (Philadelphia: Holman, 1915), p. 25-8. Também on-line no site do Fordham University Medieval Sourcebook, disponível em: https://sourcebooks.fordham.edu/source/lutherltr-indulgences.asp. Acesso em: 23 fev. 2023.

[3] Catecismo da Igreja Católica, 2.2.3.5 (1366), https://www.vatican.va/archive/cathechism_po/index_new/p2s2cap1_1210-1419_po.html.

[4] Ele publicou um tratado em 1520 intitulado *Adversus execrabilem antichristi bullam*, "Contra a execrável bula do anticristo".

[5] Martinho Lutero, "On the Jews and their lies", (1543) em *Luther's Works*, vol. 47: The Christian in society IV, ed. Franklin Sherman, trad. Martin H. Bertram (Philadelphia: Fortress, 1971), p. 121-306.

[6] Lutero, "On the Jews and their lies", p. 217.

[7] Lutero, "On the Jews and their lies", p. 268-70.

[8] Veja a introdução do editor a "On the Jews and their lies", p. 123-4.

[9] Veja Steven Ozment, *The age of Reform, 1250-1550*: an intellectual and religious history of Late Medieval and Reformation Europe (New Haven: Yale University Press, 1980), p. 374-7.

OPRESSORES E SANTOS

[10] Veja "Thirty Years War", *Oxford dictionary of the Christian church*, p. 611-2.

[11] Stephen Toulmin, *Cosmopolis*: the hidden agenda of modernity (Chicago: University of Chicago Press, 1990), p. 54.

[12] Peter Wilson, *Europe's tragedy*: a new history of the Thirty Years War (London: Penguin, 2010). Sobre o número de mortos (e a quantia de 15%), veja seu capítulo 22, "The Human and Material Cost".

[13] Wilson, *Europe's tragedy*, posição no Kindle 428.

[14] Tradução para o inglês por Emil Reich, *Select documents illustrating Medieval and Modern history* (London: King & Son, 1905), p. 226-32, disponível em: http://ghdi.ghi-dc.org/sub_document.cfm?document_id=4386. Acesso em: 23 fev. 2023.

[15] Peter Wilson, "Dynasty, constitution, and confession: the role of religion in the Thirty Years War", *The International History Review* 30 (Set. 2008): 503.

[16] Wilson, "Dynasty, constitution, and confession", p. 503. Veja também Bragg, "The Thirty Years War", entrevista com Peter Wilson, Ulinka Rublack e Toby Osborne, *In our time*, BBC, 6 dez. 2018, disponível em: https://www.bbc.co.uk/programmes/m0001fv2. Acesso em: 23 fev. 2023.

[17] Wilson em Bragg, "The Thirty Years War".

[18] Wilson, "Dynasty, constitution, and confession", p. 508.

[19] Rublack em Bragg, "The Thirty Years War"."

[20] Veja "Richelieu, Armand Jean du Plessis", *Oxford dictionary of the Christian church*, p. 1397.

[21] Wilson, *Europe's tragedy*, posição no Kindle, 499. Veja também seu ensaio dedicado à questão: Wilson, "Dynasty, constitution, and confession", p. 473-514.

[22] Wilson em Bragg, "The Thirty Years War". Para os equívocos mais gerias sobre a Guerra dos Trinta anos, veja o capítulo 1 de Wilson, *Europe's tragedy*.

[23] Wilson, *Europe's tragedy*, posição no Kindle, 14139.

[24] Wilson, *Europe's tragedy*, posição no Kindle, 14126-14278. Estimativas um pouco menores são propostas por John Theibault, "The demography of the Thirty Years War re-revisited: Günther Franz and his critics", *German history* 15 (1997), p. 1-21.

[25] Wilson, *Europe's tragedy*, posição no Kindle, 13477.

[26] Wilson, *Europe's tragedy*, posição no Kindle, 13465.

[27] Este é um dos pontos de concordância mais claros entre Rublack, Wilson e Osborne em Bragg, "The Thirty Years War".

[28] Wilson, *Europe's tragedy*, posição no Kindle, 14896.

[29] Hart, *Atheist delusions*, p. 95-6.

CAPÍTULO 22

[1] Hitchens, *God is not great*, p. 18 [edição em português: *Deus não é grande*: como a religião envenena tudo. Trad. George Schlesinger. 2 ed. (São Paulo: Globo Livros, 2016)].

[2] Michael J. Braddick, org., *The Oxford handbook of the English Revolution* (Oxford: Oxford University Press, 2015), p. 246; F. N. Forman, *Constitutional change in the United Kingdom* (London: Routledge, 2002), p. 32.

[3] Marc Mulholland, *Northern Ireland*: a very short introduction (Oxford: Oxford University Press, 2001), p. 2.

[4] Mulholland, *Northern Ireland*, p. 12-14.

[5] Citado em Mulholland, *Northern Ireland*, p. 19.

[6] Mulholland, *Northern Ireland*, p. 25.

Notas

[7] Mulholland, *Northern Ireland*, p. 55-92.

[8] Oficialmente intitulado "The Belfast Agreement", o Acordo da Sexta-feira Santa pode ser baixado em https://www.gov.uk/government/publications/the-belfast-agreement.

[9] The Belfast Agreement, p. 24.

[10] Para os detalhes do acordo, veja Mulholland, *Northern Ireland*, p. 141-6.

[11] Mulholland, *Northern Ireland*, p. 76-7.

[12] The Belfast Agreement, p. 22.

[13] Homilia de João Paulo II, sábado, Sep. 29, 1979, Santa Missa em Drogheda, disponível em: https://www.vatican.va/content/john-paul-ii/pt/homilies/1979/documents/hf_jp-ii_hom_19790929_irlanda-dublino-drogheda.html. Acesso em: 23 fev. 2023.

[14] *John Paul II in Ireland*: a plea for peace (2018), escrito por Navid Naglieri e dirigido por Marc Boudignon e David Naglieri. Veja a ficha técnica no Internet Movie Database (IMDb), disponível em: https://www.imdb.com/title/tt8775080/?ref_=ttfc_fc_tt. Acesso em: 19 fev. 2023.

[15] Peter Crutchley, "IRA ceasefire 20 years on: the priest who brokered the peace", *BBC News*, Aug. 31, 2014, disponível em: https://www.bbc.com/news/uk-28812366. Acesso em: 19 fev. 2023.

[16] Douglas Dalby, "Alec Reid, *Northern Ireland* priest who helped broker peace accord, dies at 82", *The New York Times*, 25 nov. 2013, disponível em: https://www.nytimes.com/2013/11/26/world/alec-reid-priest-who-helped-broker-peace-accord-in--northern-ireland-dies-at-82.html. Acesso em: 19 fev. 2023.

CAPÍTULO 23

[1] Kimiko de Freytas-Tamura, "Pope to visit Ireland, here scars of sex abuse are 'worse than the I.R.A'", *New York Times*, Aug. 23, 2018, disponível em: https://www.nytimes.com/2018/08/23/world/europe/francis-ireland-sexual-abuse-catholic-church.html. Acesso em: 23 fev. 2023.

[2] Um relato das investigações de Donegal foi publicado pelo detetive-chefe, Martin Ridge, com Gerard Cunningham, *Breaking the silence*: one garda's quest to find the truth (Dublin: Gill, 2008).

[3] "'States of fear' journalist Mary Raftery dies", *BBC News*, Jan. 2012, https://www.bbc.com/news/uk-northern-ireland-16484276.

[4] "The Irish affliction", *The New York Times Magazine*, Feb. 2011, disponível em: https://www.nytimes.com/2011/02/13/magazine/13Irish-t.html. Acesso em: 23 fev. 2023.

[5] Disponível em: https://www.bostonglobe.com/news/special-reports/2002/01/31/scores-priests-involved-sex-abuse-cases/kmRm7JtqBdEZ8UFoucR16L/story.html. Acesso em: 23 fev. 2023.

[6] "A church seeks healing", Dec. 2002, *Boston Globe*, disponível em: https://www.bostonglobe.com/news/special-reports/2002/12/14/church-seeks-healing/WJSotI6gQP8zQAHjAHVhmL/story.html. Acesso em: 23 fev. 2023.

[7] Relatório de John Jay College of Criminal Justice, 2004, "the nature and scope of sexual abuse of minors by Catholic priests and deacons in the United States, 1950-2002", disponível em: https://www.usccb.org/sites/default/files/issues-and-action/child-and-youth-protection/upload/The-Nature-and-Scope-of-Sexual-Abuse-of-Minors-by-Catholic-Priests-and--Deacons-in-the-United-States-1950–2002.pdf. Acesso em: 19 fev. 2023.

[8] Marije Stoltenborgh et al., "A global perspective on child sexual abuse: meta-analysis of prevalence around the world", *Child Maltreatment* 16 (2011): 79-101.

OPRESSORES E SANTOS

[9] Bronwyn Watson e Kim Halford, "Classes of childhood sexual abuse and women's adult couple relationships", *Violence and Victims* 25 (2010), p. 518-35.

[10] The Australian Royal Commission into institutional responses to child sexual abuse 2017, disponível em: https://www.childabuseroyalcommission.gov.au/final-report. Acesso em: 19 fev. 2023. Um resumo útil das conclusões foi organizado pela emissora nacional da Austrália, a ABC, disponível em: https://www.abc.net.au/news/2017-12-15/royal-commission-child-sexual-abuse-by-the-numbers/9263800. Acesso em: 19 fev. 2023.

[11] Royal Commission into Institutional Responses to Child Sexual Abuse, disponível em: https://www.childabuseroyalcommission.gov.au/religious-institutions. Acesso em: 19 fev. 2023.

[12] L. Bromfield, C. Hirte, O. Octoman e I. Katz, *Child sexual abuse in Australian institutional contexts 2008-13*: findings from administrative data (Sydney: Royal Commission into Institutional Responses to Child Sexual Abuse. University of South Australia, 2017), p. 205-6, disponível em: https://www.childabuseroyalcommission.gov.au/sites/default/files/file-list/research_report_-child_sexual_abuse_in_australian_institutional_contexts_2008–13_findings_from_administrative_data_-causes.pdf. Acesso em: 19 fev. 2023.

[13] *Final report*, vol. 2: nature and cause (Royal Commission into Institutional Responses to Child Sexual Abuse. Commonwealth of Australia, 2017), p. 65.

[14] Os melhores dados para o abuso sexual infantil nas escolas vêm de um estudo de 2014 comissionado pelo Departamento de Educação dos EUA, que descobriu que 6,7% dos alunos de escolas públicas já experimentaram contatos sexualmente abusivos de um educador. Charol Shakeshaft, *Educator sexual misconduct*: a synthesis of existing literature (U.S. Department of Education, 2004), p. 16-18, disponível em: https://www2.ed.gov/rschstat/research/pubs/misconductreview/index.html. Acesso em: 19 fev. 2023.

[15] A Australian Broadcasting Commission (nossa emissora nacional) criou um resumo prestativo dos achados da Comissão Real. Veja https://www.abc.net.au/news/2017-12-15/royal-commission-child-sexual-abuse-by-the-numbers/9263800.

[16] Australia Bureau of Statistics, Religion in Australia, 2019, disponível em: https://www.abs.gov.au/ausstats/abs@.nsf/Lookup/by%20Subject/2071.0~2016~Main%20Features~Religion%20Data%20Summary~70. Acesso em: 19 fev. 2023.

[17] Australia Bureau of Statistics, Schools in Australia, 2019, disponível em: https://www.abs.gov.au/ausstats/abs@.nsf/mf/4221.0. Acesso em: 19 fev. 2023.

[18] Veja Patrick Parkinson, "Child sexual abuse in the Catholic Church: the Australian experience", Berkley Center, Georgetown University, Sep. 25, 2019, disponível em: https://berkleycenter.georgetown.edu/responses/child-sexual-abuse-in-the-catholic-church-the-australian-experience. Acesso em: 19 fev. 2023.

[19] Parkinson, "Child sexual abuse in the Catholic Church".

[20] Disponível em: https://www.usccb.org/sites/default/files/issues-and-action/child-and-youth-protection/upload/The-Nature-and-Scope-of-Sexual-Abuse-of-Minors-by-Catholic-Priests-and-Deacons-in-the-United-States-1950–2002.pdf. Acesso em: 19 fev. 2023.

[21] *Final report*: preface and executive summary, 60-61, disponível em: https://www.childabuseroyalcommission.gov.au/sites/default/files/final_report_-preface_and_executive_summary.pdf. Acesso em: 19 fev. 2023.

[22] Thomas G. Plante, "Keeping children safe in the Catholic Church", Apr. 2020, disponível em: https://www.psychologytoday.com/au/blog/do-the-right-thing/202004/keeping-children-safe-in-the-catholic-church. Acesso em: 19 fev. 2023. Veja também, "Pedophilia", disponível em: https://www.psychologytoday.com/au/conditions/pedophilia. Acesso em: 19 fev. 2023. Veja também M. Seto, "Pedophilia", *Annual Review of Clinical*

Notas

Psychology 5 (2009): 391-407. Seto recentemente revisou para baixo sua estimativa, para algo entre 1% e 2%. Veja https://www.bbc.com/news/magazine-28526106. Acesso em: 19 fev. 2023.

[23] Patrick Parkinson, R. Kim Oates, Amanda Jayakody, "Child sexual abuse in the Anglican Church of Australia", *Journal of Child Sexual Abuse* 21 (2012), p. 565. Veja também Patrick Parkinson, "Child sexual abuse and the churches: a story of moral failure?", *Current Issues in Criminal Justice*, 26(1).

[24] *Final Report*, Vol. 16: Religious Institutions, p. 12.

[25] *Final Report*, Vol. 16: Religious Institutions, p. 12.

[26] *Final Report*: Recommendations, p. 50-60.

[27] *Final Report*: preface and executive summary, p. 71. O Instituto Real de Tecnologia de Melbourne (também conhecido como RMIT University) publicou um estudo controverso da relação entre o celibato e o abuso sexual infantil: Desmond Cahill e Peter Wilkinson, "Child sexual abuse in the Catholic Church: an interpretive review of the literature and public inquiry reports", Centre for Global Research, RMIT University, 2017, disponível em: https://www.rmit.edu.au/content/dam/rmit/documents/news/church-abuse/child-sex-abuse-and-the-catholic-church.pdf. Acesso em: 19 fev. 2023.

[28] Por exemplo, https://www.psychologytoday.com/au/blog/do-the-right-thing/202004/keeping-children-safe-in-the-catholic-church.

[29] Parkinson, "Child sexual abuse and the churches", p. 119.

[30] Joe Sullivan e Anthony Beech, "A comparative study of demographic data relating to intra-and extra-familial child sexual abusers and professional perpetrators", *Journal of Sexual Aggression* 10 (2004):46.

[31] Infelizmente, o mesmo pode ser dito de professores escolares e outras profissões com acesso a crianças. Veja Alison Gaitonde, "Sexual abuse in schools", *British Journal of Psychotherapy* 3 (1987), p. 315-22.

[32] Ross Douthat, *Bad religion*: how we became a nation of heretics (New York: Simon & Schuster, 2012), p. 132.

CAPÍTULO 24

[1] O anúncio original do estudo de Chicago pode ser encontrado em https://news.uchicago.edu/sites/default/files/story/attachments/2019–10/Decety_Religion_Altruism_Study.pdf. Acesso em: 20 fev. 2023.

[2] Jean Decety et al., "The negative association between religiousness and children's altruism across the world", *Current Biology*, 25:22.

[3] Bobby Azarian, "Study: religious kids are jerks", *The Daily Beast*, Apr. 2017, disponível em: https://www.thedailybeast.com/study-religious-kids-are-jerks. Acesso em: 20 fev. 2023.

[4] Disponível em: https://news.uchicago.edu/sites/default/files/story/attachments/2019–10/Decety_Religion_Altruism_Study.pdf. Acesso em: 20 fev. 2023.

[5] Christopher Peterson e Martin Seligman, eds., *Character strengths and virtues*: a handbook and classification (Oxford: Oxford University Press, 2004).

[6] Peterson e Seligman, *Character strengths and virtues*, p. 610. Veja G. W. Allport e J. Ross, "Personal religious orientation and prejudice", *Journal of Personality and Social Psychology* 5 (1967), p. 432-3.

[7] Peterson e Seligman, *Character strengths and virtues*, p. 611. Veja M. Leiber e A. Woodrick, "Religious beliefs, attributional styles, and adherence to correctional orientations", *Criminal Justice and Behaviour* 24 (1997), p. 495-511.

OPRESSORES E SANTOS

[8] Peterson e Seligman, *Character strengths and virtues*, p. 610.

[9] Veja a análise de todos esses estudos em Peterson e Seligman, *Character strengths and virtues*, p. 610-1.

[10] Veja o artigo de resenha, Steven Tracy, "Patriarch and domestic violence", *Journal of the Evangelical Theological Society* 50 (Sep. 2007), p. 583-84. Veja também Christopher G. Ellison e Kristin L. Anderson, "Religious involvement and domestic violence among U.S. couples", *Journal for the Scientific Study of Religion* 40 (2001), p. 269-86.

[11] Colossenses 3:19; 1Pedro 3:7.

[12] Veja o World family map de 2019, do Instituto de Estudos da Família, https://ifstudies.org/blog/the-ties-that-bind. A violência doméstica nas igrejas foi explorada numa importante série de artigos escritos pela respeitada jornalista australiana, dra. Julia Baird. Veja https://www.abc.net.au/news/2018–05–23/when-women-are-believed-the-church-will-change/9782184. Acesso em: 20 fev. 2023,

[13] Disponível em: https://www.abc.net.au/news/2015–03–12/moore-dickson-the-church-must-confront-domestic-abuse/6300342. Acesso em: 20 fev. 2023,

[14] Peterson e Seligman, *Character strengths and virtues*, p. 610.

[15] Harold Koenig, Dana King, Verna Carson, orgs., *Handbook of religion and health*, 2ª ed. (Oxford: Oxford University Press, 2012), p. 301-6.

[16] Tyler VanderWeele, "Religion and Health", em *Spirituality and Religion Within the Culture of Medicine*: From Evidence to Practice, orgs., Michael Balboni e John Peteet (Oxford: Oxford University Press, 2017), p. 357-416.

[17] Peterson e Seligman, *Character strengths and virtues*, p. 609.

[18] Robert Putnam, *Bowling Alone*: The Collapse and Revival of American Community (New York: Simon & Schuster, 2000), p. 19. Sobre seus importantes trabalhos iniciais, veja Sergio Fabbrini, "Robert D. Putnam between Italy and the United States", *Bulletin of Italian Politics* 3 (2011).

[19] Robert Putnam e David Campbell, *American grace*: how religion divides and unites us (New York: Simon & Schuster, 2012).

[20] Putnam e Campbell, *American grace*, p. 444.

[21] Putnam e Campbell, *American grace*, p. 444-5. Os dados sobre o voluntariado foram reunidos na pesquisa Faith Matters, realizada em 2006 por Putnam, e estão disponíveis em http://www.thearda.com/Archive/Files/Descriptions/FTHMATT.asp. Acesso em: 23 fev. 2023. Veja também Arthur Brooks, *Who really cares*: the surprising truth about compassionate conservativism (New York: Basic Books, 2006) e estudos publicados de Tyler VanderWeele, da Escola de Saúde Pública de Harvard, disponível em: https://www.hsph.harvard.edu/tyler-vanderweele/selected-publications/. Acesso em: 23 fev. 2023.

[22] Putnam e Campbell, *American grace*, p. 444.

[23] Andrew Leigh e John Dickson, "Social capital", *Undeceptions*, temporada 1, episódio 5, https://undeceptions.com/podcast/social-capital. Também, Andrew Leigh, *Disconnected* (Sydney: University of New South Wales Press, 2010), p. 35.

[24] Leigh, *Disconnected*, p. 32.

[25] Relatório Deloitte Access Economics, "Economic value of donating and volunteering behaviour associated with religiosity", (May 2018), disponível em: https://www2.deloitte.com/content/dam/Deloitte/au/Documents/Economics/deloitte-au-economics-donating-volunteering-behavior-associated-with-religiosity-01062018.pdf. Acesso em: 23 fev. 2023.

[26] Stephen Judd, et al., *Driven by purpose*, p. 55. O artigo original é "Australia's top 200 charities", *Business Review Weekly*, Jun. 29-Jul. 5, 2006, p. 56-9.

Notas

[27] David J Houston, "'Walking the walk' of public service motivation: public employees and charitable gifts of time, blood, and money", *Journal of Public Administration Research and Theory* 16 (2006): 78. O estudo europeu foi conduzido por Kieran Healy, "Embedded altruism: blood collection regimes and the European union's donor population", *American Journal of Sociology* 105 (2000), p. 1633-57.

[28] Leigh, *Disconnected*, p. 34.

[29] Leigh, *Disconnected*, p. 33.

[30] Brown, *Eye of a needle*, p. 46-7.

[31] Wayne Meeks, *The first urban Christians*: the social world of the apostle Paul (New Haven: Yale University Press, 1983), p. 74-110.

[32] Leigh, *Disconnected*, p. 35.

CAPÍTULO 25

[1] Steven Pinker, *O novo iluminismo*: em defesa da razão, da ciência e do humanismo. 1 ed. São Paulo: Companhia das Letras, 2018; e veja também seu livro anterior *Os anjos bons da nossa natureza*: por que a violência diminuiu. 1 ed. São Paulo: Companhia das Letras, 2017.

[2] A. N. Wilson, *Charles Darwin*: Victorian mythmaker (London: Murray, 2017), p. 105-6; veja também p. 299-300.

[3] Charles Darwin, *The descent of man, and selection in relation to sex* (London: Murray, 1871) [edição em português: *A origem do homem e a seleção sexual* (Belo Horizonte: Editora Garnier, 2019)], citado em Daniel J. McKaughan e Holly VandWall, *The history and philosophy of science*: a reader (London: Bloomsbury, 2018), p. 966.

[4] Seu colega intelectual ateu John Gray escreveu uma resenha desalentadora de *Os anjos bons da nossa natureza* no *The Guardian*, do Reino Unido, intitulando-a provocativamente "Steven Pinker está errado acerca da violência e da guerra", disponível em: https://www.theguardian.com/books/2015/mar/13/john-gray-steven-pinker-wrong-violence-war-declining. Acesso em: 20 fev. 2023. Para uma crítica proveniente de um teólogo, veja David Bentley Hart, https://www.firstthings.com/article/2012/01/the-precious-steven-pinker. Sobre *O novo iluminismo* de Pinker, veja a resenha tipicamente mordaz de John Gray, disponível em https://www.newstatesman.com/culture/books/2018/02/unenlightened-thinking-steven-pinker-s-embarrassing-new-book-feeble-sermon. Acesso em: 20 fev. 2023. Veja também a avaliação mais moderada feita por Nick Spencer, do think tank britânico *Theos*, disponível em: https://www.theosthinktank.co.uk/comment/2018/02/20/enlightenment-and-progress-or-why-steven-pinker-is-wrong. Acesso em: 20 fev. 2023. Veja também a resenha no *Times Literary Supplement*, disponível em: https://www.the-tls.co.uk/articles/comfort-history-enlightenment-now/. Acesso em: 20 fev. 2023.

[5] Aleksander Solzhenitsyn, *The gulag archipelago* (New York: Vintage Classics, 2018), p. 113 [edição em português: *Arquipélago Gulag* (São Paulo: Carambaia, 2019)].

[6] O discurso original de Weinberg está disponível online no *PhysLink*, https://www.physlink.com/Education/essay_weinberg.cfm. Acesso em: 23 fev. 2023.

[7] Dawkins, *Deus, um delírio*, p. 322.

[8] Steven Weinberg, "A designer Universe", PhysLink, disponível em: https://www.physlink.com/Education/essay_weinberg.cfm. Acesso em: 23 fev. 2023.

[9] Davis, *In the Image of God*, p. 198.

[10] Aristóteles, *Politics* 1.2.1254b (Rackham, Loeb classical library 264), p. 22-3.

[11] James Hunt, *On the negro's place in nature* (London: Trübner & Co., 1863), p. 52, 60.

OPRESSORES E SANTOS

[12] Henry Wiencek, "The dark side of Thomas Jefferson", *Smithsonian Magazine*, Out. 2012, disponível em: https://www.smithsonianmag.com/history/the-dark-side-of-thomas-jefferson-35976004/. Acesso em: 20 fev. 2023.

[13] Números bem embasados para a Primeira Guerra Mundial são difíceis de encontrar. As seguintes fontes propõem um número de 15 a 20 milhões de mortes no total (6 a 9 milhões de civis): Rüdiger Overmans, "Military losses (casualties)", *Brill's digital library of World War I*, disponível em: https://referenceworks.brillonline.com/browse/brills-digital-library-of-world-war-i. Acesso em: 20 fev. 2023. Veja também Antoine Prost, "War losses", *International encyclopedia of the First World War*, orgs. Ute Daniel et al. (Freie Universität Berlin, Berlin, 08/10/2014), doi: 10.15463/ie1418.10271, https://encyclopedia.1914-1918-online.net/home/; e John Graham Royde-Smith, "World War I: killed, wounded, and missing", em *Encyclopedia Britannica*, disponível em: https://www.britannica.com/event/World-War-I/Killed-wounded-and-missing. Acesso em: 20 fev. 2023.

[14] J. M. Winter, "Demography of war", em *The Oxford companion to World War II*, orgs. I. C. B. Dear e M. R. D. Foot (Oxford: Oxford University Press, 2001), p. 224-7.

[15] Este é um ponto explorado extensivamente em William Cavanaugh, *The myth of religious violence*: secular ideology and the roots of modern conflict (Oxford: Oxford University Press, 2009).

[16] Uma excelente análise não acadêmica dos conceitos nazistas sobre o cristianismo ortodoxo pode ser encontrada em McLaughlin, *Confronting Christianity*, p. 87-94. Para uma explicação acadêmica detalhada do mesmo assunto, veja Richard Steigmann-Gall, *The holy Reich*: Nazi conceptions of Christianity, 1919-1945 (Cambridge: Cambridge University Press, 2004) [edição em português: *O santo Reich*: concepções nazistas do cristianismo, 1919-1945 (Rio de Janeiro: Imago, 2004)]. Veja também Glover, *Humanity*, p. 355-6.

[17] Robert Conquest, *The great terror*: Stalin's purge in the Thirties (New York: Random House, 2018), p. 486.

[18] Citado em Glover, *Humanity*, p. 259.

[19] Jung Chang, *Wild swans*: three daughters of China (New York: Simon & Schuster, 2003), p. 314 [edição em português: *Cisnes selvagens*: três filhas da China (São Paulo: Companhia de Bolso, 2006)].

[20] Glover, *Humanity*, p. 297.

[21] Até as fontes oficiais chinesas reconhecem que as mortes ocorridas sob Mao chegam à casa dos 20 milhões. Veja Lucian W. Pye, "Reassessing the Cultural Revolution", *The China Quarterly* 108 (Dec. 1986), p. 597-612.

[22] Glover, *Humanity*, p. 306.

[23] Glover, *Humanity*, p. 309.

[24] Glover, *Humanity*, p. 309.

[25] Dawkins, Deus, um delírio, p. 358-9.

[26] Terry Eagleton, *On evil* (New Haven: Yale University Press, 2010), p. 156.

[27] Veja Catharine A. MacKinnon, "Pornography as trafficking", *Michigan Journal of International Law* 26 (2005), p. 993-1012; Allison J. Luzwick, "Human trafficking and pornography: using the Trafficking Victims Protection Act to prosecute trafficking for the production of internet pornography", *Northwestern University Law Review* 111 (2017), p. 137-53.

A BELA MELODIA — UMA CODA

[1] Albert Einstein, "Meine Meinung über den Krieg" ("Minha opinião sobre a guerra"), artigo oferecido ao capítulo de Berlim do Goethebund, 23 out.-11 nov. 1915. O original

Notas

alemão foi impresso em A. J. Kox et al., eds., *The collected papers of Albert Einstein*, vol. 6: The Berlin years: writings, 1914-1947 (Princeton: Princeton University Press, 1996), p. 211-3. Tradução minha.

[2] Leigh, *Disconnected*, p. 48-9.

[3] Tom Holland, *Dominion*: the making of the Western mind (Boston: Little, Brown, 2019).

[4] Tom Holland, "Why I was wrong about Christianity", *The New Statesman*, 14 set. 2016.

[5] Ferry, *A brief history of thought*. Todas as citações acima vêm do capítulo 3, "The victory of Christianity over Greek philosophy", p. 55-92. Veja também a resenha de Gary Rosen, "How to think about how to live", *The Wall Street Journal*, 27 Dec. 2001, disponível em: https://www.wsj.com/articles/SB1000142405297020455230457711298303327416. Acesso em: 20 fev. 2023.

Índice bíblico

GÊNESIS

I	57
I:I	226
I:26	141, 320
I:26-28	57
3	320
5:1-3	58
9	320
9:6	58

LEVÍTICO

19:18	53

DEUTERONÔMIO

15:4-11	327

JOSUÉ

20:1-6	229

PROVÉRBIOS

8	187
9:1	192

ISAÍAS

2	259
II	259
45:23	325
58:5-10	327
58:6	208
61:1-9	66
61:8	66

MATEUS

5—7	51
5:1-4	64
5:1-10	201
5:9	37
5:23-24	58-59
5:38-48	52
7:1-4	310
7:1-5	67
7:5	208
7:11	64
7:12	53
7:22-23	64
16:18	27
18:10	292
23:23	208
25:36	327

MARCOS

6:3	68
8:34-35	32
10:42-43	292
12:30	187

LUCAS

3:38	320
6	51
6:27	26, 34
6:27-36	52
6:28	37
6:31	53

6:35-36 ... 55

6:35-36	55
6:36	58, 216
6:37-42	67
7:33-34	195
10:30-37	107
11:41	327
12:13-21	135
12:33	327
12:48	51
14:21	327
15:11-32	58
17:2	292
18:22; 19:8	327

JOÃO

I:I	325
I:5	244

ATOS

11:27-28	327
17:28-29	320

ROMANOS

5:8	55
12:2	196
12:14-19	155
12:17-21	74
13:3-5	155
13:14	157
15:25-27	327

OPRESSORES E SANTOS

1Coríntios

8—10	322
1:26	123
6:1-6	97
7:21-23	140, 331
9:20-22	196
16:1-4	327

2Coríntios

8—9	327
8:9,13	107

Gálatas

2:10	107

Efésios

6:10-17	155
6:13-17	203

Filipenses

2:10-11	325

Colossenses

1:15-20	325
3:19	350
3:22—4:1	140

1Timóteo

1:9-11	140

Tiago

2:14-16	327
3:9	58

1Pedro

2:17	140
3:7	350
3:15-16	176

1João

3:16	55
3:16-17	108
4:8-11	56
4:9-11	313
4:20-21	59

Índice remissivo

Símbolos

95 teses 266

A

a ascensão do 224
Abdulhamid II 46
abolicionismo 139
abuso sexual infantil. *Veja capítulo 23*
  (285-93)
  em instituições especificamente religio-
    sas, taxa de 288, 289
  escândalos 84, 307
  não somente um problema dos católicos
    289, 290
  o maior estudo mundial sobre o 287
  prevalência global para meninas, meni-
    nos 287
Acordo de Belfast 280, 284
Adão 58
Administração, Lindenwood University
  Missouri 7
Admoestações Gerais (*Admonitio generalis*)
  de Carlos Magno 177, 191
Adriano 42, 324
Ágora (filme) 147
Agostinho da Cantuária 169, 171, 173, 179
Agostinho de Hipona 153, 156, 188
Alarico 160, 166
albigensianismo 214, 249
Alcuíno de York 175, 179, 181, 182, 183, 185,
  186
Aleixo I Comneno 31, 234
Alexandre de Jerusalém 78

Alexandre, o Grande 234
al-Farabi 236
al-Hariri, Sayvid ‘Ali. *Veja* Hariri, Sayvid
  ‘Ali al-
al-Kamil. *Veja* Kamil, al Malik al
altruísmo 295, 299, 314
Ambrósio de Milão 25, 120, 142, 157, 158
Américo da Hungria 39
Amiano Marcelino 115, 331
amor, a centralidade do (no ensino de
  Jesus) 55, 64
anti-intelectualismo, início da misoginia
  cristã e o 147
Aquino. *Veja* Tomás de Aquino
arianismo 100, 128, 249
Aristóteles 53, 60, 193, 226, 235, 307, 320
Arius 325
armadura de Deus 155, 203, 204
Arquidiocese de Boston 23, 286
Atanásio 150, 227
ateísmo 117, 119, 265, 301, 309, 310, 315
ateus 151, 300, 310, 315
Ato da Coroa da Irlanda 277
Augusto 80, 81, 85, 86, 92, 96
autos de fé 254
Ávito de Vienne 198

B

Bábilas de Antioquia 78
bárbaros 79, 160, 162, 165, 190, 225, 237,
  241, 263
Basílio, o Grande 220, 227, 229, 232, 329
Batalha de Hatim 37

OPRESSORES E SANTOS

Batalha de Ponte Mílvia 85, 103
Batilda de Ascânia 171
Bento de Núrsia 207, 209
Bernardo de Claraval 36, 195, 202, 204
Bizâncio 26, 96, 233, 235. *Veja tb.*
    Constantinopla; Império Romano
    do Oriente
Black Lives Matter, movimento 146
boas obras 171, 210, 267, 270. *Veja tb.*
    obras
bom samaritano 50, 107, 109, 231, 314
Bonifácio 1 172, 208, 267
Bonifácio, João 162
Bonifácio, São 162, 165, 171, 173, 179, 199
Bracciolini, Poggio 183

C

Calínico 128, 144
Calvino, João 270
capital social 294, 302
cardeal Richelieu 272
caridade
    cristã, o nascimento da 59, 106, 123, 144
    instituições de 207, 219, 231, 233, 294,
        299, 301, 314
    na sociedade greco-romana 116
Carlos Magno 169, 174, 176, 178, 179, 180,
        182, 185
Carlos V 174, 268, 271, 272, 273, 275
carolíngio 169, 185, 190, 193, 197
catacumbas 118, 124
Catarina de Siena 214, 328
catarismo 214, 249
catolicismo 25, 55, 260, 273
Cavaleiros Templários 36
Cecílio Natalis 124
celibato 291
Cerco de Jerusalém (1099) 28, 29, 35, 36
Cerco de Jerusalém (1187) 38, 205
Cerco de Paris 200
China 71, 196, 226, 309
Cícero 156, 183, 187, 193, 208, 240
cidade de Worms 267
cidades de refúgio 228
cidades-santuário, movimento das 229
ciência, conflito entre religião e 261, 263
Cipriano 108, 109
Circo de Nero 74

Cirilo de Alexandria 164
Cirilo de Jerusalém 189
Cláudio 73, 321
Clemente de Alexandria 188
Clotário 11 169
Clóvis 1 168, 176, 198
Código de Hamurab 53
Código de Justiniano 228, 340, 341
comunismo 309
Concílio de Niceia 99, 127, 156, 332
Concílio de Sérdica 125
Confissão de Augsburgo 271
conflitos na Irlanda do Norte. *Veja capítulo
    22 (276-84); tb.* 265, 275, 276, 281
conservadores 48, 70, 223, 248
Constantino 11 113
Constantino, o Grande. *Veja capítulos 6—7
    (84-112)*
    conversão de 84, 94, 95, 110, 131
    doença e morte de 109, 137, 160
    e templos pagãos 110
    humanitarismo e antissemitismo de
        100, 248
    programa de construção de 96
Constantinopla 96, 111, 113, 125, 160
conversões forçadas. *Veja capítulo 14
    (175-83); tb.* 35, 176
Copérnico, Nicolau 261
Cornélio de Roma 108
coronavírus/Covid-19 46
Credo Niceno 27, 99, 189, 234
crianças indesejadas, matança grego-ro-
    mana de 61, 269
cristãos 47, 56
    e a guerra (100-400 d. C.) 154
    primeira supressão violenta patrocinada
        pelo Estado de 73
    vivendo atualmente na Europa, América
        Latina e Caribe (porcentagem) 196
cristianismo 196
    a lógica moral central do 313
    capadócio. *Veja capítulo 10 (133-142)*
    e capital social 299, 300
    e escravidão 102, 133, 138
    e saúde mental 297
    forma oriental do 235
    iconoclasta. Veja capítulo 10 143
    odioso, nacionalista, antídoto para o 314

358

Índice remissivo

Cristina, a Espantosa 204, 205
crucificação 29, 54, 100, 231
Cruzadas. *Veja capítulo 2* (34-48); *tb.*
    cruzadas individuais (Primeira,
    Segunda etc.) por nome
  Albigenses 43
  das crianças 40
  Domo da Rocha 42, 46
  fatores que levaram à derrocada das 44
  legado das 47
  origem da palavra 32

D

Dado, bispo de Ruao 169
Daniel de Winchester 171
Darwin, Charles 305
David Hume 242
Dawkins, Richard 51, 238, 265, 307, 310
Décio 78
Declaração dos Direitos do Homem 257,
    316
Defenestração de Praga 272
Desidério, Erasmo 266, 342
determinação cristã, as chaves para a 82
Diocleciano 80, 81, 98
Dionísio 109
dízimos 180
Domingo Sangrento 180, 280
Domo da Rocha 28

E

Ébolo de Saint-Germain 200
Édito de Milão 88, 89, 90, 93, 178, 260
Eduardo VI 223
Einstein, Albert 51, 351
Elígio 169, 171, 173, 199, 208
Elizabeth I 223, 259, 278
El Salvador 229
Epicuro 104
Epiteto 53
Escápula 77, 89, 93
escolas, porcentagem de sobreviventes de
    abuso sexual infantil institucional
    molestados em (segundo a Comis-
    são Real Australiana) 288, 289, 291
escravidão 132

escravos 40, 59, 75, 141, 158, 159, 160, 228,
    308, 312
  Gregório de Nissa contra a 141
Estado Islâmico 47
Etelberto de Kent 169
Etelberto de York 186
Eugênio III 36
Europa
  400-1100, bárbaros e cristãos na. *Veja*
      capítulo 13 (165-74)
  conversões forçadas na (final do
      século 8. *Veja capítulo 14* (175-182)
  número de cristãos vivendo na 196
Eusébio 87, 227, 323
Eustóquia, Santa 208
Eutrópio 150
evergetismo 106
expansão islâmica 235
exposição de bebês 60

F

Fabiano 78
Fabíola, Santa 136, 220
Félix Munácio 80, 327
Fernando V 250
Filo de Alexandria 320
Filopono, João 150, 226, 236
Floyd, George 143, 146
Fócio I 227, 232
força militar, condições para o uso "justo"
    de (Agostinho) 162
For the love of God 24, 49, 319, 322, 330
Francisco de Assis 41, 44, 215, 218
francos 4, 168, 169, 171, 178, 193, 197
Frederico II 42
frequentadores de igreja 301, 302, 304

G

Galério 80, 81
Gália 136, 165, 168, 170, 177, 189, 190, 197
Galileu 84, 120, 150, 226, 261, 263
Godofredo de Bulhão 36
godos 160, 166, 168, 170
Graciano 151, 181, 221
Grande Perseguição 78, 82, 83, 90, 92, 98,
    109
Grande Salto Adiante 309

OPRESSORES E SANTOS

Gregório de Nazianzo 134, 188, 232, 329
Gregório de Nissa 25, 133, 232, 329, 330
Gregório II 171, 172
Gregório I, "o Grande" 169
Gregório IX 249
Gregório VII 194
Gregório XI 215
guerra, cristãos e a 181, 197
Guerra dos Trinta Anos 263, 265, 270, 273, 274
guerra justa
  o que constitui uma 288
  teoria da. *Veja, em geral, o capítulo 12* (153-64)
Guerras de Religião. *Veja* Guerra dos Trinta Anos
guerras santas
  da Torá, como os judeus do NT veem as 204
  do século II ao 13. *Veja capítulo 2* (34-48)
  teoria das 45, 224
Gustavo II Adolfo 272

H

Hariri, Sayyid 'Ali al- 47
Haughey, Charles 284
Helena 97
Henrique VIII 277
hereges 120, 131, 142, 164, 249, 252
heresias 43, 249, 253
  significado e uso pela igreja da palavra 248
Hierax 148
Hiérocles, Sossiano 80
Hildegarda 214, 215, 219
Hilel 53, 54
Hipátia 147, 149, 150, 164
hipócrita, significado e usos da palavra 208
Hitchens, Christopher 3, 22, 238, 276, 317
Hitler, Adolf 309
Honório 101
Honório III 41, 222
Horácio 188, 193
hospitais 207, 219, 220, 224, 229, 230
  bizantinos 229, 231
  o primeiro hospital público 132, 136, 220, 229

humanismo 45, 305
humanistas 44, 184, 227, 240, 241, 243, 245, 266, 307
humanitarismo de Constantino 100
Hume, David 242
humildade 5, 52, 67, 134, 212
hussitas 43

I

Ibn al-Athir 38
ibn Isḥāq, Hunavn 235
Idade da Razão 242, 260
Idade das Trevas 33, 48, 161, 166, 167, 169, 305, 312
igreja
  a conversão da 91, 111, 197, 199
  antiga, educação na 187, 191
  e os impostos sob Constantino 102
  lei da. *Veja* lei canônica
  moderna, abuso infantil na. *Veja capítulo 23* (285-93)
  o fim de Roma e o crescimento da. *Veja capítulo 13* (165-74)
  os quatro tradicionais doutores da 126
  serviços funerários da 118
Igreja Católica Romana 23, 25, 126, 234, 245, 259, 260
Igreja Ortodoxa 25, 227, 228, 235, 237
Igreja Ortodoxa Oriental 235
Iluminismo 94, 239, 243, 245, 257, 311, 315, 324
Imad Ad-Din 38
imago Dei 56, 58, 82
Império Bizantino. *Veja capítulo 18* (225-37); *tb.* 31, 40, 136, 166, 219, 227
Império Otomano 46
Império Romano
  do Ocidente 165, 167, 168, 173, 176
  do Oriente. *Veja* Império Bizantino; Bizâncio
  Germânico, Sacro 42, 174
indulgências 243, 266
Inocêncio III 39, 40, 217
Inquisição
  as primeiras Inquisições 194, 311
  Inquisição Espanhola 246, 250, 252, 255, 343

Índice remissivo

intolerância 25, 63, 72, 233, 269, 300, 306

Irlanda, criação de grupos paramilitares mortais na 279

islã 21, 28, 31, 38, 41, 46, 314

número de adeptos do 337

Israel, criação do Estado de 43, 79

Istambul. *Veja* Bizâncio; Constantinopla 31, 96, 166

J

Jefferson, Thomas 56, 93, 146, 308, 312

Jerônimo, São 126, 187, 193, 208, 325, 329

Jerusalém 28, 31, 178, 189, 230, 315

cerco de (1099) 28, 35

cerco de (1187) 205

Jesus

abuso sexual infantil e os ensinamentos de 5, 65

dois ensinamentos distintivos de 62

sobre a viga e o cisco 5, 63, 68, 95

jihad cristã. *Veja capítulo 14* (175-82)

João de Salerno 212, 213

João Paulo II 44, 247, 248, 276, 346

Jorge da Capadócia 114

José (pai de Jesus) 68

Joviano 120

judeus 128, 145, 148, 154, 196, 204, 220, 231, 236, 250, 268, 269, 309

julgamentos de bruxas 253

Juliano, o Apóstata

avivamento pagão de 114

morte e sucesão de 120

programa de bem-estar social de 116, 117

Juramento de Hipócrates 231

Justiniano 231, 232, 233, 340

Justino Mártir 108, 188, 327

K

Kamil, al Malik al (sultão) 44, 218

Kennedy, John F. 51, 299

L

Lactâncio, Lúcio 82, 86, 93, 94, 95, 156

Leão III 174

Leão X 267

lei canônica (ou lei eclesiástica) 125, 228

Lei dos Pobres de 1834 222

lei eclesiástica (ou canônica) 125, 181, 221, 223

lei natural, tradição da 139, 260, 307

leprosos 135, 137, 216

Libânio 91, 323

liberdade religiosa 70, 88, 94, 144, 233, 260, 271, 323, 324

libertários 248

Licínio 88, 92

Lúcio II 249

Lucrécio 183, 184, 185

Lutero, Martinho 243, 244, 246, 259, 266, 267, 271

M

Macrina, a Jovem 138

Madden, Thomas 250, 318, 342

magia "branca" 91

Magna Carta 222

Maomé 48, 233

Mao Tsé-Tung 309

Masona de Mérida 220

Maxêncio 85

Máximas de Delfos 53, 104, 210

Maximino Daia 81

merovíngio 169, 172, 174, 190, 197, 199, 333

Mesquita de Al-Aqsa 28, 29, 36, 38, 42, 46

Minúcio Félix 124, 328

misoginia cristã, o início da 147

Mizushima Keinichi 49

Moisés 100

Monte do Templo 28, 42

mortos, cuidado cristão pelos (século 2 a 4) 118, 119

muçulmanos 31, 150, 164, 204, 217, 224, 236, 250, 252, 295

N

Napoleão I 275

na sociedade greco-romana 103, 130

natureza humana, a visão de Jesus da 64, 141, 182, 258

neoplatonismo 147

Nero 73, 74, 322

Norte da África, liberação de escravos por Agostinho no 224, 225, 226

número de mortos

na Guerra dos Trinta Anos 273, 274

OPRESSORES E SANTOS

na Primeira e Segunda Guerras Mundiais 197
na Revolução Francesa 246, 257, 282, 316
nos conflitos na Irlanda do Norte 282
sob Mao Tsé-Tung 309

O

Obama, Barack 34, 47, 48
obras (ações) 29, 110, 124, 210
Odão de Cluny 191, 211, 213
Odoacro 167
Oração de São Francisco 217
Ordem Franciscana 41, 217
Orestes 147, 148, 149
Oriente Médio 28, 31, 43, 48, 71
Orígenes de Alexandria 188
Ortodoxia 55, 234
Ósio 125
ostrogodos 167, 241
Otávio Januário 124
Outremer 36
Ovídio 183, 193

P

padres pedófilos 304
paganismo 30, 92, 112, 113, 120, 144, 231
pagãos 43, 74, 90, 92, 103, 326, 331
Pais Capadócios 134
Paládio de Ratiaria 128
pão e vinho 108
papas. *Veja papas individuais por nome*
parábola do bom samaritano 107, 109, 231
Paulo 123, 155, 157, 167, 185, 196, 203, 204, 311
Paz de Augsburgo 264, 271, 274
Paz de Westfália 274
Pedro 35, 107, 149, 150
Pedro o Eremita 35
pena capital 155, 254
perseguição à igreja
64-312 d.C. *Veja capítulo 5 (70-83)*
hoje 1, 22, 23, 44, 51, 62
Perseguição Diocleciana. *Veja* Grande Perseguição
Platão 53, 105, 227, 233, 235, 236
platônicos 150

Plínio, o Jovem 74
pobres 40, 104, 106, 115, 116, 118, 123, 124, 127, 130, 131, 134, 137
pobreza
de espírito 65, 66
visão grego-romano 65
politeísmo 38, 151, 172
Pol Pot 309, 310
Ponte Mílvia 103
Porfírio 79, 82, 89
Praga de Cipriano 109
Primeira Guerra Mundial 42, 274, 308
Problemas, os. *Veja* conflitos na Irlanda do Norte
protestantes 25, 43, 45, 99, 127, 234
protestantismo 243, 254, 275, 343
punitividade 296, 297
purgatório 204, 266

Q

Quarta Cruzada 35, 39, 204, 235, 318
queda de Acre 43
queda de Roma 124, 205, 225, 237, 240, 243
Quinta Cruzada 40, 42, 43, 217
qui rô (símbolo) 87

R

Raimundo de Aguilers 28, 30
Rashid, Harun al 235
Reforma 44, 84, 91, 243, 247, 253, 264, 265, 268, 270, 271
Reforma Protestante 270, 277
reformadores da 6, 44, 213, 243, 265, 267, 271, 314
Regra de Ouro 53
Regra de São Bento 210, 212, 214
Reinado de Terror 252, 257
Remígio de Auxerre 191, 212
Remígio de Reims 168, 198
Renascimento 174, 182, 183, 184, 186, 191, 194, 212, 235, 236, 239
ressurreição de Cristo, morte e 29, 41, 78, 83, 266
revolta de Alexandria 146, 148
revoltas cristãs 128, 143
Ricardo I 39, 47
Ricardo II 223

362

Índice remissivo

Richelieu, Armand Jean du Plessis 345
Roma
  o fim de. *Veja capítulo 13* (165-74)
  o saque dos godos a 36, 165
Rômulo Augusto, Flávio 167, 240
Rufino de Aquileia, Flávio 145

S

Sacro Império Romano-Germânico 174, 268, 271, 272
Saladino (salah ad Din) 37, 205
salvação
  a doutrina cristã central da 55
  boas obras e 254, 270
  verdadeira base da 270
Santa Comunhão 221, 267
Santa Sofia 228
saúde mental, cristianismo e 296
saxões 170, 177, 178, 179, 180, 185
Segunda Cruzada 36, 37
Segunda Guerra Mundial 290, 308
Sêneca 53, 104, 183, 193, 240
Sérgio de Reshaina 235, 236
Sermão do Monte 49, 51, 52, 54, 58
Sexta Cruzada 42
Sidônio Apolinário 168
Simpliciano 157
Sinésio 150
Sisto IV 250, 251
socialistas 248
sociedade cristã de Ambrósio 129
Sócrates Escolástico 149
Stalin, Joseph 309, 310

T

Tácito 70
Tamura, Kimiko de Freytas 285
Telêmaco, São 101, 242
templos pagãos 116, 125, 130, 151, 179
Teodora 228
Teodoreto de Antioquia 120
Teodorico 167

Teodósio I 91, 128
Teodulfo de Orleans 185, 192
Teófilo de Alexandria 145
Téon de Alexandria 147
teoria
  da guerra justa. *Veja, em geral, o capítulo 12* (153-64)
  das "guerras santas" 200
  da tolerância 90
Terceira Cruzada 37, 318
Terror, o (francês) 282, 306
Tertuliano 77, 89, 93, 188
teurgia 114
Teutônico, João 221, 222
Tibério 72, 73
Tito 96, 193
tolerância 120, 134, 139, 150, 226, 260
Tomás de Aquino 136, 181, 221, 236
Tomás de Torquemada 252, 255
tortura 77, 218, 249, 260
Trajano 74, 76
Trindade 134, 226
Tucídides 227, 233
turcos otomanos 42

U

Urbano II 27, 31, 34, 36, 40, 202
Urbano V 241
Urbano VIII 262

V

Valente 120
Valentiniano I 320
Valentiniano II 130
vantagem religiosa 300, 302
Vaticano 74, 167, 176, 215, 225, 250, 252, 268
Vilibaldo 173, 199
Virgílio 183, 188, 193, 240
visigodos 160, 166, 167, 233, 241
Vitorino 116, 156
Voltaire 261, 292

Pilgrim

Use seu tempo de forma produtiva e edificante

No app da Pilgrim, você pode acessar muitos outros conteúdos cristãos de qualidade como este livro para ajudar na sua caminhada de fé. Você encontra audiolivros, ebooks, palestras, resumos e artigos para cada momento do seu dia e da sua vida, além de benefícios para assinantes Premium.

Catálogo completo
Sobre o que você quer ler hoje? Vida devocional? Família? Empreendedorismo? Ficção? Tem tudo aqui.

Frete grátis e descontos
Receba vantagens exclusivas ao se tornar um assinante Pilgrim Premium.

Conteúdo exclusivo
Tenha acesso a ebooks, audiobooks, artigos e outros conteúdos disponíveis apenas em nosso app.

Acesso offline no aplicativo
Faça download de capítulos para ler ou ouvir mesmo quando não estiver conectado à internet.

Comece agora!

Site: thepilgrim.app
Instagram: @pilgrim.app
Twitter: @appPilgrim
Tiktok: @pilgrimapp

Este livro foi impresso pela Cruzado para a
Thomas Nelson Brasil, em 2023.
A fonte usada no miolo é Calluna 10.
O papel do miolo é pólen natural 70g/m².